Kompendien
für Studium, Praxis und Fortbildung

Prof. Dr. Rainer Patjens | Tina Patjens

Sozialverwaltungsrecht für die Soziale Arbeit

3. Auflage

Die Deutsche Nationalbibliothek verzeichnet diese Publikation in
der Deutschen Nationalbibliografie; detaillierte bibliografische
Daten sind im Internet über http://dnb.d-nb.de abrufbar.

ISBN 978-3-8487-6175-3 (Print)
ISBN 978-3-7489-0294-2 (ePDF)

3. Auflage 2022
© Nomos Verlagsgesellschaft, Baden-Baden 2022. Gesamtverantwortung für Druck und
Herstellung bei der Nomos Verlagsgesellschaft mbH & Co. KG. Alle Rechte, auch die des
Nachdrucks von Auszügen, der fotomechanischen Wiedergabe und der Übersetzung, vorbe-
halten. Gedruckt auf alterungsbeständigem Papier.

Vorwort zur 3. Auflage

Zwischenzeitlich erscheint das Kompendium „Sozialverwaltungsrecht für die Soziale Arbeit" in der nunmehr 3. Auflage. Wesentliche Gesetzesänderungen, wie beispielsweise das Gesetz zur Stärkung von Kindern und Jugendlichen (Kinder- und Jugendstärkungsgesetz - KJSG), wurden bei der Überarbeitung berücksichtigt. Dabei wurde auch weiterhin an dem bewährten Aufbau festgehalten: So gibt es in jedem Kapitel einen ersten erläuternden Teil, in dem die Inhalte dargestellt werden, und einen zweiten praktischen Teil, der den Lernerfolg anhand von Fragen und Fällen überprüft als auch Wissen vertieft. Dieses Werk soll dadurch insbesondere eine Hilfe bei der Klausurvorbereitung darstellen, ebenso aber auch in der Praxis die Möglichkeit bieten, sich schnell zu informieren.

Bei alledem ist der Gesamtumfang des Werkes weitgehend identisch geblieben und soll dadurch den Charakter eines Kompendiums im Sinne eines kurz gefassten Lehrbuchs beibehalten. Anregungen und Kritik nehmen wir auch weiterhin gerne entgegen.

Stuttgart, Juni 2021

Tina und Rainer Patjens

Inhaltsverzeichnis

Teil I: Einführung in das deutsche Rechtssystem und das allgemeine Sozialverwaltungsrecht	13
Kapitel A: Theoretische Grundlagen	13
I. Einleitung	13
II. Struktur der deutschen Rechtsordnung	13
III. Einordnung des allgemeinen Sozialverwaltungsrechts in die deutsche Rechtsordnung	15
1. Das öffentliche Recht, das Verwaltungsrecht und das Sozialrecht	15
2. Die Systematik des Sozialverwaltungsrechts	18
IV. Die öffentliche Verwaltung	20
1. Der Begriff der Verwaltung	20
a) Gesetzgebung (Legislative)	21
b) Rechtsprechung (Judikative)	22
c) Regierung (Gubernative)	22
d) Verwaltung (Administrative)	22
2. Die Aufgaben der staatlichen Verwaltung	23
Kapitel B: Fälle und Übungen	26
I. Aufgaben	26
II. Lösungen	27
Teil II: Die Organisation und die Träger der öffentlichen Verwaltung	30
Kapitel A: Theoretische Grundlagen	30
I. Die Verwaltungsorganisation	30
1. Bundesverwaltung, Landesverwaltung, Kommunalverwaltung	30
a) Die Aufteilung der Verwaltungskompetenz zwischen den Bund und den Ländern	30
b) Die Kommunalverwaltung	32
2. Unmittelbare und mittelbare Verwaltung	33
a) Die unmittelbare Staatsverwaltung durch eigene Behörden	33
b) Die mittelbare Staatsverwaltung durch selbstständige Verwaltungsträger	34
3. Zusammenfassung	37
II. Die Organisation und die Träger der Sozialverwaltung	38
Kapitel B: Fälle und Übungen	41
I. Aufgaben	41
II. Lösungen	42

Teil III: Die Handlungsformen der Verwaltung 44

Kapitel A: Theoretische Grundlagen 44
   I. Überblick: Handlungsformen der Verwaltung 44
      1. Privatrechtliches Verwaltungshandeln 45
      2. Exekutive Rechtsnormen: Rechtsverordnung & öffentlich-rechtliche Satzung 46
         a) Rechtsverordnungen 46
         b) Öffentlich-rechtliche Satzungen 47
      3. Verwaltungsakt 47
      4. Öffentlich-rechtlicher Vertrag 48
      5. Realakt 50
      6. Verwaltungshandlungen mit Innenwirkung 50
   II. Im Detail: Der Verwaltungsakt 51
      1. Definitionsmerkmale des Verwaltungsaktes 51
         a) Hoheitliche Maßnahme 51
         b) Behörde 52
         c) Regelung 52
         d) Einzelfall 53
         e) Außenwirkung 53
         f) Übersicht: Die Merkmale des Verwaltungsaktes und die Abgrenzung zu den übrigen Handlungsformen der Verwaltung 54
      2. Sonderform: Allgemeinverfügung 54
      3. Arten des Verwaltungsaktes im Überblick 55
      4. Nebenbestimmungen des Verwaltungsaktes 57
      5. Rechtliche Anforderungen an den Verwaltungsakt 59
         a) Bestimmtheit des Verwaltungsaktes 59
         b) Unterschrift 59
         c) Form des Verwaltungsaktes 59
         d) Begründung 60
         e) Rechtsbehelfsbelehrung 61
      6. Wirksamkeitsvoraussetzung: Bekanntgabe des Verwaltungsaktes 61

Kapitel B: Fälle und Übungen 63
   I. Aufgaben 63
   II. Lösungen 68

Teil IV: Allgemeine Rechtmäßigkeitsanforderungen der Verwaltung 72

Kapitel A: Theoretische Grundlagen 72
   I. Das Gesetzesmäßigkeitsprinzip – Die Bindung an die Rechtsnorm 72
      1. Der Vorrang des Gesetzes 72
      2. Der Vorbehalt des Gesetzes 73
      3. Bedeutung des Gesetzesmäßigkeitsprinzips 73
      4. Das Gesetzesmäßigkeitsprinzip in der Rechtsanwendung – Die Subsumtionstechnik 74
         a) Der Fall und die Rechtsfrage – Ermittlung des Sachverhalts und der Rechtsgrundlage 75

Inhaltsverzeichnis 9

        b) Die Normenanalyse – Tatbestand und Rechtsfolge der
           Rechtsgrundlage   75
        c) Die Entscheidungsfindung durch Subsumtion   76
        d) Exkurs: Gutachterliche Formulierung der rechtlichen
           Prüfung in der Klausur   79
  II. Das Prinzip der pflichtgemäßen Ermessensausübung   80
    1. Die Ermessensentscheidung   80
    2. Bedeutung von Ermessensvorschriften   82
    3. Das Prinzip der pflichtgemäßen Ermessensausübung   82
        a) Ermessensausübung im Einzelfall   82
        b) Einhaltung der Ermessensgrenzen   83
        c) Beachtung des Zweckes der Ermessensnorm   83
    4. Ermessensreduzierung auf Null   84
  III. Der Grundsatz der Verhältnismäßigkeit   85
    1. Die Verhältnismäßigkeitsprüfung   85
    2. Die Bedeutung des Verhältnismäßigkeitsprinzips für die
       Verwaltung   86
    3. Aufbau und Standort der Verhältnismäßigkeitsprüfung im
       Rahmen einer Ermessensentscheidung   87

Kapitel B: Fälle und Übungen   88

  I. Aufgaben   88
  II. Lösungen   90

Teil V: Sozialverwaltungsverfahren   96

Kapitel A: Theoretische Grundlagen   96

  I. Einleitung   96
  II. Beteiligte   97
  III. Untersuchungsgrundsatz   98
  IV. Mitwirkungspflichten   100
    1. Allgemeine Mitwirkungspflichten   101
    2. Grenzen der Mitwirkung   102
    3. Folgen fehlender Mitwirkung   103
  V. Anhörung Beteiligter   104
  VI. Akteneinsicht durch Beteiligte   105
  VII. Fristen   105
  VIII. Widereinsetzung in den vorigen Stand   106
  IX. Bekanntgabe des Verwaltungsaktes   107
  X. Exkurs: Verwaltungsvollstreckung   108
    1. Vollstreckung wegen Geldforderungen   109
    2. Erzwingung von Handlungen, Duldungen oder Unterlas-
       sungen   110

Kapitel B: Fälle und Übungen   115

  I. Aufgaben   115
  II. Lösungen   116

Teil VI: Sozialdatenschutz 120

Kapitel A: Theoretische Grundlagen 120
   I. Einleitung 120
   II. Grundsätze 122
      1. Rechtmäßigkeit und Transparenz 122
      2. Grundsatz der Zweckbindung 123
      3. Grundsatz der Datenminimierung 124
      4. Grundsatz der Richtigkeit und Speicherbegrenzung 124
      5. Grundsatz der Integrität und Vertraulichkeit 125
   III. Grundlagen des Sozialdatenschutzes 126
   IV. Erhebung und Verarbeitung von Sozialdaten 127
      1. Datenerhebung, § 67 a SGB X 127
      2. Zulässigkeit der Datenverarbeitung, § 67 b SGB X 128
      3. Datenverarbeitung zu anderen Zwecken, § 67 c SGB X 129
      4. Übermittlung von Sozialdaten 129
         a) Datenübermittlung für die Erfüllung sozialer Aufgaben 130
         b) Datenübermittlung zum Zwecke der Amtshilfe und der Strafverfolgung 131
         c) Verlängerter Geheimnisschutz 132
         d) Sonderregelungen für die Übermittlung von Sozialdaten nach dem SGB VIII 133
         e) Einschränkung der Übermittlungsbefugnisse, um den Leistungserfolg zu gewährleisten (§ 64 Abs. 2 SGB VIII) 133
         f) Besonderer Vertrauensschutz gem. § 65 SGB VIII 134
   V. Folgen einer Datenschutzverletzung 134
   VI. Exkurs: Datenschutz freier Träger 135
      1. Nichtöffentliche Stelle 135
      2. Verarbeitung durch nichtöffentliche Stellen 135
      3. Rechte der betroffenen Person 136
   VII. Exkurs: Strafrechtliche Schweigepflicht 136
      1. Fremdes Geheimnis 137
      2. Anvertrauen 137
      3. Offenbaren 137
      4. Unbefugt 138
         a) Einwilligung des Betroffenen 138
         b) Rechtfertigender Notstand 139
         c) Gesetzliche Offenbarungspflicht: Anzeige geplanter Straftaten 140
   VIII. Zusammenfassung 140
   IX. Prüfungsschema Sozialdatenschutz 141

Kapitel B: Fälle und Übungen 143
   I. Aufgaben 143
   II. Lösungen 144

Teil VII: Folgen fehlerhafter Verwaltungsakte — 148

Kapitel A: Theoretische Grundlagen — 148
   I. Der rechtmäßige Verwaltungsakt — 148
      1. Die formelle Rechtmäßigkeit — 148
         a) Zuständigkeit — 148
         b) Verfahren — 149
         c) Form — 149
         d) Begründung — 149
         e) Rechtsbehelfsbelehrung — 149
      2. Die materielle Rechtmäßigkeit — 150
   II. Der rechtswidrige Verwaltungsakt und seine Rechtsfolgen — 150
   III. Nichtigkeit, Heilung, Unbeachtlichkeit und Umdeutung im einzelnen — 153
      1. Nichtigkeit aufgrund evidenter Fehler, § 40 SGB X — 153
      2. Heilung verfahrensrechtlicher Fehler, § 41 SGB X — 154
         a) Unbeachtlichkeit bestimmter formeller Fehler, § 42 SGB X — 155
         b) Umdeutung, § 43 SGB X — 156

Kapitel B: Fälle und Übungen — 157
   I. Aufgaben — 157
   II. Lösungen — 157

Teil VIII: Rechtsschutz – Anfechtung fehlerhafter Verwaltungsakte — 160

Kapitel A: Theoretische Grundlagen — 160
   I. Überblick über die Rechtsschutzsystematik — 160
   II. Die außergerichtlichen formlosen Rechtsbehelfe — 161
   III. Der außergerichtliche förmliche Rechtbehelf – der Widerspruch — 163
      1. Rechtsgrundlagen — 163
      2. Zulässigkeit und Begründetheit des Widerspruchs — 163
         a) Prüfung der Zulässigkeit — 164
         b) Begründetheit des Widerspruchs — 166
      3. Ablauf des Widerspruchverfahrens — 166
      4. Wirkung des Widerspruchs — 167
      5. Kosten des Widerspruchs und Beratungshilfe — 168
   IV. Das verwaltungsgerichtliche Rechtsmittel – die Klage — 169
      1. Aufbau der Verwaltungs- und Sozialgerichtsbarkeit — 170
      2. Überblick Klagearten — 170
      3. Kosten des Sozialgerichtsverfahrens und Prozesskostenhilfe — 173
   V. Vorläufiger Rechtsschutz — 174
      1. Erlass einer einstweiligen Anordnung — 174
      2. Antrag auf Wiederherstellung der aufschiebenden Wirkung — 176
   VI. Zusammenfassung — 176

Kapitel B: Fälle und Übungen — 178
   I. Aufgaben — 178
   II. Lösungen — 179

Teil IX: Behördliche Aufhebung bestandskräftiger Verwaltungsakte – Rücknahme und Widerruf — 190

Kapitel A: Theoretische Grundlagen — 190
  I. Überblick — 190
  II. Rücknahme eines rechtswidrigen nicht begünstigenden Verwaltungsaktes — 191
  III. Rücknahme eines rechtswidrigen begünstigenden Verwaltungsaktes — 192
  IV. Widerruf eines rechtmäßigen nicht begünstigenden Verwaltungsaktes — 194
  V. Widerruf eines rechtmäßigen begünstigenden Verwaltungsaktes — 195
  VI. Aufhebung eines Verwaltungsaktes mit Dauerwirkung — 196
  VII. Folgen der Aufhebung von Verwaltungsakten — 197

Kapitel B: Fälle und Übungen — 199
  I. Aufgaben — 199
  II. Lösungen — 199

Teil X: Staatshaftung — 203

Kapitel A: Theoretische Grundlagen — 203
  I. Überblick — 203
  II. Amtshaftung — 204
    1. Handeln eines Amtsträgers — 204
    2. Verletzung einer Amtspflicht ggü. Dritten — 205
    3. Verschulden — 205
    4. Schaden in Folge einer Pflichtverletzung (Kausalität) — 206
    5. Rechtsweg — 207
  III. Sozialrechtlicher Herstellungsanspruch — 207
  IV. Folgenbeseitigungsanspruch — 209

Kapitel B: Fälle und Übungen — 212
  I. Aufgaben — 212
  II. Lösungen — 213

Literaturverzeichnis — 217

Stichwortverzeichnis — 219

Teil I: Einführung in das deutsche Rechtssystem und das allgemeine Sozialverwaltungsrecht

Kapitel A: Theoretische Grundlagen

I. Einleitung

Die deutsche Rechtsordnung setzt sich aus allen existierenden deutschen Gesetzen und Rechtsregeln zusammen. Diese nehmen meist unbemerkt in fast allen Lebensbereichen Einfluss und sind daher sehr vielschichtig.

Beispiele:
§§ 433 ff. BGB für den Kauf eines Brötchens; §§ 535 ff. BGB bei der Miete einer Wohnung; §§ 611 ff. BGB für die Begründung eines Arbeitsverhältnisses; Art. 1 bis 19 GG für die Durchsetzung der Grundrechte gegenüber dem Staat; §§ 223 ff. StGB für die Strafbarkeit wegen Verletzung der körperlichen Unversehrtheit; §§ 7 ff. SGB II für den Anspruch auf Arbeitslosengeld II; §§ 27 ff. SGB VIII für den Anspruch auf Hilfen zur Erziehung wegen erzieherischer Defizite; § 42 SGB VIII für die Inobhutnahme von Kindern bzw. Jugendlichen aufgrund einer dringenden Gefahr.

Die Sozialarbeiterin und der Sozialarbeiter müssen sich in diesem vielschichtigen und teilweise komplizierten Rechtssystem orientieren können, denn eigene Rechtskenntnisse stellen eine elementare Handlungskompetenz dar. Sie ermöglichen konkrete Beratungen über die sozialen Rechte und über deren Durchsetzung, wenn diese sozialen Ansprüche unberechtigter Weise verweigert werden. Für die Orientierung im deutschen Recht ist zunächst die Aufteilung der deutschen Rechtsordnung in das private und das öffentliche Recht wesentlich.

II. Struktur der deutschen Rechtsordnung

Das **Privatrecht** regelt die Rechtsbeziehungen zwischen gleichgestellten Rechtspersonen, also natürlichen Personen aber auch privaten Personenzusammenschlüssen (sog. juristische Personen des Privatrechts). Wesensmerkmal des Privatrechts ist die Gleichordnung der beteiligten Rechtspersonen (Gleichordnungsverhältnis). Das bedeutet, dass die gegenseitigen Rechte und Pflichten überwiegend durch gleichberechtigt ausgehandelte Verträge begründet werden. Die privatrechtlichen Normen bilden dabei den gesetzlichen Rahmen und sollen die unterschiedlichen privaten Interessen und ungleichen Machtpositionen bei Vertragsschluss ausgleichen.[1] Darüber hinaus besteht bei der Aushandlung der vertraglichen Verbindlichkeiten aber große Gestaltungsfreiheit (Grundsatz der Vertragsfreiheit) und teilweise kann sogar von den privatrechtlichen Rechtsvorschriften abgewichen werden (nachgiebiges Recht). Die privatrechtlichen Normen regeln aber auch die Rechtsverhältnisse zwischen Eheleuten, zwischen Eltern und ihren Kindern sowie zwischen Verstorbenen und ihren Erben. Für die Soziale Arbeit ist insbesondere das Bürgerliche Gesetzbuch (BGB) bedeutsam. Hier wird das Familienrecht, die Vormundschaft, die rechtliche Betreuung, die Geschäftsfähigkeit sowie die Aufsichtspflicht geregelt.

---

1 Vgl. Dörr/Francke, Sozialverwaltungsrecht, Kap. 5 Rn. 25.

4 Das **öffentliche Recht** regelt dagegen die Rechtsbeziehung zwischen dem Staat und dem Bürger, aber auch zwischen den unterschiedlichen Staatsorganen. Die öffentlich-rechtlichen Normen richten sich an den Staat als Träger der Staatsgewalt und legen für diesen Handlungskompetenzen, Aufgaben und Pflichten fest. Auf Grundlage dieser öffentlich-rechtlich begründeten Kompetenzen trifft der Staat typischerweise gegenüber dem Bürger einseitig verbindliche Regelungen, die dann sogar zwangsweise durchgesetzt werden können. Wesensmerkmal des öffentlichen Rechts ist daher die Unterordnung des Bürgers unter solche hoheitlichen Maßnahmen (Über-/Unterordnungsverhältnis). Öffentlich-rechtliche Normen begründen aber nicht nur Eingriffsrechte des Staates gegenüber dem Bürger, sondern auch einklagbare Ansprüche des Bürgers gegenüber dem Staat. Das öffentliche Recht dient dabei insbesondere dem Allgemeinwohl, kann aber auch Individualinteressen verfolgen.

5 Das **öffentliche Recht richtet sich also an den Staat als solchen**, während sich das **private Recht an „jedermann"** richtet[2]:

Öffentliches Recht	Privatrecht
Über-/Unterordnungsbeziehung	Gleichordnungsbeziehung
Ziel: Allgemeinwohl	Ziel: Ausgleich unterschiedlicher Interessen und Machtpositionen
zwingende Bindung an die Verfassung und das Gesetz (Art. 20 Abs. 3 GG)	große Gestaltungsfreiheit, Abweichungen von gesetzlichen Vorgaben teilweise zulässig
Beispiel: Gewährleistung von Arbeitslosengeld oder Sozialhilfe, Inobhutnahme eines akut gefährdeten Kindes	**Beispiel**: Unterhaltsverpflichtung des Vaters gegenüber seinem minderjährigen Kind

6 Die **Unterscheidung** zwischen einem privatrechtlichen und einem öffentlich-rechtlichen Bereich der Rechtsordnung ist für die Frage nach dem **Rechtsweg bei rechtlichen Streitigkeiten** bedeutsam. So sind für privatrechtliche Rechtsstreitigkeiten, für Familiensachen und für Betreuungs- und Unterbringungssachen gem. § 13 GVG die Zivilgerichte zuständig, während für öffentlich-rechtliche Streitigkeiten verwaltungsrechtlicher Art nach § 40 Abs. 1 VwGO der Rechtsweg zu den Verwaltungsgerichten zu beschreiten ist (Öffentlich-rechtlichen Streitigkeiten sozialverwaltungsrechtlicher Art sind gem. § 51 SGG den Sozialgerichten zugewiesen.).

7 Darüber hinaus sind bestimmte Gesetze nur für Rechtsbeziehungen und Tätigkeiten öffentlich-rechtlicher Art anzuwenden. So sind die Vorschriften über das Sozialverwaltungsverfahren nach dem SGB X beispielsweise nur für **öffentlich-rechtliche Verwaltungstätigkeiten** der Sozialbehörden anzuwenden und nicht für privatrechtliche Tätigkeiten der Sozialbehörden.

Beispiele:
§ 42 SGB VIII betrifft die Inobhutnahme von Kindern/Jugendlichen durch die Jugendämter, wenn zB eine dringende Gefahr für das Wohl des Kindes/Jugendlichen eine Inobhutnahme

---

2 Vgl. Maurer/Waldhoff, Allgemeines Verwaltungsrecht, § 3 Rn. 13.

erfordert. Durch § 42 SGB VIII wird also der Staat ermächtigt, einseitig verbindlich in die Rechte der Eltern einzugreifen. Dementsprechend ist § 42 SGB VIII eine öffentlich-rechtliche Vorschrift und die Inobhutnahme eine Tätigkeit öffentlich-rechtlicher Art. Deshalb gelten die Vorschriften über das Sozialverwaltungsverfahren nach dem SGB X gem. § 1 Abs. 1 SGB X für die Inobhutnahme nach § 42 SGB VIII.

Kauft das Jugendamt aber ein Kopiergerät oder Computer, gelten die §§ 433 ff. BGB. Hier nimmt der Staat als „Jedermann" am privatrechtlichen Rechtsverkehr teil. Dh, der Kaufpreis und der Kaufgegenstand werden gegenseitig ausgehandelt. Der Staat ist gegenüber dem Verkäufer gleichgestellt und legt nicht etwa einseitig verbindlich fest, welcher Kaufpreis für die Geräte gelten soll. Bei dieser privatrechtlichen Tätigkeit des Staates gelten die Vorschriften über das Sozialverwaltungsverfahren des SGB X deshalb nicht.

Außerdem ist die Unterscheidung wesentlich für die Frage, ob ein **Verwaltungsakt** 8 vorliegt. Nach § 31 S. 1 SGB X liegt ein Verwaltungsakt nämlich nur dann vor, wenn eine Einzelfallregelung auf eine Rechtsnorm aus dem öffentlichen Recht basiert (vgl. Rn. 107 f.).

Beispiele:
§ 42 SGB VIII ist eine öffentlich-rechtliche Rechtsnorm, die den Staat zur Inobhutnahme ermächtigt. Nimmt der Staat die 10-jährige Johanna in Obhut, weil sie unterernährt ist und auch in anderen Bereichen vernachlässigt wird, liegt darin eine Regelung des Einzelfalles aufgrund einer Norm aus dem öffentlichen Recht. Die Inobhutnahme der 10-jährigen Johanna ist daher ein Verwaltungsakt.

Kauft das Jugendamt aber ein Kopiergerät beim Elektrofachhändler Meyer in Tübingen, gelten die §§ 433 ff. BGB. Hier wird auch eine Einzelfallregelung getroffen, aber aufgrund einer Norm aus dem Privatrecht. Der Kaufvertrag mit dem Elektrofachhändler Meyer über das Kopiergerät ist daher kein Verwaltungsakt.

Und schließlich ist die Unterscheidung der beiden Rechtsbereiche wichtig für die 9 **Gesetzesbindung.** Beim öffentlichen Recht des Staates gilt eine strenge Bindung an die Verfassung und die Gesetze, während im Privatrecht der Grundsatz der Vertragsfreiheit herrscht und teilweise von privatrechtlichen Rechtssätzen abgewichen werden kann.

Beispiele:
Liegt eine dringende Gefahr für das Wohl des Kindes vor, ist das Kind nach § 42 SGB VIII zwingend in Obhut zu nehmen. Aufgrund der starken Gesetzesbindung muss der Staat dieser gesetzlichen Verpflichtung nachkommen.

Kauft das Jugendamt ein Kopiergerät bei dem Elektrofachhändler Meyer, kann der Verkäufer einen Haftungsausschluss vorschlagen. Wenn das Jugendamt zustimmt, gelten die gesetzlichen Haftungsregeln nicht.

III. Einordnung des allgemeinen Sozialverwaltungsrechts in die deutsche Rechtsordnung

1. Das öffentliche Recht, das Verwaltungsrecht und das Sozialrecht

Die deutsche Rechtsordnung untergliedert sich in das private und das öffentliche 10 Recht. Das öffentliche Recht regelt die Rechtsbeziehung zwischen dem Staat und dem Bürger oder die Rechtsbeziehung zwischen den einzelnen Trägern und Organen der staatlichen Gewalt. Das öffentliche Recht kann man wiederum ebenfalls in verschiedene Bereiche systematisieren:

Deutsche Rechtsordnung

Öffentliches Recht

⇨ Staats- und Verfassungsrecht

Das Staats- und Verfassungsrecht wird im Grundgesetz der Bundesrepublik Deutschland (GG) kodifiziert. Hier wird normiert, wie der Staat organisiert ist (als demokratischer und sozialer Bundes- und Rechtsstaat mit einer gesetzgebenden, vollziehenden und rechtsprechenden Gewalt), durch welche Organe der Staat handelt (Bundestag, Bundesrat, Bundesregierung, Bundespräsident, Bundesverfassungsgericht) und wie die grundsätzliche Rechtsposition des Bürgers gegenüber dem Staat ausgestaltet ist (Klassisch gewähren die Grundrechte Abwehr-, Beseitigungs- und Unterlassungsrechte gegenüber staatliche Eingriffe in die Freiheit und das Eigentum der Bürger. Grundrechte können den Staat aber auch verpflichten, den Bürger vor Gefahren zu schützen.).

⇨ Verwaltungsrecht

Das Verwaltungsrecht regelt die Organisation und die Träger der staatlichen Verwaltung. Es legt die Aufgaben und die Verfahrensweise der öffentlichen Verwaltung fest und ordnet die Rechtsbeziehung des Bürgers zu den Verwaltungsträgern.

Allgemeines Verwaltungsrecht
Unter dem allgemeinen Verwaltungsrecht werden die allgemeinen Regelungen erfasst, die alle besonderen Bereiche des Verwaltungsrechts gleichermaßen betreffen. Hier werden Verfahrensgrundsätze, Bestimmungen über Fristen, Handlungsformen der Verwaltung (bspw. Verwaltungsakt), Rechte und Pflichten der Beteiligten im Verfahrensablauf sowie Rechtsbehelfe geregelt. Diese allgemeinen Regelungen finden sich in den Verwaltungsverfahrensgesetzen (VwVfG) der Länder und des Bundes.

Besonderes Verwaltungsrecht
Zum besonderen Verwaltungsrecht gehören die besonderen Regelungen der einzelnen Fachbereiche der staatlichen Verwaltung, wie bspw. das Polizeirecht, das Baurecht, das Asyl- und Flüchtlingsrecht und das **Sozialrecht**. Das Sozialrecht wird als besonderer Teil des Verwaltungsrechts daher auch Sozialverwaltungsrecht genannt.

⇨ Strafrecht

Das Strafrecht verbietet sozialschädliche Handlungen und ermächtigt den Staat beim Vorliegen einer Straftat gegenüber dem Bürger eine Strafe auszusprechen und durchzusetzen. Hierdurch sollen Rechtsgüter des Einzelnen geschützt aber auch das menschliche Zusammenleben insgesamt geordnet und befriedet werden. Das Strafrecht wird insbesondere im Strafgesetzbuch (StGB) geregelt.

Privates Recht

Kapitel A: Theoretische Grundlagen   17

Das **Sozialverwaltungsrecht** ist also ein besonderer Teil des Verwaltungsrechts **11**
und daher dem öffentlichen Recht zuzuordnen. Hauptregelungswerk des Sozialverwaltungsrechts ist das Sozialgesetzbuch (SGB), welches in seinen zwölf Büchern die Organisation und Träger der Sozialverwaltung, das Sozialverwaltungsverfahren sowie Voraussetzungen und Inhalte der sozialen Leistungen regelt. Das Sozialverwaltungsrecht hat die Verwirklichung sozialer Gerechtigkeit und sozialer Sicherheit zum Ziel. Es soll damit ein menschenwürdiges Leben ermöglichen und gleiche Voraussetzungen für die freie Entfaltung und Entwicklung der Persönlichkeit schaffen (vgl. § 1 Abs. 1 SGB I). Das Sozialverwaltungsrecht dient damit der Verwirklichung des **Sozialstaatsprinzips**, das in Art. 20 Abs. 1 und Art. 28 Abs. 1 S. 1 GG verfassungsrechtlich normiert ist.

Das Sozialverwaltungsrecht ist insbesondere **Sozialleistungsrecht**, soll es doch **12**
durch Geld-, Dienst- und Sachleistungen die Chancengleichheit fördern, in sozialen Notlagen Hilfe leisten und vor sozialen Risiken absichern (§ 1 SGB I). Einen individuellen Anspruch auf bestimmte Sozialleistungen, der im Falle der rechtswidrigen Verweigerung auch gerichtlich eingeklagt werden kann (sog. **subjektives öffentliches Recht**), besteht aber nur, wenn sich aus einer Norm des Sozialgesetzbuches eine Verpflichtung des Sozialleistungsträgers ergibt und diese Norm nicht nur dem Allgemeinwohl dienen sondern auch das Individuum schützen soll.[3] Von einer Rechtspflicht des Sozialleistungsträgers ist auszugehen, wenn aus der Rechtsnorm die Leistungsvoraussetzungen, der Leistungsinhalt und der Leistungsverpflichtete hinreichend konkretisiert hervorgeht (vgl. § 2 Abs. 1 S. 2 SGB I). Eine Individualschutzfunktion ist anzunehmen, wenn der leistungsberechtigte Personenkreis durch die Rechtsnorm individualisiert wurde und nicht nur allgemein bleibt.[4] Da nicht jede Rechtsnorm ein subjektives öffentliches Recht einräumt, ist in der Praxis, wenn nach einer Sozialleistung gefragt wird, genau zu prüfen, ob eine Rechtsnorm existiert, die auch einen Anspruch auf diese Sozialleistung begründet.

Beispiel:
Die Eltern der 15-Jährigen Anna gehen zum Jugendamt und bitten um Hilfe. Ihre Tochter ist magersüchtig und leidet an einer schweren Depression. Seit einem dreiviertel Jahr ist sie in einer Klinik für Kinder- und Jugendpsychologie und solle nun, da sie wieder Normalgewicht habe, entlassen werden. Der Gesundheitszustand ist aber noch sehr instabil und erfordere weiterhin professionelle Unterstützung, die die Eltern nicht leisten können. Deshalb empfehlen die Ärzte und Therapeuten, Anna in einem therapeutischen Internat unterzubringen. Hat Anna Anspruch auf Hilfe?
Zunächst könnte hinsichtlich der Fallfrage § 1 Abs. 1 SGB VIII in Betracht gezogen werden. Nach § 1 Abs. 1 SGB VIII hat jeder junge Mensch ein Recht auf Förderung seiner Entwicklung und auf Erziehung zu einer eigenverantwortlichen und gemeinschaftsfähigen Persönlichkeit. Ein Anspruch auf Hilfe kann aus dieser Norm hergeleitet und geltend gemacht werden, **wenn** die Leistungsvoraussetzungen, die Leistungsberechtigten und der Leistungsinhalt konkret bestimmt sind. Aus § 1 Abs. 1 SGB VIII ist aber nicht ersichtlich, unter welchen konkreten Umständen junge Menschen welche Hilfe bekommen. Die Rechtsvorschrift ist inhaltlich also nicht konkret genug, so dass aus § 1 Abs. 1 SGB VIII kein subjektives öffentliches Recht abgeleitet werden kann. Aus § 1 Abs. 1 SGB VIII kann kein Anspruch für Anna auf Hilfe abgeleitet werden. § 1 Abs. 1 SGB VIII ist bloßes **objektives Recht**. Sie ist als Zielnorm zu verstehen mit programmatischem Charakter, aus der kein durchsetzbarer subjektiver Anspruch abgeleitet werden kann.[5] Diese Norm verpflichtet daher die Verwaltung, entsprechende Hilfen anzubieten, ohne dass diese aufgrund von § 1 Abs. 1 SGB VIII durch den Einzelnen einklagbar wären.

---

3 Sog. Schutznormtheorie; vgl. Maurer/Waldhoff, Allgemeines Verwaltungsrecht, § 8 Rn. 8 ff.
4 Vgl. BVerwGE 27, S. 29, 33; BVerwGE 94, S. 151, 158.
5 Vgl. Neumann, in: Hauck/Noftz, SGB VIII, § 1 Rn. 5.

Vielleicht sieht aber § 35 a Abs. 1 S. 1 SGB VIII einen Anspruch für Anna auf Hilfe vor. Nach § 35 a Abs. 1 SGB VIII haben Kinder oder Jugendliche einen Anspruch auf Eingliederungshilfe, wenn ihre seelische Gesundheit mit hoher Wahrscheinlichkeit länger als sechs Monate von dem für ihr Lebensalter typischen Zustand abweicht, und daher ihre Teilhabe am Leben in der Gesellschaft beeinträchtigt ist oder eine solche Beeinträchtigung zu erwarten ist. Nach § 35 a Abs. 2 SGB VIII wird die Hilfe nach dem Bedarf im Einzelfall in ambulanter Form, in Tageseinrichtungen, durch geeignetes Pflegepersonal oder in Einrichtungen über Tag und Nacht sowie sonstigen Wohnformen erbracht. In § 35 a SGB VIII werden die Leistungsvoraussetzungen konkret benannt (seelische Behinderung, Teilhabebeeinträchtigung), hierdurch werden auch die Leistungsberechtigten Kinder und Jugendliche näher eingegrenzt und auch der Leistungsinhalt wird konkret in § 35 a Abs. 2 SGB VIII bezeichnet. Aus § 35 a VIII ergibt sich daher, wenn Annas Fall die Voraussetzungen erfüllt, ein Anspruch auf Eingliederungshilfe. Dieser Anspruch ist ein einklagbares **subjektives öffentliches Recht**.

13 Die Regelungen der Sozialgesetzbücher gelten nur für die in den §§ 18 bis 29 SGB I genannten staatlichen Sozialleistungsträger. Für andere öffentliche Verwaltungsträger sind die Sozialgesetzbücher nicht anwendbar. **Gemeinnützige und freie Einrichtungen** werden durch die Sozialgesetzbücher ebenfalls nicht gebunden. Diese begründen und organisieren die Rechte und Pflichten zwischen ihnen und ihren Klienten in erster Linie durch privatrechtliche Verträge oder vertragsähnliche Rechtsverhältnisse.[6] Nur punktuell können aus der Zusammenarbeit mit den öffentlichen Trägern für die freien Einrichtungen bestimmte Schutz- oder Auskunftspflichten entstehen (bspw. § 61 Abs. 1 SGB II, § 61 Abs. 3 SGB VIII).[7]

2. Die Systematik des Sozialverwaltungsrechts

14 Das Sozialverwaltungsrecht untergliedert sich, wie das Verwaltungsrecht auch, in einen allgemeinen und einen besonderen Teil. Die Sozialgesetzbücher I bis XII lassen sich in diese Systematik einordnen:

---

6 Vgl. Papenheim [ua], Verwaltungsrecht für die soziale Praxis, S. 156.
7 Vgl. Trenczek [ua], Grundzüge des Rechts, S. 392.

Kapitel A: Theoretische Grundlagen 19

Sozialverwaltungsrecht	
Allgemeines Sozialverwaltungsrecht	**Besonderes Sozialverwaltungsrecht**
Die allgemeinen Sozialgesetzbücher enthalten allgemeine Regelungen, die alle besonderen Bereiche des Sozialverwaltungsrechts gleichermaßen betreffen und regeln. Zum allgemeinem Sozialverwaltungsrecht gehören:	Die besonderen Sozialgesetzbücher enthalten besondere Regelungen für spezifische Sozialleistungsbereiche. Sie regeln insbesondere die Voraussetzungen und Ausgestaltung der einzelnen sozialen Ansprüche.
⇨ **SGB I: Allgemeiner Teil** = allgemeine Aufgaben, Orientierung über die Träger und Zuständigkeiten (§§ 18-29 SGB I), allgemeine Grundsätze des Leistungsrechts (§ 31 SGB I Gesetzesvorbehalt, § 35 SGB I Sozialgeheimnis und § 39 SGB I Prinzip der pflichtgemäßen Ermessensausübung)	**Steuerfinanzierte Sozialleistungen**
	⇨ **SGB II**: Grundsicherung für erwerbsfähige Arbeitsuchende (Arbeitslosengeld II)
	⇨ **SGB VIII**: Kinder- & Jugendhilfe
⇨ **SGB X: Sozialverwaltungsverfahren & Sozialdatenschutz** = allgemeine Verfahrensgrundsätze, Handlungsformen der Verwaltung (insbesondere Verwaltungsakt, § 31 SGB X), Fristenregelungen, Verfahrenskosten, Rechtsbehelfsverfahren, Sozialdatenschutz	⇨ **SGB IX**: Rehabilitations- & Teilhabeleistungen für behinderte Menschen
	⇨ **SGB XII**: Grundsicherung im Alter & bei Erwerbsminderung u. a. Sozialhilfeleistungen
	Beitragsfinanzierte Sozialleistungen
⇨ **SGB IV: Allgemeiner Teil für die gesetzlichen Sozialversicherungen** = Begriffsbestimmungen, Leistungen der Sozialversicherungen, Beitragsbemessung, Beitragszahlung, Träger der Sozialversicherung	⇨ **SGB III**: Arbeitsförderung & Arbeitslosenversicherung (Arbeitslosengeld I)
	⇨ **SGB V**: Gesetzliche Krankenversicherung
	⇨ **SGB VI**: Gesetzliche Rentenversicherung
	⇨ **SGB VII**: Gesetzliche Unfallversicherung
	⇨ **SGB XI**: Soziale Pflegeversicherung

Die einzelnen sozialen Ansprüche sind in den besonderen Sozialgesetzbüchern geregelt, die sich in unterschiedliche Fachbereiche aufgliedern. Die allgemeinen Sozialgesetzbücher I und X befassen sich dagegen mit der Zuständigkeit, der Verfahrensweise zur Entscheidungsfindung, dem Rechtschutz, dem Sozialdatenschutz und den allgemeinen Leistungsgrundsätzen. Die Regelungen des SGB I und des SGB X gelten gem. **§ 37 S. 1 SGB I** für alle besonderen Sozialgesetzbücher gleichermaßen. Abweichende Regelungen in den besonderen Sozialgesetzbüchern haben jedoch Vorrang vor den allgemeinen Regelungen des SGB I und X. 15

Nach **§ 68 SGB I** gelten beispielsweise das Bundesausbildungsförderungsgesetz (BAföG), das Bundeskindergeldgesetz (BKGG), das Wohngeldgesetz (WoGG), das Adoptionsvermittlungsgesetz (AdVermiG), das Unterhaltsvorschussgesetz (UnterhVG), einzelne Abschnitte des Bundeselterngeld- und Elternzeitgesetzes (BEEG) ua ebenfalls als besondere Sozialgesetzbücher. In Folge dessen gelten für die in § 68 SGB I aufgeführten Gesetzen ebenfalls die allgemeinen Regelungen des SGB I und X, soweit sich aus den besonderen Sozialgesetzbüchern nichts Abweichendes ergibt. 16

Beispiel:
§ 33 Abs. 2 S. 1 SGB X besagt, dass ein Verwaltungsakt schriftlich, elektronisch, mündlich oder in anderer Weise erlassen werden kann. Diese Vorschrift des allgemeinen Sozialverwaltungsrechts schreibt also keine besondere Form für den Erlass eines Verwaltungsaktes vor. Es gilt demnach hinsichtlich der Form des Verwaltungsaktes der Grundsatz der Formwahlfreiheit. Als allgemeine Regelung gilt § 33 Abs. 2 S. 1 SGB X für alle besonderen Sozialleistungsbüchern,

soweit sich aus den besonderen Sozialgesetzbüchern nichts Abweichendes ergibt (vgl. § 37 S. 1 SGB I). § 50 Abs. 1 S. 1 BAföG schreibt nun als spezielle Regelung eines besonderen Sozialgesetzbuches für die Entscheidungen über BAföG-Leistungen vor, dass sie dem Antragsteller schriftlich oder elektronisch mitzuteilen ist. Damit wird also für Entscheidungen über BAföG-Leistungen die Schriftform bestimmt und von dem Grundsatz der Formwahlfreiheit aus § 33 Abs. 2 S. 1 SGB X abgewichen. Als spezielle Vorschrift geht § 50 Abs. 1 S. 1 BAföG der allgemeinen Regelung aus § 33 Abs. 2 S. 1 SGB X vor.

17 Dieses Lehrbuch wird sich mit dem **allgemeinen Sozialverwaltungsrecht (SGB I und X)** befassen. Neben diesen sozialrechtlichen Verfahrensvorschriften wird außerdem das **Sozialgerichtsgesetz (SGG)** dargestellt. Dieses Gesetz bildet den rechtlichen Rahmen für die Prozesse vor den Sozialgerichten und soll ein geordnetes und rechtsstaatliches Gerichtsverfahren bei der Feststellung und Durchsetzung sozialrechtlicher Ansprüche gewährleisten. Kenntnisse in den Rechtsbereichen SGB I, SGB X und SGG sind nicht nur für die Beschäftigten in der Sozialverwaltung Voraussetzung für eine professionelle Soziale Arbeit. Auch Sozialarbeiter freier Träger müssen in der Lage sein, ihre Klienten neben den sozialen Ansprüchen aus den besonderen Sozialgesetzbüchern auch über die Möglichkeiten des Rechtsschutzes, über die Rechte im Verwaltungsverfahren oder in Fragen über die Zuständigkeiten zu beraten.

IV. Die öffentliche Verwaltung

1. Der Begriff der Verwaltung

18 Mit dem Begriff „Verwaltung" kann eigentlich jeder etwas anfangen. Hierbei denkt man beispielsweise an:

Beispiele:
Die Tochter, die das Vermögen ihres demenzkranken Vaters verwaltet. / Die Personalabteilung eines großen Autoherstellers, die ihre Personalangelegenheiten verwaltet, also Mitarbeiter einstellt, Personalgespräche führt und das Gehalt auszahlt. / Das Jugendamt der Stadt Magdeburg wird verwaltend tätig, wenn es untersucht, ob Hilfen zur Erziehung zu gewähren sind. / Ebenso wird das Jobcenter Stuttgart verwaltend tätig, wenn es prüft, ob Arbeitslosengeld II zu bewilligen ist. / Die Sparkasse verwaltet das Vermögen ihrer Kunden. / Ein Verkehrspolizist ordnet und verwaltet damit den Straßenverkehr. / Die Hausverwaltung Müller kümmert sich um ein Mietobjekt und verwaltet alle diesbezüglichen Angelegenheiten der Mieter.

19 Diese Beispiele verdeutlichen, dass in den unterschiedlichsten Lebensbereichen verwaltet wird. Soll man aber versuchen diesen Begriff zu definieren, stößt man angesichts dieser Vielschichtigkeit der Verwaltung schnell an seine Grenzen. Trotz und gerade wegen dieser Vielschichtigkeit von Aufgaben und „verwaltenden" Einrichtungen ist es Voraussetzung für das Verständnis des Verwaltungsrechts, dass man dessen Gegenstand kennt. Deshalb wird im Folgenden der Begriff der Verwaltung näher beschreiben.

20 Gegenstand des Verwaltungsrechts ist zunächst einmal nur die öffentliche also **staatliche Verwaltung**. Sie ist von der Verwaltung im privaten, gesellschaftlichen oder wirtschaftlichen Bereich zu differenzieren.[8] So ist die Verwaltung einer gemeinnützigen Organisation oder einer anderen freien Einrichtung nicht mit der im Folgenden thematisierten öffentlichen Verwaltung zu verwechseln.

---

8 Vgl. Maurer/Waldhoff, Allgemeines Verwaltungsrecht, § 1 Rn. 1.

Beispiele:
So sind die vermögensverwaltende Tochter oder Bank, die Personalabteilung des Autoherstellers und die immobilienverwaltende Hausverwaltung der privaten und wirtschaftlichen Verwaltung zuzuordnen. Der Begriff der öffentlichen Verwaltung erfasst diese Verwaltungstätigkeiten nicht.

Um den Begriff der Verwaltung weiter einzugrenzen, kann der Begriff negativ umschrieben werden, indem gesagt wird, was nicht zur staatlichen Verwaltungstätigkeit gehört. Die staatliche Verwaltungstätigkeit ist also von anderen Bereichen staatlicher Tätigkeit abzugrenzen und zu unterscheiden. Nach Art. 20 Abs. 2 S. 2 GG wird die staatliche Tätigkeit in die Gesetzgebung, die Rechtsprechung und die vollziehende Gewalt untergliedert (sog. **Gewaltenteilung**). Die vollziehende Gewalt wird wiederum in die staatsleitende Regierung und die gesetzesausführende Verwaltung unterschieden:

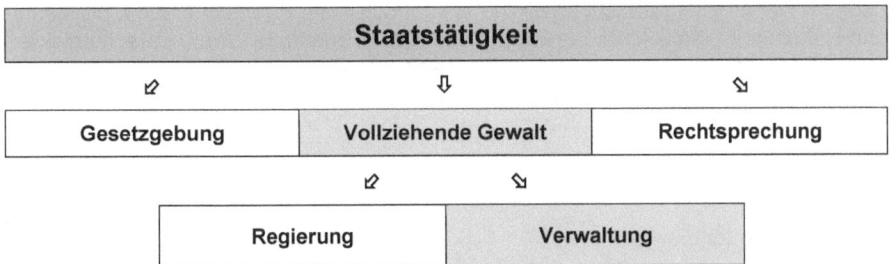

Negativ beschrieben, ist die öffentliche Verwaltung damit die Staatstätigkeit außerhalb der Gesetzgebung, der Rechtsprechung und der Regierungstätigkeit.[9]

a) Gesetzgebung (Legislative)

Aufgabe der Gesetzgebung ist es, nach einem von der Verfassung vorgegebenen Verfahren Gesetze zu erlassen oder zu ändern. Zuständig für den Erlass der Gesetze ist in einer Demokratie die Volksvertretung, also die gewählten Abgeordneten des **Parlaments** (Bundestag auf Bundesebene, Landtage auf Landesebene).[10] Da die Gesetze durch gewählte Vertreter der Bevölkerung gesetzt werden, spiegeln die Gesetze den Willen des Volkes wider. Aus diesem Grund ist es auch legitim, dass die Gesetze Allgemeingültigkeit beanspruchen, also alle Bürger und auch den Staat binden und die Grundlage für das Handeln der Rechtsprechung und der vollziehenden Gewalt sind.[11]

Gesetze sind abstrakt-generelle Regelungen (Rechtsnormen)**,** das heißt, sie erfassen mehrere unbestimmte Lebenssituationen (abstrakt) und gelten für einen unbestimmten Personenkreis (generell). Regelung bedeutet, dass verbindlich angeordnet wird, was gelten soll, um so das friedliche und freiheitliche Zusammenleben der Menschen in einem Staat sicherzustellen. Gesetze werden vom Bundestag oder von

---
9 Vgl. Maurer/Waldhoff, Allgemeines Verwaltungsrecht, § 1 Rn. 6.
10 Neben dem Parlament ist bei der Bundesgesetzgebung auch der Bundesrat beteiligt. Er ist das Vertretungsorgan der Bundesländer und muss bei Bundesgesetzen zustimmen, wenn diese die Belange der Länder berühren.
11 Vgl. Art. 20 Abs. 3 GG: Die rechtsprechende und die vollziehende Gewalt sind an das Gesetz gebunden.

den Landesparlamenten in einem verfassungsmäßig festgeschriebenen Verfahren und in einer festgeschriebenen Form erlassen.[12]

b) Rechtsprechung (Judikative)

25 Die rechtsprechende Gewalt ist nach Art. 92 GG den **Richtern** anvertraut; sie wird durch das Bundesverfassungsgericht, durch die Bundesgerichte (Bundesgerichtshof, Bundesarbeitsgericht, Bundesverwaltungsgericht, Bundessozialgericht, Bundesfinanzhof) und durch die **Gerichte** der Länder ausgeübt.

26 Die Rechtsprechung entscheidet zum Beispiel rechtliche Streitigkeiten zwischen privaten Rechtsträgern (natürliche Personen oder juristische Personen des Privatrechts), überprüft die Strafbarkeit sozialschädlicher Handlungen und entscheidet über die Höhe der Strafe. Darüber hinaus kontrolliert die Rechtsprechung, ob staatliche Handlungen die Rechte der Bürger verletzen. Grundlage für die Entscheidungen der Richter ist dabei das Gesetz. In Anwendung, Konkretisierung und Fortbildung der Gesetze wird also der streitige Einzelfall entschieden und so die Wahrung der Gesetze sichergestellt. Die Entscheidungen der Gerichte ergehen in Form von **Urteilen**.

c) Regierung (Gubernative)

27 Die Regierung lässt sich der vollziehenden Gewalt zuordnen und besteht auf Bundesebene aus dem **Bundeskanzler** und den **Bundesministern** der verschiedenen Ressorts und auf Landesebene aus dem Ministerpräsidenten und den Landesministern.

28 Aufgabe der Bundesregierung ist es, die Bundesrepublik Deutschland zu regieren also zu leiten. In Ausübung dieser Funktion bestimmt der Bundeskanzler beispielsweise die politischen Ziele, legt die Bundesregierung Gesetzgebungsinitiativen beim Bundestag vor, führen, organisieren und beaufsichtigen die Bundesminister als Kopf der Verwaltung ihre Ministerien und die ihnen nachgeordneten Behörden und informiert und warnt die Bundesregierung die Bevölkerung.

d) Verwaltung (Administrative)

29 Die Aufgaben der Verwaltung sind vielfältig und von der Verfassung selbst nicht weiter bestimmt. Aus diesem Grund fällt die Bestimmung des Begriffs Verwaltung schwer. Der Begriff wird daher definiert, indem die Verwaltung von den anderen Tätigkeitsbereichen des Staates abgegrenzt wird. Ausgehend vom Begriff „vollziehende Gewalt" lässt sich aber die wesenseigene Aufgabe der Verwaltung ableiten. Stellt man sich etwa die Fragen, WAS WIE von WEM vollzogen wird, lässt sich der Begriff Verwaltung auch positiv ermitteln:

30 (WAS?) **Vollzogen** werden von der Verwaltung die **Gesetze**. Und das bedeutet, dass die abstrakt-generellen Gesetze auf den konkreten-individuellen Fall angewendet werden. Die Verwaltung trifft also aufgrund von abstrakt-generellen Regelungen eine konkret-individuelle Regelung und setzt diese dann auch um. (WIE?) Dabei handelt

---

12 Vgl. Degenhart, Staatsrecht I Staatsorganisationsrecht, Rn. 148.

Kapitel A: Theoretische Grundlagen

sie in der Regel **hoheitlich**. Das heißt, die Verwaltung legt aufgrund der Gesetze einseitig (gewissermaßen von oben herab ohne Mitbestimmung des Bürgers) und verbindlich fest, was im konkreten Einzelfall gelten soll und kann diese einseitig verbindliche Regelung dann auch durch Zwangsmaßnahmen (staatliches Gewaltmonopol) durchsetzen. (von WEM?) Vollzogen werden die Gesetze von den in den Ministerien, in den **Behörden** oder in den Ämtern tätigen Personen.

Beispiel:
Ein Polizist des Polizeireviers Dessau-Roßlau (Behörde) vollzieht das Polizeigesetz (abstrakt-generelle Regelung) und verbietet dem 27-jährigen Wolfgang die weitere Teilnahme an der Demonstration, weil er aufrührerisch die anderen Polizisten und auch andere Demonstranten angepöbelt hat (Regelung des konkret-individuellen Falles).

Die Sachbearbeiterin des Jugendamtes Stuttgart (Behörde) vollzieht §§ 27, 29 SGB VIII (abstrakt-generelles Regelung) und gewährt dem alleinerziehenden Herrn Schmidt Hilfen zur Erziehung in Form der Sozialen Gruppenarbeit für seine 13-jährige Tochter, weil diese aufgrund einer Entwicklungsstörung keinen Kontakt zu Gleichaltrigen aufbauen kann und sich in Gruppen unsicher fühlt (konkrete Einzelfallregelung).

> Nach alledem versteht man unter der öffentlichen Verwaltung die Staatstätigkeit außerhalb der Gesetzgebung und Rechtsprechung und außerhalb der Regierungstätigkeit. Die öffentliche Verwaltung ist damit die Tätigkeit von Behörden zur Vollziehung von Gesetzen, also die hoheitliche **Regelung von konkreten Einzelfällen auf Grundlage der abstrakt-generellen Gesetze** sowie deren Durchsetzung.

Darüber hinaus ist noch zu erwähnen, dass neben der Gesetzgebung auch die Verwaltung abstrakt-generelle Regelungen (Rechtsnormen) erlassen kann. Da die Verwaltung aber nicht das Volk repräsentiert und die Normgebung grundsätzlich zu den Kernfunktionen der Legislative gehört (Gewaltenteilungsprinzip), benötigt die Verwaltung eine Ermächtigung (Erlaubnis) in Form eines Gesetzes für den Erlass abstrakt-genereller Regelungen. Die Rechtsnormen der Verwaltung nennt man **Rechtsverordnungen** (vgl. Rn. 85 f.). Rechtsverordnungen dürfen nicht gegen die Gesetze der Legislative verstoßen.

2. Die Aufgaben der staatlichen Verwaltung

Aufgabe der öffentlichen Verwaltung ist es, den Einzelfall auf Grundlage der Gesetze zu regeln und so die gesetzlichen Ziele umzusetzen. Um einen genaueren Eindruck von dem Charakter der Verwaltung zu bekommen, lohnt ein Blick auf die unterschiedlichen Betätigungsbereiche der Verwaltung. So bekommt man einen guten Überblick über die konkreten Aufgaben der Verwaltung, wenn man sich einzelne Fachbereiche der Verwaltung anschaut:

Fachgebiete der Verwaltung	Konkrete Aufgabenschwerpunkte
∎ Arbeit und Soziales	⇒ Soziale Sicherung durch gesetzliche Sozialversicherungen und Leistungen zur Existenzsicherung ⇒ Hilfe bei der Arbeitssuche ⇒ Schaffung sozialer Einrichtungen ⇒ Inklusion von Menschen mit Behinderung
∎ Auswärtige Angelegenheiten	⇒ Vertretung der Bundesrepublik Deutschland nach außen ⇒ Reisewarnungen ⇒ Einsatz für Frieden und Sicherheit in der Welt
∎ Wissenschaft und Forschung	⇒ Verwaltung der Hochschulen, wissenschaftlichen Bibliotheken ua Forschungseinrichtungen ⇒ Förderung von Forschungsvorhaben
∎ Landwirtschaft, Ernährung und Verbraucherschutz	⇒ Aufklärung der Verbraucher ⇒ Kontrolle der Lebensmittel ⇒ Verbot gesundheitsschädlicher Lebensmittel
∎ Kultus, Familie, Senioren, Frauen und Jugend	⇒ Schaffung und Verwaltung von Bildungs- und Betreuungsangeboten ⇒ Förderung von Kindern- und Jugendlichen ⇒ Schaffung gleicher Zukunftschancen für Frauen und Männer ⇒ Förderung von Kultur, Kunst und Sport
∎ Gesundheit	⇒ Schutz vor umweltbedingten Gesundheitsgefahren ⇒ Vermeidung und Bekämpfung von ansteckenden Krankheiten ⇒ Kontrolle von Medikamenten
∎ Innere Angelegenheiten	⇒ Prävention und Bekämpfung von Straftaten sowie Katastrophenschutz ⇒ Schutz der Freiheitrechte des Einzelnen und der demokratischen Grundordnung ⇒ Entscheidung über Asylanträge, Förderung der Integration
∎ Justiz	⇒ Gestaltung des Strafvollzugs ⇒ Mitwirkung bei der Gesetzgebung
∎ Umwelt, Naturschutz, Bau und Reaktorsicherheit	⇒ Bauordnungsmaßnahmen ⇒ Förderung erneuerbarer Energien, Planung des Atomausstiegs ⇒ Abfallbeseitigung sowie Wasserversorgung und -Entsorgung

Kapitel A: Theoretische Grundlagen

Fachgebiete der Verwaltung	Konkrete Aufgabenschwerpunkte
■ Verkehr & Infrastruktur	⇒ Verwirklichung der Verkehrssicherheit und Schutz vor Verkehrslärm ⇒ Schaffung und Erhalt nachhaltiger Verkehrswege
■ Verteidigung	⇒ Maßnahmen zum Schutz vor Gefahren von außerhalb der BRD
■ Finanzen & Wirtschaft	⇒ Einziehen der Einkommenssteuer zur Finanzierung der Staatskosten

Die Verwaltung wirkt also umfassend in den verschiedensten Bereichen des täglichen Lebens. Zusammenfassend lassen sich hieraus die folgenden zwei Hauptaufgaben der Verwaltung kategorisieren: **33**

Hauptaufgaben der Verwaltung[13]

Gewährleistung der öffentlichen Sicherheit und Ordnung	Leistungsverwaltung und Daseinsvorsorge
⇩ durch ⇩	⇩ durch ⇩
■ Abwehr von Gefahren ■ Ordnende und befehlende Maßnahmen, ■ Erhebung von Abgaben	■ individuelle Hilfe und Förderung in sozialen Notlagen ■ positive Beeinflussung der Umwelt & der allgemeinen Lebensbedingungen
Beispiele: ■ Bekämpfung von Straftaten und Infektionskrankheiten ■ Inobhutnahme eines Kindes ■ Abrissverfügung eines baufälligen Gebäudes ■ Regelung des Straßenverkehrs ■ Entsorgung des Mülls ■ Erhebung von Steuern	Beispiele: ■ Arbeitslosengeld, Hilfe zur Erziehung, Wohngeld, Ausbildungsförderung, Sozialhilfe, Beratungsangebote ■ Errichtung einer Schule oder eines Freizeitzentrums ■ Förderung öffentlicher Verkehrsmittel, Bau und Instandhaltung von Straßen ■ Wasser- und Stromversorgung

Die Verwaltung gewährleistet öffentliche Sicherheit und Ordnung in der Regel durch **34** eingreifende Verwaltungsmaßnahmen. Bei dieser sogenannten **Eingriffsverwaltung**

---

[13] Vgl. auch Maurer/Waldhoff, Allgemeines Verwaltungsrecht, § 1 Rn. 14 ff.

greift die Verwaltung einseitig und rechtsverbindlich in die Rechte des Bürgers ein. Das heißt, die Verwaltungsmaßnahme wirkt für den Bürger **belastend**, da ihm Pflichten auferlegt oder ihm gegenüber Verbote ausgesprochen werden. Zur Eingriffsverwaltung gehört aber auch die Beschaffung von Geldmitteln, wie Steuern und anderen öffentlich-rechtlichen Abgaben, die für die Erfüllung staatlicher Aufgaben notwendig sind.

35 Im Bereich der Daseinsvorsorge wird die Verwaltung dagegen leistend tätig. Dem Bürger werden neue Rechte eingeräumt oder bereits bestehende erweitert. Im Rahmen dieser **Leistungsverwaltung** wirken die Verwaltungsmaßnahmen für den Bürger **begünstigend**. Die Sozialverwaltung ist überwiegend dem Bereich der Leistungsverwaltung zuzuordnen.

36 Je nachdem ob es sich um einen Bereich der Leistungs- oder Eingriffsverwaltung handelt, kommt es zu unterschiedlichen Rechtswirkungen für den betroffenen Bürger. Aus diesem Grund werden belastende Maßnahmen rechtlich anders behandelt als begünstigende Maßnahmen. So unterliegen Eingriffe der Verwaltung strengeren rechtlichen Voraussetzungen als Maßnahmen der Leistungsverwaltung (vgl. Rn. 166 f.) und sind umgekehrt Leistungen der Verwaltung schwieriger durch behördliche Aufhebung zurückzunehmen als Maßnahmen der Eingriffsverwaltung (Rn. 469 ff.).

37 Zur Erfüllung der beschriebenen Verwaltungsaufgaben muss die Verwaltung aber auch planend, in die Zukunft blickend, tätig werden. Die **Planungsverwaltung** ermittelt also Bedarfe, entwickelt Konzepte und bereitet die Umsetzung staatlicher Vorhaben vor. Maßnahmen der Planungsverwaltung können für den Bürger sowohl belastend als auch begünstigend sein.

Beispiel:
Damit genügend Kindergartenplätze zur Verfügung gestellt werden können, werden Daten bezüglich der Bevölkerungsentwicklung erhoben.

Kapitel B: Fälle und Übungen

I. Aufgaben

38 Lösen Sie die folgenden Wiederholungsfragen ggf. anhand der genannten Normen.

Frage:	Lösungshinweis:
1. Werden durch die Sozialgesetzbücher I bis XII auch freie Träger verpflichtet?	Rn. 13
2. Unter welchen Voraussetzungen kann die Rechtsfolge einer Norm eingeklagt werden? Kann aus § 11 Abs. 1 S. 1 SGB VIII ein einklagbarer Anspruch des Einzelnen auf Jugendarbeit abgeleitet werden?	Rn. 12
3. Sachbearbeiter Ingo (I) bearbeitet den Wohngeldantrag von Frieda (F). Nachdem I zu der Entscheidung gelangt ist, dass der F Wohngeld zu bewilligen ist, überlegt er in welcher Form er den Bescheid erlässt. Er ist sich unsicher, denn § 33 Abs. 2 SGB X bestimmt, dass ein Verwaltungsakt schriftlich, elektronisch, mündlich oder in anderer Weise erlassen werden kann. § 24 Abs. 1 S. 1 WoGG schreibt dagegen die Schriftform vor. Können Sie I helfen?	Rn. 15 f., § 37 Abs. 1 S. 1 SGB I
4. Was versteht man im Wesentlichen unter der öffentlichen Verwaltung?	Rn. 18 ff.
5. In welcher Form kann die Verwaltung Rechtsnormen erlassen?	Rn. 31
6. Worin unterscheiden sich Gesetze von Rechtsverordnungen?	Rn. 24, 31
7. Nennen Sie jeweils 2 Beispiele für leistende und eingreifende Maßnahmen der Sozialverwaltung.	
8. Kann eine Maßnahme der Verwaltung sowohl begünstigende als auch belastende Wirkung haben? Überlegen Sie sich ein Beispiel.	

II. Lösungen

Zu Frage 1:
Gelten die Sozialgesetzbücher auch für freie Träger?

Die Sozialgesetzbücher gehören zum öffentlichen Recht. Das bedeutet, sie verpflichten und berechtigen die in den §§ 18 bis 29 SGB I genannten staatlichen **Sozialleistungsträger**. Freie Träger werden durch die Sozialgesetzbücher grundsätzlich nicht gebunden.

Zu Frage 2:
Unter welchen Voraussetzungen kann die Rechtsfolge einer Norm eingeklagt werden?

Ein individueller einklagbarer Anspruch besteht nur, wenn sich aus der Norm ein **subjektives-öffentliches Recht** ergibt. Nach der sog. „Schutznormtheorie" ist das der Fall, wenn sich aus der Norm eine Verpflichtung der Verwaltung ergibt und die Norm nicht nur dem Allgemeinwohl dienen soll, sondern auch das Individuum berechtigen will. Dies ist durch Auslegung zu ermitteln. Nicht jeder Norm, die mit einer „muss"-Rechtsfolge die Verwaltung bindet, enthält daher gleichzeitig auch ein einklagbares Recht. In diesem Fall wäre es lediglich eine objektive Verpflichtung der Verwaltung zu einem bestimmten Handeln.

41 Nach § 11 Abs. 1 S. 1 SGB VIII sind jungen Menschen die zur Förderung ihrer Entwicklung erforderlichen Angebote der Jugendarbeit zur Verfügung zu stellen. Hieraus ergibt sich nicht, unter welchen konkreten Umständen (Leistungsvoraussetzungen) junge Menschen welches konkrete Angebot der Jugendarbeit (Inhalt der Leistung/Rechtsfolge) zur Verfügung zu stellen ist. Da keine konkreten Leistungsvoraussetzungen normiert sind und sich die Norm an alle jungen Menschen bis 27 Jahre richtet, wäre der Kreis der möglichen Leistungsberechtigten zu allgemein gehalten. Da § 11 Abs. 1 S. 1 SGB VIII inhaltlich nicht konkret genug ist, trifft die Verwaltung keine rechtsverbindliche Pflicht und kann hieraus also kein subjektives-öffentliches Recht abgeleitet werden. § 11 Abs. 1 S. 1 SGB VIII ist bloßes **objektives Recht**. Sie ist lediglich als Aufgabenzuweisung zu verstehen, aus der kein durchsetzbarer subjektiver Anspruch abgeleitet werden kann.[14]

Zu Frage 3:
Hat § 33 Abs. 2 S. 1 SGB X oder § 24 Abs. 1 S. 1 WoGG Vorrang?

42 Nach § 37 S. 1 SGB I gelten das SGB I und das SGB X für alle besonderen Sozialleistungsbereiche des Sozialgesetzbuches. Zu diesen besonderen Sozialleistungsbereichen des Sozialgesetzbuches gehört neben dem SGB II, III, V, VI, VII, VIII, IX, XI, XII auch das Wohngeldgesetz (§ 68 Nr. 10 SGB I). Demgemäß gilt § 33 Abs. 2 S. 1 SGB X auch für das WoGG. Dies gilt gem. § 37 S. 1 SGB I aber nur, soweit sich aus den besonderen Sozialleistungsbereichen des Sozialgesetzbuches nichts Abweichendes ergibt. Vorliegend ergibt sich aus § 24 Abs. 1 S. 1 WoGG (Schriftform) aber etwas Abweichendes zu § 33 Abs. 2 S. 1 SGB X (Formwahlfreiheit). Deshalb hat die besondere Regelung des § 24 Abs. 1 S. 1 WoGG Vorrang vor der allgemeinen Regelung des § 33 Abs. 2 S. 1 SGB X. Sachbearbeiter I muss den Wohngeldbescheid daher nach § 24 Abs. 1 S. 1 WoGG schriftlich erlassen. Die Formwahlfreiheit nach § 33 Abs. 2 S. 1 SGB X wird von der spezielleren Norm verdrängt.

Zu Frage 4:
Was versteht man im Wesentlichen unter der öffentlichen Verwaltung?

43 Die öffentliche Verwaltung vollzieht die Gesetze (Art. 20 Abs. 2 S. 2 GG: vollziehende Gewalt). Die öffentliche Verwaltung ist also die Tätigkeit von Behörden zur **Regelung eines konkreten Einzelfalles** auf Grundlage abstrakt-genereller Gesetze sowie die **Durchsetzung dieser Regelung**.

Zu Frage 5:
In welcher Form kann die Verwaltung Rechtsnormen erlassen?

44 Rechtsnormen sind abstrakt-generelle, allgemeinverbindliche Regelungen des Staates. Prinzipiell darf nur die Gesetzgebung Rechtsnormen erlassen, während die Verwaltung diese Gesetze vollzieht (Art. 20 Abs. 2 S. 2 GG: Grundsatz der Gewaltenteilung). Ausnahmsweise darf aber auch die Verwaltung Rechtsnormen erlassen, wenn und soweit eine Erlaubnis in Form eines Gesetzes hierzu vorliegt. Die Rechtsnormen der Verwaltung werden als **Rechtsverordnungen** bezeichnet.

---

[14] Vgl. Schruth, in: Schlegel/Voelzke, jurisPK-SGB VIII, § 11 Rn. 36; Patjens, Rechtsgrundlagen der Kinder- und Jugendarbeit, S. 50.

Zu Frage 6:
Worin unterscheiden sich Gesetze von Rechtsverordnungen?

Sowohl Gesetze als auch Rechtsverordnungen sind Rechtsnormen und damit abstrakt-generelle, allgemeinverbindliche Regelungen. **Gesetze** werden von den gesetzgebenden Parlamenten in einem verfassungsgemäßen Verfahren erlassen, während **Rechtsverordnungen** aufgrund einer gesetzlichen Ermächtigung von der Verwaltung erlassen werden.

Zu Frage 7:
Beispiele für leistende und eingreifende Maßnahmen der Sozialverwaltung:

Maßnahmen der Leistungsverwaltung: Leistungen zur Eingliederung in Arbeit nach § 16 SGB II (Ausbildungs- und Weiterbildungsmaßnahmen, Vermittlung von Jobangeboten), Eingliederungshilfe für seelisch behinderte Kinder nach § 35a SGB VIII, Arbeitslosengeld und Sozialhilfe, Errichtung und Unterhaltung einer öffentlichen Bibliothek oder eines Sportplatzes.

Maßnahmen der Eingriffsverwaltung: Ausweisung eines Ausländers nach § 53 AufenthG, die Inobhutnahme eines Jugendlichen nach § 42 SGB VIII, Kürzung des ALG-II wegen Pflichtverletzungen nach §§ 31, 31a SGB II.

Zu Frage 8:
Kann eine Maßnahme der Verwaltung sowohl begünstigende als auch belastende Wirkung haben?

Ja. Zu denken wäre dabei zum Beispiel an die Einweisung eines Obdachlosen in eine freie Mietwohnung. Für den Obdachlosen ist die Verwaltungsmaßnahme begünstigend, während sie für den privaten Vermieter belastend wirkt. Auch die nur teilweise Bewilligung eines Wohngeldantrages wirkt sowohl begünstigend als auch belastend. Die teilweise Bewilligung ist begünstigend, die Teilablehnung jedoch belastend.

Teil II: Die Organisation und die Träger der öffentlichen Verwaltung

Kapitel A: Theoretische Grundlagen

I. Die Verwaltungsorganisation

1. Bundesverwaltung, Landesverwaltung, Kommunalverwaltung

49 Die Bundesrepublik Deutschland ist gem. Art. 20 Abs. 1 GG ein **Bundesstaat**. Das heißt, die Bundesrepublik ist föderal in Bund und 16 Bundesländer organisiert. Nicht nur der Bund als Gesamtstaat sondern auch die 16 Bundesländer als Gliedstaaten sind dabei Staaten mit ihren bestimmenden Merkmalen (Staatsgebiet, Staatsvolk, Staatsgewalt)[15] und originären Pflichten und Rechten. Der Bund und auch die Länder besitzen also Staatsgewalt und sind Träger von Rechten und Pflichten.

50 Die **Staatsgewalt** des Bundes sowie die Staatsgewalt der Länder teilen sich nach dem Gewaltenteilungsprinzip des Art. 20 Abs. 2 S. 2 GG in eine gesetzgebende, eine rechtsprechende und eine vollziehende Gewalt (Verwaltung) auf.

51 **Träger von Rechten und Pflichten** bedeutet, dass der Bund und die Länder wie natürliche Personen rechtsfähig sind. Sie können also am Rechtsverkehr teilnehmen und sind für ihr Handeln verantwortlich, so dass sie selbst klagen und verklagt werden können. Sie sind damit sogenannte selbstständige juristische Personen des öffentlichen Rechts.[16]

52 Der Bund und die Bundesländer sind folglich die Träger der Verwaltung (**Verwaltungsträger**). Oder anders formuliert, sind sie die Rechtssubjekte, denen die verwaltungsrechtlichen Rechte und Pflichten ursprünglich zugeordnet sind.

a) Die Aufteilung der Verwaltungskompetenz zwischen den Bund und den Ländern

53 Da der Bund und auch die Länder Staatsgewalt besitzen, muss das Grundgesetz bestimmen, wie sich diese Herrschaftsmacht zwischen dem Bund und den Ländern aufteilt. Nach Art. 30 GG sind die staatlichen Befugnisse und die Erfüllung der staatlichen Aufgaben in der Regel Sache der Länder, soweit das Grundgesetz nichts anderes bestimmt. Die Aufteilung der Gesetzgebungskompetenz bestimmen die Art. 70 ff. GG. Infolge der unterschiedlichen Gesetzgebungskompetenzen gibt es Bundes- und Landesgesetze. Die **Kompetenzverteilung für den Bereich der Verwaltung**, die diese Bundes- und Landesgesetze vollziehen, regeln die Art. 83 ff. GG. Demnach gibt es vier Arten der Vollziehungs- bzw. Verwaltungskompetenz[17]:

---

15 Nach der sog. „Drei-Elemente-Lehre" von Georg Jellinek sind das Staatsvolk, das Staatsgebiet und die Staatsgewalt konstituierende Merkmale eines Staates. Vgl. Degenhart, Staatsrecht I, Rn. 2 ff., 461; Maurer/Waldhoff, Allgemeines Verwaltungsrecht, § 21 Rn. 7; BVerfGE 1, S. 14, 34.
16 Vgl. Maurer/Waldhoff, Allgemeines Verwaltungsrecht, § 21 Rn. 4 ff.
17 Vgl. Dörr/Francke, Sozialverwaltungsrecht, Kap. 4 Rn. 2 ff.; Degenhart, Staatsrecht I, Rn. 521 ff.

Kapitel A: Theoretische Grundlagen

- Landesgesetze vollzieht die Landesverwaltung nach Art. 30 GG als eigene Angelegenheit, das bedeutet, dass sie die Einrichtung der Behörden und das Verwaltungsverfahren selbst regelt (**landeseigene Verwaltung**).[18]

Beispiel:
Das sachsen-anhaltinische Landesgesetz über die öffentliche Sicherheit und Ordnung wird von den Polizei- und Sicherheitsbehörden des Landes Sachsen-Anhalt vollzogen. Das nordrhein-westfälische Landesschulgesetz wird von Schulbehörden des Landes Nordrhein-Westfalen ausgeführt.

- Gem. Art. 83 GG sind für den Vollzug von Bundesgesetzen grundsätzlich die Landesverwaltungen zuständig, soweit das Grundgesetz nicht ausdrücklich etwas anderes bestimmt oder zulässt. Nach Art. 84 Abs. 1 S. 1 GG erfüllen die Landesbehörden die Bundesgesetze als eigene Angelegenheit, also weitgehend selbstständig und eigenverantwortlich (**Vollzug von Bundesgesetzen durch die Länder als eigene Angelegenheit**).

Beispiel:
Das Unterhaltsvorschussgesetz ist ein Bundesgesetz und wird von den Ländern als eigene Angelegenheit vollzogen.

- Als Ausnahme von diesem Regelfall ist die **Bundesauftragsverwaltung** gem. Art. 85 GG zu nennen. Bei der Bundesauftragsverwaltung führen die Länder die Bundesgesetze im Auftrage des Bundes aus und eben nicht selbstständig als eigene Angelegenheiten. Zwar richten die Länder eigene Behörden ein und sind auch die Verwaltungsträger[19], der Bund kann aber durch Verwaltungsvorschriften und Weisungen die Landesverwaltung mitgestalten, leiten und beaufsichtigen. Die Bundesaufsicht erstreckt sich nicht nur auf die Rechtmäßigkeit, sondern auch auf die Zweckmäßigkeit der Gesetzesausführung. Welche Sachgebiete im Auftrag des Bundes von den Ländern vollzogen werden, ergibt sich aus einzelnen Bestimmungen des GG, teilweise in Verbindung mit dem zu vollziehenden Bundesgesetz.

Beispiel:
Nach Art. 104 a Abs. 3 S. 2 GG iVm § 32 WoGG wird das Wohngeldgesetz von den Ländern als Auftragsangelegenheit ausgeführt. Das Bundeselterngeldgesetz wird nach Art. 104 a Abs. 3 S. 2 GG iVm § 12 Abs. 2 BEEG von den Ländern als Auftragsangelegenheit vollzogen.

- **Bundeseigene Verwaltung** von Bundesgesetzen durch bundeseigene Behörden oder durch bundesunmittelbare Körperschaften oder Anstalten des öffentlichen Rechts legt das Grundgesetz dort fest, wo wegen der Eigenart des Gegenstandes ein bundeseinheitlicher Verwaltungsvollzug erforderlich ist, Art. 86, 87 GG.

Beispiel:
Nach Art. 87 Abs. 1, Art. 87 b Abs. 1 GG werden der Auswärtige Dienst, die Bundesfinanzverwaltung und die Bundeswehrverwaltung in bundeseigener Verwaltung mit eigenem Verwaltungsunterbau geführt.
Nach Art. 87 Abs. 2 GG wird die Arbeitslosenversicherung durch bundesunmittelbare Körperschaften des öffentlichen Rechts ausgeführt. Nach Art. 87 Abs. 3 GG iVm § 7 Abs. 1 BKGG wird das Bundeskindergeldgesetz durch die Familienkasse der Bundesagentur für Arbeit vollzogen.

---

18 Vgl. BVerfGE 21, S. 312, 325.
19 Kirchhof, in: Maunz/Dürig, GG, Art. 85 Rn. 31.

b) Die Kommunalverwaltung

54 Neben der Bundes- und den Landesverwaltungen stehen die Kommunen (Landkreise, kreisfreie Städte, Gemeinden – inkl. kreisangehörige Städte) als weitere Verwaltungsträger. Dabei ist jedoch zu differenzieren[20]:

- Gemäß Art. 28 Abs. 2 GG wird den Gemeinden im Rahmen der Gesetze das sogenannte Selbstverwaltungsrecht hinsichtlich der Angelegenheiten der örtlichen Gemeinschaft gewährt. Das bedeutet, dass die Gemeinden bei der Verwaltung ihrer eigenen örtlichen Angelegenheiten (sog. **freiwillige Selbstverwaltungsangelegenheiten**) die volle Handlungsfreiheit aber auch die volle Verantwortung besitzen. Sie können entscheiden, ob und wie sie die Angelegenheiten der örtlichen Gemeinschaft erfüllen. Handelt die Kommune also im Rahmen solcher freiwilligen Selbstverwaltungsangelegenheiten, agiert sie als eigenverantwortlicher, rechtlich selbstständiger Verwaltungsträger neben dem Bund und den Ländern. Der Staat hat keine Weisungsbefugnis und führt nur eine Rechtmäßigkeitskontrolle durch (sog. Rechtsaufsicht).

Rechtsprechung:
„Angelegenheiten der örtlichen Gemeinschaft im Sinne des Art. 28 Abs. 2 S. 1 GG sind diejenigen Bedürfnisse und Interessen, die in der örtlichen Gemeinschaft wurzeln oder auf sie einen spezifischen Bezug haben, die also den Gemeindeeinwohnern gerade als solche gemeinsam sind, indem sie das Zusammenleben und -wohnen der Menschen in der (politischen) Gemeinde betreffen" (BVerfGE 79, S. 127 Leitsatz 4).

Beispiel:
Zu den örtlichen Angelegenheiten gehören beispielsweise je nach dem konkreten Bedarf die Schaffung und Unterhaltung von Verkehrsbetrieben, Schwimmbädern oder Krankenhäusern. Im Rahmen der Gesetze kann die Gemeinde grundsätzlich auf allen Sachgebieten mit Bezug zur örtlichen Gemeinschaft tätig werden, wobei diese Freiheit durch die finanzielle Leistungsfähigkeit der Gemeinde beschränkt sein kann.

- Daneben kann auch ein Bundes- oder Landesgesetz der Kommune eine bestimmte Verwaltungsaufgabe zur Selbstverwaltung übertragen. Die Kommune hat dann die Pflicht die übertragene Verwaltungsaufgabe zu erfüllen. Sie entscheidet aber selbst, wie sie die Pflichtaufgabe erfüllt. Der Staat hat kein Weisungsrecht, sondern kontrolliert lediglich die Einhaltung der Gesetze (Rechtmäßigkeitskontrolle, sog. Rechtsaufsicht). Auch in dem Fall einer solchen **pflichtigen Selbstverwaltungsangelegenheit** ist die Kommune eigenverantwortlicher, rechtlich selbstständiger Verwaltungsträger.

Beispiel:
Nach § 69 Abs. 1 SGB VIII (Bundesgesetz!) iVm § 1 Abs. 1 des baden-württembergischen LKJHG sind die Landkreise und die kreisfreien Städte örtliche Träger der öffentlichen Jugendhilfe. Die Landkreise und kreisfreien Städte errichten Jugendämter (Behörden), die die Leistungen erbringen.

Gem. § 78 Abs. 1 des nordrhein-westfälischen SchulG sind die Gemeinden Träger der Schulen. Sie müssen dementsprechend Schulen bauen und unterhalten. Die Schulen sind die Behörden der Gemeinden.

- Die Kommunen müssen aber auch öffentliche Verwaltungsaufgaben erfüllen, die ihnen durch Bundes- oder Landesgesetz zur Erfüllung im Auftrag des Staates

---

20 Vgl. Maurer/Waldhoff, Allgemeines Verwaltungsrecht, § 23 Rn. 13 ff.; Sommer, Lehrbuch Sozialverwaltungsrecht (2015), S. 55 f.

Kapitel A: Theoretische Grundlagen

übertragen worden sind. Hinsichtlich dieser **Auftragsangelegenheiten** agieren die Kommunen dann als rechtlich unselbstständige untere Verwaltungsbehörde nach Weisung der übergeordneten Behörde. Das Weisungsrecht kann durch Verwaltungsvorschriften oder durch konkrete Einzelweisungen erfolgen. Je nach Umfang der Weisungen wird also auf die Art und Weise der Aufgabenerfüllung Einfluss genommen. Das Verwaltungshandeln der Kommune wird bei Auftragsangelegenheiten auf Recht- und Zweckmäßigkeit kontrolliert (sog. Fachaufsicht).

Beispiel:
Nach § 1 Abs. 1 des baden-württembergischen Landesgesetzes zur Durchführung des Unterhaltsvorschussgesetzes obliegt den Landkreisen und den kreisfreien Städten die Durchführung des Unterhaltsvorschussgesetzes als Pflichtaufgabe nach Weisung. Das Weisungsrecht ist unbeschränkt. Die Jugendämter der Landkreise und kreisfreien Städte führen das Unterhaltsvorschussgesetz nach Weisung des Landes Baden-Württemberg aus, welches Träger der Rechte und Pflichten nach dem Unterhaltsvorschussgesetz ist. Eine Weisung könnte beispielsweise anordnen, dass die Krankheit oder Behinderung des Ehegatten oder Lebenspartners als Voraussetzung des § 1 Abs. 2 UnterhVG durch ärztliches Attest nachgewiesen werden muss.

2. Unmittelbare und mittelbare Verwaltung

a) Die unmittelbare Staatsverwaltung durch eigene Behörden

Die Bundes-, Landes- und Kommunalverwaltungen vollziehen ihre verwaltungsrechtlichen Aufgaben überwiegend durch eigene Behörden, mit eigenen Mitarbeitern und eigenen Mitteln (unmittelbare Verwaltung).[21] Der Bund, die Bundesländer und die Kommunen sind die rechtlich verantwortlichen öffentlichen Verwaltungsträger, können aber selbst nicht gegenüber dem Bürger handeln. Sie sind rechtsfähig, aber nicht handlungsfähig. Aus diesem Grund bedienen sie sich zur Ausführung der öffentlichen Verwaltungsaufgaben der **Verwaltungsbehörden**. Behörden sind somit Organe des Staates die durch natürliche Personen, die sog. Organwalter, stellvertretend die Verwaltungsaufgaben gegenüber dem Bürger erfüllen. Sie sind **rechtlich unselbstständig**, dh die rechtliche Verantwortung trägt der öffentliche Verwaltungsträger und nicht die Behörde, die selbst nicht Träger von Rechten und Pflichten ist. Aus dieser Unterscheidung zwischen der rechtlichen Verantwortung des Verwaltungsträgers und der „nur" handelnden Behörde folgt, dass sich die Widersprüche oder Klagen gegen die Verwaltungsträger richten und nicht gegen die Behörde. Die Verwaltungsträger haften auch ggf. für das Handeln der Behörden (Art. 34 GG) und müssen bei einem erfolgreichen Widerspruchsverfahren beispielsweise die Kosten für die Rechtsverfolgung und -verteidigung erstatten (§ 63 Abs. 1 S. 1 SGB X). Das Handeln der Behörde wird also dem Verwaltungsträger zugewiesen, da dieser der Träger der verwaltungsrechtlichen Rechte und Pflichten ist.[22]

In der Regel ist der Aufbau der unmittelbaren Verwaltung dreistufig organisiert. Auf **Bundesebene** kann es demnach oberste (Bundesministerien, zB Bundesfinanzministerium), mittlere (zB Bundesfinanzdirektionen) und unterste Bundesbehörden (zB Hauptzollämter) geben. Die meisten Aufgabenbereiche der Bundesverwaltung werden allerdings ohne einen solchen eigenen Verwaltungsunterbau geführt. Diesen Bundesministerien, die bezüglich ihres Sachgebiets bundesweit zuständig sind, kön-

---
21 Vgl. Dörr/Francke, Sozialverwaltungsrecht, Kap. 4 Rn. 56 ff.
22 Vgl. Maurer/Waldhoff, Allgemeines Verwaltungsrecht, § 21 Rn. 19 ff., 30 ff.; Sommer, Lehrbuch Sozialverwaltungsrecht (2015), S. 36 f.; Dörr/Francke, Sozialverwaltungsrecht, Kap. 4 Rn. 56 ff.

nen allerdings durch Gesetz sogenannte Bundesoberbehörden nachgeordnet werden, die eine spezielle Aufgabe aus dem Geschäftsbereich des jeweiligen Bundesministeriums wahrnehmen und denen keine weiteren Behörden untergeordnet sind.

Beispiel:

Dem Bundesministerium für Familie, Senioren, Frauen und Jugend (oberste Bundesbehörde) ist das Bundesamt für Familie und zivilgesellschaftliche Aufgaben (Bundesoberbehörde) nachgeordnet. Das Bundesamt für Familie und zivilgesellschaftliche Aufgaben vollzieht unter anderem das Bundesfreiwilligendienstgesetz sowie das Familienpflegezeitgesetz. Weitere Bundesoberbehörde des Bundesfamilienministeriums ist die Bundeszentrale für Kinder- und Jugendmedienschutz. Diese prüft nach § 17a Abs. 1 JuSchG, ob bestimmte Medieninhalte in die Liste jugendgefährdender Medien aufgenommen werden müssen.

Nachgeordnete Bundesoberbehörde des Bundesministeriums des Innern ist das Bundesamt für Migration und Flüchtlinge, das über Asylanträge nach dem Asylverfahrensgesetz entscheidet (§ 5 Abs. 1 AsylG).

57 Auf **Landesebene** ist dagegen die dreistufige Verwaltungsorganisation die Regel.[23] Auf erster Verwaltungsebene stehen die Landesministerien der unterschiedlichen Ressorts als oberste Landesbehörden. Ihnen nachgeordnet sind die mittleren Landesbehörden, die je nach der Verwaltungsorganisation der Bundesländer beispielsweise Regierungspräsidien genannt werden. Sie sind das Bindeglied zwischen der Landesregierung und den Kommunen und für alle Sachgebiete in einem bestimmten Gebiet des Bundeslandes zuständig. Darüber hinaus werden die mittleren Landesbehörden als Widerspruchs- und Aufsichtsbehörde tätig.

Beispiel:

So gibt es in Baden-Württemberg beispielsweise vier Regierungspräsidien auf mittlerer Verwaltungsebene für die Gebiete Tübingen, Stuttgart, Freiburg und Karlsruhe.

Im Zuge der Verwaltungsmodernisierung gibt es in einigen Bundesländern wie beispielsweise Sachsen-Anhalt nur eine Behörde (sog. Landesverwaltungsamt) auf mittlerer Verwaltungsebene.

58 Die unteren Landesbehörden sind schließlich die Kommunen, soweit sie Auftragsangelegenheiten des Staates wahrnehmen, die ihnen durch Bundes- oder Landesrecht übertragen wurden.

59 Innerhalb der unmittelbaren Staatsverwaltung unterliegen die nachgeordneten Behörden der Dienst-, Rechts- und Fachaufsicht durch die übergeordneten Behörden (vgl. Rn. 398 ff.).

b) Die mittelbare Staatsverwaltung durch selbstständige Verwaltungsträger

60 Teilweise erfüllen die Bundesverwaltung und die Landesverwaltungen ihre Verwaltungsaufgaben aber auch mittelbar, indem sie **selbstständige Verwaltungsträger mit Rechtspersönlichkeit**[24] (juristische Personen des öffentlichen Rechts, vgl. Rn. 71) zur Vollziehung ihrer Aufgaben einsetzen. Der Bund und die Länder lassen neben der unmittelbaren Verwaltung also auch in **mittelbarer Verwaltung** ihre Verwaltungsaufgaben erledigen. Da sich der Staat jedoch nicht der Verantwortung für die rechtmäßige Aufgabenerfüllung entziehen darf, unterliegen diese selbstständigen Verwaltungsträger der staatlichen Rechtsaufsicht. Eine staatliche Dienst- oder Fachaufsicht ist im Rahmen der mittelbaren Staatsverwaltung nicht zulässig, da der Staat

---

23 Auch in der Landesverwaltung kann es je nach der Verwaltungsorganisation Landesoberbehörden geben.
24 Vgl. Maurer/Waldhoff, Allgemeines Verwaltungsrecht, § 21 Rn. 8 ff.

die rechtliche Unabhängigkeit dieser juristischen Personen des öffentlichen Rechts wahren muss. Zu den Trägern der mittelbaren Bundes- und Landesverwaltung gehören:

- Die **Körperschaften des öffentlichen Rechts** (K. d. ö. R.) sind mitgliedschaftlich organisierte Vereinigungen, die durch ein Gesetz oder aufgrund eines Gesetzes geschaffen wurden. Die Mitglieder der K. d. ö. R. weisen gemeinsame Merkmale auf und erfüllen öffentliche Verwaltungsaufgaben mit hoheitlichen Mitteln. Sie können also zur Aufgabenerfüllung Beamte einsetzen, Verwaltungsakte erlassen und Abgaben fordern. Die Mitglieder der K. d. ö. R. verwalten ihre eigenen Angelegenheiten selbst (Selbstverwaltungsbefugnis), indem sie beispielsweise Satzungen erlassen.[25]

Beispiele:
Die Träger der gesetzlichen Sozialversicherung sind gem. § 29 Abs. 1 SGB IV öffentlich-rechtliche Körperschaften mit Selbstverwaltungsbefugnis. Die Selbstverwaltung wird nach § 29 Abs. 2 SGB IV durch die Mitglieder der Sozialversicherungen (Versicherte und Arbeitgeber) ausgeübt. Das bedeutet, dass sie Vertreter wählen (§ 46 SGB IV), die im Rahmen der Gesetze (§ 29 Abs. 3 SGB IV) eine Satzung festlegen (§ 33 Abs. 1 S. 1 SGB IV) und einen Vorstand wählen (§ 52 Abs. 1 SGB IV), der den Sozialversicherungsträger verwaltet sowie vertritt und Richtlinien für die Führung der Verwaltungsgeschäfte erlässt (§ 35 SGB IV). Darüber hinaus wählt die Vertreterversammlung den Geschäftsführer, der die laufenden Geschäfte hauptamtlich erledigt (§ 36 Abs. 1 und 2 SGB IV).
Eine öffentlich-rechtliche Körperschaft des Bundes ist die Bundesagentur für Arbeit (§ 367 SGB III).[26] Sie ist Träger der Arbeitslosenversicherung (§ 368 Abs. 1 S. 1 SGB III) und gewährt das ALG I nach Maßgabe des SGB III. Darüber hinaus vermittelt sie Arbeitsstellen und fördert die Berufsausbildung- bzw. Weiterbildung. Leistungserbringendes Organ des Verwaltungsträgers „Bundesagentur für Arbeit" ist auf örtlicher Ebene die Agentur für Arbeit.
Körperschaften des öffentlichen Rechts der Länder sind Universitäten und die gesetzlichen Krankenversicherungen.
Die Kommunen sind sogenannte **Gebietskörperschaften**. Hier verwalten die Bürger ihre eigenen örtlichen Angelegenheiten selbstständig und werden als öffentlich-rechtliche Körperschaft zusammengefasst. Die Mitgliedschaft in einer solchen Gebietskörperschaft folgt aus der Zugehörigkeit zur Kommune, also durch die Wohnsitznahme in dem Hoheitsgebiet der Kommune.

- Die **Anstalt des öffentlichen Rechts** (A. d. ö. R.) ist eine Zusammenfassung von Menschen und sachlichen Mitteln zur Erfüllung einer konkreten öffentlichen Aufgabe. Sie werden durch ein Gesetz oder aufgrund eines Gesetzes geschaffen. Die A. d. ö. R. kann bei entsprechender gesetzlicher Ermächtigung hoheitlich handeln (Gebühren oder Beiträge erheben) und auch Satzungen erlassen. Anders als die Körperschaft verfügt sie jedoch nicht über Mitglieder, sondern lediglich über von außen kommende, freiwillige Benutzer.[27]

Beispiele:
Öffentlich-rechtliche Rundfunkanstalten: SWR, BR, NDR, MDR, WDR, HR, RBB. Von den Anstalten d. ö. R. als selbstständige Verwaltungsträger sind die unselbstständigen Anstalten wie bspw. die Schulen oder die Justizvollzugsanstalten abzugrenzen. Diese nichtrechtsfähigen Anstalten sind rechtlich einem anderen Verwaltungsträger zugeordnet. So gehören die Schulen idR zu den Kommunen und die Justizvollzugsanstalten zu einem bestimmten

---

25 Vgl. Maurer/Waldhoff, Allgemeines Verwaltungsrecht, § 23 Rn. 38 ff.
26 Die überwiegende Meinung in der Literatur qualifiziert die Bundesagentur für Arbeit dagegen als Anstalt des öffentlichen Rechts, vgl. Dörr/Francke, Sozialverwaltungsrecht, Kap. 4 Rn. 45.
27 Vgl. Sommer, Lehrbuch Sozialverwaltungsrecht (2015), S. 59; Maurer/Waldhoff, Allgemeines Verwaltungsrecht, § 23 Rn. 49.

Bundesland. Schulen und Justizvollzuganstalten sind demnach keine A. d. ö. R. sondern handelndes Organ des Verwaltungsträgers und damit Behörden.

- Die **Stiftung des öffentlichen Rechts** (S. d. ö. R.) ist eine Organisation, die Kapital- oder Sachvermögen für einen öffentlichen Zweck verwaltet. Die S. d. ö. R. wird ebenfalls durch Gesetz oder aufgrund eines Gesetzes geschaffen.[28] Sie verwirklicht selbstständig öffentliche Aufgaben mit hoheitlichen Befugnissen. Die Stiftung d. ö. R. hat Begünstigte.[29]

Beispiele:
Öffentlich-rechtliche Stiftungen zur Förderung der Kultur (bspw. Bibliotheken, Museen) oder der Bildung (Stiftungshochschulen) oder zur Unterstützung hilfebedürftiger Menschen (Conterganstiftung für behinderte Menschen).

- Neben den soeben beschriebenen juristischen Personen des öffentlichen Rechts als Verwaltungsträger können auch juristische Personen des Privatrechts oder natürliche Personen Verwaltungsträger werden, wenn ihnen durch Gesetz oder aufgrund eines Gesetzes (zB durch Verwaltungsakt) die Erfüllung einer konkreten öffentlichen Verwaltungsaufgaben aufgetragen wurde (**Beleihung**). Die beliehenen Privatrechtssubjekte führen die übertragenen Aufgaben, die auch hoheitliche Befugnisse umfassen können, in eigener Verantwortung selbstständig aus und sind damit ebenfalls der mittelbaren Verwaltung zuzuordnen. Die beliehenen Privatrechtssubjekte unterliegen ebenfalls der staatlichen Rechtsaufsicht.[30]

Beispiel:
Die Beleihung kommt im Sozialrecht jedoch nur vereinzelt vor. So wird beispielsweise der Vertragsarzt mit der hoheitlichen Befugnis ausgestattet (Beleihung erfolgt durch kassenärztliche Zulassung, die einen Verwaltungsakt darstellt.), für den versicherten Patienten und die Krankenkasse rechtlich verbindlich das Vorliegen einer Krankheit zu diagnostizieren und die medizinisch indizierte Behandlung festzulegen.[31]

- Keine Verwaltungsträger sind die sogenannten **Verwaltungshelfer**, da sie selbst keine Entscheidungsbefugnis haben und von der Verwaltung nur als Hilfsperson bei dem Verwaltungsvollzug eingesetzt werden. Die Verwaltungshelfer tragen also keine eigene Verantwortung, sie handeln nach Weisung der Behörde und haben keine selbstständige Zuständigkeit übertragen bekommen.[32]

Beispiel:
Das Jugendamt hat sich für die Inobhutnahme der 13-jährigen Safiye entschieden, weil Nachbarn häufige und lautstarke Auseinandersetzungen der Eltern gemeldet haben und Safiye beim Besuch des Jugendamtes einen verwahrlosten und unterernährten Eindruck gemacht hat. Das Jugendamt meldet sich deshalb an einem Montagnachmittag bei der Sozialarbeiterin des Jugendhauses „Brücke", indem Safiye sich nachmittags immer aufhält und bittet sie, die in Obhut genommene Safiye am Abend direkt zu der Pflegefamilie Schmidt zu bringen. Die Sozialarbeiterin wird vorliegend als bloße Verwaltungshelferin tätig.

- Auch die **freien Träger**, die vielfach die Sozialleistungen erbringen, sind keine Verwaltungsträger, da sie nicht die rechtliche Verantwortung für die Leistungsverpflichtungen der Sozialgesetzbücher tragen. Sie haben keine hoheitlichen Befugnisse, sondern sind reine Leistungserbringer. So sind freie Träger beispielsweise

---

28 Vgl. Maurer/Waldhoff, Allgemeines Verwaltungsrecht, § 23 Rn. 57.
29 Vgl. Dörr/Francke, Sozialverwaltungsrecht, Kap. 4 Rn. 48.
30 Vgl. Maurer/Waldhoff, Allgemeines Verwaltungsrecht, § 23 Rn. 58 ff.
31 Vgl. BSG, Urt. v. 16.12.1993 – Az.: 4 RK 5/92, juris Rn. 33; Rixen, Sozialrecht als öffentliches Wirtschaftsrecht, S. 200 f.
32 Maurer/Waldhoff, Allgemeines Verwaltungsrecht, § 23 Rn. 61.

Kapitel A: Theoretische Grundlagen

nicht berechtigt, über die Leistungen zu entscheiden. Da sie aber trotzdem eigenverantwortlich die Leistungen erbringen, sind sie nicht als Verwaltungshelfer zu qualifizieren.

Beispiel:
Hat das Jugendamt einen Anspruch auf Hilfen zur Erziehung nach § 27 Abs. 1 SGB VIII festgestellt und durch Bescheid bewilligt, muss es bspw. die Erziehungsberatung, Gruppenarbeit oder Familienhilfe nicht selbst durch eigene Mitarbeiter erbringen. Vielmehr kann es mit freien Trägern vereinbaren, dass diese bspw. die soziale Gruppenarbeit gegen Leistungsentgelt ausführen.

3. Zusammenfassung

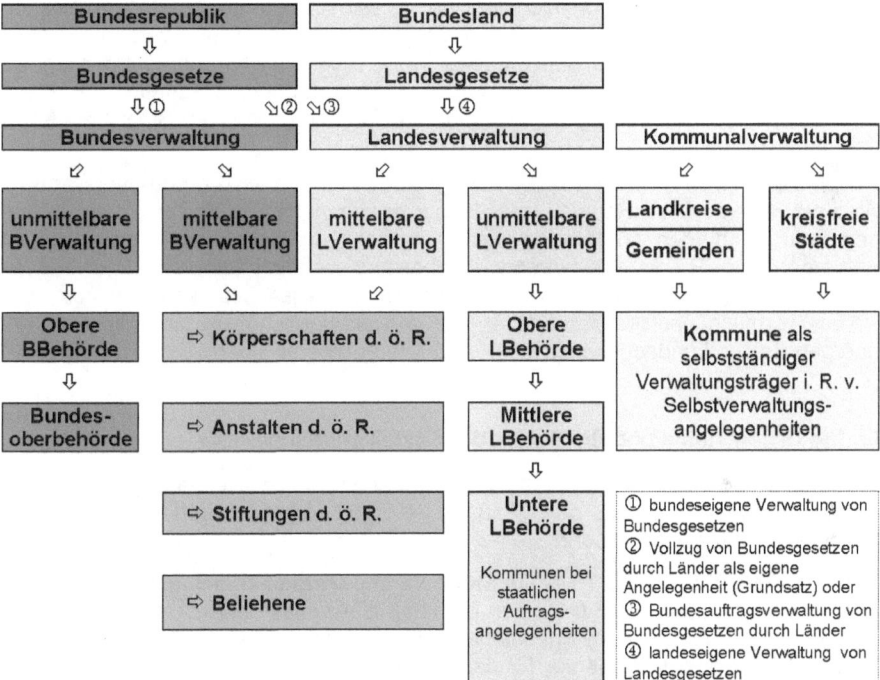

Verwaltungsträger sind juristische Personen des öffentlichen Rechts. Das bedeutet, dass sie wie natürliche Personen Rechten und Pflichten haben, genauer sind sie Träger der verwaltungsrechtlichen Rechte und Pflichten. Aus diesem Grund können sie als Rechtssubjekt diese Rechte wahrnehmen und ggf. durchsetzen und müssen sie ihre Pflichten erfüllen. Erfüllen sie ihre Pflichten nicht, kann der Bürger diese geltend machen bzw. durchsetzen. Der Verwaltungsträger ist damit rechtlich verantwortlich (rechtsfähig).

Originärer Träger der verwaltungsrechtlichen Rechte und Pflichten sind kraft ihrer Staatsqualität zunächst der Bund und die 16 Bundesländer. Hier wird zwischen unmittelbarer und mittelbarer Verwaltung differenziert.

Bei der **unmittelbaren Verwaltung** handeln der Bund und die Bundesländer, da sie selbst nicht handlungsfähig sind, durch Behörden. Die Behörden sind die Organe des Staates, die stellvertretend die Verwaltungsaufgaben gegenüber dem Bürger erfüllen. Sie sind im Gegensatz zu den Verwaltungsträgern rechtlich unselbstständig. Die Behörden sind nicht die Träger der verwaltungsrechtlichen Aufgaben und sind diesbezüglich rechtlich nicht verantwortlich. Sie sind lediglich das handelnde Organ. Will man also gegen eine Maßnahme der handelnden Behörde vorgehen, ist nicht die Behörde oder der handelnde Mitarbeiter in Anspruch zu nehmen, sondern der Träger der verwaltungsrechtlichen Rechte und Pflichten (also der Bund oder das Land).

64 Bei der **mittelbaren Verwaltung** setzten Bund und Länder weitere selbstständige Verwaltungsträger (juristische Personen mit verwaltungsrechtlichen Rechten und Pflichten) ein. Hier führen Körperschaften, Anstalten und Stiftungen d. ö. R. oder beliehene Privatrechtssubjekte die Verwaltungsaufgaben aus. Auch sie handeln durch Organe (bspw. Vorstand, Vorsitzender), die sie selbst durch ihre Satzungen bestimmen. Die mittelbare Verwaltung mit selbstständig handelnden und verantwortlichen Verwaltungsträgern gibt es überwiegend in Bereichen mit Grundrechtsbezug, wo Staatsferne besonders gesichert werden muss (Hochschulen u. Rundfunkanstalten). Die Ausführung der übertragenen Verwaltungsaufgaben wird vom Staat beaufsichtigt.

65 Neben der Bundes- und Landesverwaltung gibt es noch die **Kommunalverwaltung**. Wird die Kommune im Rahmen ihrer Selbstverwaltungsaufgaben tätig, tritt sie (neben dem Bund, den 16 Bundesländern und den Körperschaften, Anstalten und Stiftungen d. ö. R.) als eigenverantwortlicher und rechtlich selbstständiger Verwaltungsträger auf. Führt die Kommune dagegen Auftragsangelegenheiten aus, wird sie als rechtlich unselbstständige untere Verwaltungsbehörde nach Weisung der übergeordneten Landesbehörde tätig.

II. Die Organisation und die Träger der Sozialverwaltung

66 Die Organisation und Trägerschaft für die besonderen sozialverwaltungsrechtlichen Aufgaben ergeben sich aus den §§ 18 bis 29 SGB I sowie aus den Regelungen der besonderen Sozialgesetzbücher.

67 ■ § 19a Abs. 2 S. 1 SGB I: Die **Leistungen der Grundsicherung für Arbeitssuchende nach dem SGB II** werden in mittelbarer Verwaltung von selbstständigen juristischen Personen des öffentlichen Rechts erbracht. Gem. § 6 Abs. 1 S. 1 Nr. 1 SGB II ist die Bundesagentur für Arbeit Verwaltungsträger, soweit nicht nach § 6 Abs. 1 S. 1 Nr. 2 SGB II die Landkreise und kreisfreien Städte (Kommunen) für bestimmte Leistungen als Verwaltungsträger bestimmt sind. So sind die Kommunen beispielsweise für die kommunalen Eingliederungsleistungen nach § 16a SGB II sowie für die Leistungen für Unterkunft und Heizung nach § 22 SGB II die zuständigen Verwaltungsträger. Für die übrigen Leistungen zur Eingliederung in Arbeit und für die Regelleistung zur Sicherung des Lebensunterhalts ist dagegen die Bundesagentur für Arbeit der zuständige Leistungsträger. Die Aufgabenerfüllung dieser beiden Träger erfolgt aber in der Regel einheitlich durch die sogenannten Jobcenter (Verwaltungsbehörde), die gemeinsame Einrichtungen der Bundesagentur für Arbeit und des jeweiligen kommunalen Trägers darstellen (vgl. § 44b iVm § 6d SGB II).

■ § 19 Abs. 2 SGB I: Verwaltungsträger der **Arbeitslosenversicherung (ALG I) und der Arbeitsförderung nach dem SGB III** ist die Bundesagentur für Arbeit (§ 368 Abs. 1 S. 1 SGB III). Die Bundesagentur für Arbeit ist eine Körperschaft des öffentlichen Rechts (§ 367 Abs. 1 SGB III). Die Leistungen nach dem SGB III werden demnach also in mittelbarer Bundeseigenverwaltung erbracht. Leistungserbringende Verwaltungsbehörde ist auf örtlicher Ebene die Agentur für Arbeit.

- § 21 Abs. 2 SGB I: Träger der **gesetzlichen Krankenversicherungsleistungen nach dem SGB V** sind die gesetzlichen Krankenkassen (zB AOK Sachsen-Anhalt, AOK Baden-Württemberg, Techniker Krankenkasse). Sie sind Körperschaften des öffentlichen Rechts (vgl. § 29 SGB IV, § 4 Abs. 1 SGB V). Daher ist die Leistungserbringung der mittelbaren Verwaltung zuzuordnen. Handelnde Verwaltungsbehörde des Verwaltungsträgers sind die örtlichen Geschäftsstellen der jeweiligen Krankenkasse.
- § 23 Abs. 2 SGB I: Die Aufgaben der **gesetzlichen Rentenversicherung nach dem SGB VI**, zu denen insbesondere die Auszahlung der Rente sowie Rentenauskünfte gehören, werden ebenfalls in mittelbarer Verwaltung von Regionalträgern und Bundesträgern ausgeführt (vgl. § 125 SGB VI). Sowohl die Bundesträger als auch die Regionalträger sind selbstständige Körperschaften des öffentlichen Rechts (vgl. § 29 SGB IV). Zu den Bundesträgern gehören die Deutsche Rentenversicherung Bund und die Deutsche Rentenversicherung Knappschaft-Bahn-See. Die Deutsche Rentenversicherung Bund nimmt ua überregionale Aufgaben und gemeinsamen Angelegenheiten aller Rentenversicherungsträger wahr. Die Regionalträger werden als Deutsche Rentenversicherung bezeichnet (zB Deutsche Rentenversicherung Mitteldeutschland, Deutsche Rentenversicherung Nord) und erfüllen ihre Aufgaben durch örtliche Beratungsstellen.[33]
- § 22 Abs. 2 SGB I: Die Aufgaben der **gesetzlichen Unfallversicherung nach dem SGB VII** werden nach § 114 Abs. 1 SGB VII ua von den gewerblichen Berufsgenossenschaften und Unfallkassen in mittelbarer Verwaltung erfüllt, die nach § 29 SGB IV rechtsfähige Körperschaften des öffentlichen Rechts mit Selbstverwaltungsbefugnis sind. Zu den Aufgaben gehören gem. § 1 SGB VII insbesondere die Verhütung von Arbeitsunfällen, Berufskrankheiten ua arbeitsbedingten Gesundheitsgefahren aber auch Leistungen der medizinischen Rehabilitation und Wiedereingliederung ins Arbeitsleben sowie die finanzielle Entschädigung nach Eintritt von Arbeitsunfällen.
- § 27 Abs. 2 SGB I: Örtlicher Träger der **kinder- und jugendhilferechtlichen Leistungen und Aufgaben nach dem SGB VIII** werden gem. §§ 69 Abs. 1, 85 Abs. 1 SGB VIII vom Landesrecht bestimmt. Diese sind in der Regel die Landkreise, die kreisfreien Städte und teilweise auch kreisangehörige Gemeinden (vgl. § 1 Abs. 1 LKJHG Baden-Württemberg), also selbstständige Gebietskörperschaften mit Selbstverwaltungsbefugnis. Die Leistungen werden dementsprechend in mittelbarer Staatsverwaltung erbracht. Die Landkreise und kreisfreien Städte errichten nach § 69 Abs. 3 SGB VIII Jugendämter (Behörde), die diese Leistungen erbringen. Die Zuständigkeit der überörtlichen Träger ergibt sich aus § 85 Abs. 2 SGB VIII. Überörtlicher Träger der öffentlichen Jugendhilfe ist in Baden-Württemberg nach § 3 Abs. 1 LKJHG der Kommunalverband für Jugend und Soziales.
- § 29 Abs. 2 SGB I: Für die **Leistungen der Rehabilitation und Teilhabe behinderter Menschen nach dem SGB IX** gibt es eine Vielzahl von Trägern. Dies mag daran liegen, dass die Leistungen zur Teilhabe behinderter Menschen viele Bezüge zu den anderen Sozialleistungsbereichen haben.[34] Gem. § 6 Abs. 1 SGB IX können für die Leistungen zur Teilhabe die gesetzlichen Krankenkassen,

---

[33] https://www.deutsche-rentenversicherung.de/Bund/DE/Beratung-und-Kontakt/beratung-und-kontakt_node.html [27.05.2021].
[34] Vgl. Hochheim, in: Hauck/Noftz, SGB I, § 29 Rn. 34 ff.

die Bundesagentur für Arbeit, die Träger der öffentlichen Jugendhilfe, die Träger der Sozialhilfe und andere die zuständigen Rehabilitationsleistungsträger sein. Da § 6 SGB IX für die Teilhabeleistungen teilweise mehrere Träger bestimmt, richten die Rehabilitationsträger gemeinsame örtliche Servicestellen ein, die behinderte oder von Behinderung bedrohte Menschen beraten, welcher Leistungsträger zuständig ist (§ 22 Abs. 1 S. 2 Nr. 3 SGB IX).

- § 21 a Abs. 2 SGB I: Die **Leistungen der sozialen Pflegeversicherung nach dem SGB XI** werden auch in mittelbarer Verwaltung erbracht. Träger der Pflegeversicherung sind nach § 46 SGB XI die Pflegekassen, die rechtsfähige Körperschaften des öffentlichen Rechts mit Selbstverwaltungsrecht sind. Eine Besonderheit besteht hier aber darin, dass die Pflegekassen bei den Krankenkassen eingerichtet sind und die Organe und Mitarbeiter der Pflegekasse auch Organe und Beschäftigte der jeweiligen Krankenkasse sind.

- § 28 Abs. 2 SGB I: Für die unterschiedlichen **sozialhilferechtlichen Leistungen nach dem SGB XII** (vgl. § 8 SGB XII) sind gem. § 97 SGB XII die örtlichen Träger zuständig, soweit nicht der überörtliche Träger zuständig ist. Örtlicher Träger der Sozialhilfe sind gem. § 3 Abs. 2 S. 1 SGB XII die Landkreise und kreisfreien Städte, soweit nicht durch Landesrecht etwas anderes bestimmt wird. Die überörtlichen Träger der Sozialhilfe werden dagegen nach § 3 Abs. 3 SGB XII durch die Länder bestimmt. In Baden-Württemberg bestimmt beispielsweise § 2 AGSGB XII, dass die örtlichen Träger (Landkreise und Stadtkreise) für alle sozialhilferechtlichen Leistungen nach § 8 SGB XII zuständig sind. Die sozialhilferechtlichen Leistungen werden daher ein in mittelbarer Verwaltung durch die Landkreise und Stadtkreise als selbstständige Verwaltungsträger erbracht. Hierfür errichten die Landkreise und Stadtkreise Sozialämter. Überörtlicher Träger ist in Baden-Württemberg gem. § 1 Abs. 2 AGSGB XII der Kommunalverband für Jugend und Soziales Baden-Württemberg, der als Körperschaft des öffentlichen Rechts ein selbstständiger Verwaltungsträger ist.

- § 18 Abs. 2 SGB I: Leistungen der Ausbildungsförderung nach dem **Bundesausbildungsförderungsgesetz** werden gem. Art. 104 a Abs. 2 S. 2 GG, §§ 39 Abs. 1, 56 Abs. 1 BAföG im Auftrag des Bundes von den Ländern vollzogen. Die Länder errichten Ämter und Landesämter für Ausbildungsförderung (Verwaltungsbehörde), die das BAföG durch Landespersonal und mithilfe von Landesmitteln vollziehen (unmittelbare Landesverwaltung[35]). Die Länder sind für die Entscheidungen gegenüber dem Bürger verantwortlich[36], d.h. die Länder sind die Träger der Leistungen nach dem BAföG.

- § 26 Abs. 2 SGB I: Auch die Leistungen nach dem **Wohngeldgesetz** werden nach Art. 104 a Abs. 3 S. 2 GG, § 32 WoGG im Auftrag des Bundes von den Ländern ausgeführt (unmittelbare Landesverwaltung). Das heißt, die Länder sind die rechtlich verantwortlichen Verwaltungsträger. Sie errichten nach Landesrecht zur Vollziehung des WoGG Wohngeldstellen (Verwaltungsbehörden).

- § 25 Abs. 3 SGB I: Das **Bundeselterngeldgesetz** wird nach Art. 104 a Abs. 3 S. 2 GG iVm § 12 Abs. 2 BEEG ebenfalls von den Ländern als Auftragsangelegenheit vollzogen (unmittelbare Landesverwaltung). Die Länder sind damit die Verwaltungsträger. Die jeweilige Landesregierung bestimmt gem. § 12 Abs. 1 S. 1 BEEG die für die Ausführung des BEEG zuständigen Verwaltungsbehörden (zB Sachsen-Anhalt: Landesverwaltungsämter, Hamburg: Bezirksämter, Baden-Württemberg: Landeskreditbank Baden-Württemberg).

---

35 Vgl. BVerfGE 81, S. 310, 331; BVerwGE 100, S. 56, 58.
36 Degenhart, Staatsrecht I, Rn. 522.

- § 25 Abs. 3 SGB I: Das **Bundeskindergeldgesetz** wird gem. § 25 Abs. 3 SGB I, § 7 BKGG in mittelbarer Bundesverwaltung von der Bundesagentur für Arbeit ausgeführt. Die Bundesagentur für Arbeit ist als rechtlich selbstständige juristische Person dementsprechend Verwaltungsträger. Bei der Durchführung des BKGG trägt die Bundesagentur die Bezeichnung „Familienkasse".

Kapitel B: Fälle und Übungen

I. Aufgaben

Lösen Sie die folgenden Wiederholungsfragen ggf. anhand der genannten Normen. **68**

	Frage:	Lösungshinweis:
1.	Die Bundesrepublik Deutschland ist ein Bundesstaat. Was bedeutet das und was folgt daraus?	Rn. 49 ff.
2.	Welche Verfassungsnorm bestimmt, dass grundsätzlich die Länder für die Vollziehung von Bundesgesetzen zuständig sind?	GG, Rn. 53 ff.
3.	Welche Verwaltungsträger gibt es? Was kennzeichnet die Verwaltungsträger?	Rn. 61 ff.
4.	Was sind Verwaltungsbehörden?	Rn. 55
5.	Michael Trotz (T) hat beim zuständigen Jugendamt Hilfen zur Erziehung nach § 27 Abs. 1 SGB VIII beantragt, da er mit der Erziehung seines Sohnes überfordert ist. Einige Tage später wird sein Antrag abgelehnt, da die Erziehung zum Wohl des Kindes nach Auffassung der zuständigen Sachbearbeiterin gewährleistet ist. Bei der Durchsicht der Begründung bekommt T allerdings den Eindruck, dass die Sachbearbeiterin den Sachverhalt nicht richtig gewürdigt hat. Nach seiner Meinung hätte stärker berücksichtigt werden müssen, dass sein Sohn sehr unter dem Tod der Mutter leide und er als berufstätiger Vater nicht genug Zeit für seinen Sohn habe. Er sucht sich deshalb anwaltliche Hilfe. Der Anwalt von T legt Widerspruch gegen den ablehnenden Bescheid ein und hat damit Erfolg. Von wem kann T nun die Erstattung seiner Anwaltskosten verlangen? Von der zuständigen Sachbearbeiterin, die den rechtswidrigen Bescheid bearbeitet hat, von dem Jugendamt oder von der Kommune, für die das Jugendamt tätig geworden ist?	§ 63 Abs. 1 S. 1 SGB X, Rn. 55
6.	Wann ist die Kommune Verwaltungsträger und wann staatliche Behörde?	Rn. 54, 65
7.	Nennen Sie drei Träger von Sozialleistungen.	Rn. 66 ff.

II. Lösungen

Zu Frage 1:
Was bedeutet es, dass die BRD ein Bundesstaat ist, und was folgt daraus?

69 Die Bundesrepublik Deutschland ist gemäß Art. 20 Abs. 1 GG ein **Bundesstaat**. Das bedeutet, dass die Bundesrepublik Deutschland in einen Gesamtstaat (Bund) und in Gliedstaaten (16 Bundesländer) organisiert ist und sowohl der Bund als auch die einzelnen Bundesländer Staatsqualität (Drei-Elemente-Lehre: Staatsvolk, Staatsgebiet, Staatsgewalt) besitzen. Die Staatsgewalt (Art. 20 Abs. 2 S. 2 GG: Gesetzgebung, Rechtsprechung, vollziehende Gewalt) wird durch das Grundgesetz zwischen dem Bund und den Ländern aufgeteilt. Infolge dessen gibt es Bundes- und Landesgesetze und ist zwischen Bundes- und Landesverwaltung zu unterscheiden.

Zu Frage 2:
Nach welcher Verfassungsnorm sind grundsätzlich die Länder für die Vollziehung von Bundesgesetzen zuständig?

70 Nach Art. 83 GG sind für den Vollzug von Bundesgesetzen grundsätzlich die Länder zuständig, soweit das Grundgesetz nicht ausdrücklich etwas anderes bestimmt oder zulässt.

Zu Frage 3:
Welche Verwaltungsträger gibt es? Was kennzeichnet diese?

71 Verwaltungsträger sind **juristische Personen des öffentlichen Rechts**. Das bedeutet, dass sie Träger der verwaltungsrechtlichen Rechte und Pflichten sind. Weil die Verwaltungsträger Rechte und Pflichten haben, können sie wie natürliche Personen auch am Rechtsverkehr teilnehmen und sind sie rechtlich verantwortlich (sog. **Rechtsfähigkeit**).

72 Verwaltungsträger sind die Bundesrepublik Deutschland, die 16 Bundesländer, die Kommunen (soweit sie Selbstverwaltungsangelegenheiten ausführen) sowie Stiftungen, Anstalten, Körperschaften des öffentlichen Rechts und Beliehene.

Zu Frage 4:
Was sind Verwaltungsbehörden?

73 Behörden sind Organe des Verwaltungsträgers, die stellvertretend für diese die Verwaltungsaufgaben gegenüber dem Bürger erfüllen. Sie sind rechtlich unselbstständig. Das bedeutet, die rechtliche Verantwortung für die Verwaltungsaufgaben trägt der Verwaltungsträger und nicht die Behörde, die selbst nicht Träger der verwaltungsrechtlichen Rechte und Pflichten ist. Die Behörde ist daher das für den Verwaltungsträger handelnde Organ (sog. **Handlungsfähigkeit**).

Zu Frage 5:
Von wem kann T die Erstattung seiner Anwaltskosten verlangen?

74 In Anspruch zu nehmen ist der Verwaltungsträger, weil dieser der Träger von Rechten und Pflichten ist und damit die rechtliche Verantwortung trägt (Rechtsfähigkeit des Verwaltungsträgers). In diesem Fall ist die Kommune der Verwaltungsträger und damit rechtlich verantwortlich. Das Jugendamt und seine Mitarbeiter bilden nur die handelnde rechtlich unselbstständige Verwaltungsbehörde (Handlungsfähigkeit der Behörde). Sie sind nicht die Träger von Rechten und Pflichten gegen die der

Anspruch durchgesetzt werden kann. Dem T ist daher zu raten, dass er von der Kommune die Erstattung der Anwaltskosten verlangt.

Zu Frage 6:
Wann ist die Kommune Verwaltungsträger und wann staatliche Behörde?

Das ist abhängig davon, welche Verwaltungsaufgaben sie ausführen. Wird eine staatliche Auftragsangelegenheit wahrgenommen, ist die Kommune unselbstständige staatliche Behörde. Wird dagegen eine Aufgabe ausgeführt, die zur Selbstverwaltung der Kommune gehört, ist die Kommune selbstständiger Verwaltungsträger neben dem Bund und den Ländern.

Zu Frage 7:
Nennen Sie drei Träger der Sozialleistungen.

Beispielsweise:
- Die **Bundesagentur für Arbeit** ist Träger der Arbeitslosenversicherung und der Arbeitsförderung nach dem SGB III.
- Die **gesetzlichen Krankenkassen** sind Träger der gesetzlichen Krankenversicherungsleistungen nach dem SGB V.
- Die **Landkreise** und **kreisfreien Städte** sind Träger der kinder- und jugendhilferechtlichen Leistungen und Aufgaben nach dem SGB VIII.

Teil III: Die Handlungsformen der Verwaltung

Kapitel A: Theoretische Grundlagen

I. Überblick: Handlungsformen der Verwaltung

77 Zur Erfüllung der vielen öffentlichen Verwaltungsaufgaben kann sich die Verwaltung vielfältiger Handlungsweisen bedienen: So kann die Verwaltung sowohl nach dem öffentlichen Recht als auch nach dem **Privatrecht Verwaltungshandlungen** vornehmen. Die öffentlich-rechtlichen Verwaltungstätigkeiten lassen sich wiederrum in rechtlich verbindliche Regelungsakte und **einfache Handlungen ohne Regelungswirkung** unterscheiden. Die Regelungsakte können ihrerseits nach der Regelungswirkung differenziert werden. Demnach können die Regelungsakte also entweder **verwaltungsintern** gelten oder ihre verbindliche Regelungswirkung außerhalb der Verwaltung entfalten. Dabei sind die Regelungsakte mit Außenwirkung die bedeutsameren Handlungsformen der Verwaltung, da sie im Unterschied zu den verwaltungsinternen Maßnahmen den Bürger betreffen. Zu den verbindlichen Regelungsakten mit Außenwirkung zählen die **exekutiven Rechtsnormen**, der **Verwaltungsakt** sowie der **öffentlich-rechtliche Vertrag**.

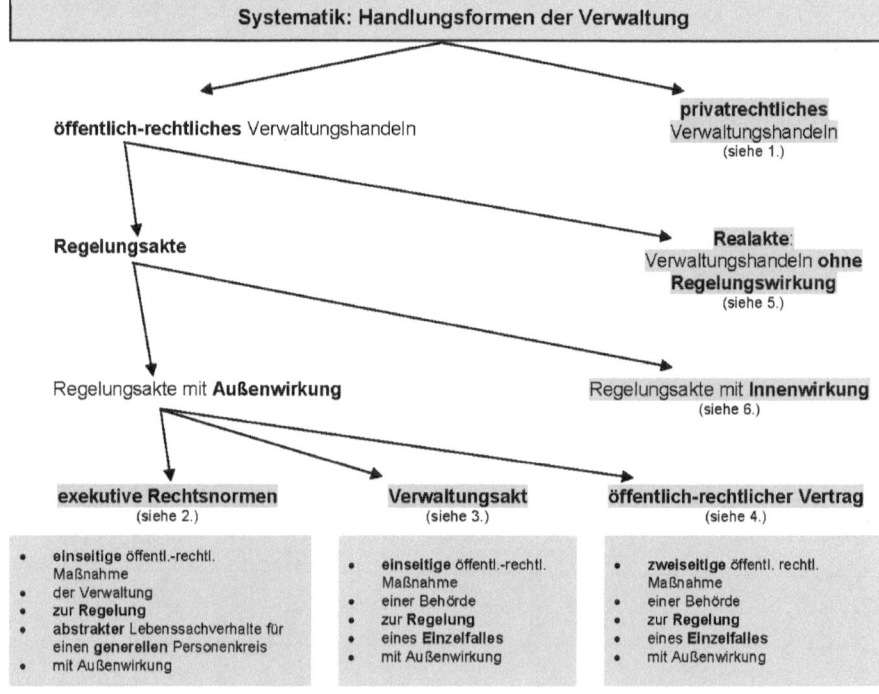

Kapitel A: Theoretische Grundlagen 45

1. Privatrechtliches Verwaltungshandeln

Die staatliche Verwaltung kann sowohl aufgrund von öffentlich-rechtlichen als auch nach privatrechtlichen Vorschriften tätig werden.[37] **78**

Handelt die staatliche Verwaltung **öffentlich-rechtlich**, ist die Rechtsbeziehung zum Bürger durch eine Über- / Unterordnung geprägt. Der übergeordnete Staat legt hier also einseitig und verbindlich für den „unterworfenen" Bürger fest, was gilt. Diese Regelung kann der Staat vollziehen oder ggf. erzwingen. Diese sogenannten hoheitlichen Maßnahmen dürfen allerdings nur aufgrund von öffentlich-rechtlichen Normen getroffen werden, also von Normen die vornehmlich dem Staat als Träger der Staatsgewalt Rechte und Pflichten auferlegen und die dem Gemeinwohl nützen sollen.[38] **79**

Handelt die öffentliche Verwaltung dagegen auf dem Gebiet des **Privatrechts**, werden rechtliche Verbindlichkeiten überwiegend durch gleichberechtigt ausgehandelte Verträge begründet. Gesetzlicher Rahmen für solche Verträge sind die privatrechtlichen Normen. Die privatrechtlichen Normen richten sich im Allgemeinen an „jedermann" und sollen unterschiedliche Interessen sowie ungleiche Machtpositionen ausgleichen.[39] **80**

Beispiele:
Das Jugendamt benötigt zur Erfüllung ihrer Verwaltungsaufgaben ein Kopiergerät und mehrere Computer. Zur Beschaffung dieser Geräte schließt die Kommune, wie eine Privatperson oder ein Privatunternehmer auch, einen Kaufvertrag nach den privatrechtlichen Vorschriften des BGB mit dem jeweiligen Händler ab. Genauso kann die Kommune, wenn sie ein neues Gebäude für das Jugendamt benötigt, in einem Mietvertrag den Gebrauch eines Bürogebäudes vereinbaren. Diese sogenannte **Fiskalverwaltung** dient der **Bedarfsdeckung** und ermöglicht letztendlich erst die Wahrnehmung der ursprünglichen Verwaltungsaufgaben.[40]

Die **staatlichen Verwaltungsaufgaben** selbst können aber auch unmittelbar aufgrund privatrechtlicher Vorschriften durchgeführt werden. Bei diesem sogenannten **Verwaltungsprivatrecht** kann die Rechtsbeziehung direkt zwischen dem öffentlich-rechtlichen Träger und dem Bürger durch privatrechtlichen Vertrag (nach den Vorschriften des Privatrechts) ausgestaltet sein. Dies wäre beispielsweise der Fall, wenn die Kommune die Abfallentsorgung selbst wahrnimmt, die gegenseitigen Rechte und Pflichten zwischen der Kommune und dem Bürger allerdings vertraglich (also privatrechtlich) vereinbart sind. Der öffentlich-rechtliche Verwaltungsträger kann aber auch eine juristische Person des Privatrechts (Aktiengesellschaft, GmbH) einrichten, die die Verwaltungsaufgaben gegenüber dem Bürger dann, da es sich ja um zwei Privatrechtssubjekte handelt, nach den Vorschriften des Privatrechts erfüllt. Beispielsweise kann die Gemeinde die Stromversorgung durch eine eigens eingerichtete Aktiengesellschaft sicherstellen lassen. Der Bürger als Benutzer zahlt dann als Gegenleistung für den bezogenen Strom ein privatrechtlich vereinbartes Entgelt.[41] **81**

Die Rechtsbeziehung zwischen den Sozialverwaltungsträgern und dem Bürger ist jedoch vornehmlich öffentlich-rechtlichen ausgestaltet. Zwar lässt die Sozialverwaltung die sozialen Leistungen teilweise auch durch private gemeinnützige und **82**

---

37 Ausführlich zur Abgrenzungsproblematik vgl. Dörr/Francke, Sozialverwaltungsrecht, Kap. 5 Rn. 4–31.
38 Vgl. Maurer/Waldhoff, Allgemeines Verwaltungsrecht, § 3 Rn. 12.
39 Vgl. Dörr/Francke, Sozialverwaltungsrecht, Kap. 5 Rn. 25.
40 Vgl. Dörr/Francke, Sozialverwaltungsrecht, Kap. 5 Rn. 26.
41 Vgl. Maurer/Waldhoff, Allgemeines Verwaltungsrecht, § 3 Rn. 25 ff.

freie Einrichtungen durchführen. Das Leistungsverhältnis zwischen dem Sozialverwaltungsträger und dem Bürger bleibt aber öffentlich-rechtlich ausgestaltet.[42]

Beispiel:
So besteht zwar der Anspruch auf Hilfen zur Erziehung nach § 27 Abs. 1 SGB VIII gegenüber dem Träger der öffentlichen Jugendhilfe, denn dieser ist Leistungsverpflichteter (vgl. § 3 Abs. 2 S. 2 SGB VIII). Die Erbringung der Hilfen zur Erziehung nach den §§ 28 ff. SGB VIII erfolgt aber in der Regel durch freie Träger oder Privatpersonen.

2. Exekutive Rechtsnormen: Rechtsverordnung & öffentlich-rechtliche Satzung

83 Zu den öffentlich-rechtlichen Handlungsformen gehören zunächst die sogenannten hoheitlichen Verwaltungshandlungen. **Hoheitliche Handlungen** sind von der staatlichen Verwaltung einseitig erlassene verbindliche Regelungen gegenüber dem „unterworfenen" Bürger auf Grundlage öffentlich-rechtlicher Normen.

84 Zu den hoheitlichen Verwaltungsmaßnahmen gehören zunächst die von der Verwaltung erlassenen Rechtsnormen. Die **exekutiven Rechtsnormen** treffen, ebenso wie die legislativen Rechtsnormen (Gesetze, siehe Rn. 23 f.), Regelungen für unbestimmt viele Lebenssachverhalte und für einen nicht bestimmbaren Personenkreis. Die abstrakt-generellen Regelungen der staatlichen Verwaltung unterscheidet man in Rechtsverordnungen oder öffentlich-rechtlichen Satzungen.

a) Rechtsverordnungen

85 Rechtsverordnungen sind abstrakt-generelle Regelungen, die aufgrund einer gesetzlichen Ermächtigung von staatlichen Verwaltungsorganen (Regierung, Behörden) erlassen werden. Die gesetzliche Erlaubnis zum Erlass einer Rechtsverordnung ist erforderlich, da nach dem Gewaltenteilungsprinzip aus Art. 20 Abs. 2 S. 2 GG grundsätzlich nur der demokratisch gewählte Gesetzgeber abstrakt-generelle und allgemeinverbindliche Regelungen erlassen darf. Durch die gesetzliche Erlaubnis erlangt die Rechtsverordnung jedoch ebenfalls demokratische Legitimation. Deshalb ist es auch unproblematisch, dass die Rechtsverordnung allgemeine Verbindlichkeit entfaltet.

Beispiel:
§ 40 SGB XII ist die gesetzliche Erlaubnis für die Verwaltung, eine Rechtsverordnung über die Fortschreibung der Regelbedarfsstufen zu erlassen. In der Verordnung zur Fortschreibung der Regelbedarfsstufen wird die Höhe der Regelsätze jährlich angepasst.[43]

86 Abstrakt-generelle Regelungen werden also nicht nur von der Gesetzgebung, sondern auch von staatlichen Verwaltungsorganen erlassen. Grund hierfür ist, dass in der Verwaltung die Fachleute der bestimmten Sachgebiete sitzen und diese den direkten Kontakt zu den individuellen und konkreten Problemsituationen haben. Sie verfügen also über mehr Detailwissen und insbesondere kennen sie auch die Probleme der praktischen Umsetzung. Außerdem kann die Verwaltung schneller auf veränderte Umstände reagieren. Aus diesem Grund kann die Verwaltung befugt werden, einzelne Fachfragen in Rechtsverordnungen selbst zu regeln.

---

42 Vgl. Sommer, Lehrbuch Sozialverwaltungsrecht (2010), S. 48 f.
43 Zumindest in den Jahren, in denen keine Neuermittlung durch ein Bundesgesetz erfolgt, vgl. § 28 a Abs. 1 iVm § 28 Abs. 1 SGB XII.

Kapitel A: Theoretische Grundlagen

b) Öffentlich-rechtliche Satzungen

Öffentlich-rechtliche Satzungen sind abstrakt-generelle Regelungen (Rechtsnormen), die von juristischen Personen des öffentlichen Rechts mit Selbstverwaltungsbefugnis zur Regelung ihrer eigenen Angelegenheiten erlassen werden. Zu den juristischen Personen des öffentlichen Rechts mit Selbstverwaltungsbefugnis gehören zum Beispiel die Universitäten, die Sozialversicherungsträger, die Bundesagentur für Arbeit und insbesondere die Gemeinden und Landkreise.

Beispiel:
Nach Art. 28 Abs. 2 GG dürfen die Gemeinden ihre örtlichen Angelegenheiten im Rahmen der Gesetze in eigener Verantwortung regeln. Innerhalb dieser sog. Selbstverwaltungsbefugnis dürfen die Gemeinden Satzungen zur Regelung ihrer eigenen Angelegenheiten erlassen: Satzungen über die Müllabfuhr oder die Benutzung des Gemeindezentrums.

Nach § 29 Abs. 1 SGB IV sind die Träger der Sozialversicherung juristische Personen des öffentlichen Rechts (genauer Körperschaften d. ö. R.) mit Selbstverwaltungsbefugnis. Sie erfüllen im Rahmen der Gesetze ihre Aufgaben in eigener Verantwortung, also ohne Einfluss durch staatliche Behörden (§ 29 Abs. 3 SGB IV). Im Bereich dieser Autonomie kann sich der jeweilige Versicherungsträger eine Satzung geben.

In Abgrenzung zu den Gesetzen und Rechtsverordnungen werden öffentlich-rechtliche Satzungen nicht durch staatliche Gesetzgebungs- oder Verwaltungsorgane erlassen, sondern durch rechtlich eigenverantwortliche, öffentlich-rechtliche (und daher dennoch dem Staat zugeordnete) Einrichtungen.[44] Darüber hinaus entfalten Satzungen des öffentlichen Rechts keine allgemeine Verbindlichkeit, sondern gelten nur für die Mitglieder der jeweiligen juristischen Person.

Die öffentlich-rechtlichen Satzungen werden durch demokratisch zusammengesetzte Organe der juristischen Personen des öffentlichen Rechts erlassen. Das Satzungsrecht erstreckt sich allerdings nur auf den gesetzlich festgeschriebenen Aufgabenbereich der juristischen Person d. ö. R. und muss sich im Rahmen der Gesetze bewegen.[45]

3. Verwaltungsakt

Der Verwaltungsakt ist gem. § 31 S. 1 SGB X eine hoheitliche Maßnahme einer Behörde zur Regelung eines Einzelfalles mit Außenwirkung.

Beispiele:
Das Jugendamt der Stadt Magdeburg erlässt einen Bescheid, indem der alleinerziehenden Michaela gem. § 27 Abs. 1 SGB VIII Hilfen zur Erziehung gewährt werden.

Frau Fröhlich erhält nach § 43 Abs. 2 SGB VIII die Erlaubnis zum Betrieb einer Kindertagesstätte.

Herr Kunert bekommt einen Bescheid von dem Jobcenter Stuttgart, indem ihm Arbeitslosengeld II nach § 7 Abs. 1 S. 1 SGB II bewilligt wird.

Die Sachbearbeiterin Klara Fall nimmt die 14-jährige Martina gem. § 42 Abs. 1 S. 1 Nr. 1 SGB VIII in Obhut.

Der Verwaltungsakt ist von außerordentlicher Bedeutung: Der Verwaltungsakt **regelt auf Grundlage von Gesetzen verbindlich, was für den Einzelfall gilt.** Er stellt damit klar, wie die Rechtslage für den einzelnen Bürger gestaltet ist. Sind die Rechte

---

44 Vgl. Maurer/Waldhoff, Allgemeines Verwaltungsrecht, § 4 Rn. 24.
45 Vgl. Steinbach, in: Hauck/Noftz, SGB IV, § 34 Rn. 5; Maurer/Waldhoff, Allgemeines Verwaltungsrecht, § 4 Rn. 25 f.

und Pflichten für den Bürger festgelegt, kann er auf dieser Grundlage, auch wenn die Regelung belastend ist, verlässlich weitere Dispositionen treffen.

92 Die Verbindlichkeit des Verwaltungsaktes gilt dabei unabhängig davon, ob der Verwaltungsakt rechtmäßig ist oder ob er Rechtsverstöße aufweist. Denn für den Bürger ist nicht immer eindeutig erkennbar, ob der Verwaltungsakt rechtmäßig oder rechtswidrig ist. Aus diesem Grund ist der Verwaltungsakt im Interesse einer **effektiven und funktionsfähigen Verwaltung** rechtsfehlerunabhängig wirksam.

93 Wird ein rechtswidriger Verwaltungsakt nicht innerhalb der Rechtsbehelfsfrist angefochten oder bleibt die Anfechtung erfolglos, wird der Verwaltungsakt sogar **bestandskräftig**. Mit Eintritt der Bestandskraft ist die Regelung des Verwaltungsaktes nicht mehr anfechtbar. Sie wird damit sowohl für den Bürger als auch für die Verwaltung endgültig rechtswirksam (vgl. Rn. 368, 388). Die getroffene Regelung wird somit dauerhaft stabilisiert und der Veränderung entzogen, denn andernfalls wäre der Regelungseigenschaft des Verwaltungsaktes überflüssig und gegenstandslos. Die fehlerunabhängige Wirksamkeit und die Bestandskraft des Verwaltungsaktes schaffen daher für den Bürger, die Verwaltung und die Allgemeinheit **Rechtssicherheit**.[46]

94 Des Weiteren ist der Verwaltungsakt für die Verwaltungsvollstreckung von Relevanz, weil der Verwaltungsakt als **Vollstreckungstitel** gilt. Das heißt, die Verwaltung kann ohne ein vorheriges Gerichtsverfahren den Verwaltungsakt selbst durchsetzen (vgl. Rn. 261 ff.).[47]

95 Und schließlich ist der Verwaltungsakt auch hinsichtlich des **Rechtsschutzes** bedeutsam, da sich die Zulässigkeit des Rechtsbehelfs nach der Form des Verwaltungshandelns bestimmt. So muss der Bürger bei einem rechtswidrigen Verwaltungsakt zunächst ein gerichtliches Vorverfahren (Widerspruchsverfahren, vgl. Rn. 402 ff.) durchlaufen, ehe er die verwaltungsgerichtliche Anfechtungs- bzw. Verpflichtungsklage einlegen kann (vgl. Rn. 423 ff.).

96 Aufgrund dieser übergeordneten Bedeutung des Verwaltungsaktes wird dieser im Abschnitt II. tiefergehend behandelt (siehe Rn. 105 ff.).

4. Öffentlich-rechtlicher Vertrag

97 Die öffentliche Verwaltung kann nicht nur hoheitlich (also einseitig von oben herab) handeln. Die gegenseitigen sozialrechtlichen Rechte und Pflichten zwischen der staatlichen Verwaltung und dem Bürger können auch durch öffentlich-rechtliche Verträge begründet werden, also durch gleichberechtigte Verhandlungen und einvernehmliche Einigung über den Vertragsgegenstand. Der öffentlich-rechtliche Vertrag ist in den §§ 53 bis 61 SGB X geregelt. Ergänzend werden die Vorschriften des Bürgerlichen Gesetzbuches entsprechend herangezogen (§ 61 S. 2 SGB X).

Beispiel:
Nach § 15 Abs. 2 SGB II kann die Agentur für Arbeit mit dem arbeitslosen Bürger eine Eingliederungsvereinbarung abschließen. In diesem öffentlich-rechtlichen Vertrag werden die gegenseitigen Rechte und Pflichten zur Eingliederung in Arbeit zwischen der Agentur für Arbeit und dem arbeitslosen Bürger zweiseitig ausgehandelt und durch eine Einigung verbindlich geregelt. So wird beispielsweise vereinbart, welche konkreten Weiterbildungsmaßnahmen der Bürger erhält und wie viele Bewerbungen er im Gegenzug selbstständig schreiben muss.

---

46 Vgl. Maurer/Waldhoff, Allgemeines Verwaltungsrecht, § 9 Rn. 41.
47 Vgl. Sommer, Lehrbuch Sozialverwaltungsrecht (2015), S. 171.

Kapitel A: Theoretische Grundlagen

Der öffentlich-rechtliche Vertrag ist vom privatrechtlichen Vertrag abzugrenzen. Ob ein öffentlich-rechtlicher Vertrag oder privatrechtlicher Vertrag vorliegt, ergibt sich aus dem **Vertragsgegenstand**.[48] Ergibt sich der Vertragsgegenstand, also die vereinbarte Regelung bzw. Verpflichtung, aus öffentlich-rechtlichen Vorschriften, handelt es sich um einen öffentlich-rechtlichen Vertrag. Ergibt er sich dagegen aus privatrechtlichen Vorschriften, liegt ein privatrechtlicher Vertrag vor (vgl. Rn. 3 ff.).

98

Beispiel:
Vertragsgegenstand der Eingliederungsvereinbarung nach § 15 Abs. 2 SGB II ist das Arbeitsförderungsrecht nach dem SGB II/SGB III. Diese Normen richten sich an die Bundesagentur für Arbeit als staatlichen Verwaltungsträger und legen für diese Handlungskompetenzen, Aufgaben und Pflichten fest. Das Arbeitsförderungsrecht nach dem SGB II/SGB III ist dementsprechend dem öffentlichen Recht zuzuordnen, so dass die Eingliederungsvereinbarung ein öffentlich-rechtlicher Vertrag ist.

Der Vertragsgegenstand eines Kaufvertrages über ein Kopiergerät zwischen dem Jugendamt und einem Elektronikhändler richtet sich nach den kaufrechtlichen Vorschriften des BGB. Diese Normen gelten gleichermaßen für den Staat und dem Bürger, sie richten sich an „jedermann". Das Kaufrecht ist privates Recht, so dass der Kaufvertrag ein privatrechtlicher Vertrag ist.

Öffentlich-rechtliche Verträge können nicht nur zwischen einem Verwaltungsträger und dem Bürger geschlossen werden, sondern ebenso zwischen zwei Verwaltungsträgern. Man unterscheidet sogenannte subordinationsrechtliche und koordinationsrechtliche Verträge. **Subordinationsrechtliche Verträge** werden zwischen Vertragsparteien geschlossen, zwischen denen ein Über- Unterordnungsverhältnis besteht, beispielsweise zwischen einem staatlichen Verwaltungsträger und einem Bürger. Das Über- Unterordnungsverhältnis besteht, wenn der Verwaltungsträger anstatt eines subordinationsrechtlichen Vertrages auch einen Verwaltungsakt erlassen könnte, die Regelung also genauso gut auch einseitig erzwingen könnte. Subordinationsrechtliche Verträge werden dementsprechend anstatt eines Verwaltungsaktes geschlossen (§ 53 Abs. 1 S. 2 SGB X), allerdings nur soweit die Erbringung der Sozialleistung im Ermessen des Leistungsträgers steht (§ 53 Abs. 2 SGB X). Dies ergibt sich aber schon aus dem Gesetzesmäßigkeitsprinzip nach Art. 20 Abs. 3 GG (vgl. Rn. 163 ff.), nachdem die Verwaltung nicht gegen den gesetzlichen Handlungsspielraum verstoßen darf.[49] **Koordinationsrechtliche Verträge** werden dagegen zwischen gleichgeordneten Vertragspartner geschlossen, deren Vertragsgegenstand, nicht einseitig durch Verwaltungsakt festgesetzt werden kann. Koordinationsrechtliche Verträge werden insbesondere zwischen Verwaltungsträgern vereinbart, können aber auch zwischen einem Verwaltungsträger und einer privaten Rechtsperson geschlossen werden.

99

Beispiel:
Nach § 77 SGB VIII sollen die Träger der öffentlichen Jugendhilfe mit den freien Trägern der Jugendhilfe Vereinbarungen über die Höhe der Kosten treffen, wenn Einrichtungen und Dienste freier Träger in Anspruch genommen werden. Solche Leistungsvereinbarungen sind koordinationsrechtliche Verträge. Die Vertragspartner begegnen sich auf Augenhöhe, weil der öffentliche Träger die Höhe der Kosten nicht auch einseitig durch Verwaltungsakt erzwingen könnte.[50] Dies ist gesetzlich nicht vorgesehen. Vielmehr entspricht die gleichberechtigte Verhandlung über die Höhe der Kosten auch dem Grundsatz der partnerschaftlichen Zusammenarbeit gem. § 4 Abs. 1 S. 1 SGB VIII.

Bei der Eingliederungsvereinbarung nach § 15 Abs. 2 SGB II handelt es sich dagegen um einen subordinationsrechtlichen Vertrag. Denn wenn eine Eingliederungsvereinbarung nicht zustande

---

48 Vgl. Maurer/Waldhoff, Allgemeines Verwaltungsrecht, § 14 Rn. 12 f.
49 Vgl. Maurer/Waldhoff, Allgemeines Verwaltungsrecht, § 14 Rn. 285.
50 Vgl. Trésoret, in: Schlegel/Voelzke, jurisPK-SGB VIII, § 77 Rn. 79.

kommt, können die Regelungen auch durch Verwaltungsakt festgesetzt werden (§ 15 Abs. 3 S. 3 SGB II).

5. Realakt

100 Nicht jede Verwaltungshandlung hat regelnden Charakter (so aber der Verwaltungsakt, der öffentlich-rechtliche Vertrag, die Rechtsverordnung oder die Satzung). Die sog. Realakte treffen keine verbindlichen Regelungen mit einer unmittelbaren Rechtswirkung, sondern stellen einfache tatsächliche Handlungen der Verwaltung dar.

Beispiel:
Auszahlungen von Sozialleistungen (wie das ALG II), Hausbesuche des Jugendamtes, Anforderungen von Unterlagen und Nachweise als Vorbereitungshandlung für eine verbindliche Verwaltungsentscheidung, Terminabsprachen, Erteilung von Auskünften oder Beratungen, reine Mitteilungen oder Ankündigungen der Behörden, Erstellung von Gutachten.

101 Auch wenn diese schlichten Verwaltungshandlungen keine unmittelbare Rechtswirkung entfalten, dürfen sie nicht gegen das geltende Recht verstoßen. So müssen Realakte von der zuständigen Behörde durchgeführt werden und sind die Rechte des Bürgers zu wahren. Andernfalls kann sich der Bürger gegen rechtswidrige Realakte mit einer allgemeinen Leistungsklage (vgl. Rn. 430) wehren.[51]

Beispiel:
Die Bundesregierung warnt vor einer Jugendorganisation (Realakt), weil sie Kindern und Jugendlichen rechtradikales Gedankengut vermittelt. Diese Warnung entspricht jedoch tatsächlich nicht der Wahrheit. Daher klagt die Jugendorganisation auf Widerruf der falschen Behauptungen.

6. Verwaltungshandlungen mit Innenwirkung

102 Verwaltungshandlungen können auch nur verwaltungsintern wirken. Hierzu gehört beispielsweise die Dienstanweisung einer Vorgesetzten an ihren unterstellten Sachbearbeiter, den Antrag schnellstmöglich zu bescheiden. Diese Anweisung wirkt sich zwar mittelbar auf den Bürger aus, denn sein Antrag wird nun schneller bearbeitet. Die Wirkung bleibt aber mittelbar, denn die Dienstanweisung richtet sich an einen Verwaltungsmitarbeiter der Behörde und nicht an den Bürger außerhalb der Verwaltung. Diesen trifft durch die Anweisung keine unmittelbare Rechtswirkung.

103 Zu den Verwaltungshandlungen ohne Rechtswirkung nach außen gehören darüber hinaus die sogenannten **Verwaltungsvorschriften**. Verwaltungsvorschriften werden zur Regelung behördeninterner Organisationsstrukturen sowie zur Regelung der Gesetzesauslegung oder der Ermessensausübung erlassen und gelten verwaltungsintern für die Mitarbeiter der Behörden und Ämter. Anders umschrieben sind Verwaltungsvorschriften also Richtlinie für die Verwaltungsmitarbeiter bei der Anwendung des Rechts. Verwaltungsvorschriften sind also wie die Rechtsvorschriften abstraktgenerelle Regelungen, die von der Verwaltung erlassen werden. Im Unterschied zu den Rechtsverordnungen haben sie jedoch keine allgemeinverbindliche Außenwirkung, sondern gelten lediglich für die behördeninternen Bediensteten.

---

51 Vgl. Maurer/Waldhoff, Allgemeines Verwaltungsrecht, § 15 Rn. 7.

Kapitel A: Theoretische Grundlagen 51

Beispiel:
Nach § 22 Abs. 1 S. 1 SGB II haben die kommunalen Träger die tatsächlichen Kosten für Unterkunft und Heizung zu leisten, soweit diese angemessen sind. Die Verwaltungsvorschrift der Stadt Cottbus zur Gewährung von Leistungen für Unterkunft und Heizung nach SGB II, SGB XII und AsylbLG („Unterkunftsrichtlinie") legt den Begriff der Angemessenheit aus, damit die Verwaltung das Recht hinsichtlich dieses unbestimmten Rechtsbegriffs einheitlich anwendet. Die Unterkunftsrichtlinie bestimmt also die angemessene Wohnungsgröße sowie die Angemessenheit des Mietpreises pro Quadratmeter, legt gleichzeitig aber auch Ausnahmen für begründete Einzelfälle fest. Auf Grundlage dieser Richtlinie errechnet die rechtsanwendende Sachbearbeiterin dann, wie viel Geld für die Unterkunft geleistet wird.

Zu beachten ist, dass auch Verwaltungsvorschriften nach Art. 20 Abs. 3 GG an das Gesetz gebunden sind. Verwaltungsvorschriften und die auf sie beruhenden Einzelfallentscheidungen dürfen daher nicht gegen die bestehenden Rechtsnormen verstoßen. **104**

II. Im Detail: Der Verwaltungsakt

Der Verwaltungsakt ist die häufigste und bedeutsamste Handlungsform der Verwaltung (vgl. Rn. 91 ff.), denn im Verwaltungsakt wird auf Grundlage der Gesetze eine verbindliche Entscheidung für den konkreten Einzelfall getroffen. **105**

1. Definitionsmerkmale des Verwaltungsaktes

Nach § 31 S. 1 SGB X ist ein Verwaltungsakt eine hoheitliche Maßnahme einer Behörde zur Regelung eines Einzelfalles mit unmittelbarer Außenwirkung. Der Verwaltungsakt hat also fünf Definitionsmerkmale, anhand dessen auch die anderen Verwaltungshandlungen abzugrenzen sind. **106**

Beispiel:
Johannes (J) hat Wohngeld bei der Wohngeldstelle des Sozialamtes von Halle (Saale) beantragt. Nach einigen Wochen bekommt er ein Schreiben von der zuständigen Sachbearbeiterin, indem ihm mitgeteilt wird, dass das Wohngeld nicht bewilligt werden kann, da die Voraussetzungen für den Bezug von Wohngeld nicht erfüllt sind. Handelt es sich bei dem Schreiben um einen Verwaltungsakt nach § 31 SGB X? Bei dem Schreiben handelt es sich um einen Verwaltungsakt, wenn die folgenden Merkmale bejaht werden können:

a) Hoheitliche Maßnahme

Eine hoheitliche Maßnahme ist eine einseitige Handlung der staatlichen Verwaltung gegenüber dem „unterworfenen" Bürger auf Grundlage einer Norm aus dem öffentlichen Recht (genauer: einer Norm aus dem öffentlichen Verwaltungsrecht).[52] **107**

Lösung Beispiel:
Grundlage für die Entscheidung ist das Wohngeldgesetz. Dabei handelt es sich um öffentliches Recht (Verwaltungsrecht), da das Wohngeldgesetz die staatlichen Verwaltungsträger berechtigt und verpflichtet und das Wohngeldgesetz die Rechtsbeziehung zwischen der staatlichen Verwaltung und den Bürgern betrifft. Darüber hinaus wurden über die Entscheidung keine gleichberechtigten Verhandlungen geführt. Die Entscheidung wurde vielmehr auf Grundlage des Gesetzes einseitig gegenüber Johannes getroffen, ohne dass dieser mitbestimmen konnte. Eine hoheitliche Maßnahme ist dementsprechend zu bejahen.

---

52 Vgl. Luthe, in: Schlegel/Voelzke, jurisPK-SGB X, § 31 Rn. 29.

108 Damit sind privatrechtliche Rechtshandlungen der Verwaltung (zB Kündigung eines privatrechtlich angestellten Verwaltungsmitarbeiters, verwaltungsprivatrechtliche Maßnahmen) oder zweiseitig vereinbarte öffentlich-rechtliche Verwaltungsverträge keine Verwaltungsakte.

b) Behörde

109 Eine Behörde ist nach § 1 Abs. 2 SGB X jede Stelle die Aufgaben der öffentlichen Verwaltung wahrnimmt. Zu den Aufgaben der öffentlichen Verwaltung gehört insbesondere der Vollzug der verwaltungsrechtlichen Gesetze. Damit sollen die öffentliche Sicherheit und Ordnung gewährleistet und die gesellschaftliche Ordnung und Umwelt positiv gestaltet (Daseinsvorsorge) werden (vgl. Rn. 32 f.). Zur Daseinsvorsorge gehören beispielsweise die individuelle Hilfe und Förderung in sozialen Notlagen (bspw. Existenzsicherung) sowie auch die Errichtung und Erhaltung einer sozialen Infrastruktur (Bildungseinrichtungen, Jugendclubs ua Freizeitangebote usw).[53]

Lösung Beispiel:
Die Wohngeldstelle des Sozialamtes soll durch die Umsetzung des Wohngeldgesetzes ein angemessenes und familiengerechtes Wohnen sichern (siehe § 1 Abs. 1 WoGG). Sie ist also mit der individuellen Unterstützung in sozialen Notlagen und dementsprechend mit der Daseinsvorsorge befasst. Sie nimmt damit Aufgaben der öffentlichen Verwaltung wahr und ist daher eine Behörde.

110 Zu den Behörden im Sinne des § 1 Abs. 2 SGB X zählen damit neben den Behörden des Bundes und der Länder auch die juristischen Personen des öffentlichen Rechts (Körperschaften, Anstalten, Stiftungen) sowie die kommunalen Selbstverwaltungsgemeinschaften (Gemeinden). Privatpersonen oder freie Einrichtungen sind hingegen keine Behörden. Der **funktionelle Behördenbegriff** des § 1 Abs. 2 SGB X ist also vom organisatorischen Behördenbegriff (vgl. Rn. 55) zu unterscheiden, wonach Behörden handelnde Organe der Verwaltungsträger sind.[54]

c) Regelung

111 Eine Regelung liegt vor, wenn die Maßnahme eine Bestimmung oder Anordnung trifft, die **unmittelbar eine konkrete Rechtsfolge setzt**. Es muss also eine abschließende Entscheidung getroffen worden sein, die eine verbindliche Pflicht oder ein verbindliches Recht begründet, verändert, aufhebt oder ablehnt.[55]

Lösung Beispiel:
Das Schreiben teilt dem J mit, dass ihm das Wohngeld nicht bewilligt wird, da er die Voraussetzungen für den Bezug von Wohngeld nicht erfüllt. Dies stellt eine abschließende Entscheidung dar, die unmittelbar und konkret ein Recht ablehnt. Das Merkmal der Regelung ist somit zu bejahen.

112 Folglich sind Beratungen keine Verwaltungsakte, da sie keine verbindliche Rechtsfolge festlegen. Beratungen helfen lediglich bei der Orientierung über die Rechte und Pflichten. Auch vorbereitende Verwaltungsmaßnahmen, wie Hausbesuche, Terminanordnungen oder Anforderungen von Unterlagen sind keine Verwaltungsakte, da sie noch keine abschließende Entscheidung treffen, sondern eine solche erst

---

53 Vgl. Sommer, Lehrbuch Sozialverwaltungsrecht (2015), S. 36.
54 Vgl. Maurer/Waldhoff, Allgemeines Verwaltungsrecht, § 9 Rn. 23, § 21 Rn. 32.
55 Vgl. BVerwGE 77, S. 268, S. 271; BSG Urt. v. 5.9.2006 – Az. B 4 R 71/06 R.

vorbereiten. Verwaltungshandlungen ohne Regelungscharakter sind Realakte (vgl. Rn. 100 f.).

d) Einzelfall

Ein Einzelfall liegt vor, wenn die Maßnahme einen konkreten oder abstrakten Fall regelt und sich an einen individuellen Adressaten richtet. **113**

Lösung Beispiel:
Hier handelt die Behörde gegenüber dem J und damit gegenüber einer individuellen Person. Die Entscheidung wurde auf Grundlage der konkreten Wohn- und Finanzsituation des J getroffen, betrifft also die konkrete Lebenssituation des J. Das Merkmal des Einzelfalles ist damit gegeben.

Somit ist der Verwaltungsakt als **konkret-individuelle** bzw. **abstrakt-individuelle** Regelung von den exekutiven Rechtsnormen als abstrakt-generelle Regelungen (Rechtsverordnungen, Satzungen, vgl. Rn. 83 ff.) abzugrenzen. **114**

Beispiele für Einzelfallregelungen:
Frau Müller (individueller Adressat) erhält am 30.12. die Anordnung, wegen Schneefall und Rutschgefahr noch am gleichen Tag Schnee zu schieben (konkrete Lebenslage).

Frau Müller (individueller Adressat) erhält bei Wintereinbruch die Anordnung, immer wenn Schnee fällt, Schnee zu schieben. Hier wird eine abstrakte Sachlage geregelt, denn es ist noch ungewiss, ob überhaupt und wann Schnee fällt. **115**

Beispiel für abstrakt-generelle Regelung:
Jeder Hauseigentümer (genereller also unbestimmter Adressatenkreis) hat bei Schneefall geeignete Maßnahmen zu treffen, um die Rutschgefahr zu beseitigen (abstrakte also unbestimmte Zahl von Fällen).

e) Außenwirkung

Eine Regelung hat Außenwirkung, wenn sie sich unmittelbar an eine Person richtet, die außerhalb des Verwaltungsbereichs steht. **116**

Lösung Beispiel:
Die Regelung hat Auswirkungen für den J. Er ist als Bürger betroffen und steht daher außerhalb der Verwaltung. Auch das Merkmal der Außenwirkung liegt dementsprechend vor. Da alle fünf Merkmale des § 31 S. 1 SGB X gegeben sind, handelt es sich bei dem Schreiben um einen Verwaltungsakt.

Innerdienstliche Weisungen des Vorgesetzten, wie beispielsweise die Anordnung an einen Sachbearbeiter einen bestimmten Antrag sofort zu bearbeiten, sind daher mangels unmittelbarer Außenwirkung keine Verwaltungsakte. Auch Verwaltungsvorschriften (vgl. Rn. 103 f.), also abstrakt-generelle Weisungen mit rein verwaltungsinterner Wirkung, sind keine Verwaltungsakte. **117**

f) Übersicht: Die Merkmale des Verwaltungsaktes und die Abgrenzung zu den übrigen Handlungsformen der Verwaltung

118

Merkmale des Verwaltungsaktes nach § 31 S. 1 SGB X	Abgrenzung zu den übrigen Handlungsformen der Verwaltung
Eine **hoheitliche Maßnahme** ist eine von der staatlichen Verwaltung ausgehende einseitige Handlung gegenüber dem „unterworfenen" Bürger aufgrund einer Norm aus dem öffentlichen Recht.	▪ **privatrechtliches Handeln** der Verwaltung, also zB der Kauf eines Kopiergerätes ▪ **öffentlich-rechtlicher Vertrag**, wie bspw. die Eingliederungsvereinbarung
Eine **Behörde** ist gem. § 1 Abs. 2 SGB X jede Stelle, die Aufgaben der öffentlichen Verwaltung (Gewährleistung der öffentlichen Sicherheit und Ordnung sowie Daseinsvorsorge) wahrnimmt.	*(**Natürliche Personen** u. **juristische Personen des Privatrechts**, also freie u. gemeinnützige Träger, sind keine Behörden. Handlungen dieser Privatrechtssubjekte sind keine Verwaltungshandlungen!)*
Eine **Regelung** liegt vor, wenn die Maßnahme unmittelbar und konkret eine Rechtsfolge (= verbindliche Pflicht oder verbindliches Recht begründet, ändert, aufhebt oder ablehnt) setzt.	▪ **Realakte**, wie Beratungen, Auszahlungen von Sozialleistungen, Hausbesuche oder andere vorbereitende Maßnahmen
Ein **Einzelfall** liegt vor, wenn ein abstrakter oder konkreter Sachverhalt geregelt wird und sich die Regelung an eine individuelle Person oder einen bestimmbaren Personenkreis richtet.	▪ **exekutive Rechtsnormen**, also abstrakt-generelle Regelungen, wie Rechtsverordnungen und Satzungen
Die Regelung hat **Außenwirkung**, wenn sie sich unmittelbar an eine Person richtet, die außerhalb der Verwaltung steht.	▪ **verwaltungsinternes Handeln**, wie Verwaltungsvorschriften oder Dienstanweisungen

2. Sonderform: Allgemeinverfügung

119   Eine Allgemeinverfügung ist nach § 31 S. 2 SGB X ein Verwaltungsakt, der sich in einem konkreten Fall an einen nach allgemeinen Merkmalen bestimmten oder bestimmbaren Personenkreis richtet oder die öffentlich-rechtliche Eigenschaft einer Sache oder ihre Benutzung durch die Allgemeinheit betrifft. Da sich die Sozialleistungen in der Regel an den einzelnen Bürger richten, ist die Allgemeinverfügung im Sozialverwaltungsrecht eher von untergeordneter Bedeutung.[56] Es gibt entsprechend § 31 S. 2 SGB X zwei unterschiedliche Allgemeinverfügungen:

120   Die Regelung betrifft einen bestimmten oder bestimmbaren Personenkreis in einer konkreten Situation. Die Regelung der Allgemeinverfügung hat also **konkret-gene-**

---

56   Vgl. Littmann, in: Hauck/Noftz, SGB X, § 31, Rn. 66.

Kapitel A: Theoretische Grundlagen

rellen Charakter. Sie unterscheidet sich daher von der abstrakt-generellen Rechtsnorm, die noch durch einen konkreten Vollzugsakt umgesetzt werden muss und sich an einen unbestimmten Personenkreis richtet.[57]

Beispiele:
Die Hauseigentümer der Rotebühlstraße in Stuttgart (genereller Personenkreis) bekommen am 30.12. die Anordnung, wegen Schneefall und Rutschgefahr noch am gleichen Tag Schnee zu schieben (konkrete Fallkonstellation).

Ein Polizist fordert die Schulklasse 10 b auf, die Turnhalle der Schule wegen Einsturzgefahr sofort zu verlassen.

Ein Verkehrspolizist regelt den Verkehr an einer großen Kreuzung für alle Autofahrer, die über die Kreuzung fahren.

Die Festlegung von Festbeträgen für bestimmte Arzneimittel nach § 35 Abs. 1 S. 1 SGB V ist eine Allgemeinverfügung.[58]

Die Maßnahme regelt die öffentlich-rechtliche Eigenschaft einer Sache oder deren Benutzung durch die Allgemeinheit. **121**

Beispiele:
Durch eine Widmung erhält ein privates Grundstück die Eigenschaft als öffentlicher Park. Das Parkgelände ist damit für den Allgemeingebrauch zugänglich.

Die Anordnung, dass der Rasen nicht betreten werden darf, regelt die Benutzung dieses öffentlichen Parks durch die Allgemeinheit.

3. Arten des Verwaltungsaktes im Überblick

122

Differenzierung nach ...			Beispiele
der **Gesetzesbindung:**		⇨ **Gebundene VAe** müssen von der Verwaltung erlassen werden.	Bewilligung von Arbeitslosengeld II aufgrund von § 7 Abs. 1 S. 1 SGB II.
		⇨ **ErmessensVAe** sind nach pflichtgemäßem Ermessen von der Verwaltung zu erteilen.	Gewährleistung kommunaler Eingliederungsleistungen aufgrund von § 16 a SGB II.

---

57 Vgl. Luthe, in: Schlegel/Voelzke, jurisPK-SGB X, § 31 Rn. 64.
58 Vgl. BSG, Urt. v. 24.11.2004 – Az. B 3 KR 23/04 R.

Differenzierung nach ...		Beispiele
der **Rechtswirkung** des VAs:	⇨ **Belastende VAe** wirken sich negativ auf die Rechtsposition des Bürgers aus.	Ablehnung o. Aufhebung einer Sozialleistung; Inobhutnahme eines Kindes; Geltendmachung eines öffentl.-rechtl. Ersatzanspruches.
	⇨ **Begünstigende VAe** wirken sich positiv auf die Rechtsposition des Bürgers aus.	Bewilligung einer Sozialleistung: Hilfe zur Erziehung, Sozialhilfe; Erlaubnis zur Vollzeitpflege nach § 44 SGB VIII
	⇨ **VAe mit Doppelwirkung** wirken sich teilweise belastend u. teilweise begünstigend aus.	Kerstin beantragt die Übernahme ihrer Mietschulden iHv 650 EUR. Es werden schließlich nur 400 EUR übernommen. Die teilweise Übernahme von 400 EUR wirkt begünstigend, aber bzgl. der nicht übernommenen 250 EUR belastend.
	⇨ **VAe mit Drittwirkung** wirken sich nicht nur auf den Adressaten des VAs aus, sondern auch auf die Belange Dritter.	Die Erteilung einer Erlaubnis zum Betrieb einer Kindertagesstätte ist für den Adressaten begünstigend, die unmittelbaren Nachbarn können durch eine evtl. Lärmbelästigung aber in ihren Rechten beeinträchtigt sein.
der **Wirkungsdauer** des VAs	⇨ **Einmalige VAe** realisieren einmalig eine Rechtsfolge.	Übernahme der Kosten für einen Schulausflug.
	⇨ **VAe mit Dauerwirkung** wirken für einen längeren Zeitraum.	Gewährleistung von Wohngeld über ein Jahr.
dem **Regelungsinhalt** des VAs	⇨ **Befehlende VAe** fordern ein bestimmtes Tun, Dulden o. Unterlassen.	Zahlungsaufforderung aufgrund eines öffentl.-rechtl. Ersatzanspruches; Anordnung die Räumlichkeiten einer Kindertagesstätte auszubauen.
	⇨ **Gestaltende VAe** begründen, beseitigen o. gestalten das Rechtsverhältnis zwischen dem betroffenen Bürger u. der Behörde.	Immatrikulation o. Exmatrikulation eines Studenten; Einbürgerung eines Ausländers nach § 10 StAG
	⇨ **Feststellende VAe** stellen bestehende Rechte o. Pflichten zwischen dem Bürger u. der Behörde fest.	Feststellung der unterschiedlichen Sozialleistungsansprüche (zB Rentenanspruch oder eines Behinderungsgrades; Feststellung der Gemeinnützigkeit einer Einrichtung)

4. Nebenbestimmungen des Verwaltungsaktes

Neben der Hauptregelung des Verwaltungsaktes kann dieser noch weitere Regelungen enthalten. Diese sogenannten Nebenbestimmungen treten also zur Hauptregelung hinzu, um diese genauer auszugestalten und den Anforderungen des Einzelfalles anzupassen. Nach § 32 Abs. 2 SGB X gibt es fünf unterschiedliche Nebenbestimmungen:

123

- § 32 Abs. 2 Nr. 1 SGB X: Die **Befristung** begrenzt die Wirksamkeit der getroffenen Hauptregelung auf einen festgelegten Zeitraum oder lässt die Wirksamkeit der Hauptregelung mit einem festgelegten Zeitpunkt beginnen oder enden.

Beispiel:
Das Wohngeld von Student Bill Dung wird nach § 25 Abs. 1 WoGG vom 1.4.2017 bis 31.3.2018 gewährt. Die Hauptregelung – die Gewährung von Wohngeld – ist lediglich für den angegebenen Zeitraum wirksam.

- § 32 Abs. 2 Nr. 2 SGB X: Bei einer **Bedingung** ist die Wirksamkeit der Hauptregelung von einem festgelegten Ereignis abhängig, dessen Eintritt zur Zeit der Entscheidung noch ungewiss ist. Der Eintritt der Bedingung kann die Hauptregelung wirksam (aufschiebende Bedingung) oder unwirksam (auflösende Bedingung) machen.

Beispiel:
Frau Fröhlich erhält nach § 43 Abs. 2 SGB VIII eine Erlaubnis zur Kindertagespflege. Diese Erlaubnis wird mit der Maßgabe erteilt, dass die Betreuung erst beginnen darf, wenn die Bauarbeiten in den Räumlichkeiten abgeschlossen sind. Die Erlaubnis wird erst wirksam, wenn die Bauarbeiten beendet sind.

- § 32 Abs. 2 Nr. 3 SGB X: Der **Widerrufsvorbehalt** macht die Wirksamkeit der Hauptentscheidung von einem zukünftigen behördlichen Widerruf abhängig, der die Hauptregelung dann aufhebt. Bei einem Widerrufsvorbehalt sollten die Gründe für einen Widerruf angegeben werden, denn es wäre unzulässig, wenn die Behörde den Verwaltungsakt aus jedem beliebigen Grund aufheben und so den Vertrauensschutz unterlaufen könnte.[59]

Beispiel:
Frau Fröhlich erhält die Erlaubnis zur Kindertagespflege nach § 43 Abs. 2 SGB VIII widerruflich für eine Probezeit von sechs Monaten. Wenn sich in dieser Zeit herausstellt, dass Frau Fröhlich als Person für die Kindertagespflege ungeeignet ist, kann die Erlaubnis widerrufen werden. Zeigt sich nun, dass Frau Fröhlich beispielsweise ein ernsthaftes Alkoholproblem hat, kann die Behörde die Erlaubnis widerrufen. Erst mit dem Widerruf wird die Hauptregelung unwirksam.

- § 32 Abs. 2 Nr. 4 SGB X: Eine **Auflage** verbindet die Hauptregelung mit einer Verpflichtung des Adressaten zu einem bestimmten Tun, Dulden oder Unterlassen, ohne das hiervon die Wirksamkeit der Hauptregelung abhängig gemacht wird.

Beispiel:
Die zuständige Behörde erteilt nach § 43 Abs. 2 SGB VIII die Erlaubnis zur Kindertagespflege mit der Auflage, dass Frau Fröhlich regelmäßig an Weiterbildungsmaßnahmen teilnimmt. Wenn Frau Fröhlich nun nicht an diesen Weiterbildungsmaßnahmen teilnimmt, bleibt die Erlaubnis zur Kindertagespflege trotzdem bestehen.

---

[59] Vgl. Littmann, in: Hauck/Noftz, SGB X, § 32 Rn. 22.

- **§ 32 Abs. 2 Nr. 5 SGB X**: Ein **Auflagenvorbehalt** ist die Ankündigung in dem Verwaltungsakt, dass die Behörde in der Zukunft gegebenenfalls noch eine Auflage setzen, ändern oder ergänzen kann.

Beispiel:
Frau Fröhlich erhält die Erlaubnis zur Kindertagespflege nach § 43 Abs. 2 SGB VIII. Die Behörde behält sich in dem Bescheid aber vor, den Ausbau der Räumlichkeiten anzuordnen, wenn die Zahl der zu betreuenden Kinder steigt.

124 Hinsichtlich der **Zulässigkeit von Nebenbestimmungen** ist zwischen Verwaltungsakten die aufgrund gebundener Vorschriften ergehen, und Verwaltungsakten, die aufgrund von Ermessenentscheidungen zustande kommen, zu unterscheiden.

125 Verwaltungsakte, die aufgrund einer gebundenen Vorschrift verhängt werden, dürfen nach § 32 Abs. 1 SGB X nur mit einer Nebenbestimmung versehen werden, wenn sie durch Rechtsvorschrift zugelassen ist oder sicherstellen soll, dass die gesetzlichen Voraussetzungen des Verwaltungsaktes erfüllt werden.

Beispiel:
Gem. § 43 Abs. 2 SGB VIII **ist** die Erlaubnis zur Kindertagespflege zu erteilen, wenn die Person für die Kindertagespflege geeignet ist. Die Verwaltung hat hier eine gebundene Entscheidung zutreffen, so dass hinsichtlich der Zulässigkeit einer Nebenbestimmung § 32 Abs. 1 SGB X gilt. Die Erlaubnis zur Kindertagespflege kann dementsprechend nur mit einer Nebenbestimmung versehen werden, wenn dies durch Rechtsvorschrift zugelassen ist oder hierdurch sichergestellt werden soll, dass die gesetzlichen Voraussetzungen erfüllt werden. § 43 Abs. 3 S. 5 SGB VIII ist schließlich eine solche Rechtsvorschrift, die Nebenbestimmungen bei der Erlaubnis zur Kindertagespflege zulässt.

Mit einer Nebenbestimmung kann schließlich sichergestellt werden, dass die gesetzlichen Voraussetzungen für die Hauptregelung erst erfüllt werden. Hier wird die Bedeutung der Nebenbestimmungen sichtbar. Sie ermöglichen nämlich in einigen Fällen erst die begehrte Leistung und sind für den Bürger daher positiv: Die arbeitslose Frau Fröhlich ist gelernte Bäckereifachverkäuferin. Sie möchte zukünftig ihr Geld aber als Tagesmutter verdienen. Zwar hat sie selbst einen dreijährigen Sohn, ansonsten verfügt sie aber nicht über vertiefende Kenntnisse hinsichtlich der Anforderungen der Kindertagespflege. Sie ist aus diesem Grund als Person für die Kindertagespflege nicht geeignet. Dementsprechend darf die Behörde die Erlaubnis zur Kindertagespflege auch nicht erteilen. Die Behörde kann die Erlaubnis jedoch von der Bedingung abhängig machen, dass Frau Fröhlich an qualifizierten Lehrgängen teilnimmt, so vertiefte Kenntnisse erwirbt und dadurch eine geeignete Person für die Kindertagespflege wird. Durch eine solche Nebenbestimmung können also die Gründe für eine Ablehnung des Verwaltungsaktes beseitigt und die Voraussetzungen einer Genehmigung herbeigeführt werden. Mit Bedingungseintritt kann Frau Fröhlich dann als Tagesmutter tätig werden.

126 Verwaltungsakte, die aufgrund von Ermessensvorschriften erlassen werden, dürfen nach § 32 Abs. 2 SGB X dagegen nach pflichtgemäßem Ermessen mit einer Nebenbestimmung versehen werden.

Beispiel:
Nach § 16a Nr. 1–4 SGB II **können** zur Eingliederung in Arbeit unterschiedliche Leistungen der kommunalen Eingliederung erbracht werden. Hier hat die Behörde einen Entscheidungsspielraum, ob sie überhaupt Leistungen erbringt und wenn ja, welche Leistungen sie auswählt. Da hier ein Ermessensspielraum besteht, kann die Behörde die Hauptentscheidung – Gewährleistung der Eingliederungsleistung – nach pflichtgemäßem Ermessen beispielsweise auf 6 Monate befristen oder mit der Auflage versehen, in der Zeit der bewilligten Kinderbetreuung an einer Weiterbildungsmaßnahme teilzunehmen.

127 Sowohl bei einer gebundenen als auch bei einer Ermessensentscheidung muss die Nebenbestimmung gem. § 32 Abs. 3 SGB X den Zweck der Hauptregelung fördern und darf diesen nicht zuwiderlaufen.

Kapitel A: Theoretische Grundlagen 59

5. Rechtliche Anforderungen an den Verwaltungsakt

a) Bestimmtheit des Verwaltungsaktes

Da der Verwaltungsakt eine verbindliche Regelung für den Bürger trifft, muss der Verwaltungsakt unmissverständlich erkennen lassen, **wer** (§ 33 Abs. 3 S. 1 SGB X) **was** (§ 33 Abs. 1 SGB X) von **wem** (§ 33 Abs. 1 SGB X) verlangt. Der Verwaltungsakt muss also die erlassene Behörde erkennen lassen, muss inhaltlich hinreichend bestimmt sein und weiter muss aus dem Verwaltungsakt hervorgehen, wer durch die Regelung konkret betroffen ist. Diese sogenannte **Bestimmtheit des Verwaltungsaktes** verlangt also, dass die Regelung vollständig, bürgernah und unmissverständlich sowie frei von Widersprüchen formuliert ist.⁶⁰ Lässt der Verwaltungsakt die erlassene Behörde nicht erkennen, ist er gem. § 40 Abs. 2 Nr. 1 SGB X unwirksam (nichtig). Ist der Verwaltungsakt inhaltlich nicht hinreichend bestimmt, ist er nach § 40 Abs. 1 SGB X unwirksam (vgl. Rn. 366, 372 ff.).

128

Beispiel:
Frau Veronika Peters bekommt ein Schreiben von der zuständigen Behörde, indem angeordnet wird, dass sie ihre Hecke zurückschneiden soll. Dieser Verwaltungsakt ist inhaltlich nicht hinreichend bestimmt, da aus ihm nicht hervorgeht, um wieviel Zentimeter Frau Peters die Hecke zurückschneiden soll. Unklar ist auch, ob die Hecke nur in der Breite oder auch in der Höhe beschnitten werden soll. Der Verwaltungsakt ist demnach unwirksam.

Hanni und Nanni Sullivan (zwei Zwillingsschwestern) bewohnen gemeinsam das Haus ihrer verstorbenen Eltern. An einem Mittwoch bekommt Frau Sullivan ein Schreiben, indem angeordnet wird, dass Frau Sullivan ihre Hecke in der Breite um einen halben Meter zurückschneiden soll, da der öffentliche Fußweg nicht mehr begehbar ist. Das Schreiben lässt die Behörde nicht erkennen. Auch dieser Verwaltungsakt ist nicht hinreichend bestimmt. Unklar ist vorliegend nämlich, wer das Schreiben veranlasst hat und welche Schwester Verpflichteter des Schreibens ist. Da nicht klar ist, zwischen welchen Parteien das Rechtsverhältnis besteht, ist der Verwaltungsakt unwirksam.

b) Unterschrift

§ 33 Abs. 3 S. 1 SGB X fordert außerdem, dass ein schriftlicher oder elektronischer Verwaltungsakt die **Unterschrift oder die Namenswiedergabe** des Behördenleiters, seines Vertreters oder seines Beauftragten enthält. Die Unterschrift oder Namenswiedergabe soll verdeutlichen, dass es sich bei dem Verwaltungsakt um eine abschließende Willenserklärung handelt und nicht lediglich um eine vorläufige Notiz. Daher ist keine eigenhändige Unterschrift notwendig. Die gedruckte Namenswiedergabe genügt, um diese Funktion zu erfüllen. Bei einem Verwaltungsakt, der mithilfe automatischer Einrichtungen erlassen wurde, kann nach § 33 Abs. 5 S. 1 SGB X von dem Erfordernis einer Unterschrift oder Namenswiedergabe sogar ganz abgesehen werden. Fehlt die Unterschrift oder die Namenswiedergabe, handelt es sich gem. § 42 SGB X um einen unbeachtlichen Fehler, wenn offensichtlich ist, dass hierdurch die Entscheidung in der Sache nicht beeinflusst wurde.

129

c) Form des Verwaltungsaktes

Nach § 33 Abs. 2 SGB X kann der Verwaltungsakt schriftlich, elektronisch, mündlich oder in anderer Weise erlassen werden. Es ist also grundsätzlich keine bestimmte

130

---
60 Vgl. Trenczek [ua], Grundzüge des Rechts, S. 417.

Form vorgeschrieben (**Grundsatz der Formwahlfreiheit**). Wie bei jedem Grundsatz gibt es allerdings Ausnahmen. So sehen einige besondere Sozialgesetze für bestimmte Entscheidungen eine Schriftform vor.

Beispiele:
Nach § 50 Abs. 1 S. 1 BAföG ist die Entscheidung über die Erteilung von Ausbildungsförderung dem Antragsteller schriftlich, also durch Bescheid, mitzuteilen.

§ 14 BKGG bestimmt, dass die Ablehnung von Kindergeld schriftlich zu erteilen ist. Die Bewilligung von Kindergeld kann dementsprechend auch mündlich ergehen.

131 Und auch wenn keine Schriftform durch ein besonderes Gesetz verlangt wird, ist es in der Praxis aus Gründen der **Beweisbarkeit und Rechtssicherheit** vielfach geboten, einen schriftlichen Verwaltungsakt zu erteilen. Denn nur die Schriftform beweist im Streitfall, was Regelungsinhalt des Verwaltungsaktes war und an welchem Tag der Verwaltungsakt erlassen wurde. Darüber hinaus ist nach § 35 Abs. 1 S. 1 SGB X auch nur ein schriftlicher oder elektronischer Verwaltungsakt mit einer Begründung zu versehen.

132 Erlässt die Verwaltung dennoch einen mündlichen Verwaltungsakt, kann der Betroffene gem. § 33 Abs. 2 S. 2 SGB X eine **schriftliche oder elektronische Bestätigung** verlangen. Diese Bestätigung muss er unverzüglich verlangen, also analog § 121 Abs. 1 S. 1 BGB ohne schuldhaftes Verzögern nach Kenntniserlangung von diesem Recht. Außerdem muss der Betroffene ein berechtigtes Interesse an der Bestätigung haben. An diese Voraussetzung dürfen nicht allzu hohe Anforderungen gestellt werden. Ein berechtigtes Interesse liegt regelmäßig dann vor, wenn der Betroffene eine schriftliche Bestätigung zur Beweisführung oder aus Gründen der Rechtsklarheit verlangt.[61]

d) Begründung

133 Als weitere rechtliche Anforderung muss ein schriftlicher oder elektronischer sowie auch ein bestätigter Verwaltungsakt nach § 35 Abs. 1 SGB X grundsätzlich mit einer **Begründung** versehen werden. Das bedeutet, dass die entscheidungserheblichen tatsächlichen und rechtlichen Gründe anzugeben sind. Mitzuteilen sind dementsprechend die ermittelten Sachverhaltsumstände (tatsächliche Gründe) sowie die Rechtsgrundlage, die beschrieben und erklärt werden muss (rechtliche Gründe). Die Begründung von Ermessensentscheidungen (vgl. Rn. 191 f.) muss außerdem die Gesichtspunkte erkennen lassen, von denen die Behörde bei der **Ausübung des Ermessens** ausgegangen ist. Dementsprechend muss die Behörde erläutern, dass sie einen Entscheidungsspielraum auf der Rechtsfolgenseite hat, welchen Umfang dieser Entscheidungsspielraum hat (also wo die Grenzen des Ermessens liegen) und welche Umstände des Einzelfalles die getroffene Entscheidung rechtfertigen. Anhand der Ermessensbegründung kann festgestellt werden, ob es zu Ermessensfehlern (vgl. Rn. 194 ff.) gekommen ist.

134 Die Begründung soll dazu führen, dass der betroffene Bürger die Entscheidung nachvollziehen und insbesondere kontrollieren kann. So kann er die Entscheidung akzeptieren oder, im Falle von Fehlern, Rechtsbehelfe einlegen. Die Begründung soll den Bürger also befähigen, gegen fehlerhafte Verwaltungsentscheidungen vorzugehen. Darüber hinaus trägt das Begründungserfordernis dazu bei, dass auch

---

61 Vgl. Pattar, in: Schlegel/Voelzke, jurisPK-SGB X, § 33 Rn. 111.

die behördliche Entscheidung gewissenhaft getroffen wird und damit erst gar keine Fehler entstehen.

Fehlt die Begründung oder ist die Begründung unvollständig, ist der Verwaltungsakt formell rechtswidrig und anfechtbar. Er bleibt aber wirksam. Zu beachten ist jedoch, dass gem. § 41 Abs. 1 Nr. 2, Abs. 2 SGB X die Begründung bis zur letzten Tatsacheninstanz (Berufungsinstanz vor dem Landessozial- bzw. Landesverwaltungsgericht) nachgeholt werden kann. Der Fehler wird damit geheilt und der Verwaltungsakt ist damit rechtmäßig. Wird die Begründung nicht nachgeholt und wird davon die Entscheidung in der Sache nicht beeinflusst, handelt es sich gem. § 42 SGB X um einen unbeachtlichen Fehler. Ein Begründungsmangel führt daher regelmäßig nicht zu einer Aufhebung des Verwaltungsaktes. Das Gericht muss dies allerdings bei der Entscheidung über die Verfahrenskosten beachten, wenn die Behörde durch die fehlende Begründung das gerichtliche Verfahren veranlasst hat.[62] 135

Das Begründungserfordernis besteht nicht in den Ausnahmefällen des § 35 Abs. 2 SGB X. Demnach bedarf beispielsweise die antragsgemäße also vollständige Bewilligung von Arbeitslosengeld II (§ 35 Abs. 2 Nr. 1 SGB X) keiner Begründung. Ebenso bedarf es keiner Begründung, wenn dem betroffenen Bürger die Sach- und Rechtslage zum Beispiel schon in der Anhörung mitgeteilt wurde (§ 35 Abs. 2 Nr. 2 SGB X). 136

e) Rechtsbehelfsbelehrung

Schließlich muss ein schriftlicher oder ein bestätigter Verwaltungsakt nach § 36 SGB X auch mit einer **Rechtsbehelfsbelehrung** versehen werden. In der Rechtsbehelfsbelehrung muss der Adressat des Verwaltungsaktes darüber informiert werden, in welcher **Frist** (in der Regel ein Monat) und **Form** (schriftlich oder zur Niederschrift)[63] und bei welcher **Stelle** (Behörde bzw. Sozialgericht mit genauer Adresse) welche **Art von Rechtsmittel** (Widerspruch oder Klage) eingelegt werden kann, um gegen einen fehlerhaften Verwaltungsakt vorzugehen (vgl. Rn. 402, 409 ff., 428). 137

Fehlt die Rechtsbehelfsbelehrung oder ist sie unrichtig, führt dies nicht zur Rechtswidrigkeit des Verwaltungsaktes. Nach § 66 Abs. 1 SGG beginnt die Rechtsbehelfsfrist (von in der Regel einen Monat) dann jedoch nicht zu laufen. Denn es wäre unbillig, wenn der Bürger aufgrund der mangelnden Belehrung über seine Rechte sein Widerspruchs- oder Klagerecht wegen Fristablauf verlieren würde. § 66 Abs. 2 SGG beschränkt die Einlegung des Rechtsbehelfs aber auf ein Jahr. Für den Bürger genügt diese **Jahresfrist**, um sich selbst zu erkundigen oder von einer kundigen Person (zB einem Sozialarbeiter) beraten zu lassen. Für die Behörde soll mit Ablauf der Jahresfrist die Unsicherheit über den Bestand oder Nichtbestand des Verwaltungsaktes beenden werden. 138

6. Wirksamkeitsvoraussetzung: Bekanntgabe des Verwaltungsaktes

Nach § 37 Abs. 1 S. 1 SGB X ist der Verwaltungsakt dem Beteiligten bekannt zu geben, für den er bestimmt ist oder der von ihm betroffen wird. Das bedeutet, dass die Behörde dem Adressaten oder anderweitig Betroffenen die Möglichkeit der 139

---

62 Vgl. BSG, Urt. v. 30.8.2001 – Az. B 4 RA 87/00 R.
63 Darüber hinaus ist es nicht notwendig, auch auf die Möglichkeit auf elektronischem Wege Widerspruch einzulegen, in der Rechtsbehelfsbelehrung hinzuweisen, vgl. BSG, Urteil v. 14.03.2013, Az. B 13 R 19/12 R; Grube in: Schlegel/Voelzke, jurisPK-SGB X, § 36 Rn. 41. Siehe dazu auch Rn. 415.

Kenntnisnahme zu verschaffen hat. Dafür genügt es, wenn der Verwaltungsakt den Herrschaftsbereich des Adressaten (zum Beispiel den Briefkasten) erreicht, denn die tatsächliche Kenntnisnahme liegt nicht in der Hand der Behörde sondern im Pflichtenkreis des Adressaten. Die tatsächliche Kenntnisnahme ist daher für die **Bekanntgabe** nicht erforderlich.

140 Der Verwaltungsakt wird mit der Bekanntgabe wirksam, § 39 Abs. 1 SGB X. Er wird für den Adressaten damit verbindlich, die Fristen für Widerspruch bzw. Klage werden von der Bekanntgabe an berechnet und ab **Wirksamkeit des Verwaltungsaktes** besteht die Möglichkeit der Vollstreckung (vgl. Rn. 260 ff.). Fehlt es andersherum an der Bekanntgabe, entfaltet der Verwaltungsakt auch keine Wirksamkeit. Er ist damit rechtlich nicht existent.

141 Größtenteils übermittelt die Behörde den schriftlichen Verwaltungsakt als normalen Brief durch die Post. Der durch die Post übermittelte Verwaltungsakt gilt nach § 37 Abs. 2 S. 1 SGB X am dritten Tag nach Aufgabe bei der Post als bekannt gegeben. Diese sogenannte **Drei-Tages-Fiktion** ist also unabhängig von einem tatsächlich früheren Zugang. Geht der Verwaltungsakt allerdings gar nicht oder erst später (als die drei Tage) zu, gilt die Drei-Tages-Fiktion nach § 37 Abs. 2 S. 3 SGB X nicht. Ist der Verwaltungsakt nicht zugegangen, ist er nicht bekannt gegeben worden. Im Falle des späteren Zugangs ist der Verwaltungsakt erst mit dem tatsächlichen Zugang bekannt gegeben. Im Zweifel hat die Behörde den Zugang des Verwaltungsaktes und den Zeitpunkt des Zugangs nachzuweisen.

Beispiel:
Maria H. hat Arbeitslosengeld II (§ 7 Abs. 1 SGB II) beantragt. Am 03.05. übermittelt der zuständige Sachbearbeiter durch die Post einen ablehnenden Bescheid an Maria. Maria war jedoch seit Anfang Mai für sechs Wochen in einer medizinischen Rehabilitationseinrichtung und kommt erst am 15.06. wieder nach Hause: Der ablehnende Verwaltungsakt gilt am 06.05. als bekannt gegeben. Damit ist der Verwaltungsakt wirksam geworden und damit beginnt die Frist für den Widerspruch zu laufen. Die Widerspruchsfrist beträgt gem. § 84 Abs. 1 SGG allerdings nur einen Monat. Daher lief sie in Marias Fall am 06.06. ab. Da Maria erst am 15.06. nach Hause gekommen ist, ist es für die Einlegung des Widerspruchs zu spät. (vgl. Rn. 409, 448 ff.)

142 Die Übermittlung des Verwaltungsaktes als normalen Brief durch die Post ist eine kostengünstige Möglichkeit und daher die am häufigsten verwendete Form, um den Verwaltungsakt bekanntzugeben. Im Zweifel kann die Behörde durch diese Übermittlungsform jedoch nicht beweisen, ob und wann der Verwaltungsakt tatsächlich zugegangen ist. Aus diesem Grund kann die Behörde neben der einfachen Bekanntgabe nach § 37 Abs. 2 SGB X einen schriftlichen oder elektronischen Verwaltungsakt auch in einer besonderen Form bekanntgeben (sog. **förmliche Zustellung**), wenn dies durch Rechtsvorschrift oder behördliche Anordnung bestimmt ist.

Beispiel:
Nach § 171 Abs. 2 SGB IX ist die Entscheidung des Integrationsamtes über die Kündigung eines schwerbehinderten Menschen förmlich zuzustellen.

143 Die Behörde kann zwischen verschiedenen gesetzlichen Zustellungsarten wählen. Die relevantesten Zustellungsarten sind die Zustellung durch die Post mit Zustellungsurkunde, die Zustellung durch die Post mittels Einschreiben (ohne oder mit Rückschein) und die Zustellung durch die Behörde gegen Empfangsbestätigung. Diese förmlichen Zustellungsarten sind kostenintensiver als die Versendung eines einfachen Briefes. Dafür sind die Postzustellungsurkunde, der Rückschein oder die Empfangsbestätigung aber beweiskräftige Dokumente darüber, ob und wann der Verwaltungsakt zugestellt wurde.

Soweit die Zustellung durch Bundesbehörden vorgeschrieben ist, gelten gem. § 65 Abs. 1 SGB X die §§ 2 bis 10 des Verwaltungszustellungsgesetz (VwZG) für die förmliche Zustellung. Für die Behörden der Länder gelten nach § 65 Abs. 2 SGB X die jeweiligen landesrechtlichen Verwaltungszustellungsgesetze.

144

Beispiel:
Claudia B. legt Widerspruch gegen die Ablehnung von Hilfen zur Erziehung (§ 27 Abs. 1 SGB VIII) ein. Nach § 73 Abs. 3 VwGO ist ihr der Widerspruchsbescheid förmlich zuzustellen. § 73 Abs. 3 S. 2 VwGO erklärt das VwZG für anwendbar. Dieses gilt dementsprechend (entgegen der Regelung des § 65 SGB X) im Widerspruchsverfahren nach der VwGO nicht nur für Bundesbehörden sondern ebenso für Landes- und Kommunalbehörden. Die Widerspruchsbehörde hat die Wahl zwischen den einzelnen gesetzlich vorgeschriebenen Zustellungsarten gem. §§ 3 bis 10 VwZG.

Als dritte Bekanntgabemöglichkeit kann ein Verwaltungsakt nach § 37 Abs. 3 SGB X auch öffentlich bekannt gegeben werden. Dies muss durch Rechtsvorschrift zugelassen sein. Die **öffentliche Bekanntgabe** wird gem. § 37 Abs. 4 SGB X dadurch bewirkt, dass der verfügende Teil (also die Regelung der Behörde) ortüblich bekannt gemacht wird. Hierzu gehört beispielsweise die Veröffentlichung im Verkündigungsblatt, auf der Internetseite oder im Aushang der Behörde. Außerdem muss angegeben werden, wo der Verwaltungsakt und seine Begründung eingesehen werden kann. Der Verwaltungsakt gilt schließlich zwei Wochen nach der öffentlichen Bekanntmachung als bekannt gegeben.

145

Kapitel B: Fälle und Übungen

I. Aufgaben

Lösen Sie die folgenden Wiederholungsfragen ggf. anhand der genannten Normen.

146

	Frage:	Lösungshinweis:
1.	Qualifizieren Sie die folgenden Verwaltungshandlungen: a) Ein Sachbearbeiter des Jobcenters macht einen Hausbesuch, um zu ermitteln, ob der Antragsteller in einer Bedarfsgemeinschaft lebt. b) Die Gemeinde Gärtringen stellt einen Hausmeister für das Rathaus ein. c) Das Bundesministerium für Arbeit und Soziales gibt die neuen Arbeitslosenzahlen für März 2015 bekannt. d) Die sachsen-anhaltinische Landeshauptstadt Magdeburg erlässt eine „Richtlinie für einmalige Bedarfe" nach § 31 SGB XII/§ 24 Abs. 3 SGB II. In dieser legt sie verbindlich pauschale Beträge für zB Haushaltsgeräte oder Umstandsbekleidung fest und den unbestimmten Rechtsbegriff der Erstausstattung aus. Die Richtlinie richtet sich an die Verwaltungsmitarbeiter des Jobcenters und des Sozialamtes und soll die einheitliche Rechtsanwendung von § 31 SGB XII und § 24 Abs. 3 SGB II gewährleisten.	Rn. 78–104 § 21 Abs. 1 S. 2 Nr. 4 SGB X

Frage:	Lösungshinweis:
e) Beratungen über mögliche Sozialleistungen oder Auskünfte über den zuständigen Leistungsträger der begehrten Sozialleistung.	§ 14, § 15 SGB I
f) Die 83jährige Frau Greis (G) wohnt abgeschieden auf dem Land in Mecklenburg-Vorpommern und hat zunehmend immer größere Schwierigkeiten ihren Alltag zu bewältigen. Verwandte, die die Betreuung und Unterstützung von G übernehmen könnten, leben nicht in der Nähe. G hat aber eine vertrauensvolle Beziehung zu ihrer Nachbarin Frau Schmidt (S). Um weiterhin in ihrem eigenen Zuhause leben und die Pflege zeitlich flexibel von einer vertrauten Person in Anspruch nehmen zu können, vereinbart die Pflegekasse auf Wunsch von G mit der S zur Sicherstellung der häuslichen Pflege, Betreuung und der hauswirtschaftlichen Versorgung eine 2 ½ stündige Betreuung täglich. Diese soll ua Einkaufen, Körperpflege, Wäschewaschen und Reinigung der Wohnung umfassen. Die Pflegekasse einigt sich mit der S außerdem auf eine Vergütung für ihre Pflegeleistung.	§ 77 Abs. 1 SGB XI
g) Für einen Anspruch auf Arbeitslosengeld II muss der Antragsteller gem. § 7 Abs. 1 S. 1 Nr. 3 SGB II ua hilfebedürftig sein. Bei der Feststellung der Hilfebedürftigkeit sind das Einkommen und das Vermögen zu berücksichtigen. Nach § 13 Abs. 1 SGB II wird das Bundesministerium für Arbeit und Soziales (BMAS) ermächtigt, zu regeln, welche Einnahmen nicht als Einkommen zu berücksichtigen sind und wie das Einkommen im Einzelnen zu berechnen ist. Außerdem kann das BMAS regeln, welche Vermögensgegenstände nicht als Vermögen zu berücksichtigen sind und wie der Wert des Vermögens zu ermitteln ist. Wie würden Sie eine solche Regelung der Einkommens- und Vermögensberücksichtigung durch das BMAS qualifizieren?	
2. Worin unterscheiden sich ...	Rn. 83 ff.
a) die Satzung von der Rechtsverordnung,	Rn. 85 f., 103 f.
b) die Rechtsverordnung von der Verwaltungsvorschrift,	Rn. 24, 83 ff., 119 ff.
c) Gesetze, Rechtsverordnungen und Satzungen von Allgemeinverfügungen?	

Kapitel B: Fälle und Übungen

	Frage:	Lösungshinweis:
3.	Student Bill Dung (D) ist aufgrund seines Zweitstudiums nicht BAföG-berechtigt. Da er Probleme hat, seinen Lebensunterhalt neben seinem Studium zu finanzieren, beantragt er Wohngeld bei der Wohngeldstelle des zuständigen Sozialamtes. Daraufhin erhält D ein Schreiben, indem er aufgefordert wird, einige Unterlagen vorzulegen und Auskünfte zu erteilen. Lesen Sie das beigefügte Schreiben I. Handelt es sich dabei um einen Verwaltungsakt?	§ 31 S. 1 SGB X
4.	Nachdem Student Bill Dung (D) seine Unterlagen eingereicht und seine Auskünfte erteilt hat, versendet sein zuständiger Sachbearbeiter am 22.06. einen ablehnenden Bescheid durch die Post. Da D aber ab Anfang Juli für die gesamten Semesterferien nach Hause zu seinen Eltern gefahren ist, findet er den ablehnenden Bescheid erst Ende September in seinem Briefkasten. Aus seinem Studium weiß D, dass der Widerspruch binnen eines Monats, nachdem der Verwaltungsakt bekanntgegeben worden ist, einzureichen ist. Er fragt sich nun aber, wann die Bekanntgabe überhaupt erfolgt ist: ■ mit der tatsächlichen Kenntnisnahme Ende September ■ mit tatsächlichen Zugang des Verwaltungsaktes in dem Briefkasten ■ oder wann sonst?	§ 84 Abs. 1 S. 1 SGG, § 37 Abs. 2 S. 1 SGB X
5.	Lesen Sie den ablehnenden Bescheid (Schreiben II) von Student Bill Dung (D) und prüfen Sie welche formellen Fehler das Schreiben aufweist.	§ 35 und § 36 SGB X

Schreiben I

147

HALLE (SAALE) ✶ *Die Oberbürgermeisterin*

Sozialamt
Wohngeldstelle

Stadt Halle (Saale), Marktplatz 1, 06100 Halle (Saale)

06108 Halle

Dienstgebäude: Südpromenade 30
06128 Halle
Auskunft erteilt: Frau
Telefon: (0345)
Telefax: (0345)
Sprechzeiten: Mo 9.00 - 12.30 Uhr
Di 13.00 - 17.30 Uhr
Fr 9.00 - 12.30 Uhr

Sie erreichen uns: Alle Straßenbahnlinien
zur Südstadt
Internet: www.halle.de
E-Mail: @halle.de

Halle (Saale), 14. April 2009

Kenn-Nr.:
Anforderung von Unterlagen / Auskünften

Sehr geehrte ,

für die Bearbeitung Ihres Antrages auf Gewährung von Wohngeld benötige ich noch folgende Unterlagen / Auskünfte:

- beiliegenden Einnahmen- und Ausgabenplan ausfüllen (sofern ein Defizit bei den Einnahmen Besteht, bitte geeignete Nachweise zur Begleichung des Defizits vorlegen)
- Nachweis der Mietzahlung
- schriftliche Erklärung, ob Sie einen Ferienjob wieder haben, zur Finanzierung Ihres Lebensunterhaltes (wenn ja, Lohnscheine bitte vorlegen)
- Nachweis der Zahlung der Krankenversicherung, sofern Sie diese selber bezahlen

Es wird gebeten, entsprechend Ihrer Mitwirkungspflicht gemäß § 60 ff Sozialgesetzbuch Erstes Buch (SGB I) o.g. Unterlagen **bis zum 05.05.2009** einzureichen, damit Ihr Antrag abschließend bearbeitet werden kann.

Falls die geforderten Belege nicht oder nicht vollständig eingereicht sein sollten und auch sonst keine Nachricht von Ihnen vorliegt, wird darauf hingewiesen, dass Ihr Antrag auf Wohngeld gemäß § 66 SGB I abgelehnt werden kann.

Mit freundlichem Gruß
Im Auftrag

Sachbearbeiterin

Bankverbindung:
Stadt- und Saalkreissparkasse Halle
Bankleitzahl: 800 537 62
Kontonummer: 380 011 855

Schreiben II

HALLE (SAALE) ✶ *Die Oberbürgermeisterin*

Sozialamt
Wohngeldstelle

Stadt Halle (Saale), Marktplatz 1, 06100 Halle (Saale)

███████████ 12
06108 Halle

Dienstgebäude: Südpromenade 30
                   06128 Halle
Auskunft erteilt: Frau ███
Telefon: (0345) ███
Telefax: (0345) ███
Sprechzeiten: Mo 9.00 - 12.30 Uhr
              Di 13.00 - 17.30 Uhr
              Fr 9.00 - 12.30 Uhr

Sie erreichen uns: Alle Straßenbahnlinien
                 zur Südstadt
Internet: www.halle.de
E-Mail: ███████@halle.de

Halle (Saale), 22.06.2009

Kenn-Nr.: ███████
Wohngeld für ███████ Str. 12, 06108 Stadt Halle (Saale)

Sehr geehrte ███████,

wir bedauern, dass wir Ihren Antrag auf Wohngeld vom 29.03.2009, hier eingegangen am 04.04.2009, nicht bewilligen können.

Die Berechnung nach dem Wohngeldgesetz hat ergeben, dass bei Ihnen die Voraussetzungen für den Bezug von Wohngeld nicht erfüllt sind.

Darüber werden Sie sicher enttäuscht sein, was wir verstehen. Wir bitten Sie aber dennoch um Verständnis, dass uns keine andere Entscheidung möglich ist.

Sofern Sie dazu Fragen haben, setzen Sie sich bitte mit uns in Verbindung. Wir beraten Sie gern.

Mit freundlichem Gruß
Im Auftrag

Sachbearbeiterin

Bankverbindung:
Stadt- und Saalkreissparkasse Halle
Bankleitzahl: 800 537 62
Kontonummer: 380 011 855

II. Lösungen

Zu Frage 1:
Qualifizieren Sie die Verwaltungshandlungen.

149 a) Bei einem **Hausbesuch** handelt es sich um einfaches rechtsunerhebliches Verwaltungshandeln. Der Hausbesuch dient der Aufklärung des Sachverhalts, damit eine abschließende Regelung getroffen werden kann. Mangels Regelungswirkung handelt es sich daher um einen **Realakt**.

b) Die **Anstellung eines Hausmeisters** in den Dienst der Gemeinde erfolgt aufgrund eines privatrechtlichen Arbeitsvertrages, der sich nach den Regelungen des Privatrechts bestimmt. Es handelt sich daher um **privatrechtliches** (genauer fiskalisches) **Verwaltungshandeln**, denn die Verwaltung tätigt ein Rechtsgeschäft, wie es „jedermann" durchführen könnte.

c) Die **Bekanntgabe der neuen Arbeitslosenzahlen** hat keinerlei rechtliche Regelungswirkung. Die Information der Öffentlichkeit hierüber stellt daher schlichtes Verwaltungshandeln dar (**Realakt**).

d) Die „**Richtlinie für einmalige Bedarfe**" dient der Konkretisierung der § 31 SGB XII und § 24 Abs. 3 SGB II. Die Richtlinie regelt abstrakt viele Lebenssachverhalte und gilt innerhalb der Verwaltung für eine unbestimmte Mitarbeiterzahl. Da sie nur behördenintern gilt, handelt es sich dementsprechend um eine **Verwaltungsvorschrift**.

e) Eine **Auskunft** über einen zuständigen Leistungsträger ist genauso wie eine **Beratung** über mögliche Sozialleistungen noch kein verbindlicher Regelungsakt. Vielmehr handelt es sich dabei ebenfalls um schlichtes tatsächliches Verwaltungshandeln ohne Regelungscharakter und daher um **Realakte**.

f) Die gegenseitige **Vereinbarung zwischen der Pflegekasse und der S** nach § 77 Abs. 1 SGB XI stellt einen Vertrag dar, da er durch zwei übereinstimmende Willenserklärungen zustande gekommen ist und nicht, wie bei einem Verwaltungsakt, durch einseitige Festlegung durch die Pflegekasse. Dieser Vertrag ist öffentlich-rechtlicher Natur[64], da das Rechtsverhältnis auf dem Gebiet des öffentlichen Rechts begründet wurde.

g) Die **Regelung der Einkommens- und Vermögensberücksichtigung**[65] erfolgt durch die vollziehende Gewalt (Bundesministerium für Arbeit und Soziales) aufgrund einer gesetzlichen Ermächtigungsnorm (§ 13 SGB II). Die Verordnung regelt viele abstrakte Lebenssachverhalte und entfaltet allgemeine Verbindlichkeit sowohl für die Verwaltung als auch für den Bürger (Außenwirkung). Damit handelt es sich vorliegend um eine **Rechtsverordnung**.

Zu Frage 2:
Worin unterscheiden sich ...

150 a) Sowohl **öffentlich-rechtliche Satzungen als auch Rechtsverordnungen** sind Rechtsnormen. Rechtsverordnungen werden aufgrund einer gesetzlichen Ermächtigung durch Organe der staatlichen Exekutive erlassen und sind ebenso

---

64 Vgl. Piepenstock, in: Hauck/Noftz, SGB XI, § 77 Rn. 26; Wahl, in: Schlegel/Voelzke, jurisPK-SGB XI, § 77 Rn. 20.
65 Verordnung zur Berechnung von Einkommen sowie zur Nichtberücksichtigung von Einkommen und Vermögen beim Arbeitslosengeld II/Sozialgeld (Arbeitslosengeld II/Sozialgeld-Verordnung - Alg II-V) vom 17. Dezember 2007 (BGBl. I S. 2942), zuletzt geändert durch Artikel 1der Verordnung vom 16. März 2021 (BGBl. I S. 358)..

wie Gesetze allgemeinverbindlich. Satzungen werden dagegen von selbstständigen juristischen Personen des öffentlichen Rechts erlassen, um ihre eigenen Angelegenheiten und Aufgaben zu regeln und gelten nur für die Mitglieder der juristischen Person. Rechtsverordnungen und öffentlich-rechtliche Satzungen unterscheiden sich also hinsichtlich des Normgebers[66] und hinsichtlich ihrer Verbindlichkeit.

b) **Rechtsverordnungen und Verwaltungsvorschriften** regeln beide viele abstrakte Lebenssachverhalte und gelten für einen unbestimmten und daher generellen Personenkreis (abstrakt-generelle Regelungen). Sie unterscheiden sich jedoch in ihrer Regelungswirkung. So gelten Verwaltungsvorschriften nur innerhalb der Verwaltung, während Rechtsverordnungen allgemeinverbindliche Außenwirkung entfalten. Auch inhaltlich gibt es Unterschiede. Rechtsverordnungen haben demnach eher die Aufgabe die Gesetze weiterzuentwickeln und gegebenenfalls sogar zu ergänzen. Verwaltungsvorschriften sollen dagegen die Gesetze nur auslegen und damit konkretisieren.[67]

c) Zunächst sind **Gesetze, Rechtsverordnungen, Satzungen** und auch **Allgemeinverfügungen** Regelungen. Gesetze, Rechtsverordnungen und Satzungen sind aber abstrakt-generelle Regelungen, wobei Allgemeinverfügungen Regelungen in einer konkreten Situation treffen und sich damit an einen bestimmten oder bestimmbaren Personenkreis richten:

Regelung	für einen generellen Personenkreis	für eine individuelle Person
abstrakter Lebenssachverhalte	Gesetze, Rechtsverordnungen, Satzungen	Verwaltungsakt
	Nach der Wintersatzung der Gemeinde F müssen alle Hauseigentümer bei Schneefall die Wege schneefrei halten.	*Frau Müller erhält bei Winteranbruch die Anordnung, dass sie im Falle eines Schneetreibens vor ihrem Haus Schnee schieben soll.*
konkreter Lebenssachverhalte	Allgemeinverfügung	Verwaltungsakt
	Die Hauseigentümer in der Schmiedstraße erhalten am 30.12. die Anordnung, auf den Wegen vor ihren Häusern Schnee zu schieben.	*Frau Müller erhält am 30.12. die Anordnung, vor ihrem Haus Schnee zu schieben.*

---

66 Vgl. Maurer/Waldhoff, Allgemeines Verwaltungsrecht, § 4 Rn. 16, 20.
67 Vgl. Maurer/Waldhoff, Allgemeines Verwaltungsrecht, § 24 Rn. 17.

Zu Frage 3:
Ist das Schreiben an den D ein Verwaltungsakt?

151 Nach § 31 S. 1 SGB X ist ein **Verwaltungsakt** eine hoheitliche Maßnahme einer Behörde zur Regelung eines Einzelfalles mit Außenwirkung.

152 Eine **hoheitliche Maßnahme** ist eine einseitige Handlung des Staates gegenüber dem unterworfenen Bürger aufgrund einer Norm aus dem öffentlichen Recht. Vorliegend tritt die zuständige Sachbearbeiterin mit dem D nicht in gleichberechtigte Verhandlungen über die Vorlage der Unterlagen und Erteilung der Auskünfte, sondern fordert den D vielmehr einseitig auf. Das Sozialamt handelt hier also nicht in einem Gleichberechtigungsverhältnis, sondern in einem Über-/Unterordnungsverhältnis. Sie wird tätig aufgrund der §§ 60 ff. SGB I. Hiernach sollen die Antragsteller einer Sozialleistung bei der Sachverhaltsaufklärung des Staates mitwirken. Die §§ 60 ff. SGB I betreffen also das Rechtsverhältnis zwischen dem Staat und dem Bürger und sind damit Normen des öffentlichen Recht. Mithin liegt eine hoheitliche Maßnahme vor.

153 Eine **Behörde** ist gem. § 1 Abs. 2 SGB X jede Stelle, die Aufgaben der öffentlichen Verwaltung wahrnimmt. Zu den Aufgaben der öffentlichen Verwaltung gehört beispielsweise die Daseinsvorsorge. Das Sozialamt ist mit der Vollziehung des Wohngeldgesetzes betraut, das nach § 1 Abs. 1 WoGG ein angemessenes Wohnen wirtschaftlich sicherstellen soll. Diese wirtschaftliche Unterstützung des Individuums lässt sich der Daseinsvorsorge zuordnen. Somit ist das Sozialamt mit einer Aufgabe der öffentlichen Verwaltung befasst und eine Behörde im Sinne des § 1 Abs. 2 SGB X.

154 Ein **Einzelfall** liegt vor, wenn sich die Maßnahme in einem konkreten Fall an einen individuellen Adressaten richtet. Hier handelte die Behörde aufgrund des Antrages gegenüber dem D. Ein Einzelfall ist damit ebenfalls zu bejahen.

155 Die Maßnahme hat **Außenwirkung**, wenn sie sich unmittelbar an eine Person richtet, die außerhalb der Verwaltung steht. D ist von dem Schreiben als Bürger und nicht etwa als Verwaltungsangestellter betroffen. Die Maßnahme hat folglich Außenwirkung.

156 Eine **Regelung** ist eine Maßnahme, die unmittelbar eine konkrete Rechtsfolge setzt, also in Vollzug einer Rechtsnorm eine verbindliche Pflicht oder ein verbindliches Recht begründet, ändert oder aufhebt. Vorliegend ist fraglich, ob die Anforderung der Unterlagen nach den §§ 60 ff. SGB I eine verbindliche Pflicht des D darstellt, die für den Fall der fehlenden Mitwirkung unmittelbar (ohne weitere Zwischenschritte) zur Ablehnung des Wohngeldantrages führt. Das behördliche Schreiben weist zwar darauf hin, dass der Antrag gem. § 66 SGB I abgelehnt werden **kann**, wenn der D nicht mitwirkt. Dies stellt aber noch keine endgültige verbindliche Regelung dar. Die Ablehnung des Antrages würde vielmehr noch eines weiteren Regelungsaktes, nämlich den ablehnenden Bescheid (Verwaltungsakt) bedürfen. Es handelt sich also nur um eine vorbereitende Maßnahme, damit überhaupt erst eine Regelung getroffen werden kann. Demzufolge stellt das vorliegende Behördenschreiben schlichtes Verwaltungshandeln (Realakt) dar. Eine unmittelbare Rechtsfolge wurde nicht gesetzt. Ein **Verwaltungsakt liegt** somit **nicht vor.**

Zu Frage 4:
Wann erfolgte die Bekanntgabe?

157 Die Bekanntgabe eines schriftlichen Verwaltungsaktes, der durch die Post übermittelt wird, wird nach § 37 Abs. 2 S. 1 SGB X auf den dritten Tag nach Aufgabe bei der Post fingiert. Nach dieser Drei-Tages-Fiktion wurde der Verwaltungsakt also am **25.06. bekannt gegeben.**

Die tatsächliche Kenntnisnahme ist daher unbedeutsam für die Bekanntgabe. Die Behörde muss nur die Möglichkeit der Kenntnisnahme schaffen. Dieser Pflicht kommt sie durch die Übermittlung des Verwaltungsaktes durch die Post nach. Die tatsächliche Kenntnisnahme des Verwaltungsaktes liegt dagegen im Pflichtenkreis des Adressaten. **158**

Auch der tatsächliche Zugang im Briefkasten ist damit nicht ausschlaggebend für die Bekanntgabe des Verwaltungsaktes. Dies gilt nach § 37 Abs. 2 S. 3 SGB X aber nicht, wenn der Verwaltungsakt später als den fingierten dritten Tag oder gar nicht zugeht. Dann erfolgt die Bekanntgabe mit dem tatsächlichen Zugang oder eben gar nicht. **159**

Vorliegend ist der ablehnende Bescheid also am 25.06. bekannt gegeben worden. Nach § 84 Abs. 1 SGG ist der Widerspruch binnen eines Monats, nachdem der Verwaltungsakt dem Beschwerten bekanntgegeben worden ist, einzureichen. Die Widerspruchsfrist endet daher am 25.07. (vgl. Rn. 409, 448 ff.). Da D das Schreiben erst Ende September zur Kenntnis nimmt, ist es für die Einlegung des Widerspruchs eigentlich zu spät. Die Monatsfrist gilt gem. § 66 Abs. 1 SGG jedoch nicht, wenn die Rechtsbehelfsbelehrung fehlerhaft ist oder gänzlich fehlt. Dann hätte D nach § 66 Abs. 2 SGG ein Jahr für die Einlegung des Widerspruchs Zeit (siehe weiter Aufgabe 5). **160**

Zu Frage 5:
Welche formellen Fehler weist das Schreiben auf?

Hier mangelt es insbesondere an einer **Begründung gem. § 35 Abs. 1 SGB X**, in der die wesentlichen tatsächlichen und rechtlichen Gründe mitgeteilt werden, die die Behörde zu ihrer Entscheidung bewogen haben. Dazu gehört auch die relevante Rechtsnorm (rechtlicher Grund), auf die sich die Entscheidung stützt, denn die Behörde ist an den Gesetzesvorbehalt und Gesetzesvorrang gebunden. Ebenso müsste anhand der Norm begründet werden, warum die Leistung abgelehnt wurde (tatsächliche Gründe). **161**

Darüber hinaus fehlt die **Rechtsbehelfsbelehrung nach § 36 SGB X**, in der über die Möglichkeit informiert werden muss, in welcher Frist und Form und bei welcher Stelle welche Art von Rechtsmittel eingelegt werden kann, um sich gegen den VA zur Wehr zu setzen. Vorliegend wäre gem. § 78, § 83 SGG ein Widerspruch statthaft. Dieser wäre nach § 84 Abs. 1 S. 1 SGG innerhalb eines Monats schriftlich oder zur Niederschrift bei der Behörde einzureichen, die den Verwaltungsakt erlassen hat. Da die Rechtsbehelfsbelehrung fehlt, gilt die Monatsfrist gem. § 66 Abs. 1 SGG jedoch nicht. Vielmehr hat D nach § 66 Abs. 2 SGG ein Jahr für die Einlegung des Widerspruchs Zeit (siehe auch Aufgabe 4). **162**

Teil IV: Allgemeine Rechtmäßigkeitsanforderungen der Verwaltung

Kapitel A: Theoretische Grundlagen

I. Das Gesetzesmäßigkeitsprinzip – Die Bindung an die Rechtsnorm

163 Nach Art. 20 Abs. 3 GG ist die vollziehende Gewalt an das Gesetz gebunden. Dieses sogenannte Gesetzesmäßigkeitsprinzip ist prägendes Merkmal des Rechtsstaates. Das Gesetzesmäßigkeitsprinzip wird durch den Vorrang und den Vorbehalt des Gesetzes bestimmt:

1. Der Vorrang des Gesetzes

164 Der Vorrang des Gesetzes beinhaltet für die Verwaltung das **Verbot gegen eine gesetzliche Grundlage zu handeln**. Die Verwaltung muss also stets im Einklang mit den Gesetzen handeln. Steht eine Maßnahme der Verwaltung dem gesetzlichen Willen entgegen, ist die Maßnahme rechtswidrig und damit anfechtbar oder ungültig. Der in Form eines Gesetzes geäußerte Staatswille geht demnach jeder anderen Form staatlicher Willensäußerung (zB die Entscheidung der Exekutive in einem Verwaltungsakt) vor.

Beispiel abgewandelt nach Dahlkamp, Jürgen. Im Vorzimmer. Der Spiegel 15/2014:
An einem Freitagmorgen kommt ein junges Roma-Paar aus Serbien in das Büro von Sachbearbeiterin Moni K. in der Hamburger Filiale des Bundesamtes für Migration und Flüchtlinge (BAMF). Dem Dolmetscher gegenüber erklären sie, dass sie Asyl beantragen wollen. Moni K. muss nun zunächst die Lebensgeschichte der Asylbewerber ermitteln, die Plausibilität überprüfen und dann entscheiden, ob die Lebenssituation dieses Paares die gesetzlichen Anforderungen für die Gewährung von Asyl erfüllt. In der Anhörung erfährt sie dann, dass das Paar zwei kleine Kinder hat, dass beide Eheleute nur fünf Jahre zur Schule gegangen sind und mangels Alternativen ihr Geld durch Schrott sammeln verdient haben. Außerdem erfährt die Sachbearbeiterin, dass der Ehemann schweres Asthma hat. Die Frau erwähnt schließlich auch unter Tränen, dass das Geld kaum zum Bestreiten des Lebensunterhaltes ausreiche und sie hier in Deutschland nun die Hoffnung auf eine Schulbildung für ihre Kinder habe. Für Moni K. stellt sich der Sachverhalt am Ende der Anhörung so dar, dass das junge Paar vor der Armut geflohen ist. Für die Gewährung von Asyl muss nach Art. 16a Abs. 1 GG jedoch eine Verfolgung aus politischen Gründen vorliegen. Da das Roma-Paar diese Voraussetzung nicht erfüllt, lehnt Moni K. den Asyl-Antrag als offensichtlich unbegründet ab.

In einem Gespräch mit einer Kollegin erzählt Moni K. dann von der eindringlichen Geschichte des Paares. Sie fühlt sich aufgrund der Entscheidung schlecht und sagt: „Wenn es nach mir und dem, was ich für richtig halte, gegangen wäre, hätte ich den Antrag gerne positiv entschieden. Aber in meinem Job entscheidet das Gesetz. Ich hatte keine andere Wahl." Ihre Kollegin tröstet sie und sagt: „Auch wenn es menschlich schwer auszuhalten ist, hast du richtig gehandelt. Wenn die Entscheidung über einen Asylantrag sonst nur von der Gnade und von den Gefühlen des jeweiligen Sachbearbeiter abhängen würde, wäre es doch ein recht willkürliches Asylsystem."

Moni K. hat in diesem Fall tatsächlich richtig gehandelt. Hätte sie dem Antrag stattgegeben, obwohl die gesetzliche Voraussetzung des Art. 16a Abs. 1 GG nicht erfüllt war, hätte sie gegen das Gesetzesmäßigkeitsprinzip, insbesondere gegen den Vorrang des Gesetzes aus Art. 20 Abs. 3 GG, verstoßen. Ihre Entscheidung wäre dann rechtswidrig gewesen.

Kapitel A: Theoretische Grundlagen

2. Der Vorbehalt des Gesetzes

Der Vorbehalt des Gesetzes beinhaltet für die Verwaltung das **Verbot ohne eine gesetzliche Grundlage zu handeln**. Fehlt eine gesetzliche Grundlage für die in Frage stehende Verwaltungsmaßnahme darf die Verwaltung nicht tätig werden. Handelt die Verwaltung dennoch, ist die Maßnahme rechtswidrig. 165

Der Vorbehalt des Gesetzes gilt insbesondere bei Maßnahmen, die in die Rechte des Bürgers eingreifen (zB Gefängnisstrafen, Mitwirkungspflichten wie ärztliche Untersuchungen oder persönliche Angaben, Steuererhebungen). Aber auch bei anderen für das Individuum oder die Allgemeinheit wesentlichen Entscheidungen ist es besonders wichtig, dass die Verwaltung nicht beliebig entscheiden kann, sondern der Wille des demokratisch legitimierten Gesetzgebers ausschlaggebend ist.[68] 166

Bei staatlichen Leistungen (zB Sozialhilfe, Ausbildungsförderung, Wohngeld) erscheint es auf den ersten Blick dagegen nicht ganz so wichtig, dass eine gesetzliche Grundlage für die Vergabe von Leistungen besteht. Da sich die Versagung einer Leistung aber auch eingreifend auswirken kann[69], die Sozialleistungen teilweise durch Steuergelder (und damit ebenso durch Eingriffe) finanziert werden und der Staat den Gleichheitsgrundsatz beachten muss, sind die Voraussetzungen einer Leistung und die konkrete Rechtsfolge auch im Falle von staatlichen Leistungen durch den Gesetzgeber zu bestimmen. Demnach bedürfen auch staatliche Leistungen einer gesetzlichen Grundlage. Dies ist für den Sozialleistungsbereich aus den genannten Gründen in § 31 SGB I einfachgesetzlich festgeschrieben. 167

Beispiel:
Zur Eingliederung in Arbeit bewilligt das Jobcenter der mit ihrem Haushalt völlig überforderten 18-jährigen Manuela eine Haushaltshilfe. Ein Gesetz, das diese Maßnahme vorsieht, existiert nicht. Die Gewährung der Maßnahme verstößt gegen den Vorbehalt des Gesetzes, da keine gesetzliche Erlaubnis für diese Verwaltungsmaßnahme vorliegt.

Das Jugendamt darf ein Kind bei dringender Gefahr für das Kindeswohl nur in Obhut nehmen, weil § 42 SGB VIII das Jugendamt zu dieser Handlung ermächtigt.

Arbeitslosengeld II kann nur bewilligt werden, weil es mit § 7 SGB II eine gesetzliche Grundlage für diese Sozialleistung gibt.

Art. 20 Abs. 3 GG: Das Gesetzesmäßigkeitsprinzip	
Vorrang des Gesetzes	**Vorbehalt des Gesetzes**
Kein handeln **gegen** das Gesetz!	Kein Handeln **ohne** ein Gesetz!

168

3. Bedeutung des Gesetzesmäßigkeitsprinzips

Die gesetzgebende Gewalt (der Bundestag oder die Landesparlamente) ist die einzige unmittelbar vom Volk gewählte Staatsgewalt. Ihre Entscheidungen insbesondere in Form von Gesetzen sind somit demokratisch legitimiert. Das bedeutet, die Gesetze bilden den Willen des Volkes ab. Durch die Bindung der Verwaltung an die 169

---

68 Vgl. BVerfGE 40, S. 237, 249 f.; 108, S. 282, 312.
69 Vgl. Maurer/Waldhoff, Allgemeines Verwaltungsrecht, § 6 Rn. 21.

Gesetze sind auch die Entscheidungen und Handlungen der Exekutive, zB in Form von Verwaltungsakten, **demokratisch legitimiert**.

170 Darüber hinaus verhindern der Vorrang und der Vorbehalt des Gesetzes beliebiges und nicht voraussehbares Verhalten der Verwaltung gegenüber dem Bürger. Das Gesetzesmäßigkeitsprinzip setzt damit eine **wesentliche Forderung des Rechtsstaatsprinzips** um, nachdem die staatlichen Handlungen gegenüber dem Bürger verlässlich, unmissverständlich und berechenbar sein müssen.[70]

171 Überdies werden durch die Gesetzesbindung der Verwaltung Maßstäbe geschaffen, die erst eine Kontrolle der Verwaltungsmaßnahmen ermöglichen. So wird die Beachtung der Gesetze durch die Verwaltung durch die Sozial- bzw. Verwaltungsgerichte kontrolliert. Der Bürger kann sich also mithilfe der Gerichte gegen rechtswidriges Verhalten wehren und vorschriftsmäßiges Handeln erzwingen. Der Sozialarbeiter kann den Bürger bei der Durchsetzung seiner sozialen Rechte und Ansprüche beraten und unterstützen. Um Fehler zu erkennen und über Rechtsschutzmöglichkeiten aufklären zu können, muss der Sozialarbeiter allerdings die wesentlichen Ansprüche seines Klientenkreises und die Grundzüge der Rechtsschutzsystematik kennen.

172 Für den in der Sozialverwaltung tätigen Sozialarbeiter bedeutet das Gesetzesmäßigkeitsprinzip hingegen, dass er die geltenden allgemeinen und besonderen Regelungen des Sozialverwaltungsrechts kennen muss. Nur so kann er seine **Handlungsgrenzen aber auch -möglichkeiten** beherrschen und legitim einsetzen. Mitgefühl hat in der Sozialverwaltung seinen Platz im Umgang mit den Menschen. Eine respektvolle und faire Anhörung zur Klärung des Sachverhalts, eine genaue und geduldige Begründung der Verwaltungsentscheidung sowie die ausführliche Beratung über Rechtsschutzmöglichkeiten oder alternativer Rechte bieten Raum für Einfühlungsvermögen und Anteilnahme des Sozialarbeiters. Bei der rechtlichen Entscheidung über das Ja oder Nein oder das Wie einer Leistung ist aber allein das Gesetz ausschlaggebend.

4. Das Gesetzesmäßigkeitsprinzip in der Rechtsanwendung – Die Subsumtionstechnik

173 Die Sozialverwaltung hat die Aufgabe den einzelnen konkreten Fall rechtsverbindlich zu entscheiden. Dies darf und kann die Sozialverwaltung nur auf Grundlage eines Gesetzes. Das bedeutet, um zu einer rechtsverbindlichen Einzelfallentscheidung zu gelangen, muss sie eine abstrakt-generelle Rechtsnorm, die eine allgemeinverbindliche Regelung trifft, auf den Einzelfall anwenden. Damit bei dieser Rechtsanwendung keine Fehler passieren und die Verwaltung nicht gegen die anzuwendende Rechtsgrundlage verstößt (Gesetzesmäßigkeitsprinzip!), werden im Folgenden die einzelnen Schritte der Rechtsanwendung und mögliche Fehlerquellen aufgezeigt. Hierbei wird insbesondere auf die juristische Subsumtionstechnik eingegangen.

---

70 Vgl. Maurer/Waldhoff, Allgemeines Verwaltungsrecht, § 6 Rn. 6.

Kapitel A: Theoretische Grundlagen 75

a) Der Fall und die Rechtsfrage – Ermittlung des Sachverhalts und der Rechtsgrundlage

Die Rechtsanwendung beginnt für den Sozialarbeiter in der Sozialverwaltung idR damit, dass ein hilfesuchender Bürger bei ihm vorstellig wird und seine Situation verbunden mit einer Rechtsfrage beschreibt. **174**

Beispiel:
Anfang Februar kommt der 40-jährige Wolfgang (W) ratlos in das Jobcenter seines Wohnortes. Seinem zuständigen Sachbearbeiter Peter (P) schildert er, dass sich seine Partnerin nach 15 Jahren von ihm getrennt habe, er keine Arbeit findet und nicht wisse, wie er seinen Lebensunterhalt sichern soll. Vor der Partnerschaft hat er sieben Jahre als Bauarbeiter gearbeitet, dann musste er aber wegen seinem chronischen Rheuma und einem schweren Bandscheibenvorfall seine Arbeit aufgeben. Seine Krankheiten schränken ihn derart ein, dass er für höchstens 2 Stunden arbeiten gehen kann. Bisher hat er von dem Gehalt seiner gutverdienenden Freundin gelebt. Er fragt, wie er nun seinen Lebensunterhalt finanzieren solle und ob er nicht einen Anspruch auf eine Sozialleistung habe.

Ausgehend von der Fallfrage des Bürgers muss der Sozialarbeiter nun den maßgeblichen Sachverhalt ermitteln. Dabei muss er schon die in Frage kommenden Rechtsgrundlagen kennen, da er nur den Sachverhalt ermitteln darf, der für die Bearbeitung des Falles wichtig ist. **175**

Beispiel:
Als gut ausgebildeter Sozialarbeiter denkt P hier sofort an die Grundsicherung für Arbeitssuchende nach §§ 7 ff. SGB II, wenn W noch erwerbsfähig ist, oder an die Grundsicherung bei Erwerbsminderung nach §§ 41 ff. SGB XII, wenn W aufgrund seiner Krankheiten nicht mehr erwerbsfähig ist. Da P nun prüfen muss, ob W einen Anspruch auf eine der beiden Sozialleistungen hat, muss er zunächst den genauen Sachverhalt ermitteln. Er muss also in Gesprächen mit W herausbekommen, ob dieser tatsächlich hilfebedürftig ist. W muss seine Hilfebedürftigkeit nachweisen und sich unter Umständen zur Ermittlung seiner Erwerbsfähigkeit einer ärztlichen Untersuchung unterziehen. Nicht maßgeblich für die Bearbeitung wäre beispielsweise die Religionszugehörigkeit von W. Diese darf und braucht P nicht zu ermitteln, um den Fall des W rechtlich zu entscheiden.

Bei der Ermittlung des Sachverhalts sind der Amtsermittlungsgrundsatz (§§ 20, 21 SGB X, siehe Rn. 237 ff.) und die Mitwirkungspflichten (§§ 60 bis 67 SGB I, siehe Rn. 240 ff.) zu beachten. Sie regeln die gegenseitigen Pflichten und Rechte der Sozialverwaltung und des Bürgers bei der Sachverhaltsermittlung. Bei der Sachverhaltsermittlung ist auch der Datenschutz zu beachten (siehe Rn. 283 ff.). **176**

Eine falsche oder unvollständige Ermittlung des Sachverhalts kann dazu führen, dass eine Sozialleistung bewilligt oder abgelehnt wird, obwohl die Rechtsgrundlage den konkreten Einzelfall nicht oder eben doch erfasst. Die Bewilligung oder Ablehnung würde dann einen Verstoß gegen das Gesetz und damit gegen den Vorrang des Gesetzes darstellen. Die richtige und vollständige Ermittlung des Sachverhalts ist damit eine grundlegende Voraussetzung für rechtmäßiges Verwaltungshandeln. **177**

b) Die Normenanalyse – Tatbestand und Rechtsfolge der Rechtsgrundlage

Um das Begehren des ratsuchenden Bürgers beantworten und entscheiden zu können, muss die Sozialverwaltung prüfen, ob der Sachverhalt von der in Frage kommenden Rechtsgrundlage erfasst wird. Damit diese Prüfung möglich ist, muss die Rechtsnorm aber zunächst in Tatbestand und Rechtsfolge unterschieden werden: **178**

Eine sog. **vollständige Rechtsnorm** besteht aus einem oder mehreren Tatbestandsmerkmalen und einer Rechtsfolge. Der Tatbestand beschreibt abstrakt viele mögli- **179** che Lebenssituationen und erfasst einen generellen, also nicht genau bestimmbaren, Personenkreis. Die Rechtsfolge ist dagegen die durch das Recht festgesetzte Regelung. Die Regelung sagt, was gelten soll, gewährt also einen subjektiven Anspruch des Bürgers (sog. Anspruchsgrundlage) oder befugt die Verwaltung zu einem Eingriff in die Rechte des Bürgers (sog. Eingriffsermächtigung). Die Tatbestandsmerkmale und die Rechtsfolge sind konditional miteinander verknüpft. Das heißt, wenn der Tatbestand durch den konkreten Lebenssachverhalt erfüllt ist, dann tritt die Rechtsfolge ein. Die Tatbestandsmerkmale sind also die rechtlichen Voraussetzungen bzw. Bedingungen für das Eintreten der Rechtsfolge.

180 Neben den vollständigen Rechtsnormen gibt es auch noch sog. **unvollständige Rechtsnormen** ohne Tatbestandsmerkmale und Rechtsfolge. Ihre Funktion ergibt sich erst in Verbindung mit den vollständigen Rechtsnormen. Sie definieren tatbestandliche Rechtsbegriffe (bspw. § 7 Abs. 1 SGB VIII), erläutern die Rechtsfolgen (vgl. §§ 28 ff. SGB VIII), bestimmen Aufgaben (siehe § 1 SGB XII) oder sprechen allgemeine Leitsätze aus (zB § 1 Abs. 1 SGB VIII). Sie können auch Ausnahmen begründen oder zur Vermeidung von Wiederholungen lediglich Verweise (bspw. § 41 Abs. 3 SGB XII) aussprechen. Sie begründen keine Ansprüche, Befugnisse oder Pflichten. Sie sind bloße Hilfsnormen.[71]

Beispiel:
P hat als mögliche Anspruchsnormen (vollständige Rechtsnorm) zunächst § 7 Abs. 1 SGB II (Grundsicherung für Arbeitssuchende) und § 41 Abs. 1, Abs. 3 SGB XII (Grundsicherung bei Erwerbsminderung) ermittelt. Um der Frage nachgehen zu können, ob W tatsächlich nach einer dieser beiden Anspruchsnormen Sozialleistungen erhält, muss er die rechtlichen Bedingungen (sog. Tatbestandsmerkmale) für den Eintritt der Rechtsfolge genau kennen.
Aus § 7 Abs. 1 SGB II ergeben sich folgende Tatbestandsmerkmale: Die Person muss 1. zwischen 15 Jahren und Renteneintrittsalter, 2. erwerbsfähig, 3. hilfebedürftig sein und 4. ihren gewöhnlichen Aufenthalt in der BRD haben. Liegen diese vier Voraussetzungen vor, dann hat W einen Anspruch auf Grundsicherung für Arbeitssuchende (Rechtsfolge des § 7 Abs. 1 SGB II).
Aus § 41 Abs. 1 SGB XII ergeben sich nachstehende Tatbestandsmerkmale: Die Person muss 1. dauerhaft voll erwerbsgemindert sein, 2. ihren notwendigen Lebensunterhalt nicht aus Einkommen und Vermögen bestreiten können, 3. ihren gewöhnlichen Aufenthalt im Inland haben und 4. einen Antrag gestellt haben. Sind diese Voraussetzungen gegeben, hat W einen Anspruch auf Grundsicherung bei Erwerbsminderung (Rechtsfolge des § 41 Abs. 1 SGB XII).
Beim weiteren Blättern im Sozialgesetzbuch entdeckt P im § 2 SGB XII (bloße Hilfsnorm) außerdem, dass die Grundsicherung nach dem SGB XII gegenüber der Grundsicherung für Arbeitssuchende nach dem SGB II nachrangig ist.

181
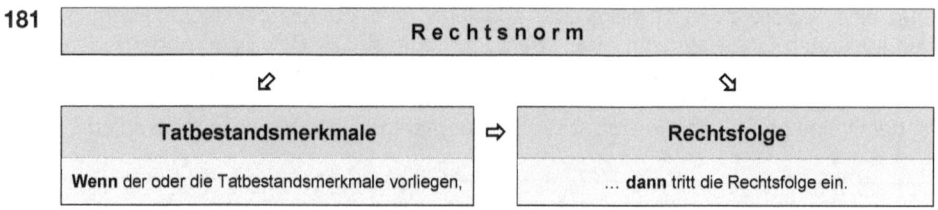

c) Die Entscheidungsfindung durch Subsumtion

182 Sind die rechtlichen Bedingungen für den Eintritt der Rechtsfolge herausgearbeitet worden, kann die rechtliche Prüfung beginnen, ob der konkrete Sachverhalt die Tat-

---
71 Vgl. Lorenz, Zivil- und familienrechtliche Grundlagen der Sozialen Arbeit, Rn. 52 ff.

Kapitel A: Theoretische Grundlagen

bestandsmerkmale erfüllt. Hierzu müssen die abstrakt-generellen Tatbestandsmerkmale nacheinander mit dem ermittelten konkret-individuellen Sachverhalt verglichen werden. Dieser Vergleich des konkreten individuellen Falles mit der abstrakt-generellen Rechtsnorm nennt man Subsumtion. Die Subsumtion ist damit die juristische Technik, um für den konkreten Einzelfall sagen zu können, was gelten soll.

Aus dem Vergleich eines Tatbestandsmerkmales mit dem Sachverhalt kann dann ein logischer Schluss als erstes Zwischenergebnis gezogen werden: Ist das Tatbestandsmerkmal erfüllt oder nicht? Stellt die Norm noch weitere Tatbestandsmerkmale auf, werden diese in der gleichen Weise mit dem Sachverhalt verglichen, um dann bei jedem Tatbestandsmerkmal ein Zwischenergebnis zu ziehen. **183**

1. Tatbestandsmerkmal	+	passender Sachverhalt	⇨	Tatbestandsmerkmal erfüllt?
2. Tatbestandsmerkmal	+	passender Sachverhalt	⇨	Tatbestandsmerkmal erfüllt?
... ggf. weitere ...	+	...	⇨	?

Nicht immer ist bei den abstrakt formulierten Tatbestandsmerkmalen eindeutig klar, welchen Inhalt sie haben bzw. wie der Begriff genau zu verstehen ist. Vor dem Vergleich mit dem passenden Sachverhalt kann es daher geboten sein, das Tatbestandsmerkmal vorab zu definieren oder näher zu bestimmen. Teilweise können hierzu sog. Legaldefinitionen (Hilfsnormen, die Gesetzesbegriffe definieren) wie beispielsweise § 7 Abs. 1 SGB VIII herangezogen werden. Zum Teil müssen die tatbestandlichen Begriffe aber auch mithilfe von juristischen Methoden wie die grammatikalische, systematische, teleologische und historische Auslegung interpretiert werden.[72] Hierbei können Urteile, Verwaltungsvorschriften, Kommentare und Lehrbücher nützliche Auslegungshilfen darstellen. **184**

1. TbMerkmal ⇨ *Definition*	+	passender Sachverhalt	⇨	Tatbestandsmerkmal erfüllt?
2. TbMerkmal ⇨ *Definition*	+	passender Sachverhalt	⇨	Tatbestandsmerkmal erfüllt?
...	+	...	⇨	?

Beispiel:
P hat nun die rechtlichen Voraussetzungen für die Sozialleistungen nach § 7 Abs. 1 SGB II und § 41 Abs. 1 SGB XII herausgearbeitet. Jetzt muss er der Frage nachgehen, ob W nach einer dieser beiden Rechtsnormen Sozialleistungen erhält. Da die Sozialhilfe nach dem SGB XII subsidiär ist und nur greift, wenn keine anderen Leistungen gewährt werden, beginnt er seine **Prüfung** mit **§ 7 Abs. 1 SGB II**:

Tatbestandsmerkmal 1: Nach § 7 Abs. 1 S. 1 Nr. 1 SGB II muss der W also zunächst zwischen 15 Jahren und dem Renteneintrittsalter sein. ⇨ **Definition**: Das Renteneintrittsalter liegt gem. § 7a SGB II zwischen 65 und 67 Jahren. ⇨ **Sachverhalt**: W ist 40 Jahre alt. ⇨ **Zwischenergebnis**: W hat das 15. Lebensjahr vollendet und die Regelaltersgrenzen von 67 Jahren noch nicht erreicht. Das erste Tatbestandsmerkmal ist damit erfüllt.

Tatbestandsmerkmal 2: Weiter muss W nach § 7 Abs. 1 S. 1 Nr. 2 SGB II erwerbsfähig sein. ⇨ **Definition**: Nach § 8 Abs. 1 SGB II ist erwerbsfähig, wer unter den üblichen Bedingungen des allgemeinen Arbeitsmarktes mindestens drei Stunden täglich arbeiten kann. ⇨ **Sachverhalt**: W hat chronisches Rheuma und einem schweren Bandscheibenvorfall. Ein amtsärztliches Attest belegt, dass W aufgrund seines chronischen Rheumas derart eingeschränkt ist, dass er auf dem allgemeinen Arbeitsmarkt nur für höchstens 2 Stunden, als Bauarbeiter maximal 1 Stunde, täglich einsatzfähig ist und dass eine Besserung seines Gesundheitszustandes auf absehbare Zeit auszuschließen ist. ⇨ **Zwischenergebnis**: W ist also wegen Krankheit auf absehbare Zeit außerstande, auf dem allgemeinen Arbeitsmarkt mindestens drei Stunden täglich zu arbeiten. W ist damit nicht erwerbsfähig und erfüllt mithin nicht das zweite Tatbestandsmerkmal.

---

72 Ausführlich dazu: Lorenz, Zivil- und familienrechtliche Grundlagen der Sozialen Arbeit, Rn. 63–73; Sommer, Lehrbuch Sozialverwaltungsrecht (2015), S. 118–124.

Ergebnis: Da nicht alle Tatbestandsmerkmale des § 7 Abs. 1 SGB II erfüllt sind, hat W keinen Anspruch auf Grundsicherung für Arbeitssuchende. **Wichtig! Die Rechtsfolge kann nur eintreten, wenn alle rechtlichen Bedingungen erfüllt sind. Ist ein Tatbestandsmerkmal nicht erfüllt, tritt die Rechtsfolge nicht ein!** Vorliegend muss daher nicht mehr geprüft werden, ob W hilfebedürftig (3. Tatbestandsmerkmal) ist und ob er seinen gewöhnlichen Aufenthalt in der BRD hat (4. Tatbestandsmerkmal).

Da § 7 Abs. 1 SGB II nicht einschlägig ist, kann P nun die nachrangige Grundsicherung bei Erwerbsminderung nach § 41 Abs. 1 SGB XII prüfen:

Tatbestandsmerkmal 1: Zunächst muss W nach § 41 Abs. 1 S. 1 Fall 2 SGB XII dauerhaft voll erwerbsgemindert sein. ⇨ **Definition**: Dauerhaft voll erwerbsgemindert ist gem. § 41 Abs. 3 SGB XII, wer (a) das 18. Lebensjahr vollendet hat, (b) unabhängig von der jeweiligen Arbeitsmarktlage voll erwerbsgemindert iSd § 43 Abs. 2 S. 2 SGB VI ist und (c) bei dem unwahrscheinlich ist, dass die volle Erwerbsminderung behoben werden kann. ⇨ Definition zu (b): Voll erwerbsgemindert ist nach § 43 Abs. 2 S. 2 SGB VI wer wegen Krankheit oder Behinderung auf absehbare Zeit außerstande ist, unter den üblichen Bedingungen des allgemeinen Arbeitsmarktes mindestens drei Stunden täglich erwerbstätig zu sein. ⇨ **Sachverhalt**: (a) W ist 40 Jahre alt. (b) W hat chronisches Rheuma und einem schweren Bandscheibenvorfall. Ein amtsärztliches Attest belegt, dass W aufgrund seines chronischen Rheumas derart eingeschränkt ist, dass er auf dem allgemeinen Arbeitsmarkt nur für höchstens 2 Stunden, als Bauarbeiter maximal 1 Stunde, täglich einsatzfähig ist und (c) dass eine Besserung seines Gesundheitszustandes auf absehbare Zeit auszuschließen ist. ⇨ **Zwischenergebnis**: W hat also das 18. Lebensjahr vollendet und ist wegen Krankheit auf absehbare Zeit außerstande, auf dem allgemeinen Arbeitsmarkt mindestens drei Stunden täglich zu arbeiten. W ist mithin dauerhaft voll erwerbsgemindert. Das erste Tatbestandsmerkmal kann bejaht werden.

Tatbestandsmerkmal 2: W darf außerdem seinen notwendigen Lebensunterhalt nicht aus Einkommen und Vermögen bestreiten können. ⇨ **Definition**: Zum notwendigen Lebensunterhalt gehören die Bedürfnisse, die unerlässliches Minimum die Existenz sichern. Der notwendige Lebensunterhalt wird im SGB XII durch die Regelleistung und die Kosten für Unterkunft und Heizung erfasst. Dieser soll das unerlässliche Existenzminimum abdecken. Zum Einkommen gehören gem. § 82 Abs. 1 S. 1 SGB XII alle Einkünfte in Geld oder Geldeswert. ⇨ **Sachverhalt**: W benötigt zur Sicherung seiner Existenz mindestens Essen, Kleidung, Hygieneartikel, Wohnung, Strom und Heizung (= Regelleistungen und Kosten für Unterkunft und Heizung). Er hat keine Einkünfte aus Erwerbstätigkeit, keine Ersparnisse und auch kein sonstiges verwertbares Vermögen. Bisher lebte er von dem Einkommen seiner gut verdienenden Partnerin, von der er nun aber getrennt lebt. ⇨ **Zwischenergebnis**: W kann seinen notwendigen Lebensunterhalt nicht aus Einkommen oder Vermögen bestreiten. Auch das zweite Tatbestandsmerkmal ist erfüllt.

Tatbestandsmerkmal 3: Ferner muss W seinen gewöhnlichen Aufenthalt im Inland haben. ⇨ **Definition**: Nach § 30 Abs. 3 S. 2 SGB I besteht der gewöhnliche Aufenthalt dort, wo er sich unter Umständen aufhält, die erkennen lassen, dass er an diesem Ort oder in diesem Gebiet nicht nur vorübergehend verweilt. ⇨ **Sachverhalt**: Aus dem Sachverhalt lässt sich nicht erkennen, dass W seinen Lebensschwerpunkt dauerhaft im Ausland hat. Es ist daher davon auszugehen, dass W seinen Lebensschwerpunkt nicht nur vorübergehend in der BRD hat. ⇨ **Zwischenergebnis**: W hat seinen gewöhnlichen Aufenthalt im Inland.

Tatbestandsmerkmal 4: Schließlich muss W einen Antrag gestellt haben. Die Schriftform wird von § 41 Abs. 1 SGB XII nicht gefordert. ⇨ **Sachverhalt**: W teilte P mit, dass er nicht wisse, wie er seinen Lebensunterhalt finanzieren solle und bittet ihn zu prüfen, ob er nicht einen Anspruch auf eine Sozialleistung hat. ⇨ **Zwischenergebnis**: Da die hilfebedürftige Person nicht explizit die Worte „Hiermit stelle ich einen Antrag" gebrauchen muss, ist die Bitte des W als Antrag aufzufassen. Das Antragserfordernis liegt damit ebenfalls vor.

Ergebnis: Da alle Tatbestandsmerkmale des § 41 Abs. 1 SGB XII erfüllt sind, hat W einen Anspruch auf Grundsicherung bei Erwerbsminderung. Nachdem P nun die rechtlichen Voraussetzungen der Anspruchsnormen geprüft und zu einem Ergebnis gekommen ist, kann er dem W mitteilen, dass er Anspruch auf Grundsicherung wegen Erwerbsminderung hat.

185 Die beschriebene systematische Herangehensweise ist insbesondere bei komplexen Sachverhalten zu empfehlen und besonders Studienanfängern nahe zu legen. Sie gibt eine sich wiederholende Struktur vor und ordnet so die Entscheidungsfindung. Darüber hinaus zwingt sie den rechtsanwendenden Studierenden das Tatbestands-

Kapitel A: Theoretische Grundlagen

merkmal genau zu bestimmen. Auf dieser Grundlage kann dann geprüft werden, ob der Sachverhalt vom Tatbestand erfasst wird (Subsumtion). Dabei gilt, je präziser die Subsumtion ausgeführt wird, umso besser begründet ist die Entscheidung auf Grundlage des Gesetzes. So kann die Frage nach einem Rechtsanspruch gut begründet getroffen und vorschnelle und ggf. falsche Entscheidungen aus dem Bauch heraus verhindert werden. Die Subsumtionstechnik kann also dazu dienen, dass die rechtsanwendende Sozialverwaltung nicht gegen das Gesetz verstößt.

Ausgehend von der Rechtsfrage: Rechtsgrundlage und Sachverhalt ermitteln!

⇩

Aus der Rechtsgrundlage den Tatbestand und die Rechtsfolge herausarbeiten.

⇩

Subsumtion: Prüfung, ob der maßgebliche Sachverhalt alle Tatbestandsmerkmale erfüllt?

⇩

Beantwortung der Rechtsfrage: Tritt die Rechtsfolge ein?

d) Exkurs: Gutachterliche Formulierung der rechtlichen Prüfung in der Klausur

In der Rechtsklausur wird vom Studierenden der Sozialen Arbeit nicht nur die Nennung des richtigen Ergebnisses verlangt. Vielmehr soll der Studierende den Lösungsweg seiner Entscheidung ausführlich darstellen und so zeigen, dass er verantwortungsvolle und gut begründete Entscheidungen treffen kann, die mit der Rechtsgrundlage vereinbar sind. Die **juristische Gutachtentechnik** ist hierfür eine geeignete sprachliche Methode, da sie strukturiert, ergebnisoffen, rational und logischen Schritten folgend vorgeht.

Eingeleitet wird das Gutachten durch einen „Wenn-Dann-Satz", der die herausgearbeiteten Tatbestandsmerkmale und die Rechtsfolge unter Angabe der einschlägigen Rechtsnorm nennt. Dieser sog. **Obersatz** bietet bei der nachfolgenden Prüfung Orientierung und gibt eine klare Struktur vor. Die ergebnisoffene Formulierung zügelt auch den rechtsanwendenden Studenten, eine vorschnelle und deshalb vielleicht falsche Entscheidung zu treffen.

Beispiel:
W hat gem. § 7 Abs. 1 SGB II **(dann)** einen Anspruch auf Grundsicherung für Arbeitssuchende, **wenn** er 1. zwischen 15 Jahren und Renteneintrittsalter, 2. erwerbsfähig, 3. hilfebedürftig ist und 4. seinen gewöhnlichen Aufenthalt in der BRD hat.

W hat gem. § 41 Abs. 1 SGB XII **(dann)** einen Anspruch auf Grundsicherung bei Erwerbsminderung, **wenn** er 1. dauerhaft voll erwerbsgemindert ist, 2. seinen notwendigen Lebensunterhalt nicht aus Einkommen und Vermögen bestreiten kann, 3. seinen gewöhnlichen Aufenthalt im Inland und 4. einen Antrag gestellt hat.

Im weiteren Verlauf wird die Gutachtentechnik im Wesentlichen durch die bereits dargestellte Subsumtion bestimmt. Also die sukzessive Prüfung, ob der Sachverhalt die einzelnen Tatbestandsmerkmale erfüllt (siehe Beispielslösung Rn. 184).

Nach Prüfung der einzelnen Tatbestandsmerkmale wird schließlich das Gesamtergebnis formuliert. Liegen alle Tatbestandsmerkmale vor, tritt die Rechtsfolge ein.

Erfüllt der Sachverhalt nicht alle rechtlichen Voraussetzungen, tritt die Rechtsfolge nicht ein. Die Beantwortung der Klausurfrage erfolgt also erst als letzter Schritt (siehe Beispiellösung Rn. 184).

Einleitung	In einem „Wenn-Dann-Satz" werden die abstrakt formulierten Tatbestandsmerkmale und die Rechtsfolge unter Angabe der Rechtsgrundlage konditional miteinander verknüpft.
1. TbMerkmal	⇨ Definition: Konkretisierung des Rechtsbegriffs ⇨ Sachverhalt: Nennung der konkreten und individuellen Umstände des Falles, die für das Tatbestandsmerkmal entscheidungserheblich sind. ⇨ Zwischenergebnis: Logischer Schluss aus dem Vergleich des konkretisierten Tatbestandsmerkmales mit dem Sachverhalt. Erfüllt der Sachverhalt das Tatbestandsmerkmal?
2. TbMerkmal	⇨ Definition ⇨ Sachverhalt ⇨ Zwischenergebnis
3. TbMerkmal	⇨ Definition ⇨ Sachverhalt ⇨ Zwischenergebnis
Gesamtergebnis	Angabe, ob die Rechtsfolge eintritt unter Nennung der einschlägigen Rechtsgrundlage.

II. Das Prinzip der pflichtgemäßen Ermessensausübung

1. Die Ermessensentscheidung

190 Vorangehend wurde die Bindung der Verwaltung an das Gesetz thematisiert. Diese Gesetzesbindung kann jedoch unterschiedlich stark ausgeprägt sein. So kann das Gesetz als Rechtsfolge eine verbindliche Handlung vorschreiben, wenn die Tatbestandsmerkmale erfüllt sind. In diesem Fall ist die Rechtsfolge zwingend und die Verwaltung muss eine **gebundene Entscheidung** treffen.

Beispiel gebundene Entscheidung:

Lautet die Rechtsnorm „Fährt ein Autofahrer zu schnell, **ist** von ihm ein Bußgeld iHv **10 EUR** zu erheben" kann der Polizist nicht entscheiden, ob er ein Bußgeld erhebt oder ob er es sein lässt. Er kann auch nicht wählen, wie hoch das Bußgeld ausfallen soll. Ist der Tatbestand der Rechtsnorm erfüllt, muss der Polizist in diesem Fall zwingend ein Bußgeld iHv 10 EUR erheben.

191 Ein Gesetz kann bei Vorliegen der Tatbestandsmerkmale aber auch verschiedene Handlungsmöglichkeiten auf der Rechtsfolgenseite eröffnen. Hier hat die Verwaltung einen Entscheidungsspielraum und sie trifft dann eine **Ermessensentscheidung**. Das Ermessen kann den Entscheidungsspielraum daraufhin eröffnen, ob die Behörde überhaupt in einer bestimmten Angelegenheit tätig wird oder daraufhin, welche von den verschiedenen Handlungsmöglichkeiten sie im Falle ihres Tätigwerdens ergreifen will. Im ersteren Fall wird von **Entschließungsermessen** und im letzteren von **Auswahlermessen** gesprochen. Beide Arten des Ermessens können auch zusammentreffen.

Beispiel Entschließungsermessen:

Lautet die Rechtsnorm „Fährt ein Autofahrer zu schnell, **kann** ein Bußgeld iHv **10 EUR** erhoben werden." kann der Polizist entscheiden, ob er überhaupt tätig wird, also ob er die 10 EUR von dem Verkehrssünder erhebt oder ob er es sein lässt.

Kapitel A: Theoretische Grundlagen

Beispiel Auswahlermessen:
Lautet die Rechtsnorm dagegen „Fährt ein Autofahrer zu schnell, **ist** ein Bußgeld von **10 EUR bis 100 EUR** zu erheben." ist zunächst einmal zwingend ein Bußgeld zu erheben, wenn der Autofahrer zu schnell gefahren ist. Darüber hinaus kann der Polizist dann aber auswählen, wie hoch er das Bußgeld ausfallen lässt. Hier hat er einen Entscheidungsspielraum. Er kann ein Bußgeld zwischen 10 EUR und 100 EUR auswählen.

Beispiel Entschließungs- und Auswahlermessen:
Lautet die Rechtsnorm „Fährt ein Autofahrer zu schnell, **kann** ein Bußgeld erhoben werden. Das Bußgeld kann **10 EUR bis 100 EUR** betragen." kann der Polizist entscheiden, ob er überhaupt tätig wird (Entschließungsermessen) und wenn ja, wie hoch er das Bußgeld ausfallen lässt (Auswahlermessen).

Das Gesetz kann bei Vorliegen der Tatbestandsmerkmale aber auch eine sogenannte **Soll-Entscheidung** vorsehen. Eine Soll-Entscheidung schreibt nur im Grundsatz eine verbindliche Handlung vor und eröffnet in atypischen Ausnahmesituationen eine Ermessensentscheidung. **192**

Beispiel Soll-Entscheidung:
Lautet die Rechtsnorm „Fährt ein Autofahrer zu schnell, **soll** ein Bußgeld iHv **10 EUR** erhoben werden." ist der Polizist im Regelfall dazu verpflichtet, das Bußgeld iHv 10 EUR zu erheben. In besonderen Ausnahmefällen, kann die Polizei aber auch nach Ermessen entscheiden, ob sie das Bußgeld iHv 10 EUR erhebt oder nicht.

Ob eine gebundene oder eine Ermessensentscheidung besteht und ob ein Entschließungs- und/oder Auswahlermessen vorliegt, hängt von der Formulierung der jeweiligen Rechtsnorm ab. Im Zweifelsfall hilft ein Blick in die einschlägige Kommentierung. **193**

```
                         Rechtsnorm
                    ⇩              ⇩
         Tatbestandsmerkmale    Rechtsfolge
         „Wenn der Autofahrer      „... dann ..."
          zu schnell gefahren
          ist, ..."
```

Soll-Entscheidung	Gebundene Entscheidung	Ermessensentscheidung
• Grundsätzlich gebundene Entscheidung („muss") • Aber: in **atypischen Fällen** volles Ermessen („kann")	„... **ist** ihm ein Bußgeld i. H. v. 10€ aufzuerlegen."	

EntschließungsE	AuswahlE
„... **kann** ihm ein Bußgeld i. H. v. 10 € auferlegt werden."	„... **ist** ihm ein Bußgeld von 10 € bis 100 € aufzuerlegen."

Entschließungs- und AuswahlE
„... **kann** ihm ein Bußgeld von **10 € bis 100 €** auferlegt werden."

2. Bedeutung von Ermessensvorschriften

194 Ermessensvorschriften ermöglichen flexible und am Einzelfall orientierte Entscheidungen der Verwaltung. Für den Bürger bedeutet das, dass sein Fall individuell entschieden werden und so angemessen auf seine Bedürfnisse reagiert werden kann. Der in der Sozialverwaltung tätige Sozialarbeiter kann bei den Ermessensentscheidungen pädagogische Erwägungen in seine Entscheidung mit einfließen lassen. Er ist damit keine bloße Maschine, die das Gesetz auf den Einzelfall anwendet und dann die Entscheidung auswirft. Pädagogische Fachkenntnisse sind daher auch in der Sozialverwaltung von grundlegender Bedeutung für die Einzelfallentscheidung auf der Grundlage von Gesetzen.

3. Das Prinzip der pflichtgemäßen Ermessensausübung

195 Ermessensvorschriften ermöglichen also einen Handlungsspielraum für den Rechtsanwender und lockern hierdurch gewissermaßen die Gesetzesbindung.[73] Dieser Spielraum birgt jedoch gleichzeitig die Gefahr, dass in die Entscheidung sachfremde Erwägungen, wie beispielsweise bewusste oder unbewusste Vorurteile oder andere Meinungen und Gefühle, mit einfließen. Eröffnet das Gesetz verschiedene Entscheidungsmöglichkeiten darf dies aber nicht bedeuten, dass die Entscheidung völlig frei und beliebig je nach Laune und persönlicher Einstellung des Rechtsanwenders getroffen wird. Deshalb muss der Rechtsanwender in der Verwaltung sein Ermessen nach § 39 Abs. 1 S. 2 SGB I pflichtgemäß ausüben. Aus diesem sog. **Prinzip der pflichtgemäßen Ermessensausübung** ergeben sich für die Sozialverwaltung die folgenden drei konkreten Handlungsaufforderungen. Verstößt die Verwaltung gegen einen dieser Handlungsgrundsätze, kommt es zu einem sog. **Ermessensfehler**. Die Entscheidung der Verwaltung ist dann rechtswidrig und anfechtbar.

a) Ermessensausübung im Einzelfall

196 Bekommt die Verwaltung durch eine Rechtsnorm Ermessen eingeräumt, muss sie bei ihrer Entscheidung auf Grundlage dieser Ermessensvorschrift ihren **eingeräumten Handlungsspielraum auch ausüben**. Sie muss also die unterschiedlichen Handlungsmöglichkeiten erkennen, den Einzelfall hinsichtlich jeder dieser unterschiedlichen Möglichkeiten würdigen und dann entscheiden, welche für den Einzelfall die richtige Handlungsalternative ist. Verkennt die Behörde, dass sie ein Ermessen hat, nimmt sie also keine Einzelfallprüfung vor, nennt man den Ermessensfehler **Ermessensnichtgebrauch** oder **Ermessensunterschreitung**.

Beispiel:
Die ermesseneröffnende Rechtsnorm lautet: „Fährt ein Autofahrer zu schnell, **ist** ein Bußgeld von **10 EUR bis 100 EUR** zu erheben". Der Polizist muss sich zunächst bewusst sein, dass er hier bei der Wahl der Bußgeldhöhe einen Entscheidungsspielraum hat. Diesen muss er auch ausüben, indem für jeden Einzelfall überlegt, welche Bußgeldhöhe die erforderliche ist. So ist einem Autofahrer der in einer Fußgängerzone 20 km/h zu schnell fährt und völlig uneinsichtig ist, ein höheres Bußgeld aufzuerlegen als einem Autofahrer der auf der Autobahn 10 km/h zu schnell fährt und seinen Fehler einsieht. Erhebt der Polizist von jedem Fahrer ein Bußgeld iHv 60 EUR, unabhängig von den Umständen des Einzelfalles, übt er sein Ermessen nicht aus und es liegt ein Ermessensnichtgebrauch vor.

---

73 Vgl. Maurer/Waldhoff, Allgemeines Verwaltungsrecht, § 7 Rn. 6.

Kapitel A: Theoretische Grundlagen 83

Beispiel aus dem Sozialrecht:
Nach § 16a SGB II können zur Eingliederung in Arbeit 1. eine Betreuung minderjähriger oder behinderter Kinder (...), 2. eine Schuldnerberatung, 3. eine psychosoziale Betreuung und 4. eine Suchtberatung erbracht werden. Die Sachbearbeiterin muss nun ihre unterschiedlichen Handlungsmöglichkeiten erkennen und hinsichtlich des konkreten Falles überlegen, was die erforderliche Eingliederungsleistung ist. Einem verschuldeten Arbeitslosen ist zur Eingliederung in Arbeit eine andere Eingliederungsleistung zu gewähren als einem suchtkranken Arbeitslosen. Gewährt die Sachbearbeiterin unabhängig von der konkreten Sachlage immer nur die Schuldnerberatung, weil sie auch keine andere Möglichkeit sieht, übt sie ihr Ermessen nicht aus.

b) Einhaltung der Ermessensgrenzen

Bekommt die Verwaltung durch eine Rechtsnorm Ermessen eingeräumt, muss sie außerdem die **gesetzlichen Grenzen des Ermessens achten**, § 39 Abs. 1 S. 1 Alt. 2 SGB I. Hierbei sind nicht nur das anzuwendende Gesetz zu beachten, sondern ebenso höherrangige Verfassungsgrundsätze, wie beispielsweise die Grundrechte, das Verhältnismäßigkeitsprinzip und der Gleichheitsgrundsatz. Überschreitet die Verwaltung die Ermessensgrenzen nennt man den Ermessensfehler **Ermessensüberschreitung**. 197

Beispiel:
Die ermesseneröffnende Rechtsnorm lautet: „Fährt ein Autofahrer zu schnell, **ist** ein Bußgeld von **10 EUR bis 100 EUR** zu erheben". Um die gesetzlichen Grenzen des Ermessens zu achten, darf der Polizist nur ein Bußgeld zwischen 10 EUR und 100 EUR auswählen. Würde er ein Bußgeld iHv 110 EUR oder auch iHv 5 EUR erheben, würde er die gesetzlichen Grenzen der Rechtsnorm überschreiten.

Beispiel aus dem Sozialrecht:
Nach § 16a SGB II können zur Eingliederung in Arbeit 1. eine Betreuung minderjähriger oder behinderter Kinder (...), 2. eine Schuldnerberatung, 3. eine psychosoziale Betreuung und 4. eine Suchtberatung erbracht werden. Die Sachbearbeiterin darf zur Eingliederung in Arbeit nur zwischen den Nummern 1 bis 4 auswählen, um die gesetzliche Grenze des Ermessens zu beachten. Würde sie zur Eingliederung in Arbeit beispielsweise eine Haushaltshilfe gewähren, würde dies nicht mehr im Rahmen der gesetzlichen Grenzen von § 16a Nr. 1 bis 4 SGB II liegen. Die Handlung der Sachbearbeiterin würde zu einer Ermessensüberschreitung führen.

c) Beachtung des Zweckes der Ermessensnorm

Bekommt die Verwaltung durch eine Rechtsnorm Ermessen eingeräumt, muss sie das Ermessen schließlich auch **entsprechend dem Zweck der Ermächtigung ausüben**, § 39 Abs. 1 S. 1 Alt. 1 SGB I. Hierfür muss sie den Sachverhalt vollständig ermitteln und diesen richtig würdigen. Sie darf sich dabei nicht von sachfremden Erwägungen, wie beispielsweise Vorurteilen, Mitleid oder Sympathie, leiten lassen. Andersfalls liegt ein **Ermessensfehlgebrauch** bzw. ein Ermessensmissbrauch vor. 198

Beispiel:
Die ermesseneröffnende Rechtsnorm lautet: „Fährt ein Autofahrer zu schnell, **ist** ein Bußgeld von **10 EUR bis 100 EUR** zu erheben.". Der Polizist darf sich bei der Entscheidung über die Höhe des Bußgeldes nur von dem Zweck der Ermächtigungsnorm leiten lassen. Der Zweck der Ermächtigungsnorm ist in diesem Fall die Erziehung des Verkehrssünders. Verlangt der Polizist von einer jungen Muslimin, die er an ihrem Kopftuch erkennt, das höchste Bußgeld iHv 100 EUR, weil er abfällig denkt „Der bringe ich mal der deutschen Gesetze bei.", missbraucht er sein Ermessen. Er lässt sich von rassistischen Motiven leiten und nicht von den eigentlich ausschlaggebenden Umständen, dass sie auf der Autobahn mit „nur" 10 km/h zu schnell unterwegs war und sich einsichtig zeigte.

Beispiel aus dem Sozialrecht:
Die alleinerziehende ALG-II-Empfängerin Stefanie H. kommt im Januar an einem Montagmorgen in das Büro der zuständigen Sachbearbeiterin Andrea K. des Jobcenters Stuttgart. Sie schildert dieser, dass sie mit ihrem neugeborenen Sohn das ganze Wochenende in einer kalten Wohnung gesessen habe. Ihre Heizung wurde abgestellt, weil sie seit längerem die Heizkosten nicht bezahlen konnte. Sie ist mit 800 EUR im Rückstand und kann diese aus eigenen Mitteln nicht mehr begleichen. Sie fragt Andrea K. deshalb, ob eine Übernahme der Schulden durch das Jobcenter möglich sei. Nach § 22 Abs. 8 S. 1 SGB II **können** Schulden übernommen werden, sofern ALG-II für den Bedarf für Unterkunft und Heizung erbracht wird und soweit dies zur Behebung einer Notlage gerechtfertigt ist. Der Zweck dieser Rechtsnorm liegt darin, ein menschenwürdiges Leben führen zu können, vgl. § 1 Abs. 2 SGB II. Andrea K. ist schon länger von Stefanie H. genervt, weil sie sie für wehleidig und faul hält. Sie antwortet aus diesem Grund, dass das Jobcenter Schulden für Heizkosten schon übernehmen könne, dass es im Fall der Alexandra H. allerdings nicht in Frage komme. Sie solle mal lernen mit dem ihr zur Verfügung stehenden Geld der Grundsicherung zurecht zu kommen, sonst könne ja jeder seine ALG-II-Leistung ausgeben, wofür er wolle und nicht wofür er müsse.

199

Das Prinzip der pflichtgemäßen Ermessensausübung, § 39 Abs. 1 SGB I	
Handlungsgrundsätze ⇨	Ermessensfehler
Das eingeräumte Ermessen muss ausgeübt werden. ⇨	Ermessensnichtgebrauch / Ermessensunterschreitung
Der Zweck der Ermächtigung muss beachtet werden. ⇨	Ermessensmissbrauch / Ermessensfehlgebrauch
Die gesetzlichen Grenzen des Ermessens müssen eingehalten werden. ⇨	Ermessensüberschreitung

4. Ermessensreduzierung auf Null

200 Der vom Gesetz eingeräumte Handlungsspielraum auf der Rechtsfolgenseite kann aufgrund der Gegebenheiten des Einzelfalles auf Null reduziert sein. Bei dieser sogenannten **Ermessensreduzierung auf Null** erlaubt der konkrete Einzelfall **nur eine Entscheidung**, jede andere mögliche Rechtsfolge wäre ermessensfehlerhaft. Es besteht also kein Entscheidungsspielraum, die Verwaltung muss die eine bestimmte Entscheidung treffen.[74] Dieses Rechtsinstitut wird teilweise kritisiert. Es wird argumentiert, wenn das Gesetz Ermessen einräume, müsse es nach dem Grundsatz vom Vorrang des Gesetzes nach Art. 20 Abs. 3 GG auch ausgeübt werden.[75] Dieses Argument überzeugt jedoch nicht, denn die Erkenntnis, dass der Handlungsspielraum auf Null reduziert ist, ergibt sich gerade aus der Ausübung des Ermessens.[76]

Beispiel:
Nach § 16a SGB II können die Kommunen zur Eingliederung in Arbeit 1. die Betreuung minderjähriger oder behinderter Kinder 2. Schuldnerberatungen 3. psychosoziale Betreuungen und 4. Suchtberatungen erbringen. Es besteht sowohl Entschließungs- als auch Auswahlermessen.

---

74 Vgl. Maurer/Waldhoff, Allgemeines Verwaltungsrecht, § 7 Rn. 24.
75 Vgl. Dörr/Francke, Sozialverwaltungsrecht, Kap. 3 Rn. 79a.
76 Siehe hierzu insbesondere Fall 7, Rn. 221 ff.

Kapitel A: Theoretische Grundlagen

Hinsichtlich der Frage, ob die Eingliederungsleistung erbracht werden oder nicht (Entschließungsermessen), wird das Ermessen auf Null reduziert sein, wenn die Eingliederung in Arbeit einzig durch eine solche Eingliederungsleistung umgesetzt werden kann.[77] Eine alleinerziehenden Mutter eines behinderten Kindes hat bisher keine Arbeitsstelle angenommen, weil dies mit der Betreuung ihres Kindes nicht vereinbar war. Da durch die kommunale Eingliederungsleistung nach § 16a Nr. 1 SGB II dieser Hinderungsgrund ausgeräumt werden kann, ist das Entschließungsermessen auf Null reduziert. Die Kommune muss dementsprechend die Eingliederungsleistung gewähren.

Auch bezüglich der Frage, welche Eingliederungsleistung im Beispiel der alleinerziehenden Mutter erbracht wird, ist das Ermessen auf Null reduziert, denn eine Schuldnerberatung, eine psychosoziale Betreuung oder eine Suchtberatung werden den Hinderungsgrund für die Aufnahme einer Arbeit nicht aus dem Weg räumen. Einzig die Betreuung ihres behinderten Kindes ermöglichen der alleinerziehenden Mutter die Aufnahme einer Arbeit und damit die Eingliederung in das Erwerbsleben.

III. Der Grundsatz der Verhältnismäßigkeit

201 Das Verhältnismäßigkeitsprinzip bindet sowohl die gesetzgebende als auch die rechtsprechende und vollziehende Gewalt. Es lässt sich aus dem **Rechtsstaatsprinzip** aber auch „[...] *aus dem Wesen der Grundrechte selbst ableiten, die als Ausdruck des allgemeinen Freiheitsanspruchs des Bürgers gegenüber dem Staat von der öffentlichen Gewalt jeweils nur so weit beschränkt werden dürfen, als es zum Schutz öffentlicher Interessen unerlässlich ist"*[78]. Aus diesem Grund muss jegliche staatliche Maßnahme (also der Gesetzgebung, Rechtsprechung und Verwaltung) geeignet, erforderlich und angemessen sein.

1. Die Verhältnismäßigkeitsprüfung

202 Bei der Verhältnismäßigkeitsprüfung geht es darum, ob die Wirkung des eingesetzten Mittels und das bezweckte Ziel zueinander verhältnismäßig sind. Deshalb empfiehlt es sich zu Beginn der Prüfung, sich zunächst das Mittel bzw. die Maßnahme der Verwaltung sowie das Ziel der Maßnahme bewusst zu machen. Dabei ist vorab zu überprüfen, ob das verfolgte Ziel legitim ist, also nicht der Rechtsordnung insbesondere dem Grundgesetz entgegensteht. Anschließend erfolgt die eigentliche Verhältnismäßigkeitsprüfung in drei Schritten:

→ **Geeignetheit**: Die gewählte Maßnahme ist geeignet, wenn das bezweckte Ziel dadurch erreicht wird.[79]

→ **Erforderlichkeit**: Die gewählte Maßnahme ist erforderlich, wenn es kein milderes Mittel gibt, welches genauso geeignet ist, den bezweckten Erfolg zu erreichen.[80] Hier muss untersucht werden, ob es mildere Mittel gibt, die weniger in die Rechte des betroffenen Bürgers eingreifen und dabei in gleicher Weise das erstrebte Ziel herbeiführen, wie das gewählte Mittel.

→ **Angemessenheit**: Die gewählte Maßnahme ist schließlich angemessen, wenn die Nachteile der Maßnahme zu den bezweckten Vorteilen nicht unzumutbar außer Verhältnis stehen.[81] Hier muss eine Abwägung zwischen den bezweckten Vorteilen

---

77 Vgl. Voelzke, in: Hauck/Noftz, SGB II, § 16a Rn. 14.
78 BVerfGE 19, S. 342, 348 sowie BVerfGE 23, S. 127, 133.
79 Vgl. Degenhart, Rn. 421.
80 Ebd.
81 Ebd.

der Maßnahme und den zu erwartenden Nachteilen der Maßnahme vorgenommen werden.

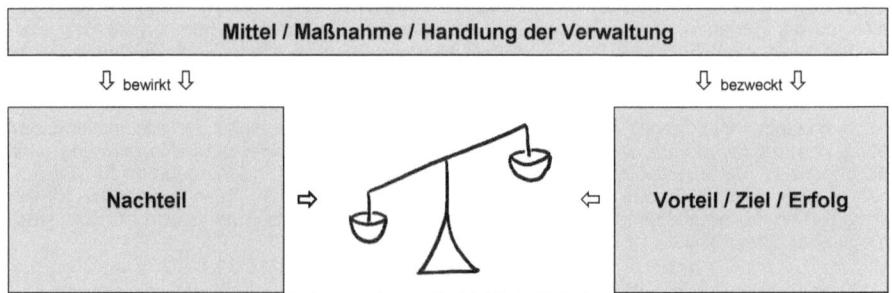

Abwägung: Steht der Nachteil der Maßnahme zum bezweckten Vorteil der Maßnahme in einem angemessenen Verhältnis?

203 Bei der Prüfung der Angemessenheit ist die rechtliche Bedeutung des beeinträchtigten und des geförderten Rechtsgutes zu ermitteln und gegeneinander abzuwägen. Welches hat die höhere rechtliche Bedeutung? Auch die Intensität des Eingriffs sowie die Dringlichkeit des bezweckten Erfolges sind bei der Abwägung entscheidende Punkte.

2. Die Bedeutung des Verhältnismäßigkeitsprinzips für die Verwaltung

204 Nach dem Prinzip der Gesetzesmäßigkeit aus Art. 20 Abs. 3 GG ist die Verwaltung an das Gesetz gebunden. Sie darf demnach nicht ohne eine gesetzliche Grundlage handeln (Vorbehalt des Gesetzes) und nicht gegen bestehende Gesetze verstoßen (Vorrang des Gesetzes). Aus diesem Grund darf die Verwaltung bei einer **gebundenen Entscheidung** die Rechtsfolge nicht ablehnen, weil sie sie für unverhältnismäßig hält und durch eine verhältnismäßige Rechtsfolge ersetzen. Denn in diesem Fall würde die Verwaltung gegen das Gesetz verstoßen.

205 Da der Gesetzgeber aber nicht jede Lebenssituation gesetzlich genau umschrieben regeln kann, eröffnet er der gesetzesanwendenden Verwaltung durch **Ermessensvorschriften** einen bestimmten Handlungsspielraum und lockert damit die gesetzliche Bindung. Dies ermöglicht es der Verwaltung auf unvorhergesehene Lebenslagen reagieren zu können und angemessene sowie flexible Entscheidungen dem Einzelfall entsprechend zu treffen. Das bedeutet allerdings nicht, dass die Verwaltung zu jeder beliebigen Maßnahme ermächtigt wird. Vielmehr muss die Verwaltung bei der Ausübung des Handlungsspielraums eine Maßnahme treffen, die geeignet, erforderlich und zu dem angestrebten Ziel nicht unzumutbar außer Verhältnis steht. Das Verhältnismäßigkeitsprinzip begrenzt also den Handlungsspielraum, den die Verwaltung in Ermessensvorschriften eingeräumt bekommen hat. Das Verhältnismäßigkeitsprinzip stellt also eine Ermessensgrenze dar. Es wird daher auch als **Übermaßverbot** bezeichnet. Aus dieser Bedeutung des Verhältnismäßigkeitsprinzips ergibt sich auch dessen Prüfungs- bzw. Anwendungsstandort bei den gesetzlichen Grenzen des Ermessens.

Beispiel:
Die ermesseneröffnende Rechtsnorm lautet: „Ist der Autofahrer zu schnell gefahren, kann ein Bußgeld erhoben werden". Der Polizist hat hier durch ein Gesetz ein Ermessen eingeräumt bekommen. Das bedeutet, dass er das Ermessen auch ausüben, den Zweck der Ermächtigung und die gesetzlichen Grenzen des Ermessens beachten muss. Da das Gesetz in diesem

Kapitel A: Theoretische Grundlagen 87

Beispielsfall aber selbst keine Begrenzung der Bußgeldhöhe festlegt, könnte der zuständige Polizist hier dementsprechend auch ein Bußgeld iHv 100.000 EUR erheben. Das Verhältnismäßigkeitsprinzip begrenzt diesen Spielraum des Polizisten aber, indem es ihm verbietet, übermäßig in die Rechte des Bürgers einzugreifen. Er muss ein Bußgeld auswählen, welches **verhältnismäßig**, also **geeignet, erforderlich** und **angemessen** ist.

3. Aufbau und Standort der Verhältnismäßigkeitsprüfung im Rahmen einer Ermessensentscheidung

Das Ermessen ist auszuüben.	206

Der Zweck der Ermächtigung ist zu beachten.

Die gesetzlichen Grenzen des Ermessens sind einzuhalten.

⇨ Das bedeutet, die Verwaltung muss eine **verhältnismäßige Maßnahme** auswählen. Eine unverhältnismäßige Maßnahme würde die Grenzen des Ermessens überschreiten.

⇨ **Vorüberlegung:**	Was ist die in Frage stehende Maßnahme? Was ist das angestrebte Ziel der Maßnahme? Ist das Ziel legitim?
⇨ **Geeignetheit:**	Die Maßnahme muss das verfolgte Ziel erreichen können.
⇨ **Erforderlichkeit:**	Die Maßnahme muss das mildeste Mittel sein. Das bedeutet, es darf keine anderen, milderen Mittel geben, die ebenso zum Ziel führen.
⇨ **Angemessenheit:**	Die Maßnahme darf zu keinem Nachteil führen, der zum angestrebten Ziel unzumutbar außer Verhältnis steht.
Zwischenergebnis:	Ist die Maßnahme verhältnismäßig, wurden die gesetzlichen Grenzen des Ermessens eingehalten.

Ergebnis: Wenn das Ermessen ausgeübt, der Zweck der Ermächtigung beachtet und die gesetzlichen Grenzen des Ermessens eingehalten wurden, ist das Ermessen i. S. v. § 39 Abs. 1 SGB I pflichtgemäß ausgeübt wurden.

Die drei Schritte der Verhältnismäßigkeitsprüfung ermöglichen eine konkrete, am Einzelfall orientierte und differenzierte Wahl der Verwaltungsmaßnahme. Die Prüfungspunkte der Geeignetheit und Erforderlichkeit sind dabei feststehende und objektive Auswahlkriterien. Bei der Angemessenheitsprüfung werden sodann auch die mit dem geringstmöglichen Eingriff verbundenen und geeigneten Mittel einer rechtlichen Wertung unterzogen. So wird verhindert, dass eine Maßnahme der Verwaltung den Bürger stärker belastet, als es im Einzelfall gerechtfertigt ist. Darüber hinaus sollen durch diese drei Prüfungsschritte aber auch vorschnelle und undifferenzierte Billigkeitsurteile vermieden werden. 207

208 Nach der getroffenen Entscheidung durch die Verwaltung machen diese drei Kriterien schließlich eine wirkungsvolle Kontrolle der Verwaltungsentscheidung durch die Sozial- bzw. Verwaltungsgerichte möglich.

Kapitel B: Fälle und Übungen

I. Aufgaben

209 Lösen Sie die folgenden Wiederholungsfragen ggf. anhand der genannten Normen.

	Frage:	Lösungshinweis:
1.	Erläutern Sie kurz die folgenden Begriffe: a) Vorbehalt des Gesetzes / Vorrang des Gesetzes b) Gebundene Entscheidung / Ermessensentscheidung c) Entschließungsermessen / Auswahlermessen	Rn. 164 ff. Rn. 190 f. Rn. 191
2.	Das Jugendamt der Stadt Stuttgart möchte einen kostspieligen Abenteuerspielplatz bauen. Zur Finanzierung des Vorhabens überlegt das Jugendamt von jeder Familie pro Kind 30 EUR zu erheben. Ein Gesetz für solch ein Finanzierungsmodell gibt es nicht. Begründen Sie, ob eine solche Verwaltungsmaßnahme rechtmäßig wäre?	Rn. 165 ff.
3.	Der Arbeitslosengeld-II-Empfänger Herr Kai Nelust (N) weigert sich die vom Jobcenter festgelegten fünf Bewerbungen im Monat zu schreiben. Daraufhin mindert die zuständige Sachbearbeiterin Efi Zient (Z) die Regelleistung um 50 Prozent. Ist die Minderung iHv 50 Prozent zulässig?	§ 31 a Abs. 1 S. 1 SGB II, Rn. 164
4.	Welche Art von Rechtsfolge sehen die folgenden Normen vor: eine gebundene Entscheidung, eine Soll-Entscheidung oder eine Ermessensentscheidung (Entschließungs- und/oder Auswahlermessen)? a) § 7 Abs. 1 S. 1 SGB II b) § 16 Abs. 1 S. 1 SGB II c) § 16 e Abs. 1 und Abs. 2 S. 1 SGB II d) § 22 Abs. 8 S. 4 SGB II e) § 31 a Abs. 2 S. 4 SGB II	Rn. 190 ff.

Kapitel B: Fälle und Übungen

Frage:	Lösungshinweis:
5. Die 21-jährige Manuela Koch (K) bezieht seit wenigen Monaten Arbeitslosengeld II (bestehend aus der Regelleistung und den Kosten für Unterkunft und Heizung). Im letzten Monat hat sie vergessen die vereinbarten 5 Bewerbungen zu schreiben. Ihr Fallmanager Peter Goge (G) versagt ihr deshalb nach § 31 a Abs. 2 S. 1 SGB II die Regelleistung für die kommenden drei Monate. So bekommt K nur noch die Kosten für Unterkunft und Heizung finanziert. Zwei Monate später bricht K auch noch eine Maßnahme zur beruflichen Weiterbildung ab. Aufgrund dessen wird der K das Arbeitslosengeld II vollständig abgelehnt. Da K für die nächsten drei Monate nun weder die Regelleistung noch die Kosten für Unterkunft und Heizung vom Jobcenter bekommt, wird ihr der Ernst der Lage bewusst. Daraufhin besucht K ihren Fallmanager G. Im Gespräch zeigt sich K einsichtig und verspricht, die Bewerbungen nachzuholen und die Weiterbildungsmaßnahme wiederaufzunehmen und abzuschließen. K bittet G ihr wieder vollständig Arbeitslosengeld II, mindestens aber die Kosten für Unterkunft und Heizung zu erbringen. Fallmanager G erklärt daraufhin, ... a) dass diese Möglichkeit nicht bestehe und die K deshalb um ihre „Strafe" nicht herumkomme. b) dass er bei erklärter Mitwirkungsbereitschaft die Kosten für Unterkunft und Heizung wieder gewähren könne, dies aber im Moment nicht in Frage käme, da die Kommune kein Geld mehr habe. c) dass er in Anbetracht der aufrichtigen Erklärung zur zukünftigen Pflichterfüllung wieder die Kosten für Unterkunft und Heizung gewährt und ihr auch die 60 Prozent der Regelleistung auszahlt. Lesen Sie § 31 a Abs. 2 S. 4 SGB II. Welcher Grundsatz der Verwaltung wurde verletzt? Kategorisieren Sie den Fehler.	§ 39 Abs. 1 SGB I, Rn. 194 ff.
6. Der 22-jährige Hans Kiff (K) wird an einem Samstagabend in einer Stuttgarter U-Bahnstation von dem Polizisten Mike Polente (P) erwischt, wie er seinem Freund einen selbstgedrehten Joint verkauft. Als der P den K anspricht, rennt dieser weg. Der ältere und nicht mehr ganz so ausdauernde P kann nicht folgen. Kollegen, die er zur Verstärkung rufen könnte, sind auch nicht in der Nähe. Um den K dennoch festnehmen und bestrafen zu können, schießt der P dem K gezielt in den Rücken. K überlebt schwerverletzt und wird von einem Strafgericht wegen des Verstoßes gegen das Betäubungsmittelgesetz zu einer geringen Geldstrafe verurteilt. War der Schuss des P rechtmäßig?	Rn. 200 ff.

Frage:	Lösungshinweis:
7. Der 21-jährige Robert Bleibe (B) ist Vollweise und hat bis vor wenigen Monaten obdachlos auf der Straße gelebt. Er hat einen Hauptschulabschluss. Aktuell hat sich seine Situation durch die Unterstützung eines engagierten Streetworkers etwas verbessert. Er bezieht nun Arbeitslosengeld II und hat eine kleine Wohnung in Halle Neustadt bezogen. B ist allerdings teilweise noch sehr überfordert. Zum einen belasten ihn die Pflichten gegenüber dem Jobcenter und zum anderen auch psychische Probleme aufgrund des frühen Todes der Eltern und der Zeit als Obdachloser. Aus diesem Grund hat er nun zum zweiten Mal innerhalb eines Jahres die vom Jobcenter vermittelte Ausbildung abgebrochen. Fallmanagerin Inge Herzig (H) erklärt dem B in einem persönlichen Gespräch, dass sie aufgrund dieser wiederholten Pflichtverletzungen gem. § 31 a Abs. 2 S. 2 SGB II das komplette Arbeitslosengeld II (Regelleistung und Kosten für Unterkunft und Heizung) für 3 Monate streichen müsse. B ist deshalb sehr aufgelöst, da er nun Angst habe wieder auf der Straße zu landen. Er versichert der H glaubhaft, dass er sich sehr bemühe und die abgebrochene Ausbildung zum Koch gerne wieder aufnehmen würde. In Anbetracht dieser Umstände überlegt H, ob sie dem B nach § 31 a Abs. 2 S. 4 SGB II zumindest die Kosten für Unterkunft und Heizung gewährt. Was muss H bei ihrer Entscheidung beachten?	§ 39 Abs. 1 SGB I, Rn. 194 ff., 200 ff.

II. Lösungen

Zu Frage 1:

Erläutern Sie kurz die folgenden Begriffe:

210 a) Der **Vorbehalt des Gesetzes** bezeichnet für die Verwaltung das Verbot, ohne eine gesetzliche Grundlage zu handeln. Kurzformel: Kein Verwaltungshandeln ohne ein Gesetz!

Der **Vorrang des Gesetzes** drückt für die Verwaltung das Verbot aus, gegen eine gesetzliche Grundlage zu handeln. Kurzformel: Kein Verwaltungshandeln gegen das Gesetz!

b) Bei einer **gebundenen Entscheidung** schreibt ein Gesetz bei Vorliegen der Tatbestandsmerkmale als Rechtsfolge nur eine Handlungsmöglichkeit vor, die von der Verwaltung zwingend getroffen werden muss.

Bei einer **Ermessensentscheidung** eröffnet ein Gesetz bei Vorliegen der Tatbestandsmerkmale als Rechtsfolge mehrere verschiedene Handlungsmöglichkeiten, zwischen denen die Verwaltung nach pflichtgemäßem Ermessen (§ 39 Abs. 1 SGB I) wählen kann.

c) Das **Auswahlermessen** eröffnet einen Handlungsspielraum hinsichtlich der Frage, welche von den verschiedenen möglichen Rechtsfolgen die Verwaltung ergreifen will.

Das **Entschließungsermessen** lässt dagegen nur einen Wahlmöglichkeit hinsichtlich der Frage zu, ob die Verwaltung überhaupt in der Angelegenheit tätig wird.

Zu Frage 2:
Wäre die Finanzierungsidee des Jugendamtes rechtmäßig?

Die Erhebung von 30 EUR pro Kind ist rechtmäßig, wenn es hierfür eine Rechtsgrundlage gibt. Denn das Gesetzesmäßigkeitsprinzip aus Art. 20 Abs. 3 GG fordert insbesondere für belastende Verwaltungsmaßnahmen eine ausdrückliche gesetzliche Ermächtigung. Da eine solche Rechtsgrundlage laut Sachverhalt jedoch nicht existiert, wäre durch die Erhebung der verfassungsrechtliche Grundsatz der Gesetzesmäßigkeit nach Art. 20 Abs. 3 GG, insbesondere der **Vorbehalt des Gesetzes**, verletzt. Die Erhebung von 30 EUR pro Kind wäre dementsprechend nicht rechtmäßig und damit unzulässig. 211

Zu Frage 3:
Ist die Minderung der Regelleistung um 50 Prozent zulässig?

Die Minderung der Regelleistung um 50 Prozent ist zulässig, wenn diese rechtmäßig ist. Eine Verwaltungsmaßnahme ist rechtmäßig, wenn sie nach dem **Vorrang des Gesetzes** aus Art. 20 Abs. 3 GG nicht gegen das Gesetz verstößt. 212

Gem. § 31a Abs. 1 S. 1 SGB II mindert sich bei einer Pflichtverletzung nach § 31 SGB II die Regelleistung des Arbeitslosengeldes II in der ersten Stufe um 30 Prozent. Vorliegend weigert sich N erstmalig die festgelegte fünf Bewerbungen zu schreiben. Daher ist von einer ersten Pflichtverletzung (konkret: § 31 Abs. 1 S. 1 Nr. 1 SGB II) auszugehen. Nach dem eindeutigen Wortlaut des Gesetzes muss die Z bei Vorliegen dieses Tatbestandsmerkmales zwingend eine Minderung um 30 Prozent vornehmen. Eine andere Möglichkeit sieht das Gesetz bei Vorliegen einer solchen ersten Pflichtverletzung nicht vor. Die Minderung um 50 Prozent verstößt daher gegen § 31a Abs. 1 S. 1 SGB II und damit gegen das Gesetz. Die Maßnahme der Z ist mithin rechtswidrig und unzulässig. 213

Zu Frage 4:
Welche Art von Rechtsfolge sehen folgende Normen vor?

a) Nach **§ 7 Abs. 1 S. 1 SGB II** erhalten Personen Leistungen nach dem SGB II (ALG II), wenn sie 1. das 15. Lebensjahr vollendet und die Altersgrenze nach § 7a noch nicht erreicht haben, wenn sie 2. erwerbsfähig sind, wenn sie 3. hilfebedürftig sind und wenn sie 4. ihren gewöhnlichen Aufenthalt in der Bundesrepublik Deutschland haben. Wenn diese Voraussetzungen erfüllt sind, sieht das Gesetz zwingend die Gewährung des ALG II vor („erhalten Personen Leistungen nach diesem Buch"). Ein Entscheidungsspielraum wird nicht eröffnet. § 7 Abs. 1 S. 1 SGB II bestimmt daher eine **gebundene Entscheidung**. 214

b) Zur Eingliederung in Arbeit erbringt die Agentur für Arbeit gem. **§ 16 Abs. 1 S. 1 SGB II** Vermittlungsangebote nach § 35 SGB III. Die Agentur für Arbeit hat Ausbildungssuchenden, Arbeitsuchenden und Arbeitgebern dementsprechend Ausbildungs- und Arbeitsvermittlung anzubieten. Die Behörde kann hier dementsprechend nicht entscheiden, ob sie tätig wird. Es besteht ein Anspruch auf Vermittlungsleistungen. Diesbezüglich ist also eine **gebundene Entscheidung** vorgesehen. Hinsichtlich der Frage, welche Vermittlungsangebote genau vorgeschlagen werden, besteht allerdings **Auswahlermessen**[82], denn die konkreten Vermittlungsvorschläge sind in hohem Maße von den Gegebenheiten des Arbeitsmarktes, von den Fähigkeiten des Arbeitsuchenden und auch von den zu berücksichtigenden Wünschen des Arbeitsuchenden oder Arbeitgebers abhängig.[83]

c) Nach **§ 16 e Abs. 1 SGB II** können Arbeitgeber, unter den Voraussetzungen von § 16 e Abs. 1 und Abs. 3 SGB II, auf Antrag durch Zuschüsse zum Arbeitsentgelt gefördert werden. Der Zuschuss kann gem. § 16 e Abs. 2 S. 1 SGB II bis zu 75 Prozent des Arbeitsentgelts betragen. Hier besteht also ein Entscheidungsspielraum, ob überhaupt ein Zuschuss (Abs. 1: „können durch einen Zuschuss gefördert werden") und auch in welcher Höhe dieser (Abs. 2: „Zuschuss beträgt bis zu 75 Prozent") gewährt wird. § 16 e Abs. 1 und 2 SGB II normieren also **Entschließungs- und Auswahlermessen.**

d) Nach **§ 22 Abs. 8 S. 4 SGB II** sollen übernommene Mietschulden als Darlehen erbracht werden. Bei einer solchen **Soll-Entscheidung** müssen die Mietschulden „nur" im Grundsatz als Darlehen erbracht, in unvorhersehbaren besonderen (atypischen) Ausnahmefällen kann von diesem Grundsatz jedoch abgewichen werden und es ist eine Ermessensentscheidung zu treffen. In der Regel müssen die Mietschulden daher als Darlehen erbracht werden. Wenn ein Arbeitslosengeld-II-Empfänger allerdings ohne eigenes Verschulden völlig überschuldet ist und aufgrund dessen seine Miete von den Leistungen für Unterkunft und Heizung nicht zahlen konnte, würde die Übernahme der Mietschulden in Form eines Darlehens die Überschuldung gegebenenfalls noch forcieren und den Arbeitslosengeld-II-Empfänger (entgegen der Zielsetzung des § 1 Abs. 2 S. 1 SGB II) so weiterhin abhängig von den Leistungen des Jobcenters machen.[84] In einer solchen besonderen Ausnahmesituation kann es demnach geboten sein, von dem Regelfall abzuweichen. Die Mietschulden werden dann übernommen, ohne dass der ALG-II-Empfänger die übernommenen Schulden als Darlehen zurückzahlen müsste.

e) Nach **§ 31 a Abs. 2 S. 1** und 2 SGB II entfällt bei erwerbsfähigen Leistungsberechtigten, die das 25. Lebensjahr noch nicht vollendet haben, das Arbeitslosengeld II (also der Regelbedarf nach § 20 SGB II sowie die Bedarfe für Unterkunft und Heizung nach § 22 SGB II) vollständig. Gem. **§ 31 a Abs. 2 S. 4 SGB II** können die Bedarfe für Unterkunft und Heizung nach § 22 SGB II unter Berücksichtigung aller Umstände des Einzelfalles allerdings wieder gewährt werden, wenn sich der erwerbsfähige Leistungsberechtigte unter 25 nachträglich bereit erklärt, seinen Pflichten nachzukommen. Zeigt der junge Mensch also glaubhaft zukünftige Mitwirkungsbereitschaft, eröffnet sich der Behörde ein **Entschließungsermessen** hinsichtlich der Frage, ob für die Zukunft wieder die Leistungen für die Unterkunft und Heizung bewilligt werden.

Zu Frage 5:

Welcher Verwaltungsgrundsatz wurde verletzt? Kategorisieren Sie den Fehler!

215 Nach § 31 a Abs. 2 S. 4 SGB II steht es im Ermessen der Behörde, wieder die Leistungen für Unterkunft und Heizung zu gewähren, wenn die zukünftige Mitwirkungsbereitschaft glaubhaft erklärt wurde. Fallmanager G könnte durch seine Ent-

---

[82] Vgl. Harks, in: Schlegel/Voelzke, jurisPK-SGB II, § 16 Rn. 48.
[83] Vgl. BSG, Urt. v. 25.7.1985 – Az. 7 RAr 33/84; Voelzke, in: Hauck/Noftz, SGB II, § 16 Rn. 80.
[84] Ähnliche Argumentation: Falterbaum, in: Hauck/Noftz, SGB XII, § 36 Rn. 23.

scheidung das Prinzip der pflichtgemäßen Ermessensausübung gem. § 39 Abs. 1 SGB I verletzt haben. Demnach hat die Sozialverwaltung, wenn ihr durch eine Rechtsnorm Ermessen eingeräumt wurde, dass Ermessen auch auszuüben. Darüber hinaus muss sie das Ermessen entsprechend dem Zweck der Ermächtigungsnorm ausüben (§ 39 Abs. 1 S. 1 Alternative 1 SGB I) und die gesetzlichen Grenzen des Ermessens achten (§ 39 Abs. 1 S. 1 Alternative 2 SGB I). Verstößt die Sozialverwaltung gegen diese Handlungsprinzipien der pflichtgemäßen Ermessensausübung, liegt ein Ermessensfehler vor.

a) Fallmanager G trifft die Aussage, dass weder die vollständige Auszahlung des Arbeitslosengeldes II noch die erneute Gewährung der Leistungen für Unterkunft und Heizung möglich seien und die K bei einer Pflichtverletzung nicht um ihre „Strafe" herumkomme. Dies trifft gem. § 31 a Abs. 2 S. 4 SGB II nicht zu. Hiernach können die Leistungen für Unterkunft und Heizung wieder gewährt werden, wenn die zukünftige Mitwirkungsbereitschaft glaubhaft erklärt wurde. Die Aussage des G weist aber darauf hin, dass er keine andere Wahl hat, also diese Entscheidung treffen muss. Hier fehlt es also an einer Ermessenserwägung im Einzelfall. Der Fallmanager macht von seinem Ermessen keinen Gebrauch. Es liegt ein **Ermessensnichtgebrauch** und somit ein Verstoß gegen den subjektiven Anspruch der K auf pflichtgemäße Ermessensausübung vor.

b) In der zweiten Fallvariante erklärt G, dass er bei erklärter Mitwirkungsbereitschaft die Kosten für Unterkunft und Heizung wieder gewähren könne, dies aber im Moment nicht in Frage käme, da die Kommune kein Geld mehr habe. Diese Ausführung lässt erkennen, dass sich G seines Ermessensspielraumes bewusst ist und durchaus auch Erwägungen anstellt. Er würdigt die finanziellen Umstände jedoch fehlerhaft. Zweck der Ermessensvorschrift § 31 a Abs. 2 S. 4 SGB II ist schließlich, durch die Leistungen für Unterkunft und Heizung eine menschenwürdige Existenz abzusichern und Obdachlosigkeit zu vermeiden.[85] Haushaltsbezogene Überlegungen dürfen zwar grundsätzlich in die Ermessensausübung einfließen, dürfen allerdings nicht so weit gehen, dass der Zweck des § 31 a Abs. 2 S. 4 SGB II dadurch völlig negiert wird. Die Sicherung eines menschenwürdigen Existenzminimums darf nicht aufgrund erschöpfter Haushaltsmittel abgelehnt werden.[86] Die Entscheidung des G in der zweiten Fallvariante verstößt gegen den Zweck der Ermächtigungsnorm, so dass hier ein **Ermessensfehlgebrauch** vorliegt.

c) In der dritten Fallalternative sagt G, dass er in Anbetracht der aufrichtigen Erklärung zur zukünftigen Pflichterfüllung wieder die Kosten für Unterkunft und Heizung gewährt und ihr auch 60 Prozent der Regelleistung auszahlt. Diese Entscheidung stellt eine Überschreitung der Ermessensgrenze dar, denn § 31 a Abs. 2 S. 4 SGB II sieht nur eine Entscheidungsmöglichkeit darüber vor, ob die Leistungen für Unterkunft und Heizung wieder gewährt werden oder nicht. Eine teilweise oder vollständige Wiedergewährung der Regelleistung ist von § 31 a Abs. 2 S. 4 SGB II nicht vorgesehen und darf von daher auch nicht getroffen werden. Die Entscheidung des G in der dritten Fallalternative ist daher eine **Ermessensüberschreitung**.

---

85 Vgl. Valgolio, in: Hauck/Noftz, SGB II, § 31 a Rn. 39.
86 Vgl. Groth, in: Schlegel/Voelzke, jurisPK-SGB I, § 39 Rn. 32; Just, in: Hauck/Noftz, SGB I, § 39 Rn. 13.

Zu Frage 6:
Ist die Maßnahme des Polizisten rechtmäßig?

216 Der Schuss in den Rücken des K ist rechtmäßig, wenn er verhältnismäßig war. Verhältnismäßig ist der Schuss, wenn er einen legitimen Zweck verfolgt, geeignet und erforderlich ist, um diesen Zweck zu erreichen und hinsichtlich der Nachteile angemessen ist.

217 P will den K aufhalten, um diesen wegen seines strafbaren Verhaltens festnehmen zu können und der Strafverfolgung zuzuführen. Nach dem Polizeigesetz gehört es zu den Aufgaben der Polizei, Gefahren für die öffentliche Sicherheit und Ordnung abzuwehren und zu verfolgen. Die Verletzung der Rechtsordnung durch den Verkauf von Cannabis gehört zu dem Schutzgut der öffentlichen Sicherheit. Das Ziel der Festnahme ist daher ein **legitimer Zweck**.

218 Geeignet ist der Schuss in den Rücken, wenn diese Maßnahme den angestrebten Zweck erreicht. Zweck des Schusses ist es, den K aufzuhalten, um ihn bestrafen zu können. Dadurch, dass der P den K in den Rücken schießt, wird er bewegungsunfähig gestellt. Mithin ist der Gebrauch der Schusswaffe **geeignet**, den K aufzuhalten.

219 Der Gebrauch der Schusswaffe ist erforderlich, wenn dies von mehreren möglichen und ebenso geeigneten Maßnahmen das am wenigsten beeinträchtigende Mittel ist. Ein milderes Mittel wäre zum einen, wenn der P den K einholt und festhält. Dies ist ihm aber aufgrund seines Alters und seines Fitnesszustandes nicht möglich. Es sind auch keine Kollegen in der Nähe, die dem P helfen könnten. Und auch eine Fahndung würde nicht mit gleicher Wahrscheinlichkeit zum Ziel führen. Als mildere Maßnahmen kämen außerdem die Ankündigung des Schusswaffengebrauchs und als nächste Eskalationsstufe ein Warnschuss in die Luft in Betracht. Diese milderen Maßnahmen könnten den K so erschrecken, dass sie seine Flucht beenden würden und eine Festnahme ermöglichen könnten. Aber auch diese milderen Maßnahmen führen eben nicht genauso sicher zum Ziel, wie der Schuss in den Rücken. Und schließlich wäre auch ein Schuss ins Bein oder in den Arm zwar weniger gefährlich für das Leben des K, aber nicht gleich wirksam, wie ein Schuss in den Rücken. Bei einem Flüchtigen wird es sehr schwer sein, die Beine oder die Arme zu treffen. Der Schuss in den Rücken ist damit **erforderlich**.

220 Schließlich ist der Gebrauch der Schusswaffe **unangemessen**, wenn er zu einem Nachteil führt, der zum angestrebten Zweck unzumutbar außer Verhältnis steht. Vorliegend wird der K massiv in seiner Gesundheit geschädigt. Dem grundrechtlich verbürgten Rechtsgut der körperlichen Unversehrtheit steht das staatliche Interesse der Strafverfolgung wegen eines Bagatellverstoßes gegen das Betäubungsmittelgesetz gegenüber. Dies stellt ein deutlich erkennbares Missverhältnis dar. Der Gebrauch der Schusswaffe (sowohl in den Körper als auch in das Bein) ist demnach nicht angemessen.

221 Der Schuss des P ist damit **unverhältnismäßig** und mithin rechtswidrig.

Zu Frage 7:
Was muss H bei ihrer Entscheidung beachten?

222 Nach § 31a Abs. 2 S. 4 SGB II kann die H die Kosten für Unterkunft und Heizung wieder gewähren, wenn B glaubhaft erklärt, künftig sein Verhalten zu ändern und bei der Eingliederung in Arbeit mitzuwirken. Vorliegend hat B ernsthaft Einsicht gezeigt und versichert, sein Verhalten zu bessern. Da die Voraussetzungen des § 31a Abs. 2 S. 4 SGB II vorliegen, hat H eine Ermessensentscheidung („*kann* der Träger ... wie-

der die ... Leistungen gewähren") zu treffen, ob sie die Bedarfe für Unterkunft und Heizung wieder gewährt oder nicht. Dieses Ermessen muss sie nach § 39 Abs. 1 S. 2 SGB I pflichtgemäß ausüben.

Hierfür muss sie zunächst ihr **Ermessen erkennen und auch gebrauchen.** H muss also die Umstände des Einzelfalles ermitteln und würdigen, ob hinsichtlich dieser individuellen Umstände die erneute Gewährung von Leistungen für Unterkunft und Heizung gerechtfertigt wäre. Im Fall des B muss sie beispielsweise berücksichtigen, dass der B schon einmal obdachlos war und eigentlich auch sehr bemüht ist. Er aber aufgrund seiner Vorgeschichte als Vollwaise und Obdachloser und auch aufgrund seines jungen Alters mit den vielen Pflichten gegenüber dem Jobcenter noch überfordert ist. 223

Weiter hat die H bei ihrer Entscheidung den **Zweck von § 31 a Abs. 2 SGB II zu beachten.** § 31 a Abs. 2 S. 1 und 2 SGB II soll durch die sehr strengen Sanktionen bei unter 25-jährigen Langzeitarbeitslosigkeit vermeiden und eine zügige Integration in den Arbeitsmarkt erreichen. Gleichzeitig soll durch die Abmilderung der Sanktion nach § 31 a Abs. 2 S. 4 SGB II Obdachlosigkeit vermieden und ein menschenwürdiges Existenzminimum gewährleistet werden. Beide Ziele muß die H bei ihrer Entscheidung würdigen. 224

Und schließlich muss die H die **Grenzen des Ermessens einhalten.** Das Gesetz selber eröffnet nur die Entscheidungsmöglichkeit, ob die Kosten für Unterkunft und Heizung wieder gewährt werden oder nicht. Entscheidungsleitend ist hier das Verhältnismäßigkeitsprinzip. Die Frage lautet dementsprechend, ob die Ablehnung der erneuten Gewährung von Leistungen für Unterkunft und Heizung einen legitimen Zweck verfolgen sowie geeignet, erforderlich und angemessen sind. 225

Der Zweck, Langzeitarbeitslosigkeit bei jungen Menschen entgegenzuwirken und diesen schnell eine Arbeitsstelle zu vermitteln, ist ein **legitimer Zweck.** 226

Fraglich ist, ob die Ablehnung der erneuten Auszahlung von Leistungen für Unterkunft und Heizung **geeignet** ist, um den Zweck zu erreichen. B war vor kurzen schon einmal für eine längere Zeit obdachlos und zeigt sich bemüht, seine Pflichten zu erfüllen. Er ist aber, aufgrund seiner Vorgeschichte als Vollwaise, die er nach wie vor bewältigen muss, und aufgrund seines jungen Alters, überfordert. Eine erneute Obdachlosigkeit, die aufgrund des vollständigen Wegfalles des Arbeitslosengeldes II wahrscheinlich droht, würde diese Überforderung noch verstärken und seine Integrationsbereitschaft eher verschlechtern. Die Ablehnung der erneuten Auszahlung von Leistungen für Unterkunft und Heizung würde daher das Ziel, den B schnell in Arbeit zu integrieren, eher vereiteln. Darüber hinaus wäre eine menschenwürdige Existenz nicht mehr gewährleistet. Die Ablehnung der Wiedergewährung von Leistungen für Unterkunft und Heizung ist dementsprechend nicht geeignet, um das Ziel des § 31 a Abs. 2 SGB II zu erreichen. 227

Verhältnismäßig und pflichtgemäß wäre dementsprechend nur, die Kosten für Unterkunft und Heizung nach § 31 a Abs. 2 S. 4 SGB II wieder zu erbringen (**Ermessensreduzierung auf Null**). 228

Teil V: Sozialverwaltungsverfahren

Kapitel A: Theoretische Grundlagen

I. Einleitung

229 Das Verwaltungsverfahren im Sozialrecht „*ist die nach außen wirkende Tätigkeit der Behörden, die auf die Prüfung der Voraussetzungen, die Vorbereitung und den Erlass eines Verwaltungsaktes oder auf den Abschluss eines öffentlich-rechtlichen Vertrages gerichtet ist; es schließt den Erlass des Verwaltungsaktes oder den Abschluss des öffentlich-rechtlichen Vertrages ein*" (§ 8 SGB X). **Ziel des Verwaltungsverfahrens** ist es also, eine nach außen gerichtete Entscheidung vorzubereiten und durchzuführen. Die Behörde entscheidet nach pflichtgemäßem Ermessen, ob und wann ein Verwaltungsverfahren durchgeführt wird, soweit nicht durch Rechtsvorschrift geregelt ist, dass sie von Amts wegen oder auf Antrag tätig werden muss (§ 18 SGB X).

230 Im Verwaltungsverfahren kommt der **Grundsatz der Rechtsstaatlichkeit** zum Tragen: Zum einen muss gewährleistet sein, dass der Betroffene im Verfahren vor der Behörde wirksam seine Rechtsposition vertreten kann, zum anderen muss die Möglichkeit der Überprüfung der getroffenen Entscheidungen bestehen. Das Verwaltungsverfahren ist nicht an eine bestimmte Form gebunden, sofern nicht dies im Einzelfall gesondert durch Rechtsvorschrift vorgeschrieben wird. Es ist einfach, zweckmäßig und zügig durchzuführen (§ 9 SGB X). So sind Anträge nicht an bestimmte Formen gebunden, soweit davon abweichend das Gesetz nicht etwas anderes bestimmt, zB die Schriftform wie in § 87 Abs. 1 S. 1 SGB IX. Steht die Identität des Antragstellers unzweifelhaft fest, kann deshalb beispielsweise auch auf die Unterschrift auf einem Antrag verzichtet werden. Ist hingegen die Schriftform vorgeschrieben, kann auf die Unterschrift nach § 126 BGB nicht verzichtet werden.[87] Sofern von der zuständigen Stelle Vordrucke für den Antrag vorgesehen sind, müssen sie gem. § 60 Abs. 2 SGB I für die Antragstellung verwendet werden.

231 Eine **wichtige Ausnahme** davon bildet § 18 Abs. 1 SGB XII, bei dem die Kenntnis der Bedarfslage beim Träger für den Verfahrensbeginn ausreicht. In anderen Bereichen, zB in der gesetzlichen Pflegeversicherung (§ 33 SGB XI), der gesetzlichen Rentenversicherung (§ 115 SGB VI), der Arbeitsförderung (§ 323 SGB III), dem Arbeitslosengeld II (§ 37 SGB II) oder der Grundsicherung im Alter und bei Erwerbsminderung (§ 41 SGB XII) ist der Antrag zwingend vorgeschrieben. Gemäß § 16 Abs. 1 SGB I ist der Antrag beim zuständigen Sozialleistungsträger zu stellen (siehe Teil III.).

232 Ist ein Antrag bei einem **unzuständigen Leistungsträger** gestellt worden, ist der Antrag unverzüglich (siehe § 121 Abs. 1 BGB = ohne schuldhaftes Zögern) an den zuständigen Leistungsträger weiterzuleiten. Bereits der Eingang des Antrages beim unzuständigen Träger führt dazu, dass der Antrag wirksam gestellt ist, so dass ab diesem Zeitpunkt das Verwaltungsfahren beginnt und Leistungen ggf. rückwirkend bewilligt werden müssen.

---

[87] Reinhardt, S. 97.

Kapitel A: Theoretische Grundlagen

II. Beteiligte

Die Beteiligung am Verwaltungsverfahren setzt die Beteiligtenfähigkeit gem. § 10 SGB X voraus. Beteiligtenfähig sind daher natürliche und juristische Personen, Vereinigungen (soweit ihnen ein Recht zustehen kann) sowie Behörden.

Beispiel:
Natürliche Personen sind Menschen (§ 1 BGB). Juristische Personen sind hingegen Organisationen, denen eine eigene Rechtsfähigkeit kraft Gesetzes verliehen wurde. Bei juristischen Personen kann man davon sprechen, dass diese – im Gegensatz zu natürlichen Personen – erst durch das Recht „geboren" werden, indem das Recht ihre Existenz vorsieht (zB der eingetragene Verein durch die §§ 55 ff. BGB, Aktiengesellschaften durch das Aktiengesetz, Gesellschaft mit beschränkter Haftung im GmbH-Gesetz usw) und ihre Rechtsfähigkeit verliehen bekommen. Ebenso sind juristische Personen Gebietskörperschaften (Bund, Länder, Gemeinden, Gemeindeverbände), Religionsgesellschaften, soweit sie als Körperschaften des öffentlichen Rechts verfasst sind (vgl. Art. 140 GG iVm Art. 137 WRV) sowie die Träger der Sozialversicherung, zB die Krankenkassen (vgl. § 4 Abs. 1 SGB V), der Spitzenverband Bund der Krankenkassen (vgl. § 217 Abs. 2 SGB V), die Pflegekassen (vgl. § 46 Abs. 2 S. 1 SGB XI), die Bundes- und Regionalträger der Deutschen Rentenversicherung sowie die Bundesagentur für Arbeit (vgl. § 367 Abs. 1 SGB III).

Vereinigungen, denen ein Recht zur Beteiligung zusteht, sind beispielsweise Fraktionen politischer Parteien, Heimbeiräte (vgl. § 10 Abs. 1 S. 1 HeimG), Seniorenvertretungen, Ausländerbeiräte und Bürgerinitiativen.[88]

Zum Behördenbegriff siehe Teil II.

Zu unterscheiden ist zwischen Beteiligten, die kraft Gesetzes (§ 12 Abs. 1 Nr. 1 bis 3 SGB X) oder die Kraft eines Hinzuziehungsaktes (§ 12 Abs. 1 Nr. 4 SGB X) am Verwaltungsverfahren beteiligt werden. Dies sind daher

1. Antragsteller und Antragsgegner,
2. diejenigen, an die die Behörde den Verwaltungsakt richten will oder gerichtet hat,
3. diejenigen, mit denen die Behörde einen öffentlich-rechtlichen Vertrag schließen will oder geschlossen hat,
4. diejenigen, die von der Behörde zu dem Verfahren hinzugezogen worden sind.

Nichtbeteiligte haben daher keinen Anspruch auf Anwesenheit bei Gesprächen oder Verhandlungen. Soweit die Beteiligten zustimmen, kann die Anwesenheit gestattet werden, grundsätzlich ist das Verwaltungsverfahren jedoch nicht öffentlich.

Beispiel:
Hat ein Beteiligter den berechtigten Wunsch, dass eine Begleiterin an einer Besprechung teilnimmt, und nicht zu erwarten ist, dass die Besprechung dadurch gestört wird, ist dem Wunsch grundsätzlich zu entsprechen. Insoweit schrumpft das Verwaltungsermessen wegen des verfassungsrechtlichen Anspruchs auf ein faires Verfahren. (LSG Rheinland-Pfalz, NJW 2006, S. 1547 f.)

Nur Beteiligte haben im Verfahren bestimmte Rechte, zB das Verfahren einzuleiten, angehört zu werden oder Akteneinsicht verlangen zu können. Ebenso sind aber auch nur Beteiligte verpflichtet bei der Sachverhaltsermittlung mitzuwirken. Für Zeugen und Sachverständige besteht hingegen eine Pflicht zur Aussage oder zur Erstattung von Gutachten gem. § 21 Abs. 1 S. 1 SGB X nur, soweit dies durch Rechtsvorschrift vorgesehen ist bzw. soweit kein Zeugnisverweigerungsrecht besteht (zB §§ 383 ff. ZPO). Beteiligte können sich gem. § 13 Abs. 1 SGB X von Bevollmächtigten vertreten lassen.

Im Verwaltungsverfahren kommt es, ähnlich wie im gerichtlichen Verfahren, darauf an, dass die Mitarbeiter der Verwaltung ihre Entscheidungen objektiv und unbefan-

---

[88] Ausführlich dazu Leopold, in: Schlegel/Voelzke, jurisPK-SGB X, § 10 Rn. 31 ff.

gen treffen. Daher beinhaltet § 17 SGB X für das Sozialverwaltungsverfahren das **Prinzip der Unparteilichkeit und Unbefangenheit** als wesentlichen Bestandteil fairer Verfahren. Nach der Rechtsprechung des Bundesverwaltungsgerichts hat der Amtswalter neutral, fair und unbefangen zu entscheiden, insbesondere ist „*gegenüber jedermann jenes Maß an innerer Distanz und Neutralität zu wahren, das ihr in einer späteren Phase noch ein abgewogenes Urteil ermöglicht*"[89]. Behauptet ein Beteiligter im Verfahren das Vorliegen von Gründen, die Misstrauen an einer unparteiischen Amtsführung rechtfertigen oder liegen solche Gründe tatsächlich vor, soll der betreffende Mitarbeiter gem. § 17 Abs. 1 SGB X den Behördenleiter darüber informieren und sich auf dessen Anordnung der weiteren Mitwirkung am Verfahren enthalten. Eine reine Vermutung reicht jedoch nicht aus, vielmehr müssen objektiv feststellbare Tatsachen vorliegen, bei deren vernünftiger Würdigung Bedenken an der Unvoreingenommenheit und objektiven Einstellung des Amtsträgers bestehen.[90] Neben Befangenheitsgründen, die in der Person des Amtswalters liegen, können aber solche auch in der Art der Sachbehandlung liegen.

Beispiel:
V arbeitet als Mitarbeiter in der Ausländerbehörde und entscheidet über Asylanträge. In jüngster Zeit hat er auf Facebook zunehmend fremdenfeindliche Kommentare gepostet, in der er die Motive von Asylsuchenden grundsätzlich in Frage stellt und die Besonderheiten des europäischen Kulturkreises als auch der eurasischen Rasse hervorhebt. In diesem Kontext äußert er auch seine Ansicht, dass die mit der Zuwanderung verbundene Vermischung von Rassen zum Untergang Europas führen werde. R ist aus dem Sudan geflüchtet und hat einen Asylantrag gestellt, der von V bearbeitet wird. Bekannte von ihm machen ihn auf die Posts von V aufmerksam. R hat Zweifel, dass V objektiv entscheiden wird.

Der Amtswalter ist von den Beteiligten über die Misstrauensgründe zu informieren und muss anschließend den Behördenleiter darüber informieren. Der Behördenleiter hat die Gründe zu prüfen und zu entscheiden, ob eine weitere Mitwirkung am Verfahren ausgeschlossen ist.

238 Die Beteiligtenfähigkeit setzt zumindest die **sozialrechtliche Handlungsfähigkeit** gem. § 36 SGB I ab Vollendung des 15. Lebensjahres voraus. Insoweit kommt es auf die Geschäftsfähigkeit nur an, wenn Vollmachten erteilt werden sollen. Ansonsten können Jugendliche ab Vollendung des 15. Lebensjahres Anträge auf Sozialleistungen stellen und werden damit beteiligtenfähig. Weitergehend regelt das Kinder- und Jugendhilferecht die Beteiligtenfähigkeit, indem zB gem. § 8 SGB VIII bereits Kinder Beratungsansprüche geltend machen können und entsprechend ihrem Entwicklungsstand an allen sie betreffenden Entscheidungen der öffentlichen Jugendhilfe zu beteiligen sind.

III. Untersuchungsgrundsatz

239 Gemäß § 20 Abs. 1 SGB X ermittelt die Behörde den Sachverhalt von Amts wegen, im Gegensatz beispielsweise zum Zivilrecht, wo im Rahmen des Beibringungsgrundsatzes die Parteien selbst alle Beweise in das Verfahren einbringen müssen. Von Amtes wegen bedeutet also, dass die Behörde von sich aus das Verfahren einleitet, weil sie durch ein Gesetz dazu verpflichtet wird. Da sie dem Grundsatz der **Gesetzmäßigkeit der Verwaltung** verpflichtet ist[91], ist der Sachverhalt aus einer neutralen

---
89 BVerwG, Urt. v. 5.12.1986 – Az. 4 C 13/85, juris Rn. 81.
90 Vgl. BSG, Beschluss v. 31.7.1985, Az. 9 a RVs 5/84, juris Rn. 14.
91 Dazu auch BT-Drs. 7/910, S. 48, 49.

Perspektive zu ermitteln. Entsprechend sind auch für den Betroffenen begünstigende Umstände zu ermitteln und zu berücksichtigen. Im Verhältnis zur Mitwirkung endet der Untersuchungsgrundsatz dort, wo Verfahrensbeteiligte zur Mitwirkung gem. §§ 60 ff. SGB I verpflichtet sind.[92]

Bei der Auswahl der Beweismittel hat die Behörde gem. § 21 Abs. 1 S. 1 SGB X einen **Ermessensspielraum**, so dass sie das Beweismittel auswählen kann, welches sie für erforderlich hält. Erforderlich ist das Beweismittel, welches geeignet ist und gleichfalls den geringsten Eingriff in die Rechte des Betroffenen darstellt.[93] Die Auflistung in § 21 Abs. 1 S. 2 SGB X ist jedoch nicht abschließend („insbesondere"), vielmehr kann die Behörde auch weitere Beweismittel heranziehen. Erfasst werden unter anderem:

240

- **Auskünfte jeder Art einholen:** Die Auskunft umfasst die Kenntniserlangung von Tatsachen, so dass auch Sozialdaten davon erfasst sein können. Grundsätzlich darf die Behörde Auskünfte von Dritten einholen, muss dabei aber den **Datenschutz** beachten (siehe dazu Teil V).[94] Insbesondere ist zu beachten, dass Sozialdaten gem. § 67 a Abs. 2 SGB X nur beim Betroffenen zu erheben sind und nur in Ausnahmen davon abgewichen werden darf. So ist die Auskunftseinholung bei anderen Leistungsträgern nur zulässig, wenn eine Übermittlung zulässig wäre, die Erhebung beim Betroffenen einen unverhältnismäßigen Aufwand erfordern würde und darüber hinaus keine Anhaltspunkte dafür bestehen, dass schutzwürdige Interessen des Betroffenen verletzt werden. Werden Daten bei einer anderen Person eingeholt, ist dies nur zulässig, wenn dies durch Rechtsvorschrift ausdrücklich zugelassen ist oder die Daten aufgrund ihrer Art nur bei anderen Personen erhoben werden können bzw. die Erhebung bei dem Betroffenen einen unverhältnismäßigen Aufwand bedeuten würde. Über die Erhebung bei anderen Personen ist der Betroffene grundsätzlich zu informieren (§ 67 a Abs. 5 SGB X). Darüber hinaus kann eine Einwilligung die Datenerhebung zulässig machen und ist zB gerade bei Ärzten oder Therapeuten notwendige Voraussetzung, um überhaupt Daten zu erhalten. Darüber hinaus hat die Behörde aber auch die Möglichkeit öffentlich zugängliche Quellen zu nutzen, sich also zB auch über das Internet zu informieren.

- **Anhörung und Vernehmung von Beteiligten, Zeugen und Sachverständigen:** Für die Beteiligten besteht bei der Sachverhaltsermittlung gem. § 21 Abs. 2 SGB X grundsätzlich die Pflicht mitzuwirken. Dies bedeutet insbesondere die Verpflichtung **wahrheitsgemäß und vollständig Tatsachen** und mögliche Beweismittel anzugeben, wobei sie nicht gezwungen sind bei der Aufklärung von Sachverhalten zu ihren Ungunsten mitzuwirken.[95] Grundsätzlich besteht aber auch ein Interesse des Beteiligten an der schnellstmöglichen Sachverhaltsaufklärung. Ohne seine Mitwirkung ist jedoch die Verwaltung berechtigt (ohne weitere Sachverhaltsaufklärung) für den Beteiligten auch nachteilige Schlüsse zu ziehen.[96] Zeugen können als am Verfahren als unbeteiligte Dritte hinsichtlich ihrer Tatsachenkenntnisse vernommen werden, Sachverständige hingegen nur in Hinblick auf ihre

---

92 HM, siehe zB Luthe, in: Schlegel/Voelzke, jurisPK-SGB X, § 20 Rn. 1; von Wulffen, in: ders., SGB X, § 20 Rn. 3; Vogelgesang, in: Hauck/Noftz, SGB X, § 20 Rn. 2.
93 Der Begriff der Erforderlichkeit als Ausdruck des Verhältnismäßigkeitsprinzips: Vogelgesang, in: Hauck/Noftz, SGB X, § 21 Rn. 8; aA Mutschler, in: KassKomm-SGB, SGB X, § 21 Rn. 3; Luthe, in: Schlegel/Voelzke, jurisPK-SGB X, § 21 Rn. 12.
94 Gemäß § 37 S. 3 SGB I geht der Sozialdatenschutz im Verwaltungsverfahren vor. Siehe dazu auch Reyels, in: Schlegel/Voelzke, jurisPK-SGB I, § 37 Rn. 69.
95 Vgl. Vogelgesang, in: Hauck/Noftz, SGB X § 21, Rn. 30.
96 Vgl. Luthe, in: Schlegel/Voelzke, jurisPK-SGB X, § 21 Rn. 44 f.

besonderen Sachkenntnisse. Für Zeugen und Sachverständige besteht gem. § 21 Abs. 3 SGB X grundsätzlich die Pflicht zur Aussage, allerdings können die **Zeugnisverweigerungsrechte** aus § 383 ZPO geltend gemacht werden. Entsprechend können Ehepartner oder Verwandte ebenso die Aussage verweigern, wie die in § 203 Abs. 1 StGB erfassten Berufsgruppen (also auch die unter Nr. 5 erfassten anerkannten SozialarbeiterInnen).

- Die **Anhörung** Beteiligter im Verfahren nach §§ 20, 21 SGB X ist zu unterscheiden von der Anhörung nach § 24 SGB X: Während die Anhörung im Verfahren nach § 24 SGB X ein eigenständiges Verfahrensrecht des Beteiligten ist und damit der Interessenwahrnehmung dient, soll durch die Anhörung gem. § 21 SGB X die reine Sachverhaltsaufklärung betrieben werden.

- **Urkunden und Akten beiziehen:** Erfasst wird das Einbeziehen verschiedener Dokumente wie zB Atteste, Gutachten und Verträgen, die sowohl amtliche als auch private Urkunden sein können.

- **Augenscheinnahme:** Erfasst wird **jegliche Form der sinnlichen Wahrnehmung** – also nicht nur durch die Augen, sondern auch durch die übrigen Sinne. So können Hausbesuche ebenso eine Augenscheinnahme darstellen wie der Alkoholgeruch, der von einem Beteiligten oder der Lärm, der von einem Gegenstand ausgeht. Bei einem Hausbesuch kann der Eintritt jedoch nicht erzwungen werden – wird der Eintritt verweigert, so kann dies höchsten wegen fehlender Mitwirkung Folgen gem. § 66 SGB I nach sich ziehen.

241 Die vorhandenen Beweise würdigt die Behörde im Rahmen **freier Beweiswürdigung**, dh sie entscheidet nach freier Überzeugung ohne formale Regeln, welches Gewicht und welche Bedeutung sie den gewonnen Erkenntnissen beimisst.[97] Es handelt sich also um eine „Gesamtwürdigung aller Umstände im Einzelfall" (§ 7 a Abs. 2 SGB IV). Behauptete Tatsachen müssen in vollem Umfang bewiesen sein, soweit nicht gem. § 23 SGB X auch die Glaubhaftmachung ausreicht, indem eine eidesstattliche Versicherung eines Zeugen oder Beteiligten abgegeben wird.[98] Soweit sich keine klare Entscheidung aus der Beweiswürdigung ableiten lässt, also die Tatsachen nicht hinreichend bewiesen sind, belastet dies grundsätzlich denjenigen, der daraus Rechte herleiten will (Prinzip der objektiven Beweislast).[99]

IV. Mitwirkungspflichten

242 Die Sozialverwaltung ist an das Gesetz gebunden, darf also Leistungen nur bewilligen, wenn es ein Gesetz zulässt (Gesetzesvorbehalt, § 31 SGB I). Um die Tatbestandsvoraussetzungen einer Leistungsnorm prüfen zu können, muss der Leistungsträger daher im Rahmen des Amtsermittlungsgrundsatzes den zugrundeliegenden Sachverhalt ermitteln. Die **Kehrseite des Amtsermittlungsgrundsatzes** stellen die Mitwirkungspflichten der §§ 60 ff. SGB I dar: Zum einen stößt der Träger bei der Sachverhaltsaufklärung an Grenzen, die nur durch die Mithilfe des Leistungsberechtigten überwunden werden können, zum anderen ist die Mitwirkung ein milderes Mitteln gegenüber der Sachverhaltsermittlung durch die Verwaltung. Mitwirkung als auch Amtsermittlung dienen also gleichermaßen der Sachverhaltsaufklärung, die für die Prüfung der Tatbestandsvoraussetzung notwendig ist:

---

97 Vgl. Sommer, Lehrbuch Sozialverwaltungsrecht (2015), S. 152; Plagemann, in: Fichte/Plagemann, Sozialverwaltungsverfahrensrecht, Kap. 2 Rn. 545 f.
98 Eine Glaubhaftmachung reicht zB in den §§ 256 b, 256 c Abs. 3, 259 SGB VI aus.
99 Vgl. Dörr/Francke, Sozialverwaltungsrecht, Kap. 11 Rn. 42.

Kapitel A: Theoretische Grundlagen

Sachverhaltsermittlung	
Amtsermittlungsgrundsatz §§ 20, 21 SGB X	**Mitwirkungspflichten** §§ 60 ff. SGB I
Inhalt: • Verpflichtung der Behörde • Belastendende als auch entlastende Tatsachen sind gleichermaßen zu ermitteln und zu berücksichtigen. • Ermessen bei der Wahl des Mittels • Aber: Verhältnismäßigkeit ist zu beachten (Mittel muss insbesondere erforderlich sein). • Beweismittel nicht abschließend aufgezählt („insbesondere").	Inhalt: • Verpflichtung des Antragstellers • Grundsatz: Angabe von Tatsachen, die für die Leistung von erheblicher Bedeutung sind. • Grenzen der Mitwirkung sind insbesondere dann überschritten, wenn die Mitwirkung nicht mehr verhältnismäßig ist. • Folge fehlender Mitwirkung kann die Versagung der beantragten Leistung sein.

1. Allgemeine Mitwirkungspflichten

Die §§ 60 ff. SGB I benennen verschiedene Mitwirkungspflichten, welche sich an **243** Personen richten, die Sozialleistungen beantragen oder erhalten:

- Es sind alle Tatsachen anzugeben, die für die Leistung erheblich sind. Gegebenenfalls ist der Datenerhebung bei Dritten durch den zuständigen Leistungsträger zuzustimmen (§ 60 Abs. 1 Nr. 1 SGB I).
- Erhebliche Änderungen der zugrundeliegenden Verhältnisse sind unverzüglich mitzuteilen. Unverzüglich bedeutet, dass kein schuldhaftes Zögern (vgl. § 121 Abs. 1 BGB) vorliegt (§ 60 Abs. 1 Nr. 2 SGB I).
- Geeignete Beweismittel sind zu benennen und auf Verlangen des Leistungsträgers auch vorzulegen (§ 60 Abs. 1 Nr. 3 SGB I).
- Auf Verlangen des zuständigen Leistungsträgers muss der Antragsteller zur mündlichen Erörterung des Antrages oder zur Vornahme anderer für die Entscheidung über die Leistung notwendiger Maßnahmen persönlich erscheinen (§ 61 SGB I).
- Auf Verlangen des zuständigen Leistungsträgers muss der Antragsteller sich ärztlichen oder psychologischen Untersuchungen unterziehen, soweit dies für die Entscheidung über die Leistung erforderlich ist (§ 62 SGB I).
- Werden Leistungen wegen Krankheit oder Behinderung beantragt oder bezogen, soll sich auf Verlangen des Leistungsträgers notwendigen Heilbehandlungsmaßnahmen unterzogen werden, wenn dadurch eine Verbesserung des Gesundheitszustandes zu erwarten ist oder eine Verschlechterung verhindert werden kann (§ 63 SGB I).
- Werden Sozialleistungen wegen Minderung der Erwerbsfähigkeit, anerkannten Schädigungsfolgen oder wegen Arbeitslosigkeit beantragt oder bezogen, soll der Betroffene auf Verlangen des Leistungsträgers an Eingliederungsmaßnahmen ins

Arbeitsleben teilnehmen, soweit zu erwarten ist, dass dadurch seine Erwerbs- oder Vermittlungsfähigkeit dauerhaft gefördert oder erhalten wird (§ 64 SGB I).

244 Von der Mitwirkungspflicht wird nur der jeweilige Antragsteller erfasst, dh Dritte sind grundsätzlich nicht betroffen bzw. nur, wenn es dafür eine entsprechende Rechtsnorm gibt.

Beispiel:
In § 117 SGB XII wird eine Auskunftspflicht für Unterhaltspflichtige sowie deren nicht getrennt lebenden Ehe- und Lebenspartner statuiert. Da sie gegebenenfalls für die Kosten nach dem SGB XII herangezogen werden können, kann der Träger der Sozialhilfe Auskunft über die Einkommens- und Vermögensverhältnisse verlangen. In diesem Rahmen haben sie auch Urkunden (beispielsweise Kontoauszüge) vorzulegen.

2. Grenzen der Mitwirkung

245 Die Grenzen der Mitwirkung sind in § 65 SGB I festgehalten und stützen sich maßgeblich auf das **Verhältnismäßigkeitsprinzip**. Getrennt wird nach der Mitwirkung bei Behandlungen und Untersuchungen sowie bei anderen Handlungen. Darüber hinaus enthält § 65 Abs. 3 SGB I ein Mitwirkungsverweigerungsrecht, soweit die Gefahr besteht, aufgrund der Mitwirkung wegen einer Straftat oder einer Ordnungswidrigkeit verfolgt zu werden. Die Behörde hat **von Amts wegen** zu prüfen, ob die geforderte Mitwirkung gegen die Grenzen der Mitwirkung verstößt, da in diesem Falle eine Mitwirkungspflicht erst gar nicht besteht.

246 Soweit die Mitwirkung in einer Behandlung oder Untersuchung besteht, kann diese gem. § 65 Abs. 2 SGB I abgelehnt werden, wenn
- im Einzelfall ein Schaden für Leben oder Gesundheit nicht mit hoher Wahrscheinlichkeit ausgeschlossen werden kann,
- diese mit erheblichen Schmerzen verbunden sind oder
- sie einen erheblichen Eingriff in die körperliche Unversehrtheit bedeuten.

247 Darüber hinaus bestehen gem. § 65 Abs. 1 SGB I keine Mitwirkungspflichten, wenn
- die Erfüllung der Mitwirkungspflichten nicht in einem **angemessenen** Verhältnis zu der in Anspruch genommenen Sozialleistung steht. Zu prüfen ist eine Zweck-Mittel-Relation, also ob die durch die Mitwirkung entstehenden Nachteile in einem ausgewogenen Verhältnis zu den durch die Sozialleistung gewonnenen Vorteile stehen, wobei zB der finanzielle, zeitliche und körperliche Aufwand zu berücksichtigen ist.[100]

   Beispiel:
   Für die Auszahlung einer Sozialleistung von nur sehr geringem Umfang wird die Vorlage einer nur unter erheblichen Kosten und Zeit zu beschaffenden Urkunde verlangt oder es wird das persönliche Erscheinen angeordnet, obwohl es wegen der großen Entfernung eine lange und beschwerliche Anreise bedeutet.[101]

- die Erfüllung dem Betroffenen aus wichtigem Grund **nicht zugemutet** werden kann. Dabei kommt es darauf an, ob es schützenswerte Interessen in der Sphäre des Betroffenen zu berücksichtigen gibt. Sind solche Interessen zu beachten, kann die Erfüllung nur bei Vorliegen schwerwiegender Umstände verlangt werden.

---

100 Vgl. BSG Urt. v. 28.3.2013 – Az. B4 AS 42/12 R, juris Rn. 20.
101 Weitere Beispiele siehe Sichert, in: Hauck/Noftz, SGB I, § 65 Rn. 17.

Beispiel:
Eine alleinerziehende Mutter soll sich gem. § 63 SGB I einer langfristigen Heilbehandlung unterziehen, bei der sie mehrmals die Woche ganztägig nicht zuhause ist und darüber hinaus auch zu Beginn noch vier Wochen an einen Heilaufenthalt in einer weit entfernten Klinik teilnehmen soll. Die 2jährige Tochter könnte in dieser Zeit nicht betreut werden, genauso wenig könnte sie mit in die Klinik. Die Gewährleistung der Betreuung der Tochter wäre ein wichtiger Grund gem. § 65 Abs. 1 Nr. 2 SGB I.

- der Leistungsträger sich die Kenntnisse mit einem **erheblich geringeren Aufwand** als der Antragsteller selbst besorgen kann. Diese Einschränkung bezieht sich erkennbar auf Mitwirkungspflichten aus § 60 Abs. 1 SGB I und beinhaltet auch wieder den Aspekt der Verhältnismäßigkeit. Die bezieht sich beispielsweise auf Urkunden, die der Leistungsträger sich selbst leicht beschaffen kann, ohne dass die Mitwirkungspflicht des Antragstellers dadurch vollständig ausgeschlossen wird.[102]

Beispiel:
Für die Gewährung von Pflegeleistungen nach dem SGB XI sind der Pflegekasse medizinische Befundberichte der behandelnden Ärzte vorzulegen. Diese kann sich die Pflegekasse von dem behandelnden Arzt selbst besorgen, wenn zuvor der Antragsteller den Arzt insoweit von der Schweigepflicht entbunden hat und der Übermittlung zugestimmt hat.

Auf Seiten des Antragstellers sind seine persönlichen Fähigkeiten als auch sein Gesundheitszustand zu berücksichtigen.[103] Auf Seiten des Leistungsträgers sind der Zeit- und Kostenaufwand zu berücksichtigen. Grundsätzlich ist der Leistungsträger jedoch auch dazu verpflichtet im Rahmen der Amtshilfe gem. §§ 3 ff. SGB X die Hilfe anderer Behörden und Leistungsträger in Anspruch zu nehmen.[104]

Der Leistungsträger muss also im Einzelfall abwägen, ob den Grenzen der Mitwirkung überschritten sind. Grundsätzlich muss auch die Mitwirkung verhältnismäßig sein.[105]

3. Folgen fehlender Mitwirkung

Die Folgen fehlender Mitwirkung sind in § 66 SGB I gesetzlich normiert und sollen den Mitwirkungspflichten Durchsetzungskraft verleihen.[106] Die Mitwirkung kann **nicht zwangsweise** durchgesetzt werden, dh weigert sich ein Antragsteller die geforderte Mitwirkungshandlung zu erbringen, kann der Leistungsträger dies nicht mit anderen Mitteln durchsetzen. Gleichwohl kann die verweigerte Mitwirkung zur Folge haben, dass der Sachverhalt nicht weiter aufgeklärt werden kann, obwohl die Behörde im Rahmen der Amtsermittlung nach § 20 SGB X dazu verpflichtet wäre. Ohne den vollständigen und korrekten Sachverhalt kann allerdings nicht geprüft werden, ob die Leistungsvoraussetzungen erfüllt sind. Zu dieser Prüfung ist der Leistungsträger im Rahmen des Gesetzesvorbehalts jedoch gleichfalls verpflichtet.

Dieses Spannungsverhältnis greift § 66 SGB I auf und regelt die Folgen einer Verletzung von Mitwirkungspflichten. So kann der Leistungsträger dann die **Leistung ganz oder teilweise versagen**, wenn durch das Verhalten des Antragstellers die

---
102 Vgl. BSG, FEVS 34, S. 381 ff.
103 In diesem Sinne siehe auch den Bericht des Ausschusses für Arbeit und Sozialordnung, BT-Drs. 7/3786 S. 1, 6.
104 Vgl. Sichert, in: Hauck/Noftz, SGB I, § 65, Rn. 22.
105 Vgl. Papenheim [ua], Verwaltungsrecht für die soziale Praxis, S. 323.
106 Vgl. Kampe, in: Schlegel/Voelzke, jurisPK-SGB I, § 66 Rn. 26.

Sachverhaltsaufklärung erheblich erschwert wird und die Leistungsvoraussetzungen nicht nachgewiesen werden können. Damit wird dem Umstand Rechnung getragen, dass der Antragsteller einer zumutbaren Pflicht nicht nachgekommen ist und damit die Ursache für die nicht mögliche Sachverhaltsaufklärung darstellt. Dem Antragsteller bleibt aber die Möglichkeit die **fehlende Mitwirkung nachzuholen** und damit die Voraussetzungen für den Leistungsbezug nachzuweisen. Wird die Mitwirkung nachgeholt, können bei Vorliegen der Leistungsvoraussetzungen gem. § 66 SGB I die Sozialleistungen auch nachträglich noch (rückwirkend) ganz oder teilweise erbracht werden. Da der Antragsteller es selbst in der Hand hat, seinen Pflichten nachzukommen und damit die Leistung zu erhalten, steht die Versagung der Leistung nicht im Widerspruch zu den Grundsätzen der Verfassung.[107] Gemäß Abs. 3 dürfen die Leistungen allerdings nur versagt oder entzogen werden, wenn der Leistungsberechtigte auf diese Folge schriftlich hingewiesen wurde und er seinen Pflichten innerhalb einer angemessenen Nachfrist nicht nachgekommen ist.

V. Anhörung Beteiligter

251 Vor Erlass eines belastenden Verwaltungsakts, der in die Rechte eines Beteiligten eingreift, muss die Behörde dem Betroffenen die Gelegenheit geben sich zu den **entscheidungserheblichen Tatsachen** zu äußern (§ 24 Abs. 1 SGB X). Damit wird dem einzelnen Betroffenen rechtliches Gehör – abgeleitet aus dem Rechtsstaatsprinzip in Art. 20 Abs. 3 GG[108] – im Verwaltungsverfahren verschafft. Dahinter steht der Grundsatz, dass der Bürger nicht Objekt staatlichen Handelns werden darf, sondern als eigenständiges Rechtssubjekt mit eigenen Rechten gegen Eingriffe des Staates ausgestattet sein muss.[109] Während auf der einen Seite der Bürger so vor überraschenden Entscheidungen des Staates zu seinen Lasten geschützt werden soll[110], dient die Anhörung auf der anderen Seite der Behörde auch zur Sachverhaltsermittlung. Dies gilt für **alle belastenden Entscheidungen** des Staates, also zB wenn bestehende Rechte eingeschränkt oder entzogen werden sollen, Pflichten auferlegt bzw. Leistungen abgelehnt oder ungünstige Ermessensentscheidungen getroffen werden sollen. In Abs. 2 werden hingegen Ausnahmen von der Pflicht zur Anhörung formuliert. So kann eine Anhörung beispielsweise unterbleiben

- wenn wegen einer Gefahr in Verzug eine sofortige Entscheidung notwendig ist, also keine Zeit für eine Anhörung bleibt.
- wenn von den tatsächlichen Angaben eines Beteiligten nicht zu seinen Ungunsten abgewichen werden soll.
- wenn Allgemeinverfügungen oder eine größere Menge gleichartiger Verwaltungsakte erlassen werden sollen.
- wenn bei einkommensabhängigen Leistungen nur eine Anpassung der geänderten Verhältnisse erfolgen soll.

252 **Unterbleibt die Anhörung**, ohne dass ein entsprechender Grund vorliegt, ist der Verwaltungsakt rechtswidrig und daher aufzuheben. Allerdings kann die Anhörung nachgeholt und der Fehler damit geheilt werden (§ 41 Abs. 1 Nr. 3 SGB X).[111] Ist

---

107 Vgl. BSG, NZS 1995, S. 523 ff.
108 Vgl. BSGE 44, S. 207 ff.
109 Grundlegend dazu BVerfGE 101, S. 397 ff.
110 Vgl. Bienert, Zur Anhörungspflicht nach § 24 SGB X und zur Heilung eines Anhörungsmangels nach § 41 Absatz 1 Nr. 3, Abs. 2 SGB X, S. 118.
111 Ausführlich dazu Bienert, aaO, S. 120.

die fehlende Anhörung der Grund dafür, dass der Verwaltungsakt nicht rechtzeitig angefochten wurde, gilt dieses Versäumnis gem. § 41 Abs. 3 S. 1 SGB X nicht als verschuldet und es ist nach § 27 Abs. 1 SGB X die Wiedereinsetzung in den vorigen Stand zu gewähren (siehe unten VIII.). Dadurch soll der Bürger so gestellt werden, als ob die Behörde sich rechtmäßig verhalten hätte, die Frist beginnt also erst mit der Nachholung der Anhörung an zu laufen.

VI. Akteneinsicht durch Beteiligte

Erst die Einsicht in die Behördenakten ermöglicht einen effektiven **Rechtsschutz** und wird daher von Art. 19 Abs. 4 GG erfasst.[112] So hat die Behörde gem. § 25 Abs. 1 SGB X den Beteiligten Einsicht in die das Verfahren betreffenden Akten zu gestatten, soweit deren Kenntnis zur Geltendmachung oder Verteidigung rechtlicher Interessen des Betroffenen erforderlich ist. Darüber hinaus besteht jedoch kein Einsichtsrecht, so dass es nicht möglich ist, außerhalb der Rechtsverfolgung Einblick in Akten zu nehmen.

253

Die Akteneinsicht erfolgt generell bei der Behörde, die die Akten führt, wobei Abschriften und Kopien zulässig sind, ggf. gegen Aufwendungsersatz für die Behörde. Die Verpflichtung zur Akteneinsicht besteht hingegen nicht, soweit wegen **berechtigter Interessen anderer Personen** die Akten oder Informationen daraus geheim gehalten werden müssen. Dies ist dann der Fall, wenn die Akten unter das Sozialgeheimnis gem. § 35 SGB I fallen und es keine Übermittlungsbefugnis gibt.[113] Darüber hinaus sind Interessen persönlicher, wirtschaftlicher und ideeller Art erfasst.[114] Abzuwägen sind das rechtliche Interesse an der Einsichtnahme gegen das berechtigte Interesse Dritter an der Einsichtsverweigerung.[115] Die Verweigerung kann die gesamte Akte, aber auch nur einzelne Teile der Akte erfassen. Wird die Akteneinsicht verweigert ist der Rechtsweg an das Sozialgericht eröffnet, so dass der Anspruch auf Akteneinsicht auf dem Klageweg geltend gemacht werden kann.

Beispiel:
Eine Mutter verlangt Akteneinsicht in die beim Jugendamt geführten Akten, weil ein Informant dem Jugendamt seine Sorge um das Wohl ihres Kindes mitgeteilt hat. Die Mutter möchte gerne wissen, um wen es sich dabei handelt. Eine Einsichtnahme in die Jugendamtsakten kann in diesem Fall zurecht verweigert werden, so dass die Mutter keinen Anspruch auf Akteneinsicht geltend machen kann. Der Akteneinsicht stehen berechtigte Geheimhaltungsinteressen des Informanten gem. § 25 Abs. 3 SGB X iVm § 65 Abs. 1 SGB VIII entgegen. Eine Befugnis zur Übermittlung dieser Daten käme nur ausnahmsweise in Betracht, z. B. wenn ausreichende Anhaltspunkte für die Annahme vorliegen würden, dass der Informant wider besseren Wissens in der Absicht den Ruf der Betroffenen zu schädigen gehandelt oder dies leichtfertig in Kauf genommen hat. (OVG Münster, Beschluss v. 22.02.2021, Az. 12 E 36/20).

VII. Fristen

Die Einhaltung von Fristen ist von entscheidender Bedeutung für die Geltendmachung von rechtlichen Interessen. So sind zB Widerspruch und Klage an Fristen gebunden. Die Berechnung von Fristen erfolgt im Sozialverwaltungsrecht gem. § 26

254

---
112 Vgl. Roller, Probleme der Akteneinsicht im Sozialverwaltungsverfahren, S. 761.
113 Zu eingeschränkten Übermittlungsbefugnissen am Beispiel des § 65 SGB VIII siehe auch Kuchler, „Anvertraute" Sozialdaten und kindbezogener Elternstreit, S. 2321 ff.
114 Raumsauer, in: Kopp/Ramsauer, VwVfG § 29 Rn. 38.
115 Vgl. LSG Berlin-Brandenburg, Beschluss v. 3.11.2011, Az. L 9 KR 272/11 B PKH.

SGB X sowie den §§ 187 bis 193 BGB. **Fristbeginn** ist grundsätzlich der Tag, der auf die Bekanntgabe der Frist erfolgt, soweit dem Betroffenen nicht anderes mitgeteilt wird.

Beispiel:
Ist ein Verwaltungsakt am 11.6.2015 bekanntgeworden, beginnt die Widerspruchsfrist gegen diesen Verwaltungsakt am 12.6.2015.

255 Anderes gilt nur, wenn der Beginn eines Tages für den Anfang einer Frist der maßgebende Zeitpunkt ist – in diesem Falle wird gem. § 187 Abs. 2 BGB der Tag bei der Berechnung der Frist mitgerechnet.

Beispiel:
Gemäß § 188 Abs. 1 SGB V beginnt die Mitgliedschaft mit dem Tag des Beitritts zur Krankenversicherung. Tritt ein Arbeitnehmer am 01.08. um 8 Uhr eine Beschäftigung an, so gilt die Mitgliedschaft bereits ab 0.00 Uhr.

256 Fristen sind begrenzte Zeiträume, dessen Anfang und Ende bestimmt werden können, ohne dabei zwingend zusammenhängend sein zu müssen.[116] Es kann sich dabei um einen bestimmten Zeitraum (01.01. bis 31.12.) oder um einen bestimmbaren Zeitraum (binnen einer Woche, spätestens in einem Monat) handeln. Sind Anfangs- und Endpunkt **unbestimmt** und können auch nicht objektiv festgelegt werden, handelt es sich um keine Frist (unverzüglich, umgehend).

257 Fällt das Ende einer Frist auf einen Samstag, Sonntag oder Feiertag wird das **Fristende** gem. § 26 Abs. 3 SGB X auf den nächsten Werktag verlegt, sofern die Behörde nicht unter Hinweis auf diese Vorschrift einen bestimmten Tag als Ende der Frist mitteilt. Werden **Leistungen** hingegen für einen bestimmten Zeitraum erbracht, so endet die Frist in diesem Fall immer an dem genannten Tag (§ 26 Abs. 4 SGB X).

Beispiel:
Der Bezug von Leistungen nach dem SGB II (ALG II) soll zum 31.3.2018 eingestellt werden. Auch wenn es sich um einen Samstag handelt, endet der Leistungsbezug an diesem Tag und nicht am nächsten Werktag.

258 Bei der Berechnung von Fristen nach Monaten oder Jahren, die nicht zusammenhängend verlaufen brauchen, wird der Monat mit 30 Tagen und das Jahr mit 365 Tagen gerechnet (§ 26 Abs. 1 SGB X iVm § 191 BGB).

Beispiel:
Gemäß §§ 142, 143 SGB III muss für den Bezug von Arbeitslosengeld I innerhalb von einer Rahmenfrist von 2 Jahren mindestens 12 Monate einer versicherungspflichtigen Beschäftigung nachgegangen worden sein. Diese 12 Monate müssen nicht am Stück, sondern können auch gestückelt nachgewiesen werden. So kann ein Arbeitnehmer dieses Jahr durchgehend gearbeitet haben, er kann aber auch 6 Monate gearbeitet haben, um nach einer Pause von 3 Monaten wieder 6 Monate zu arbeiten. Für einen solchen Fall werden die Frist nach § 191 BGB berechnet.

VIII. Widereinsetzung in den vorigen Stand

259 Es wird zwischen gesetzlichen und behördlichen Fristen unterschieden. Während **behördliche Fristen** nach pflichtgemäßem Ermessen von der Behörde festgelegt werden und nach Fristablauf ggf. verlängert werden können, sind **gesetzliche Fristen** durch Rechtsvorschrift statuiert. Für den Fall, dass eine gesetzliche Frist ohne Verschulden des Betroffenen versäumt wurde, ist ihm gem. § 27 Abs. 1 SGB X auf

---

[116] Vgl. BSGE 14, S. 273 ff.

Kapitel A: Theoretische Grundlagen

Antrag Wiedereinsetzung in den vorigen Stand zu gewähren. Die Wiedereinsetzung in den vorigen Stand bewirkt, dass der Betroffene so gestellt wird, als ob die Frist noch nicht abgelaufen ist.

Beispiel:
Verzögert sich die Briefzustellung bei der Post und wird deswegen eine Frist versäumt, so ist Wiedereinsetzung zu gewähren, wenn bei normalem Beförderungsverlauf die Frist hätte eingehalten werden können. (BVerfG, FamRZ 2009, S. 191 f.)

Der **Antrag** auf Wiedereinsetzung ist innerhalb von zwei Wochen, nachdem das Hindernis weggefallen ist, bei der betroffenen Behörde zu stellen und die versäumte Handlung innerhalb der Frist nachzuholen. Ist seit dem Wegfall des Hindernisses mehr als 1 Jahr vergangen, kann die Wiedereinsetzung nicht mehr beantragt werden. Maßgeblich kommt es darauf an, dass **kein Verschulden** des Betroffenen vorliegt. Verschulden ist grundsätzlich dann anzunehmen, wenn nicht mit der Sorgfalt gehandelt wurde, die einem gewissenhaft Handelnden nach den Umständen des Einzelfalls vernünftigerweise zuzumuten gewesen wäre.[117] Dabei sind subjektive Maßstäbe anzulegen, also was dem Einzelnen nach seinen Kenntnissen und Fähigkeiten zumutbar war, ohne die Anforderungen an die Wiedereinsetzung zu überspannen (so sind zB an einen Volljuristen andere Anforderungen zu stellen, als an einen juristischen Laien).[118] 260

Beispiele:
Nicht jede Erkrankung entschuldigt eine Fristversäumung. Die Erkrankung muss so schwer sein, dass der Betroffene außerstande ist, seine Angelegenheiten selbst wahrzunehmen oder einen Dritten hiermit zu beauftragen. (Orientierungssatz BSG, Beschluss v. 25.2.1992, Az. 9 a BVg 10/91, juris).

Ein in der Bundesrepublik Deutschland wohnhafter Ausländer ist im Allgemeinen nicht schon mangels ausreichender Deutschkenntnisse ohne Verschulden verhindert, die einmonatige Berufungsfrist einzuhalten. (Orientierungssatz BSG, Beschluss v. 14.6.1988 Az. 7 BAr 58/88, juris)

Die Wiedereinsetzung in den vorigen Stand darf dem Bürger nicht lediglich deshalb versagt werden, weil er bei vorübergehender Abwesenheit von seiner ständigen Wohnung keine besonderen Vorkehrungen wegen der möglichen Zustellung eines Bußgeldbescheids oder Strafbefehls getroffen hat. Dies gilt auch für einen Urlaub außerhalb der allgemeinen Ferienzeit. (Orientierungssatz BVerfG, Beschluss v. 11.2.1976, Az. 2 BvR 849/75, juris)

IX. Bekanntgabe des Verwaltungsaktes

Ein Verwaltungsakt wird gem. § 39 Abs. 1 SGB X nur wirksam, soweit er dem Betroffenen bekannt gegeben worden ist. Die Bekanntgabe kann mündlich oder schriftlich (Brief/Einschreiben, elektronische Übermittlung, öffentliche Bekanntgabe) erfolgen. Er ist demjenigen bekannt zu geben, für den er bestimmt ist oder der von ihm betroffen ist, kann alternativ aber auch einem Bevollmächtigten bekannt gemacht werden (§ 37 Abs. 1 SGB X). Ab diesem Zeitpunkt entwickelt er gegenüber dem Betroffenen **Wirksamkeit** und kann von diesem angefochten werden. Dazu muss er in den Macht- und Herrschaftsbereich des Empfängers gelangen, so dass dieser Kenntnis von dem Verwaltungsakt nehmen kann (ohne dass es auf die tatsächliche Kenntnis ankommt).[119] Typischerweise gehört der Briefkasten schon zum Herrschaftsbereich des Empfängers, da nur er durch seinen Schlüssel Zugang dazu hat. 261

---

117 Vgl. Mutschler, in: Körner/Leitherer/Muschler/Rolfs, KassKomm-SGB, SGB X, § 27 Rn. 7; Hesse, in: BeckOK, SGB X, § 27 Rn. 8.
118 Dazu auch BSG, Urt. v. 15.8.2000, Az. B 9 VG 1/99 R.
119 Vgl. BSG, Urt. v. 09.04.2014, Az. B 14 AS 46/13 R; BSG, Urt. v. 4.9.2013, Az. B 10 EG 7/12 R.

Daher reicht die **postalische Zustellung** regelmäßig für den Zugang aus. Da bei einer postalischen Zustellung der genaue Zeitpunkt der Zustellung möglicherweise nicht genau festgestellt werden kann, zB wenn der Empfänger im Urlaub ist, fingiert § 37 Abs. 2 SGB X den Zugang für den dritten Tag nach der Aufgabe zur Post. Erfolgt der Zugang tatsächlich später (zB weil die Post wegen eines Streiks nicht zugestellt wird), gilt dies nicht, sondern das tatsächliche Zustellungsdatum. Bestehen Zweifel an der Zustellung gehen diese Zulasten der Behörde, so dass sie im Zweifelsfall nachweisen muss, dass der Zugang tatsächlich erfolgte. Daher muss sie gegebenenfalls auf geeignete Zustellungsmöglichkeiten zurückgreifen, zB den Versand per Einschreiben oder durch förmliche Zustellung.[120] Bei **mündlicher Bekanntgabe** gilt der Verwaltungsakt hingegen als sofort bekanntgegeben, bei förmlicher Zustellung zum Zeitpunkt der Zustellung (mit Zustellungsurkunde) oder bei öffentlicher Bekanntgabe (zB durch Aushang) zwei Wochen nach Bekanntmachung (§ 37 Abs. 4 SGB X). Im Übrigen gilt die Bekanntgabe bei tatsächlicher Kenntnisnahme.

Beispiel:
Für den Fall, dass der Postbote den Empfänger nicht zuhause antrifft, wird ein Einschreiben mit Rückschein bei der Post hinterlegt und der Empfänger erhält eine Benachrichtigung, wo und wann das Einschreiben abgeholt werden kann. Erfolgt die Abholung tatsächlich 2 Tage später (also nach Einwurf der Benachrichtigungskarte in den Briefkasten), so gilt die Bekanntgabe ab diesem Tag. Wird der Brief hingegen gar nicht abgeholt, wurde das Einschreiben nicht bekannt gegeben.

X. Exkurs: Verwaltungsvollstreckung

262 Soweit ein bestehender Verwaltungsakt nicht freiwillig umgesetzt wird, muss er gegebenenfalls zwangsweise durchgesetzt werden. Dies gilt für Verwaltungsakte, die dem Bürger zB einen Anspruch auf eine Geldleistung gewähren, die von der Verwaltung nicht ausgezahlt wird. Ebenso gilt dies aber auch für Verwaltungsakte, die sich gegen den Bürger richten und von der Verwaltung durchgesetzt werden müssen. Soweit der Bürger eine Leistung aus einem begünstigenden Verwaltungsakt von der Verwaltung nicht erhält, hat er nur die Möglichkeit Klage vor dem Sozial- bzw. Verwaltungsgericht zu erheben. Fällt das Gericht dann ein Urteil zu seinen Gunsten, kann sich der Bürger einen sog. **vollstreckbaren Titel** ausstellen lassen, den er durch die befugten Stellen (Gerichtsvollzieher) gegenüber der Verwaltung geltend machen kann. In der Praxis spielt diese Konstellation aber keine nennenswerte Rolle, da die Verwaltung ihre Pflichten aus Verwaltungsakten regelmäßig erfüllt.

263 Auf der anderen Seite kann die Verwaltung jedoch ohne Einschaltung des Gerichts selbst erlassene Verwaltungsakte gegenüber dem Bürger durchsetzen, solange die Vollstreckung nicht durch Einlegung von Widerspruch oder Klage aufgeschoben ist (zur aufschiebenden Wirkung von Widerspruch und Anfechtungsklage vgl. Rn. 416 ff.). So sieht § 66 SGB X vor, dass Sozialleistungsträger Verwaltungsakte selbst durch eigenes Vollstreckungspersonal (Abs. 1) oder entsprechend den Regelungen der Zivilprozessordnung (ZPO) mittels eines Gerichtsvollziehers durchsetzen können (Abs. 4). Die Vollstreckung durch die Sozialleistungsträger erfolgt aufgrund des **Verwaltungsvollstreckungsgesetzes** (VwVG). Das Verwaltungsvollstreckungsgesetz unterscheidet zwischen der Vollstreckung wegen Geldforderungen (§§ 1- 5) oder der Erzwingung von Handlungen, Duldungen oder Unterlassungen (§§ 6–11).

---

[120] Siehe dazu § 37 Abs. 2 S. 3 SGB X: „...im Zweifel hat die Behörde den Zugang des Verwaltungsaktes und den Zeitpunkt des Zugangs nachzuweisen"; dazu auch BSG, FEVS 60, S. 550 ff.

Kapitel A: Theoretische Grundlagen

Für Landesbehörden und Kommunen gelten hingegen die Landesvollstreckungsgesetze.

1. Vollstreckung wegen Geldforderungen

264 Geldforderungen gegen den Schuldner können von den Verwaltungsbehörden im Wege der **Aufrechnung** geltend gemacht werden. So können gem. § 51 Abs. 1 SGB I Ansprüche auf Geldleistungen gegen den Sozialleistungsträger mit Ansprüchen gegen den Berechtigten aufgerechnet werden, sofern diese pfändbar sind.

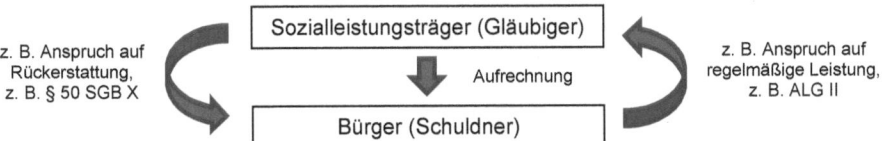

265 Die **Pfändbarkeit** von Ansprüchen richtet sich nach § 54 SGB I. Eine Pfändung ist nur soweit zulässig, als dem Schuldner nach der Pfändung noch ausreichende Mittel verbleiben, um seinen Lebensunterhalt bestreiten zu können. Daher sind bei der Pfändung die Pfändungsfreigrenzen zwingend zu beachten. Diese Pfändungsfreigrenzen sind in den §§ 850 ff. ZPO näher geregelt.

Beispiel:
Aufgrund einer Falschangabe des Nebeneinkommens wurde der alleinstehenden Irmgard (I) ein deutlich zu hohes Arbeitslosengeld I ausgezahlt. Das Jobcenter hebt den Verwaltungsakt auf und verlangt die Erstattung der zu viel gezahlten Beträge gem. § 50 SGB X. Da I noch 6 Monate ALG I bezieht erklärt das Jobcenter gem. § 51 Abs. 1 SGB I iVm § 333 SGB III die Aufrechnung. Nach der erfolgten Aufrechnung erhält I nur noch Leistungen iHv 605,89 Euro ausgezahlt.
Die Aufrechnung ist gem. § 51 Abs. 1 SGB I nur zulässig, soweit die verrechneten Ansprüche nicht pfändbar sind. Die Pfändung von laufenden Geldleistungen richtet sich nach § 54 Abs. 4 SGB I. Danach sind laufenden Geldleistungen wie Arbeitseinkommen pfändbar. Die Pfändbarkeit des Arbeitseinkommens richtet sich nach den Regelungen der ZPO. Gemäß § 850 c Abs. 1 ZPO ist Arbeitseinkommen unpfändbar, wenn es nicht mehr als 1 252,64 Euro (Pfändungsfreigrenzenbekanntmachung 2021 vom 10. Mai 2021 (BGBl. I S. 1099)) monatlich beträgt. Dieser Betrag muss I also mindestens bleiben, eine Pfändung (bzw. eine Aufrechnung) darf erst oberhalb dieses Betrages erfolgen. Da I mit den verbleibenden 605,89 Euro unterhalb der Pfändungsfreigrenze liegt, ist die erfolgte Aufrechnung unzulässig.

266 Soweit keine Ansprüche vorhanden sind, mit denen die Forderungen des Sozialleistungsträgers aufgerechnet werden können, kann die Geldforderung im Rahmen des Verwaltungsvollstreckungsgesetzes geltend machen. Für die Vollstreckung benötigen die Sozialleistungsträger keinen (vollstreckbaren) Titel von einem Gericht, vielmehr können sie durch Vollstreckungsanordnung diese selbst einleiten (§ 3 Abs. 1 VwVG). Bevor ein Sozialleistungsträger die Vollstreckung anordnet, muss der Schuldner mit einer Zahlungsfrist von einer Woche zur Zahlung gemahnt worden sein. Erst nachdem diese Frist verstrichen ist, darf die Vollstreckung eingeleitet werden sein. **Voraussetzungen** für die Einleitung der Vollstreckung sind gem. § 3 Abs. 2 VwVG die Aufforderung des Schuldners zur Leistung (Leistungsbescheid), die Fälligkeit der Leistung sowie der Ablauf einer weiteren Frist von einer Woche seit Bekanntgabe des Leistungsbescheides oder, wenn die Leistung erst danach fällig wird, der Ablauf einer Frist von einer Woche nach Eintritt der Fälligkeit.[121]

---

[121] Ausführlich dazu Dörr/Francke, Sozialverwaltungsrecht, Kap. 11 Rn. 116.

267 Die Durchführung der Vollstreckung richtet sich gem. § 5 VwVG nach den Vorschriften der Abgabenordnung als auch nach Landesrecht. Nach dem **Landesverwaltungsvollstreckungsgesetz** Baden-Württemberg wird beispielsweise die Vollstreckung von einem mit der Vollstreckung beauftragten Bediensteten (Vollstreckungsbeamter) durchgeführt, der durch schriftlichen Auftrag der Vollstreckungsbehörde zur Vollstreckung ermächtigt wird (§ 5 LVwVG Ba-Wü). Darüber hinaus besteht auch die Möglichkeit, Geldforderungen durch einen Gerichtsvollzieher beitreiben zu lassen (§ 15 a LVwVG Ba-Wü). Der Vollstreckungsbeamte ist befugt, die Wohnung des Pflichtigen zu betreten und zu durchsuchen, soweit der Zweck der Vollstreckung dies erfordert (§ 6 LVwVG Ba-Wü). Er kann dabei verschlossene Räume und Behältnisse öffnen oder öffnen lassen. Bei Widerstand gegen die Vollstreckung ist er befugt Gewalt anzuwenden und kann bei Bedarf auch die Polizei hinzuziehen (§ 7 LVwVG Ba-Wü). Über die Vollstreckung ist nachfolgend ein Protokoll anzufertigen (§ 10 LVwVG Ba-Wü). Bei Geldleistungen ist vor der Vollstreckung der Schuldner schriftlich zu mahnen (§ 14 LVwVG Ba-Wü).

2. Erzwingung von Handlungen, Duldungen oder Unterlassungen

268 Soweit einen Verwaltungsakt auf die Herausgabe einer Sache, die Vornahme einer Handlung, Duldung oder Unterlassung gerichtet ist, kann dies mit den in § 9 VwVG genannten Zwangsmitteln durchgesetzt werden. Dabei handelt es sich um die Ersatzvornahme, das Zwangsgeld und die Anwendung unmittelbaren Zwanges. Teilweise gehen speziellere Regelungen zur Durchsetzung der Verwaltungsentscheidung vor. So ist bei versäumten Mitwirkungspflichten nicht die zwangsweise Durchsetzung zu erwägen, vielmehr treten die Folgen fehlender Mitwirkung gem. § 66 SGB I ein, indem zB die Leistung versagt wird. Ebenso gehen die Sanktionen im SGB II der Zwangsvollstreckung vor.

Beispiel:
Der 44jährige Martin (M) bezieht Leistungen nach dem SGB II (ALG II). Im Rahmen seiner Eingliederungsvereinbarung ist er verpflichtet, monatlich 5 Bewerbungen zu schreiben. Aus Bequemlichkeit schreibt er aber zwei Monate hintereinander keine einzige Bewerbung. Die Durchsetzung der Pflichten aus der Eingliederungsvereinbarung erfolgt dann nicht im Rahmen der Verwaltungsvollstreckung, sondern im Rahmen der Sanktionen auf Pflichtverletzungen gem. §§ 31 ff. SGB II, indem ihm ein Teil der Leistungen für einen bestimmten Zeitraum gekürzt werden.

269 Die **Ersatzvornahme** (§ 10 VwVG) richtet sich auf Handlungen, die nicht persönlich von dem Betroffenen vorgenommen werden müssen (sog. vertretbare Handlungen). Für eine solche Handlung beauftragt die Behörde auch einen Dritten, der für den Betroffenen die Handlung erbringt. Die entstandenen Kosten muss der Betroffene übernehmen.

Beispiel:
Adelheid (A) hat einen Arzttermin und parkt – weil sie in Eile ist – auf dem Behindertenparkplatz direkt vor der Praxis. Der vorbeikommende Polizeibeamte Robert (R) lässt den verbotswidrig geparkten Wagen der A von einem Abschleppunternehmen von dem Parkplatz entfernen und den Wagen zur zentralen Sammelstelle bringen. Das Abschleppunternehmen stellt einen Betrag von 250 Euro in Rechnung. (dazu auch BVerwG Urt. v. 18.2.2002 – Az. 3 B 149/01; OVG Hamburg Urt. v. 22.2.2005 – Az. 3 Bf 25/02)

270 **Zwangsgeld** hingegen ist gem. § 11 VwVG dann zu verhängen, wenn die Handlung nur durch den Betroffenen selbst vorgenommen werden kann und er durch das Zwangsgeld zur Durchführung der Handlung angehalten werden soll. Ebenso kann ein Zwangsgeld verhängt werden, wenn bei einer persönlichen Handlung die Ersatzvornahme nicht sinnvoll ist, weil der Betroffene außerstande ist die Kosten für die Ersatzvornahme zu tragen. Die Höhe des Zwangsgeldes beträgt bis zu 25 000 Euro. Das Zwangsgeld hat den Zweck den Willen des Betroffenen zu beugen, ist also keine Strafe! Daher kann das Zwangsgeld auch mehrfach angewendet werden.

Beispiel:
Der 24jährige Harald (H) benutzt den Schwerbehindertenausweis seines verstorbenen Zwillingsbruders, der zur unentgeltlichen Benutzung des öffentlichen Nahverkehrs berechtigt. Das Versorgungsamt verlangt von H die Herausgabe des Schwerbehindertenausweises. Dieser Aufforderung kommt H nicht nach, sondern benutzt weiterhin den Ausweis für Fahrten mit den öffentlichen Verkehrsmitteln. Daraufhin verhängt das Versorgungsamt ein Zwangsgeld in Höhe von 500 Euro, wenn H den Ausweis nicht innerhalb einer Woche an das Versorgungsamt zurückgibt.

Soweit das Zwangsgeld nicht beigetrieben werden kann, ist auch die **Ersatzzwangshaft** nach § 16 VwVG zulässig. Auf diese Möglichkeit muss aber bereits bei der Verhängung des Zwangsgeldes hingewiesen worden sein. Die Ersatzhaft beträgt mindestens einen Tag, höchstens jedoch zwei Wochen. Bei der Anwendung von Verwaltungszwang, insbesondere bei der Anwendung der Ersatzhaft als auch des unmittelbaren Zwanges, ist der Grundsatz der Verhältnismäßigkeit zu beachten. 271

Führen Ersatzvornahme oder Zwangsgeld nicht zum Ziel, kann die Behörde den Betroffenen zur Durchführung zwingen oder die Handlung selbst vornehmen (**unmittelbarer Zwang**, § 12 VwVG). Unmittelbarer Zwang beinhaltet daher den Einsatz von Gewalt und obliegt daher regelmäßig der Polizei oder den Ordnungsämtern. Wird unmittelbarer Zwang ausgeübt, ohne dazu berechtigt zu sein, hat das strafrechtliche Konsequenzen (zB wegen Körperverletzung, Freiheitsberaubung), zivilrechtliche Konsequenzen (zB wegen einem entstandenen Schaden) als auch arbeits- bzw. dienstrechtliche Konsequenzen (zB Abmahnung). Gegen die rechtmäßige Anwendung von unmittelbarem Zwang ist **Widerstand** nicht zulässig (Strafbarkeit nach § 113 StGB; gegen die unzulässige Anwendung von unmittelbarem Zwang ist jedoch Widerstand nicht strafbar). 272

Beispiel:
Elfi (E) arbeitet beim Allgemeinen Sozialen Dienst (ASD) des örtlichen Jugendamtes. Aufgrund einer dringenden Gefahr für das Kindeswohl muss sie den 4jährigen Justin (J) in Obhut nehmen (§ 42 SGB VIII). Da der Vater die Tür nicht öffnet und androht, dass er jeden, der in die Wohnung kommt „eine knallen werde", benachrichtigt E die Polizei, damit diese die Öffnung der Tür als auch die Ruhigstellung des Vaters zwangsweise durchsetzen. Gemäß § 42 Abs. 6 SGB VIII ist der E die Anwendung unmittelbaren Zwanges zur Durchsetzung der Inobhutnahme nicht gestattet, sondern sie muss die dazu befugten Stellen hinzuziehen. Die Polizei ist nach den Polizeigesetzen der Länder befugt, unmittelbaren Zwang auszuüben und könnte daher die Inobhutnahme mit Zwang durchsetzen. Daher wäre der Widerstand des Vaters gegen den Polizeibeamten gem. § 113 StGB strafbar.

Der Einsatz von Zwangsmitteln muss gem. § 13 VwVG **schriftlich angedroht** werden. Zwangsmittel dürfen also nicht sofort angewendet werden. Davon darf nur abgewichen werden, wenn es zur Verhinderung einer rechtswidrigen Tat oder zur Abwendung einer drohenden Gefahr notwendig ist (§ 6 Abs. 2 VwVG; siehe dazu auch das zuvor genannte Beispiel: der Polizist muss zur Abwendung der Gefahr aktiv werden, ohne die Zwangsanwendung zuvor schriftlich androhen zu können). Gleichzeitig ist eine Frist zu bestimmen, innerhalb dessen die geforderten Pflichten nachzuholen sind, bevor die Zwangsmittel angewendet werden. Die Behörde muss das Zwangsmittel **konkret** benennen und darf nicht mehrere Zwangsmittel gleichzeitig androhen. Wird die Ersatzvornahme angedroht, müssen die Kosten für die 273 ersatzweise vorgenommene Handlung vorläufig veranschlagt werden. Zwangsmittel können gem. § 13 Abs. 6 VwVG wiederholt werden, wobei sich sowohl die Beträge erhöhen als auch die Zwangsmittel gewechselt werden dürfen. Gegen die Androhung eines Zwangsmittels sind nach § 18 VwVG die Rechtsmittel zulässig, die gegen den Verwaltungsakt zulässig wären, dessen Durchsetzung erzwungen werden soll.

Kapitel A: Theoretische Grundlagen

Übersicht Sozialverwaltungsverfahren

§ 8 SGB X: Begriff des Sozialverwaltungsverfahrens

Das Verwaltungsverfahren im Sinne dieses Gesetzbuches ist die *nach außen wirkende Tätigkeit der Behörden*, die auf die Prüfung der Voraussetzungen, die *Vorbereitung und den Erlass eines Verwaltungsaktes* oder auf den *Abschluss eines öffentlich-rechtlichen Vertrages* gerichtet ist; es schließt den Erlass des Verwaltungsaktes oder den Abschluss des öffentlich-rechtlichen Vertrags ein.

→

Amtsermittlung:
§§ 20, 21 SGB X

- Die Behörde ermittelt den Sachverhalt (neutral) von Amtswegen.
- Freie Wahl des Beweismittels nach pflichtgemäßem Ermessen, insb. Auskünfte einholen, Anhörung Beteiligter, Urkunden beziehen und Inaugenscheinnahme.
- **Wichtig:** Für den Antragsteller bestehen grds. Mitwirkungspflichten, §§ 60 ff. SGB I. Bei fehlender Mitwirkung kann die Leistung versagt werden.

→

Anhörung:
§ 24 SGB X

- Bei belastenden Verwaltungsakten ist der Betroffene anzuhören.
- Im Ausnahmefall kann die Anhörung unterbleiben, z. B. bei Gefahr in Verzug oder der Anpassung einkommensabhängiger Leistungen.
- Folge fehlender Anhörung: Der Verwaltungsakt ist rechtswidrig und ist aufzuheben.
- **Aber:** Anhörung kann nachgeholt und damit der Fehler geheilt werden (§ 41 Abs. 1 Nr. 3)

→

Akteneinsicht:
§ 25 SGB X

- Soweit es für die Geltendmachung rechtlicher Interessen erforderlich ist, muss von der Behörde Akteneinsicht gewährt werden.
- Ausnahme: die Akten fallen unter das Sozialgeheimnis, ohne dass es eine entsprechende Übermittlungsbefugnis gibt. Daher kann auch nur Einblick in einen Teil der Akte gewährt werden.
- Die Verweigerung der Akteneinsicht eröffnet den Klageweg.

→

Fristen:
§ 26 SGB X

- Fristen sind einzuhalten, da sonst rechtliche Interessen nicht mehr geltend gemacht werden können.
- Unterscheidung zwischen gesetzlichen und behördlichen Fristen.
- Fristbeginn an dem Tag, der auf die Bekanntgabe folgt. Ausnahmen, sind möglich.
- Fällt das Ende der Frist auf das Wochenende oder einen Feiertag, ist das Fristende am folgenden Werktag.

→

Wiedereinsetzung:
§§ 27 SGB X

- Wird eine gesetzliche Frist ohne Verschulden des Betroffenen versäumt ist auf Antrag Wiedereinsetzung in den vorigen Stand möglich.
- Verschulden liegt vor, wenn nicht mit der notwendigen Sorgfalt gehandelt wurde.
- Der Betroffene wird so gestellt, als ob die Frist noch nicht abgelaufen wäre.
- Antrag muss innerhalb von zwei Wochen nach Wegfall des Hindernisses gestellt werden.

274

275

Ablauf Sozialverwaltungsverfahren

Ablauf Sozialverwaltungsverfahren

Verfahrensbeginn	Verfahrensablauf	Entscheidung	Widerspruch	Klage
Beachtung von Rechten und Pflichten der Beteiligten! **1. Zuständigkeit** §§ 18-29 SGB I **2. Verfahrenseinleitung** § 18 SGB X • nach Ermessen von Amts wegen • auf Antrag **3. Informations- und Beratungspflichten** §§ 13-17 SGB I	**1. Ermittlung des Sachverhalts** • Amtsermittlung, §§ 20, 21 SGB X • Mitwirkungspflichten, § 21 Abs. 2 SGB X i. V. m. §§ 60 ff. SGB I **2. Anhörungs- und Akteneinsichtsrecht** §§ 24, 25 SGB X **3. Sozialdatenschutz** § 35 SGB I i. V. m. §§ 67 ff. SGB X **4. Rechtmäßigkeits-Anforderungen** • Gesetzesmäßigkeitsgrundsatz: Art. 20 Abs. 3 GG • Pflichtgemäßes Ermessen, § 39 Abs. 1 SGB I • Verhältnismäßigkeit	i. d. R. in Form eines Verwaltungsaktes: • begünstigend ☺ • belastend ☹ (nachfolgend Möglichkeit Widerspruch einzulegen **Anforderungen an den VA** 1. Inhaltliche Bestimmtheit § 33 Abs. 1, Abs. 3 SGB X 2. Form des VA § 33 Abs. 2 SGB X 3. Begründung § 35 Abs. 1 SGB X 4. Rechtsbehelfsbelehrung § 36 SGB X 5. Bekanntgabe §§ 37, 39 SGB X Wird kein Widerspruch eingelegt, endet das Verfahren. **Andere Beendigungsgründe:** Rücknahme des Antrages, Erledigung, Einstellung	Für das Sozialrecht (§§ 62 SGB X i. V. m. § 51 SGG): §§ 78 Abs. 1, 83 ff. SGG u. im Übrigen SGB X **§ 84 Abs. 1 S. 1 SGG** • Frist: ein Monat nach Bekanntgabe • Form: schriftlich oder zur Niederschrift • Zuständige Stelle: Ausgangsbehörde **§ 86 a Abs. 1 SGG** Wirkung: aufschiebend = Vollzug ist gehemmt **§ 64 SGB X** Kosten: Kostenfreiheit (für anwaltliche Beratung, Vertretung: Beratungshilfe) **Bedeutung:** Selbstkontrolle, Entlastung der Gerichte, weitere Kontrollinstanz **Beendigung:** • Abhilfebescheid ☺ • Widerspruchsbescheid ☹, nachfolgend Möglichkeit Klage zu erheben.	Für das Sozialrecht mit Ausnahme SGB VIII (§ 40 Abs. 1 S. 1 VwGO i. V. m. § 51 SGG): §§ 87 ff. SGG **§ 90 SGG** • Frist: ein Monat nach Bekanntgabe • Form: schriftlich oder zur Niederschrift • Zuständige Stelle: Sozialgericht **§ 183 S. 1 SGG** Kostenfreiheit (für anwaltliche Beratung, Vertretung: PKH) Klage zur 1. Instanz = Sozialgericht Klage zur 2. Instanz = Berufungsinstanz = Landessozialgericht Klage zur 3. Instanz = Revisionsinstanz = Bundessozialgericht **Beendigung** durch richterliche Entscheidung (z.B. Urteil)

Sozialverwaltungsverfahren — Klageverfahren

Kapitel B: Fälle und Übungen

I. Aufgaben

Lösen Sie die folgenden Fragen ggf. anhand der genannten Normen.

Frage:	Lösungshinweis:
1. Inwieweit muss die Behörde einen Sachverhalt aufklären? Welche Mittel hat Sie dazu? Was bedeuten die Begriffe „insbesondere" und „erforderlich"?	§§ 20 Abs. 1, 21 Abs. 1 SGB X
2. Unter welchen Voraussetzungen führt fehlende Mitwirkung üblicherweise zur Versagung der Leistung?	§ 66 Abs. 1 und 3 SGB I
3. Wann „endet" die Mitwirkungspflicht?	§ 65 SGB I
4. Der 35-jährige Maurer Manni (M) beantragt Arbeitslosengeld II bei dem zuständigen Jobcenter. Dabei gibt er an, dass er keinerlei Einkommen und Vermögen hat. Zwei Wochen später bekommt seine Fallmanagerin Fiona (F) einen anonymen Hinweis, dass der M „gelegentlich irgendwo schwarz auf dem Bau arbeiten soll". Muss F diesem Hinweis nachgehen?	§ 20 Abs. 1 SGB X
5. F möchte den M (Aufgabe 4) „überführen" und überlegt sich, den Arbeitslosen Achim (A) auf den M anzusetzen, um diesen den ganzen Tag über zu beschatten. Da der A „jede Menge Zeit habe", könne man dies ja auch einige Wochen „durchziehen". Ist dies zulässig?	§ 21 Abs. 1 SGB X
6. Albert (A) bezieht seit 4 Monaten Arbeitslosengeld II vom Jobcenter. Durch Zeitungen austragen verdient er sich ab diesem Monat ein kleines Einkommen iHv 150 Euro monatlich dazu. Zwei Monate später erhält er einen Anpassungsbescheid des Jobcenters. Er soll die überzahlten Beträge mit sofortiger Wirkung zurückzahlen, es wird die Aufrechnung gem. § 43 SGB II erklärt. Ist das Vorgehen des Fallmanagers zulässig?	§ 24 Abs. 2 Nr. 5 SGB X

Frage:	Lösungshinweis:
7. Viktor (V) ist Vater der 8jährigen Tochter Trude (T). Beim Jugendamt geht der Hinweis ein, der Vater würde seine Tochter körperlich misshandeln, woraufhin das Jugendamt mit dem Vater einen Gesprächstermin vereinbaren und mit der Tochter T sprechen möchte. V ist aufgebracht und hält dies für eine böse Verleumdung des Nachbarn Albert (A). Daraufhin beantragt er beim Jugendamt Einsicht in die Akten, um den Namen des Informanden zu erfahren. Muss das Jugendamt Akteneinsicht gewähren? Würde es etwas ändern, wenn das Jugendamt sofort reagiert und die T in Obhut genommen hätte?	§ 25 Abs. 1 und 3 SGB X
8. Marlies (M) ist Mutter der neugeborenen Tochter Beate (B). Sie lebt mit ihrem Ehepartner Ludwig (L) zusammen, der Volljurist ist und bei der Schuldnerberatung arbeitet. M möchte einen Antrag auf Elterngeld stellen und fragt L, ob dabei Fristen zu beachten seien. Dies verneint L. So stellt die M erst 5 Monate nach der Geburt von B einen Antrag auf Elterngeld. Nach § 7 Abs. 1 S. 2 BEEG kann Elterngeld jedoch nur 3 Monate rückwirkend geleistet werden. M möchte jedoch für die kompletten 5 Monate Elterngeld erhalten. Ist dies möglich?	§ 27 Abs. 1 SGB X sowie BSG, NZS 2009, 175 f.

II. Lösungen

Zu Frage 1:
Inwieweit muss die Behörde den Sachverhalt aufklären?

277 Die Behörde hat den Sachverhalt von Amts wegen zu ermitteln. Dies entspricht auch dem Gesetzmäßigkeitsprinzip der Verwaltung, da sich die Verwaltung bei Eingriffen und Leistungen davon überzeugen muss, dass sie nicht gegen den Gesetzesvorrang („kein Handeln gegen Gesetz") oder den Gesetzesvorbehalt („kein Handeln ohne Gesetz") verstößt. Daher hat sie neutral alle bedeutsamen Umstände zu berücksichtigen, auch wenn sie begünstigend bzw. vorteilhaft für den Betroffenen sind. Sie bestimmt selbst Art und Umfang der Ermittlungen nach pflichtgemäßem Ermessen (vgl. § 39 SGB I), soweit sie diese für erforderlich hält. Der Katalog in § 21 Abs. 1 SGB X ist hingegen nicht abschließend („insbesondere"), so dass sich die Behörde auch für andere geeignete Untersuchungsmaßnahmen entscheiden kann. Genannt sind jedoch in § 21 Abs. 1 SGB X die Möglichkeiten Auskünfte jeder Art einzuholen, Beteiligte anzuhören und Zeugen/Sachverständige zu vernehmen, Urkunden und Akten beizuziehen sowie den Augenschein einzunehmen. Erforderlich ist eine Maßnahme jedoch nur, soweit der Behörde nicht eine andere Möglichkeit zur Verfügung steht, um an diese Information zu gelangen, und die für den Betroffenen weniger belastend, aber gleichfalls geeignet ist in vollem Umfang den Beweis führen zu können.

Zu Frage 2:
Versagung der Leistung wegen fehlender Mitwirkung?

Grundsätzlich gilt im Sozialverwaltungsverfahren der Grundsatz der objektiven Beweislast, dh die Nichtbeweisbarkeit einer Tatsache geht zulasten desjenigen, der sie geltend macht. Wird also vom Antragsteller behauptet, die Leistungsvoraussetzungen zu erfüllen, geht es zu seinen Lasten, wenn dies nicht nachweisbar ist. Entsprechendes regelt auch § 66 SGB I: Wird durch die fehlende Mitwirkung die Sachverhaltsaufklärung erheblich erschwert, kann die Leistung bis zur Nachholung der Mitwirkung ganz oder teilweise versagt werden. Daher handelt es sich wegen der möglichen Nachholung auch nur um eine vorläufige Maßnahme, die durch das Nachholen der Mitwirkungshandlung revidiert werden kann. Die Leistung darf nur versagt oder entzogen werden, wenn auf diese Folgen zuvor vom Leistungsträger hingewiesen und dem Antragsteller eine angemessene Frist zur Nachholung seiner Mitwirkung gesetzt wurde.

Zu Frage 3:
Wann „endet" die Mitwirkungspflicht?

Die Grenzen der Mitwirkungspflicht werden in § 65 SGB I erfasst. Getrennt wird nach Grenzen bei Behandlungen und Untersuchungen (Abs. 2) und Grenzen bei allgemeinen Mitwirkungspflichten (Abs. 1). Die Mitwirkungspflichten bestehen gem. Abs. 1 nicht, soweit sie nicht in angemessenem Verhältnis zu der in Anspruch genommenen Leistung stehen, ihre Erfüllung dem Betroffenen aus einem wichtigen Grund nicht zugemutet werden kann oder der Leistungsträger sich durch einen geringeren Aufwand als der Antragsteller die erforderlichen Kenntnisse selbst beschaffen kann. Bei Untersuchungen und Behandlungen hingegen besteht keine Mitwirkungspflicht gem. § 65 Abs. 2 SGB X, sofern im Einzelfall ein Schaden für Leben oder Gesundheit mit hoher Wahrscheinlichkeit nicht ausgeschlossen werden kann, es mit erheblichen Schmerzen verbunden wäre oder einen erheblichen Eingriff in die körperliche Unversehrtheit verbunden wäre.

Zu Frage 4:
Muss F dem Hinweis nachgehen?

Grundsätzlich ist diesem Hinweis nachzugehen, da in Hinblick auf den Gesetzesvorbehalt das Vorliegen aller Leistungsvoraussetzungen von Amts wegen zu prüfen ist. Dabei kommt es nicht darauf an, ob es sich um einen anonymen Hinweis handelt, sondern dass der Hinweis hinreichend substantiiert erscheint. Je konkreter die Angaben sind, auch wenn sie von einem anonymen Hinweisgeber kommen, desto mehr muss von einer hinreichenden Substanz ausgegangen werden.

Zu Frage 5:
Ist es zulässig den M „beschatten" zu lassen?

Gemäß § 21 Abs. 1 SGB X bedient sich die Behörde der Beweismittel, die sie nach pflichtgemäßem Ermessen zur Ermittlung des Sachverhalts für erforderlich hält. Die pflichtgemäße Ausübung des Ermessens setzt gem. § 39 Abs. 1 SGB I voraus, dass sie dem Zweck der Ermächtigung entsprechend ausgeübt wird. Zweck der Ermächtigung in § 21 SGB X ist die Aufklärung des Sachverhalts, insoweit ist die Aufklärung mit dieser Intention zulässig. Dabei sind aber die Grenzen der Verhältnismäßigkeit zu beachten. Die Beschattung müsste daher **geeignet** sein, den Sachverhalt zu klären. Durch eine lückenlose Beschattung erfährt F, ob M zwischendurch das Haus verlässt und einer Beschäftigung auf dem Bau nachgeht. Daher kann mit der Beschattung das Ziel der Sachverhaltsaufklärung erreicht werden. Darüber hinaus muss das gewählte Mittel **erforderlich** sein. Es darf also kein alternatives Mittel, das gleichermaßen (sicher) den Sachverhalt aufklären würde, zur Verfügung stehen, und das dabei weniger in die Rechte (hier insbesondere die Persönlichkeitsrechte des M) eingreifen würde. Insbesondere das Einholen von Auskünften (§ 21 Abs. 1 Nr. 1 SGB X) oder die Anhörung von Beteiligten usw (§ 21 Abs. 1 Nr. 2 SGB X) wären mildere Mittel (sofern sie gleichermaßen geeignet wären). Soweit die Maßnahme erforderlich ist, muss sie jedoch gleichfalls auch **angemessen** sein. Dabei darf die Beeinträchtigung nicht außer Verhältnis zum verfolgten Zweck stehen. Vor dem Hintergrund der Schwere des Eingriffs in die Persönlichkeitsrechte für den Zweck der Gewinnung von Informationen, die ggf. nur einen Leistungsmissbrauch belegen können, ist diese Maßnahme nicht angemessen und damit unverhältnismäßig. F darf den M daher nicht beschatten lassen.

Zu Frage 6:
Ist das Vorgehen des Fallmanagers zulässig?

282 Grundsätzlich ist bei belastenden Verwaltungsakten dem Beteiligten vor Erlass gem. § 24 Abs. 1 SGB X die Möglichkeit zu geben, zu den entscheidungserheblichen Tatsachen Stellung zu nehmen. Ein Anpassungsbescheid, der die zu zahlenden Leistung verringert, stellt einen Eingriff in die Rechte des Beteiligten A dar. Entsprechend müsste ihm Gelegenheit zur Äußerung gegeben werden, sofern nicht eine Ausnahme nach § 24 Abs. 2 SGB X zum Tragen kommt. Eine solche könnte gemäß Nr. 5 gegeben sein, wenn einkommensabhängige Leistungen den geänderten Verhältnissen angepasst werden sollen. Das Arbeitslosengeld II stellt eine einkommensabhängige Leistung dar. Durch die Aufnahme einer (geringfügigen) Erwerbstätigkeit haben sich die Einkommensverhältnisse von A geändert. Daher wird durch den Anpassungsbescheid nur die Leistung an die neue Einkommenssituation angepasst, so dass von der Anhörung abgesehen werden kann. Für den Fall, dass von der Anhörung nicht abgesehen werden kann, besteht aber darüber hinaus immer auch die Möglichkeit durch die Nachholung der Anhörung den Fehler zu heilen, vgl. § 41 Abs. 1 Nr. 3 SGB X.

Zu Frage 7:
Muss Akteneinsicht gewährt werden?

283 Soweit die Kenntnis für die Geltendmachung oder Verteidigung rechtlicher Interessen erforderlich ist, kann V als Beteiligtem gem. § 25 Abs. 1 SGB X die Einsicht in die das Verfahren betreffenden Akten gewährt werden. Zu diesem Zeitpunkt nimmt das Jugendamt seine Untersuchungspflicht aus §§ 20, 21 SGB X wahr, um die Gefährdungseinschätzung gem. § 8a Abs. 1 SGB VIII durchführen zu können. Durch diese reine Ermittlungstätigkeit ist der V noch nicht in seinen rechtlichen Interessen verletzt, so dass eine Akteneinsicht nicht möglich wäre. Anders wäre es jedoch, wenn seine Tochter in Obhut genommen worden wäre. Dies stellt einen Eingriff in seine Elternrechte aus den §§ 1626 ff. BGB dar, so dass die Akteneinsicht hier zur Verfolgung rechtlicher Interessen erforderlich sein könnte. Dabei geht es dem V allerdings nicht um die Verfolgung rechtlicher Interessen, sondern vielmehr nur um den Namen des Informanden. Die Geheimhaltung des Informanden ist regelmäßig auch in dessen Interesse, da ansonsten Auseinandersetzungen mit dem Betroffenen zu

befürchten wären. Darüber hinaus hat auch das Jugendamt als Beteiligter Interesse an der Geheimhaltung, da ansonsten die Bereitschaft sinken würden, mögliche Kindeswohlgefährdungen an das Jugendamt zu melden. Abzuwägen ist daher zwischen dem Geheimhaltungsinteresse und dem Informationsinteresse. Soweit kein Anhaltspunkt besteht, dass der Informant wider besserem Wissen oder leichtfertig falsche Behauptungen aufgestellt hat, überwiegt das Geheimhaltungsinteresse (ausführlich dazu siehe BVerwGE 119, S. 11 ff.). Daher besteht nur ein Anspruch auf Akteneinsicht, als der Name des Informanden unkenntlich gemacht wurde. Entweder sind nur Teile der Akte zugänglich zu machen oder die Namen entsprechend zu schwärzen.

Zu Frage 8:
Kann M die Nachzahlung des Elterngeldes verlangen?

Gemäß § 7 Abs. 1 S. 2 BEEG kann Elterngeld nur 3 Monate rückwirkend gestellt werden. Da seit der Geburt des Kindes zwischenzeitlich 5 Monate verstrichen sind, ist für die ersten 2 Monate die Frist für einen Antrag auf Elterngeld verstrichen, so dass sie für diesen Zeitraum kein Elterngeld bekommt. Der Anspruch ist also insoweit verfallen. Anders wäre es nur, wenn sie gem. § 27 Abs. 1 SGB X ohne Verschulden gehindert war, eine gesetzliche Frist einzuhalten. Schuldhaft handelt, wer die im Verkehr erforderliche Sorgfalt außer Acht lässt, die ihm den Umständen nach zuzumuten war. Fraglich ist daher, ob es sorgfaltswidrig war den Ehegatten L zu fragen und sich auf dessen Antwort zu verlassen. Gegenüber der M als Laien erschien L als Volljurist für diese Frage kompetent. Für sie war nicht erkennbar bzw. ergaben sich keine Zweifel, dass diese Aussage falsch gewesen sein könnte. Vielmehr durfte sie sich darauf verlassen, dass sich der L wegen der emotionalen (ehelichen) Verbundenheit verantwortungsvoll verhält. Darüber hinaus war der Beitrag des Elterngeldes zum ehelichen Einkommen auch für ihn relevant. Weitergehende Nachforschung waren ihr daher nicht zuzumuten. Nach alledem handelte die M nicht schuldhaft, als sie sich auf die Aussage des L verließ. Dies war kausal dafür, dass sie den Antrag nicht fristgerecht stellte. Auf Antrag ist ihr daher Wiedereinsetzung in den vorigen Stand gem. § 27 Abs. 1 SGB X zu gewähren (ausführlich dazu BSG, NZS 2009, 175 f.).

284

Teil VI: Sozialdatenschutz

Kapitel A: Theoretische Grundlagen

I. Einleitung

285 Wie viele andere Professionen auch unterliegt die Soziale Arbeit besonderen Anforderungen an den **Vertrauensschutz**. In der Kinder- und Jugendhilfe ist beispielsweise erzieherische Hilfe regelmäßig nur dann möglich, wenn ein stabiles Vertrauensverhältnis zum Klienten besteht. Darüber hinaus sind in der Sozialen Arbeit tätige Personen häufig wichtige Ansprechpartner für familiäre und sonstige Probleme. Dieser wichtige Zugang zum Klienten bedarf – ebenso wie bei anderen Berufsgruppen wie zB Ärzten und Therapeuten – eines besonderen Schutzes. Gerade weil innerhalb der Sozialen Arbeit häufig der Zugang zu besonders sensiblen Daten möglich ist, muss daher der Schutz dieser Daten gewährleistet werden. Datenschutz stellt aber gleichwohl nur einen Baustein im Rahmen des Vertrauensschutzes dar – einen anderen Teil stellen die strafrechtliche Schweigepflicht (siehe Exkurs VII.), die Anzeigepflicht oder das Zeugnisverweigerungsrecht dar:

Datenschutz	Schweigepflicht
„Dürfen personenbezogene (Sozial-) Daten weitergegeben werden?"	„Dürfen anvertraute Geheimnisse weitergegeben werden?"

⇩   ⇩

Schweigen in der Sozialen Arbeit / Vertrauensschutz

⇧   ⇧

Zeugnisverweigerung	Anzeigepflicht
„Darf man vor Gericht schweigen?"	„Müssen Straftaten angezeigt werden?"

286 Datenschutz ist ein **Sammelbegriff für alle gesetzlichen Regelungen**, die das Recht auf informationelle Selbstbestimmung gewährleisten sollen. Informationelle Selbstbestimmung bedeutet die Befugnis des Einzelnen, grundsätzlich selbst zu entscheiden, wann und innerhalb welcher Grenzen persönliche Lebenssachverhalte offenbart werden. Der Mensch darf nicht zum „Objekt" des Staates werden, daher darf er nicht in seiner ganzen Persönlichkeit „registriert und katalogisiert" werden[122]. Datenschutzrechtliche Regelungen finden sich neben dem SGB I und SGB X auch im Bundesdatenschutzgesetz oder in den Landesdatenschutzgesetzen sowie der EU-Datenschutz Grundverordnung (siehe Rn. 285a). Die Verpflichtung zum Datenschutz kann sich aber auch direkt aus einem Vertrag als **vertragliche Nebenpflicht** ergeben:

---

[122] Vgl. BVerfGE 6, S. 32, 41.

Kapitel A: Theoretische Grundlagen

EU-Datenschutz Grundverordnung
• Unmittelbare Geltung in den Mitgliedsstaaten seit dem 25.05.2018. • Adressat: Öffentliche und nichtöffentliche Stellen. • Anwendungsvorrang vor nationalen Datenschutzregeln.

Bundesdaten-schutzgesetz	Landesdaten-schutzgesetze	Sozialdatenschutz SGB I, X, bes. Teile
Adressat: Behörden des Bundes und des Landes (soweit sie Aufgaben des Bundes ausführen und der Datenschutz nicht durch Landesrecht geregelt ist) sowie nichtöffentliche Stellen, z. B. Unternehmen, freie Träger (§ 1 Abs. 1 BDSG).	**Adressat:** Behörden und sonstige öffentliche Stellen des Landes, der Gemeinden und Gemeindeverbände sowie nichtöffentliche Stellen, die hoheitliche Aufgaben der öffentlichen Verwaltung wahrnehmen (z. B. § 2 Abs. 1 LDSG Ba-Wü, § 3 DSG LSA, § 3 Abs. 1 LDSG SH).	**Adressat:** Sozialleistungsträger (§ 35 Abs. 1 SGB I). Freie Träger nur soweit vom öffentlichen Träger in Anspruch genommen und eine Datenschutzvereinbarung geschlossen wurde (z. B. § 61 Abs. 3 SGB VIII, § 21 Abs. 1 Nr. 5 SGB IX).

287 Sensible persönliche Daten des Bürgers darf die Verwaltung nicht ohne eine entsprechende Ermächtigung abverlangen. Demgegenüber obliegt es dem einzelnen Bürger, inwieweit er Daten selbst offenbart, zB in sozialen Netzwerken im Internet. Ebenso obliegt dem Bürger die Entscheidung, mittels einer entsprechenden Einwilligung gegenüber dem Empfänger der Daten, deren Verwendung und Übermittlung zu gestatten.

288 Mit Wirkung zum 25.5.2018 tritt darüber hinaus die **EU-Datenschutz-Grundverordnung**[123] (DSGVO) als unmittelbar geltendes Recht in Deutschland in Kraft und hat gegenüber dem nationalen Datenschutzrecht Anwendungsvorrang[124]. Die Verordnung soll gewährleisten, dass natürlichen Personen „*Grundrechte und Grundfreiheiten und insbesondere ihr Recht auf Schutz personenbezogener Daten ungeachtet ihrer Staatsangehörigkeit oder ihres Aufenthaltsorts gewahrt bleiben*"[125] und statuiert im Kapitel 3 (Art. 12–23) daher insbesondere Rechte der betroffenen Personen, zB die Informationspflicht und Recht auf Auskunft zu personenbezogenen Daten, das Recht auf Berichtigung und Löschung („Recht auf Vergessenwerden") oder das Widerspruchsrecht. Anwendbar ist die DSGVO gemäß Art. 2, sofern es sich um ganz oder teilweise automatisierte Datenverarbeitungsprozesse personenbezogener Daten handelt. Keine Anwendung findet die DSGVO jedoch nach Abs. 2, wenn

- es sich nicht um Tätigkeiten handelt, auf die das Recht der europäischen Union anwendbar ist, oder
- es sich um rein persönliche oder familiäre Tätigkeiten handelt, oder

---

[123] VERORDNUNG (EU) 2016/679 DES EUROPÄISCHEN PARLAMENTS UND DES RATES vom 27. April 2016 zum Schutz natürlicher Personen bei der Verarbeitung personenbezogener Daten, zum freien Datenverkehr und zur Aufhebung der Richtlinie 95/46/EG.
[124] Ausführlich dazu Roßnagel, Gesetzgebung im Rahmen der Datenschutz-Grundverordnung, S. 277.
[125] Amtsblatt der Europäischen Union, Drs. L 119 v. 4.5.2016, S. 1.

- die zuständigen Behörden zum Zwecke der Strafverfolgung, Strafvollstreckung oder zum Schutz vor Gefahren für die öffentliche Sicherheit tätig werden.

Zwar unterliegt das Sozialrecht nur teilweise der Anwendungsbereich des Rechts der europäischen Union[126], jedoch wird die Anwendbarkeit der DSGVO im Sozialdatenschutz durch § 35 Abs. 2 S. 2 SGB hergestellt, soweit im SGB im Einzelfall keine abweichende Regelung normiert ist. Damit wird sichergestellt, dass auch im Sozialdatenschutz eine einheitliche Regelungssystematik besteht.[127] Der Gesetzgeber hat die nationale Rechtslage weitgehend angepasst, so dass der Sozialdatenschutz im SGB I und X ab dem 25.5.2018 erheblich verändert wurde.[128] Die einzelnen Normen des SGB X verweisen nach der Gesetzesänderung nun häufig auf die DSGVO.

II. Grundsätze

289 Seit 1983 ist der Datenschutz durch das **Recht auf informationelle Selbstbestimmung** nach der Rechtsprechung des Bundesverfassungsgerichts[129] wesentlicher Bestandteil des durch das Grundgesetz geschützten Persönlichkeitsrechts aus Art. 2 Abs. 1 GG. Seither prägen den Datenschutz verschiedene Verarbeitungsgrundsätze, die zuerst vom Bundesverfassungsgericht 1983 formuliert und in Art. 5 DSGVO in Hinblick auf die Datenverarbeitung fortgeführt und weiterentwickelt wurden. Die Verarbeitungsgrundsätze sind bei allen Verarbeitungsvorgängen personenbezogener Daten im Anwendungsbereich der DSGVO zu beachten.[130]

1. Rechtmäßigkeit und Transparenz

290 Bei der Datenverarbeitung ist immer zu beachten, dass für die Datenverarbeitung eine Rechtsgrundlage benötigt wird, da die Verarbeitung von personenbezogenen Daten grundsätzlich einem Verbot mit Erlaubnisvorbehalt unterliegt (d. h. die Datenverarbeitung ist grundsätzlich verboten, soweit keine ausdrückliche Erlaubnis vorliegt). Rechtmäßig ist die Datenverarbeitung, wenn gem. Art. 6 Abs. 1 DSGVO

- die betroffene Person in die Datenverarbeitung ausdrücklich eingewilligt hat oder
- die Datenverarbeitung für die Erfüllung eines Vertrages, den die betroffene Person geschlossene, erforderlich ist oder
- die Verarbeitung zur Erfüllung einer rechtlichen Verpflichtung des „Verantwortlichen" erforderlich ist oder
- die Verarbeitung zum Schutz lebenswichtige Interessen der getroffenen Personen oder einer anderen natürlichen Person erforderlich ist oder
- die Verarbeitung zur Wahrung berechtigter Interessen des Verantwortlichen erforderlich ist, ohne dass Interessen der betroffenen Person dem entgegenstehen.

Ohne Vorliegen eines Rechtmäßigkeitsgrundes ist die Datenverarbeitung rechtswidrig und daher unzulässig. Transparenz wird darüber hinaus dadurch hergestellt, dass

---

126 Ausführlich dazu Patjens, Förderrechtsverhältnisse im Kinder- und Jugendhilferecht, S. 190 ff.
127 Vgl. Deutscher Bundestag, Drucksache 18/12611, S. 97.
128 Ausführlich dazu Kunkel, Sozialdatenschutz nach EU-Datenschutzgrundverordnung und Anpassungsgesetz, S. 443 ff.
129 Dabei handelt es sich um die Grundsätze der Direkterhebung, Datensparsamkeit, Datenvermeidung, Transparenz, Zweckbindung und Erforderlichkeit, vgl. BVerfGE 65, S. 1.
130 Vgl. EuGH, Entscheidung v. 13.05.2014, Google Spain, Az. C-131/12, Erwägungsgrund 71.

die betroffene Person über die Datenerhebung und -verarbeitung im Einzelnen hinreichend informiert wird:

> „Für natürliche Personen sollte Transparenz dahingehend bestehen, dass sie betreffende personenbezogene Daten erhoben, verwendet, eingesehen oder anderweitig verarbeitet werden und in welchem Umfang die personenbezogenen Daten verarbeitet werden und künftig noch verarbeitet werden. Der Grundsatz der Transparenz setzt voraus, dass alle Informationen und Mitteilungen zur Verarbeitung dieser personenbezogenen Daten leicht zugänglich und verständlich und in klarer und einfacher Sprache abgefasst sind. Dieser Grundsatz betrifft insbesondere die Informationen über die Identität des Verantwortlichen und die Zwecke der Verarbeitung und sonstige Informationen, die eine faire und transparente Verarbeitung im Hinblick auf die betroffenen natürlichen Personen gewährleisten, sowie deren Recht, eine Bestätigung und Auskunft darüber zu erhalten, welche sie betreffende personenbezogene Daten verarbeitet werden."[131]

Die Informationsrechte werden in den Art. 13, 14 DSVO konkretisiert. Danach ist die Datenerhebung, also das Beschaffen von Daten, nur beim Betroffenen selbst zulässig (§ 67a Abs. 2 SGB X). Dabei kommt es darauf an, dass der Betroffene an der Datenerhebung mitwirken kann und selbst entscheiden kann, welche Daten er preisgibt und welche nicht. Gleichzeitig wird durch die Direkterhebung die Datenwahrheit sichergestellt, da die Daten aus „erster Hand" erhoben werden. Es sind aber Ausnahmen von der Direkterhebung möglich, zB wenn die Erhebung beim Betroffenen selbst einen unverhältnismäßig großen Aufwand bedeuten würde oder es anderweitig gesetzlich ausdrücklich zugelassen ist. Jeder Betroffene muss wissen, dass sowohl Daten über ihn erhoben werden als auch welche Daten über ihn erhoben werden. Außerdem muss er wissen, welche Daten zu welchem Zweck bei welcher Stelle für wie lange und aus welchem Grund gespeichert werden (§ 82 SGB X iVm Art. 13 DSGVO). Eine **heimliche Datenerhebung** ist grundsätzlich unzulässig und nur unter sehr strengen Voraussetzungen möglich.

Beispiele:
Im Jobcenter setzen sich die MitarbeiterInnen das Ziel, den Leistungsmissbrauch rigoros zu bekämpfen. Als besonders engagiert tut sich Mitarbeiterin Uschi (U) hervor: So besucht sie die Leistungsempfängerin Mechthild (M), um bei einem Hausbesuch feststellen zu können, ob sie mit ihrem gut verdienenden Lebensgefährten zusammenwohnt. Als M öffnet erklärt U, dass das Jobcenter ihre Klienten ganzheitlich betreue und sie sich daher erkundigen wolle, ob es ihr gut gehe und sie mit dem Geld auskomme. M ist hocherfreut über dieses Interesse und lässt U in die Wohnung. Dies verstößt jedoch gegen den Grundsatz der Transparenz.

Die Rechtmäßigkeit der Datenverarbeitung als auch die Transparenz stellen wesentliche Aspekte des Datenschutzes dar.

2. Grundsatz der Zweckbindung

Für die Verarbeitung personenbezogener Daten herrscht eine strenge Zweckbindung, dh sie müssen für *„festgelegte, eindeutige und legitime Zwecke erhoben werden"* (Art. 5 Abs. 1 lit. b DSGVO)und dürfen nur für diese Zwecke verarbeitet werden. Die Zweckbindung ist ein zentraler Aspekt des Datenschutzes und Voraussetzung für andere Datenverarbeitungsgrundsätze wie z. B. der Datenminimierung. Daher dürfen Sozialdaten nur erhoben werden, soweit sie für **die Aufgabenerfüllung er-**

---

[131] VERORDNUNG (EU) 2016/679 DES EUROPÄISCHEN PARLAMENTS UND DES RATES vom 27. April 2016, Erwägungsgrund 39.

forderlich sind (§ 67 a Abs. 1 SGB X). Der Erhebungszweck muss vor der Verarbeitung bestimmt und dokumentiert worden sein. Dabei sollte der Zweck hinreichend konkret formuliert werden, wobei insbesondere der allgemeine Verarbeitungskontext, die (vernünftigen) Erwartungen der betroffenen Person und der „Grad der Allgemeinverständlichkeit des jeweiligen Zwecks für alle Beteiligten" zu berücksichtigt sind.[132] Die Verarbeitung für einen anderen Zweck ist nur in Ausnahmen und unter den engen Voraussetzungen des § 67 c Abs. 2 SGB X zulässig. Eine Ausnahme bildet die vorher erteilte freiwillige Einwilligung des Betroffenen.

Beispiel:
Harald (H) arbeitet für die gesetzliche Krankenversicherung. Er ist als Sachbearbeiter auch für den Kunden Klaus (K) zuständig, den er intensiv berät und betreut. Dadurch erhält er auch Einblick in seine hervorragende finanzielle Situation. Die Marketingabteilung der Krankenkasse möchte nun die besonders wohlhabenden Kunden als potenzielle „Heavy User" anschreiben und ihnen verschiedene „Premium-Produkte" anbieten. Dazu wird H aufgefordert eine Liste der Kunden einzureichen, von denen er weiß, dass diese die persönlichen und wirtschaftlichen Voraussetzungen mitbringen (Verstoß gegen den Grundsatz der Zweckbindung).

3. Grundsatz der Datenminimierung

292 Es dürfen nur Daten erhoben werden, die in Hinblick auf den Verarbeitungszweck erforderlich sind, so dass die Datenerhebung auf das notwendige Maß zu beschränken ist. Die Verarbeitung personenbezogener Daten ist stets an dem Ziel auszurichten, so wenige Daten wie möglich zu verwenden. Es ist nicht zulässig Daten auf Vorrat zu sammeln, um sie vielleicht später verwenden zu können.

Beispiel:
Sozialamtsmitarbeiter Bruno (B) bearbeitet einen Antrag auf Hilfe zur Pflege nach den §§ 61 ff. SGB XII. Bei den Antragstellern handelt es sich um ein älteres Ehepaar: er ist 63 Jahre alt und arbeitet noch als Hausmeister, sie ist 67 Jahre alt und pflegebedürftig. B befürchtet, dass der Mann nach Erreichen des Renteneintrittsalters zur Aufstockung der Rente noch Grundsicherung im Alter nach den §§ 41 ff. SGB XII beantragen wird. Da dann die Kinder der beiden mit ihrem Einkommen herangezogen werden können, verlangt B von den beiden auch Angaben zum Einkommen der Kinder. Mit dem Grundsatz der Datenminimierung ist dies jedoch nicht vereinbar.

4. Grundsatz der Richtigkeit und Speicherbegrenzung

293 Die personenbezogenen Daten müssen sachlich richtig und auf dem neuesten Stand sein. Daher sind die erforderlichen Maßnahmen zu treffen, um die Richtigkeit der Daten zu gewährleisten. Unrichtige Daten müssen unverzüglich gelöscht oder berichtigt werden. Damit einher geht auch das Recht der betroffenen Person auf Berichtigung gem. Art. 16 DSGVO. Darüber hinaus dürfen personenbezogene Daten nur so lange gespeichert werden, wie es für den Verarbeitungszweck erforderlich ist, anschließend müssen sie gelöscht werden. Das Recht auf Löschung im Sinne eines „Rechts auf Vergessenwerden" ist in Art. 17 DSGVO konkretisiert. Dieses Recht ist insbesondere in Hinblick auf Einwilligungen in die Datenverarbeitung minderjähriger Personen relevant. Gemäß Art. 8 Abs. 1 DSGVO können minderjährige Personen ab 16 Jahren in die Datenverarbeitung einwilligen. Es wäre sogar in den Mitgliedstaaten möglich dieses Alter auf 13 Jahre abzusenken – davon hat Deutschland aber

---

[132] Vgl. Voigt/von dem Bussche, S. 115.

bisher keinen Gebrauch gemacht. Das Recht auf Löschung ist daher insbesondere in den Fällen wichtig,

> „in denen die betroffene Person ihre Einwilligung noch im Kindesalter gegeben hat und insofern die mit der Verarbeitung verbundenen Gefahren nicht in vollem Umfang absehen konnte und die personenbezogenen Daten – insbesondere die im Internet gespeicherten – später löschen möchte. Die betroffene Person sollte dieses Recht auch dann ausüben können, wenn sie kein Kind mehr ist."[133]

Gleichzeitig ist in Hinblick auf die Zweckbindung als auch die Transparenz bereits bei der Datenerhebung die Speicherdauer festzulegen bzw. Kriterien, wann eine Löschung zu erfolgen hat. Grundsätzlich sind Sozialdaten zu löschen, wenn sie nicht mehr gebraucht werden („so kurz wie möglich, so lange wie nötig", § 84 SGB X iVm Art. 17 DSGVO).

5. Grundsatz der Integrität und Vertraulichkeit

Bei der Datenverarbeitung ist eine angemessene Sicherheit zu gewährleisten, die unter anderem den Schutz vor unbefugter oder unrechtmäßiger Verarbeitung umfasst, sowie den Schutz vor Verlust oder Zerstörung der Daten. Dabei sind geeignete technische und organisatorische Maßnahmen zu treffen, um dies sicherzustellen. Abhängig von der Sensibilität der Daten sind die Anforderungen an die Datensicherheit zu stellen. Sofern es sich um sehr persönliche Sozialdaten wie z. B. Gesundheitsdaten handelt, sind die Anforderungen an die zu treffenden Schutzmaßnahmen deutlich höher, als bei allgemeinen Daten wie beispielsweise einer Terminvereinbarung.

294

Beispiel:
Die 14jährige Schülerin A bittet die Schulsozialarbeiterin S um einen Gesprächstermin in ihrem Büro. Im persönlichen Gespräch erzählt die Schülerin der Sozialarbeiterin von häuslicher Gewalt durch ihren Vater. Bei der Information, dass ein Termin bei der Schulsozialarbeiterin vereinbart wurde, handelt es sich ebenso um ein personenbezogenes Sozialdatum wie bei der Information, dass die Schülerin von ihren Eltern misshandelt wird. Gleichwohl sind die Anforderungen an den Schutz der Information über die Misshandlung bzw. den Grund des Gesprächs höher, als über die Information, dass ein Gesprächstermin vereinbart wurde.

Gemäß Art. 32 Abs. 1 DSGVO sind geeignete technische und organisatorische Sicherheitsmaßnahmen unter „Berücksichtigung des Stands der Technik, der Implementierungskosten und der Art, des Umfangs, der Umstände und der Zwecke der Verarbeitung sowie der unterschiedlichen Eintrittswahrscheinlichkeit und Schwere des Risikos für die Rechte und Freiheiten natürlicher Personen" zu treffen, wie z. B.

- „die Pseudonymisierung und Verschlüsselung personenbezogener Daten,
- die Fähigkeit, die Vertraulichkeit, Integrität, Verfügbarkeit und Belastbarkeit der Systeme und Dienste im Zusammenhang mit der Verarbeitung auf Dauer sicherzustellen,
- die Fähigkeit, die Verfügbarkeit der personenbezogenen Daten und den Zugang zu ihnen bei einem physischen oder technischen Zwischenfall rasch wiederherzustellen,

---

133 VERORDNUNG (EU) 2016/679 DES EUROPÄISCHEN PARLAMENTS UND DES RATES vom 27. April 2016, Erwägungsgrund 65.

- ein Verfahren zur regelmäßigen Überprüfung, Bewertung und Evaluierung der Wirksamkeit der technischen und organisatorischen Maßnahmen zur Gewährleistung der Sicherheit der Verarbeitung."[134]

III. Grundlagen des Sozialdatenschutzes

295 Öffentliche Träger und deren Einrichtungen unterliegen dem Sozialdatenschutz. Gemäß § 35 Abs. 1 S. 1 SGB I dürfen von den Leistungsträgern **Sozialdaten nicht unbefugt** verarbeitet werden. Erfasst werden also die in §§ 12 iVm 18–29 SGB I aufgeführten Stellen. Nicht erfasst werden hingegen die freien Träger. Im Rahmen der Kinder- und Jugendhilfe hat aber beispielsweise das Jugendamt gem. § 61 Abs. 3 SGB VIII sicherzustellen, dass der Schutz in entsprechender Weise gewährleistet wird, sofern Einrichtungen und Dienste des freien Trägers vom öffentlichen Träger in Anspruch genommen werden. Darüber hinaus gilt für die **freien Träger** das Bundesdatenschutzgesetz (§ 1 Abs. 1 S. 2 BDSG oder der sich aus vertraglichen Nebenpflichten ergebende Datenschutz.

296 Jeder hat einen einklagbaren Anspruch darauf, dass das Sozialgeheimnis von den Leistungsträgern gewahrt wird. Liegt hingegen eine Befugnis vor, ist die Erhebung, Verarbeitung oder Nutzung zulässig. Die Befugnis kann der Leistungsträger nur einer datenschutzrechtlichen **Einwilligung des Betroffenen oder dem Gesetz** entnehmen. Im Sozialverwaltungsrecht befinden sich diese Befugnisnormen im SGB X oder den besonderen Teilen des Sozialverwaltungsrechts (§ 67 b Abs. 1 SGB X). Darüber hinaus ist die Verarbeitung aufgrund einer Einwilligung des Betroffenen zulässig (§ 67 b Abs. 2 SGB X iVm Art. 7 DSGVO). Auch innerhalb des Leistungsträgers ist sicherzustellen, dass nur befugte Personen Zugang zu diesen haben bzw. nur an diese Daten weitergegeben werden.

297 Schützenswerte Daten werden vom § 67 Abs. 2 SGB X weit erfasst, so dass *„personenbezogene Daten [...], die von einer in § 35 des Ersten Buches genannten Stelle im Hinblick auf ihre Aufgaben nach diesem Gesetzbuch verarbeitet werden"*, geschützt werden. Personenbezogene Daten sind wiederum alle Informationen, die sich auf eine identifizierte oder identifizierbare natürliche Person beziehen (Art. 4 Nr. 1 DSGVO). Getrennt wird also nicht zwischen wichtigen und unwichtigen Daten, so dass es in diesem Kontext keine „belanglosen Daten" gibt.[135] Dabei strahlt der Datenschutz auch auf andere Bereiche des Vertrauensschutzes aus: So bestehen gem. § 35 Abs. 3 SGB X Auskunfts- und Zeugnispflichten nur insoweit, als es dafür eine Befugnisnorm gibt. Fehlt es an einer solchen Befugnisnorm müssen die Mitarbeiterinnen und Mitarbeiter von Leistungsträgern die Zeugenaussage verweigern und auch der Dienstherr darf keine Aussagegenehmigung erteilen.[136]

298 Verarbeitung umfasst nach Art. 4 Nr. 2 DSGVO „jeden mit oder ohne Hilfe automatisierter Verfahren ausgeführten Vorgang oder jede solche Vorgangsreihe im Zusammenhang mit personenbezogenen Daten wie das Erheben, das Erfassen, die Organisation, das Ordnen, die Speicherung, die Anpassung oder Veränderung, das Auslesen, das Abfragen, die Verwendung, die Offenlegung durch Übermittlung, Verbreitung oder eine andere Form der Bereitstellung, den Abgleich oder die Verknüp-

---

134 Art. 32 Abs. 1 DSGVO; ausführlich dazu Voigt/von dem Bussche, S. 48 ff.
135 Vgl. Dörr/Franke, Sozialverwaltungsrecht, Kap. 11, Rn. 167.
136 Vgl. Paulus, in: Schlegel/Voelzke, jurisPK-SGB I, § 35 SGB I Rn. 34; Kunkel, Ist das Sozialgeheimnis justizfest?, S. 643 mwN.

fung, die Einschränkung, das Löschen oder die Vernichtung". Sowohl die Definition des Begriffs der „personenbezogenen Daten" als auch der „Verarbeitung" sind damit sehr weit gefasst. Vom Sozialdatenschutz werden im SGB X verschiedene Vorgänge wie z. B. erheben, speichern, verändern oder übermitteln gesetzlich einzeln erfasst:

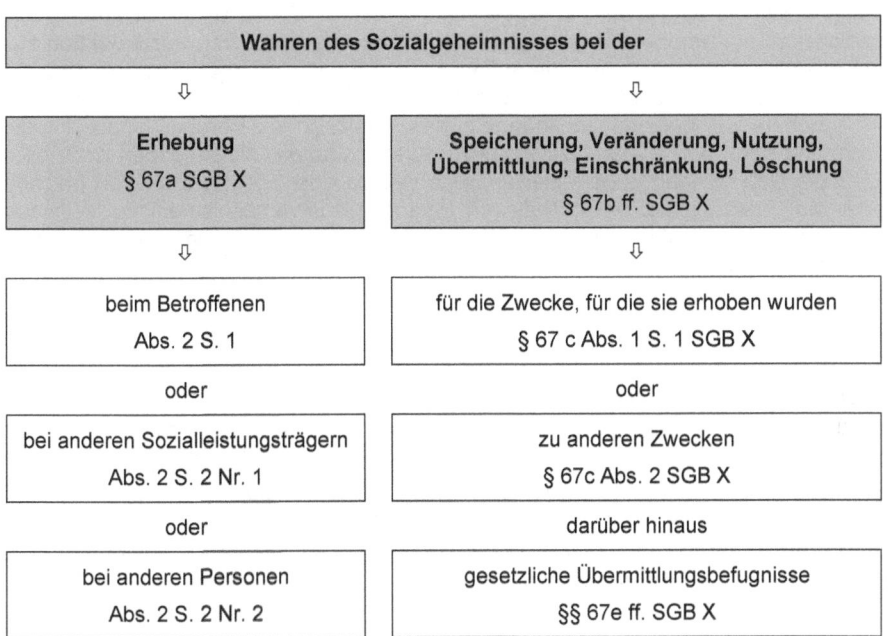

IV. Erhebung und Verarbeitung von Sozialdaten

299 Das Sozialgeheimnis schützt sowohl vor Eingriffen in die Sozialdaten als auch beim Sichern der Daten. Der **Schutz vor Eingriffen** bezieht sich dabei sowohl auf die Erhebung als auch auf die Verwendung von Sozialdaten. Verarbeitungsvorgänge sind nach Art. 4 Nr. 2 DSGVO das Erheben, das Erfassen, die Organisation, das Ordnen, die Speicherung, die Anpassung oder Veränderung, das Auslesen, das Abfragen, die Verwendung, die Offenlegung durch Übermittlung, Verbreitung oder eine andere Form der Bereitstellung, den Abgleich oder die Verknüpfung, die Einschränkung, das Löschen oder die Vernichtung von Sozialdaten. Sozialdaten sind gem. § 84 SGB X iVm Art. 17 DSGVO insbesondere dann zu löschen, wenn die Speicherung unzulässig oder wenn ihre Kenntnis für die verantwortliche Stelle zur rechtmäßigen Aufgabenerfüllung nicht mehr erforderlich ist.

1. Datenerhebung, § 67a SGB X

300 Für die Erhebung von Daten gilt eine **strenge Zweckbindung**. So dürfen Daten nicht beliebig erhoben werden, sondern nur, wenn die für die Erfüllung einer gesetzlich vorgeschriebenen Aufgabe der erhebenden Stelle erforderlich ist. Dies setzt voraus, dass die erhebende Stelle nicht in der Lage ist ihre Aufgaben auszuführen und auch keinerlei andere Möglichkeit hat, als durch die Datenerhebung zu den gewünschten Informationen zu gelangen. Grundsätzlich sind die Daten aber **bei dem Betroffenen zu erheben**, nur in Ausnahmefällen dürfen sie auch ohne seine Mitwirkung erhoben werden.

301 Bei anderen Personen oder sonstigen Stellen dürfen Daten ohne Mitwirkung des Betroffenen nur erhoben werden, wenn die **Erhebung gesetzlich ausdrücklich zugelassen** wurde bzw. die betroffene Stelle zur Übermittlung verpflichtet ist (zB § 100 SGB X – Übermittlungspflicht des Arztes, § 18 e SGB IV – Übermittlungspflicht des Arbeitgebers bei Einkommensänderung des Versicherten). Darüber hinaus ist die Erhebung gem. § 67 a Abs. 2 Nr. 2 SGB X zulässig, sofern die Aufgaben nach dem SGB die Datenerhebung bei einer anderen Person oder Stelle erforderlich machen oder die Erhebung bei der betroffenen Person mit unverhältnismäßigem Aufwand verbunden wäre, sofern überwiegende schutzwürdige Interessen des Betroffenen dadurch beeinträchtigt werden.

Beispiel:
Kein schwerwiegendes schutzwürdiges Interesse ist gegeben, wenn der Betroffene durch die Datenübermittlung Strafverfolgung zu befürchten hat. Zwar ist es ein schwerwiegendes Interesse des Betroffenen, nicht jedoch ist es schutzwürdig, da das Strafverfolgungsinteresse dem Schutzinteresse des Betroffenen vorgeht. Anders ist es in dem Fall, wenn die Krankenkasse von einem anderen Leistungsträger Daten erhalten möchte, welche sexuellen Präferenzen ein Versicherter hat, um so die Gefahr für bestimmte Krankheiten besser einschätzen zu können. Dabei handelt es sich um besonders sensible personenbezogene Daten, deren Schutz höher steht als das Interesse der Krankenkasse an diesen Daten, um damit das Risikopotential des Versicherten einschätzen zu können.

302 Sofern die Daten beim Betroffenen erhoben werden, ist dieser von über den **Zweck der Erhebung** und die **Identität der erhebenden Stelle** zu informieren. Nicht zulässig ist, dass der Betroffene nicht oder nur ungenau über die erhebende Stelle aufgeklärt wird. Er muss also genau wissen, an wen er sich ggf. in Hinblick auf seine Daten wenden kann. Werden die Daten nicht beim Betroffenen oder einem anderen Leistungsträger erhoben, ist der Betroffene grundsätzlich von der Erhebung bei einer anderen Stelle oder anderen Person zu informieren (§ 82 a SGB X iVm Art. 14 DSGVO).

2. Zulässigkeit der Datenverarbeitung, § 67 b SGB X

303 Datenverarbeitung und Nutzung sind nur zulässig, soweit es durch Rechtsvorschrift erlaubt ist oder die betroffene Person eingewilligt hat. Es gilt dabei eine **strenge Zweckbindung**, dh die Datenverarbeitung, -veränderung oder -nutzung ist zulässig, sofern es für den Zweck erfolgt, für den die Daten erhoben wurden (§ 67 c Abs. 1 S. 1 SGB X). Daher kommt es in der Praxis darauf an, dass bei der Datenerhebung bereits der Erhebungszweck deutlich dokumentiert wird. Dabei sollte darauf geachtet werden, dass der Erhebungszweck so konkret wie möglich formuliert wird. Es sollten also allgemeine Formulierungen wie zB „Prüfung der Leistungsvoraussetzungen" vermieden werden, während ein konkreter Erhebungszweck beispielsweise „Prüfung der Hilfebedürftigkeit nach § 9 SGB II" wäre. Ebenso sollte dokumentiert werden, zur Erfüllung welcher gesetzlichen Aufgabe diese Daten benötigt werden, die in der Zuständigkeit der datenerhebenden bzw. -nutzenden Stelle liegen muss.

304 Die **datenschutzrechtliche Einwilligung** wird in § 67 b Abs. 2 SGB X iVm Art. 7 DSGVO näher erläutert. Die Einwilligung muss von der verarbeitenden Stelle nachgewiesen werden und soll entweder schriftlich oder elektronisch erfolgen. Dabei sind

Kapitel A: Theoretische Grundlagen

auf den Zweck der vorgesehenen Verarbeitung und die Folgen der Verweigerung der Einwilligung sowie deren Widerruflichkeit hinzuweisen. Die schriftliche Einwilligungserklärung muss in *„verständlicher und leicht zugänglicher Form in einer klaren und einfachen Sprache so erfolgen, dass es von den anderen Sachverhalten klar zu unterscheiden ist"* (Art. 7 Abs. 2 DSGVO). Darüber hinaus muss der Widerruf der Einwilligungserklärung so einfach wie die Erteilung der Einwilligung sein, darf also nicht zusätzlich erschwert werden, um den Widerruf zu vermeiden.

3. Datenverarbeitung zu anderen Zwecken, § 67 c SGB X

Sofern die Datenverarbeitung zu anderen Zwecken erfolgen soll als für den Erhebungszweck, ist dies nur unter den Voraussetzungen von § 67 c Abs. 2 SGB X zulässig. So dürfen die Daten nur dann für andere Zwecke verwendet werden, wenn die Daten für die **Erfüllung einer anderen gesetzlichen Aufgabe** der erhebenden Stelle (für die sie nicht erhoben wurden) oder für die Durchführung bestimmter wissenschaftlicher Vorhaben erforderlich sind. Dies ist der Fall, *„wenn Daten bei einer Stelle bereits zulässigerweise gespeichert sind und ohne diese Daten eine andere Aufgabe nach dem Sozialgesetzbuch nicht ordnungsgemäß erfüllt werden kann"*.[137] Dabei kommt es gerade nicht darauf an, dass an diese Daten auch anderweitig gelangt werden könnte (zB durch eine erneute Datenerhebung beim Betroffenen), sondern lediglich auf die Effizienz der Aufgabenerfüllung (Ausdruck von Verfahrensökonomie). Darüber hinaus können Daten für andere Zwecke nur verwendet werden, wenn die betroffene Person im Einzelfall einwilligt. 305

Die gespeicherten Daten sind zu löschen, wenn ihre Kenntnis für die Aufgabenerfüllung der verantwortlichen Stelle nicht mehr erforderlich ist und nicht anzunehmen ist, dass durch die **Löschung** schutzwürdige Interessen des Betroffenen beeinträchtigt werden (§ 84 SGB X iVm Art. 17 DSGVO). Allein die Tatsache, dass die Daten zu einem späteren Zeitpunkt noch einmal Verwendung finden könnten, reicht nicht aus, um die Daten weiterhin zu speichern. Es ist jedoch vor der Löschung sicher zu stellen, dass dem Betroffenen dadurch kein Schaden zugefügt wird, zB weil ihm dadurch Leistungen nicht mehr gewährt werden. 306

Für die **Praxis** hat die Löschung der Daten eine erhebliche Relevanz. Kein Träger löscht gerne vorhandene Daten, auch wenn sie nicht mehr benötigt werden. Dies verstößt aber gegen die Grundsätze der Datenvermeidung und der Datensparsamkeit! Gleichwohl muss vor der Löschung genau überlegt werden, ob und welche Nachteile der Betroffene durch die Löschung haben könnte. Solange gegenwärtige oder zukünftige Leistungen davon abhängen, ist jedenfalls davon auszugehen, dass die Löschung dem schutzwürdigen Interesse des Betroffen widerspricht. 307

4. Übermittlung von Sozialdaten

Ohne eine Einwilligung des Betroffenen ist die Übermittlung von Sozialdaten nur zulässig, wenn eine **gesetzliche Übermittlungsbefugnis** dies ausdrücklich erlaubt. Fehlt eine Übermittlungsbefugnis ist also jegliche Datenübermittlung unzulässig! Übermittlungsbefugnisse sind im Sozialrecht allgemein in den §§ 68 ff. SGB X geregelt. Ob und wie weit die Übermittlung von Daten gesetzlich zugelassen ist, muss 308

---

137 Vgl. BT-Drs. 12/5187, S. 37.

die übermittelnde Stelle prüfen und trägt damit die Verantwortung für die Rechtmäßigkeit der Datenübermittlung (§ 67 d Abs. 1 S. 1 SGB X). Soweit die Übermittlung auf Ersuchen eines Dritten, an den die Daten übermittelt werden sollen (zB an eine andere Behörde im Rahmen der Amtshilfe), erfolgt, trägt der Dritte die Verantwortung für die Richtigkeit der Angaben in dem Ersuchen.

a) Datenübermittlung für die Erfüllung sozialer Aufgaben

309 Die für die Praxis wichtigste Übermittlungsbefugnis enthält § 69 SGB X. Danach ist die Datenübermittlung zulässig, sofern sie erforderlich ist für die Erfüllung der Zwecke, für die sie erhoben worden sind oder zur Erfüllung einer gesetzlichen Aufgabe der übermittelnden Stelle (**Eigenaufgabe**) bzw. eines anderen Leistungsträgers gem. § 35 SGB I (**Fremdaufgabe**). Die Datenübermittlung ist nach § 69 Abs. 1 SGB X grundsätzlich dann gestattet, wenn sie zur gesetzlich vorgesehenen Aufgabenerfüllung erforderlich ist und soll so die **reibungslose Zusammenarbeit** zwischen den verschiedenen sozialen Leistungsträgern nach § 35 SGB I gewährleisten.[138] Die gesetzlichen Aufgaben der Sozialleistungsträger ergeben sich aus dem SGB. Darüber hinaus ist die Übermittlung zulässig, soweit sie zur Erfüllung der Zwecke, für die sie erhoben wurden, erforderlich ist und sich damit die **Zweckbindung** der Erhebung fortsetzt. Die Erforderlichkeit ist gegeben, wenn es keine andere Möglichkeit für die übermittelnde Stelle gibt oder der Verzicht der Übermittlung mit unverhältnismäßigem Mehraufwand bei der Aufgabenerledigung verbunden wäre.[139] Für den Datenaustausch zB innerhalb des Jugendamtes bedeutet dies die Befugnis zur Datenübermittlung einzelner Fachabteilungen untereinander, sofern dies zur Erfüllung der gesetzlichen Aufgaben aus § 1 SGB VIII erforderlich ist.

Beispiel:
Die Adoptionsvermittlungsstelle im Jugendamt möchte zwei potenzielle Adoptiveltern auf deren Eignung prüfen. Daher fragt die Adoptionsvermittlungsstelle auch beim Allgemeinen Sozialen Dienst (ASD) an, ob über die beiden etwas bekannt ist. Der ASD hat über die Adoptiveltern eine Akte, da sich bereits auch bei den leiblichen Kindern des Paares Anhaltspunkte für eine Kindeswohlgefährdung ergeben haben. Gemäß § 1 Abs. 3 Nr. 4 SGB VIII soll die Jugendhilfe Kinder und Jugendliche vor Gefahren für ihr Wohl schützen. Soweit also Daten innerhalb der verschiedenen Stellen im Jugendamt ausgetauscht werden müssen, um den Kindesschutz im konkreten Fall zu gewährleisten, dient dies der Aufgabenerfüllung des Jugendamtes. Die Datenweitergabe an die Adoptionsvermittlungsstelle ist daher grundsätzlich zulässig. Die Einschränkungen der Datenübermittlung durch §§ 64, 65 SGB VIII ist jedoch zu beachten (vgl. Rn. 315 f.).

310 Die Aufgabe muss dem **Gesetz zu entnehmen** sein, wobei es nicht darauf ankommt, dass es im Gesetz ausdrücklich als Aufgabe bezeichnet wird.[140] Wie der Leistungsträger diese Aufgabe ausführt und ob dazu die Datenübermittlung notwendig ist, entscheidet er in eigener Kompetenz. Das kann auch bedeuten, dass die Daten an Privatpersonen oder freie Träger übermittelt werden, wenn dies für die Aufgabenerfüllung erforderlich ist. Die **Erforderlichkeit** ist nur dann gegeben, wenn die Daten zur Aufgabenerfüllung unbedingt und zwingend mitgeteilt werden müssen[141], also ohne die Übermittlung die Aufgabe nicht bzw. nur unter unverhältnismäßigen Schwierigkeiten erfüllt werden kann.

---

138 Vgl. BT-Drs. 8/4022, S. 84.
139 Vgl. Rombach, in: Hauck/Noftz, SGB X, § 69 Rn. 56.
140 Vgl. Rombach, in: Hauck/Noftz, SGB X, § 69 Rn. 10.
141 Vgl. BT-Drs. 8/4022, S. 84.

Darüber hinaus ist gem. § 69 Abs. 1 Nr. 2 SGB X die Übermittlung zur Durchführung eines mit der Aufgabenerfüllung im Zusammenhang stehenden **Gerichtsverfahrens** zulässig. So kann beispielsweise in der Kinder- und Jugendhilfe eine Kindeswohlgefährdung sowohl familienrechtliche Verfahren (zB zur Entziehung der elterlichen Sorge gem. § 1666 BGB) oder strafrechtliche Verfahren (zB wegen Körperverletzung oder sexuellem Missbrauch) nach sich ziehen.

311

Beispiel:
Das Jugendamt möchte ein Verfahren zur Entziehung der elterlichen Sorge gem. § 1666 BGB vor dem Familiengericht anregen, weil die Eltern nicht bereit sind, eine drohende Kindeswohlgefährdung von ihrem Sohn abzuwenden. Um Anhaltspunkte für die Gefährdungslage an das Gericht weitergeben zu können, müssen auch relevante Sozialdaten (zB Eltern sind drogenabhängig, Kind wurde wiederholt misshandelt usw) an das Familiengericht übermittelt werden. Da der Kinderschutz zu den gesetzlich zugewiesenen Aufgaben des Jugendamtes gehört, dient das damit zusammenhängende Verfahren gem. § 1666 BGB der Aufgabenerfüllung des Jugendamtes.

b) Datenübermittlung zum Zwecke der Amtshilfe und der Strafverfolgung

Wichtige Übermittlungsbefugnisse betreffen die Strafverfolgung. Erfasst wird sowohl die Übermittlung an die Polizei und die Staatsanwaltschaft (§ 68 SGB X) als auch an die Strafgerichte (§ 73 SGB X). Soweit die Datenübermittlung zur **Abwendung geplanter Straftaten** gem. § 138 StGB erforderlich ist, enthält § 71 Abs. 1 SGB X eine weitere Übermittlungsbefugnis. Zur Abwendung einer Straftat gem. § 138 StGB ist die Datenübermittlung ausdrücklich zulässig. Zu beachten ist aber, dass dies nur Straftaten betrifft, die im § 138 StGB ausdrücklich genannt werden und deren Erfolgseintritt noch abgewendet werden kann (also in der Zukunft liegt). Für Straftaten, die in der Vergangenheit liegen, besteht diese Übermittlungsbefugnisse hingegen nicht (siehe Rn. 337).

312

Soweit Polizei und Staatsanwaltschaft zur Aufgabenerfüllung im Rahmen der Amtshilfe Daten übermittelt werden sollen, ist dies gem. **§ 68 Abs. 1 SGB X** möglich, wenn es sich um einen Einzelfall handelt, keine schutzwürdigen Interessen des Betroffenen verletzt werden und das Ersuchen nicht länger als 6 Monate zurück liegt. Die Entscheidung, ob **schutzwürdige Interessen** beeinträchtigt werden, beurteilt sich nach dem Vorliegen eines objektiven Grundes, der aufgrund unserer Werteordnung besonderen staatlichen Schutz verdient. Es ist also abzuwägen, ob die Interessen des Betroffenen an der Geheimhaltung der Sozialdaten oder die staatlichen Interessen überwiegen.[142] Der Schutz vor Strafverfolgung ist dabei kein schutzwürdiges Interesse[143], jedoch kann dieses Interesse persönliche, soziale oder wirtschaftliche Gründe haben. Der Umfang der Datenübermittlung wird allerdings **auf bestimmte Informationen beschränkt**: Zulässig ist nur die Übermittlung von Namen, Vornamen, Geburtsdatum, Geburtsort, derzeitige Anschrift des Betroffenen, seinen derzeitigen oder zukünftigen Aufenthaltsort sowie Name und Anschrift des derzeitigen Arbeitgebers. Eine weitergehende Übermittlung von Daten ist nicht zulässig, dies umfasst insbesondere auch jegliche **Sachverhaltsauskünfte**.[144] Für die Prüfung des Übermittlungsersuchens ist der Leiter der ersuchten Stelle, sein all-

313

---

142 Vgl. BSG, Urt. v. 25.1.2012 – Az. B 14 AS 65/11 R, juris Rn. 29.
143 Vgl. Kunkel, Justiz und Sozialschutz, S. 533.
144 Eine Ausnahme dazu bildet die Weitergabe von Sozialdaten zum Zwecke der Rasterfahndung. Gemäß § 68 Abs. 3 S. 1 SGB X dürfen in diesem Falle auch Angaben zur Staats- und Religionsangehörigkeit, früherer Anschriften der betroffenen Personen, Namen und Anschriften früherer Arbeitgeber der betrof-

gemeiner Stellvertreter oder eine besonders bevollmächtigte Person verantwortlich. Die Entscheidung über ein Amtshilfeersuchen darf also nicht von den jeweiligen Mitarbeiterinnen und Mitarbeitern getroffen werden.

314 Eine weitergehende Befugnis ist in § 73 Abs. 1 SGB X geregelt und erfasst die Datenübermittlung zur Durchführung eines Strafverfahrens wegen eines Verbrechens oder einer sonstigen Straftat von erheblicher Bedeutung. In Hinblick auf **Verbrechen** beschränkt sich die Übermittlung nicht auf bestimmte Daten, vielmehr ist die Übermittlung aller erforderlichen Daten zulässig, zB auch personenbezogene Daten von möglichen Zeugen[145]. Verbrechen bestimmen sich nach § 12 Abs. 1 StGB und sind rechtswidrige Taten, die im Mindestmaß mit einer Freiheitsstrafe von einem Jahr oder mehr bedroht sind. Sonstige Straftaten mit erheblicher Bedeutung lassen sich hingegen nicht weiter konkretisieren, vielmehr kommt es bei diesen auf besondere Erschwernisse im Einzelfall an, die der Straftat eine erhebliche Bedeutung beimessen, zB bei Betrugsdelikten in Millionenhöhe oder besonders häufigen sexuellen Missbrauch von Kindern gem. § 176 Abs. 1 StGB (ohne ein besonders schwerer Fall iSv § 176 Abs. 3 StGB zu sein).[146] Bei **anderen Straftaten** beschränkt sich die Übermittlungsbefugnis allerdings wiederum auf Angabe von Name und Vorname sowie früher geführte Namen, Geburtsdatum, Geburtsort, derzeitige und frühere Anschriften des Betroffenen sowie Namen und Anschriften seiner derzeitigen und früheren Arbeitgeber (§§ 73 Abs. 2 iVm 72 Abs. 1 SGB X).

315 Die Entscheidung, ob es sich um einer Straftat von erheblicher Bedeutung handelt, trifft der Strafrichter, der die Übermittlung anzuordnen und deren Erforderlichkeit zu prüfen hat. Seitens der Sozialleistungsträger ist dieser Anordnung Folge zu leisten, insoweit entfällt die weitergehende Prüfung der Übermittlungsbefugnis, insbesondere kann die Entscheidung, ob es sich um eine Straftat von erheblicher Bedeutung handelt, nicht angefochten werden.

c) Verlängerter Geheimnisschutz

316 Bei **besonders schutzwürdigen Daten** besteht gem. § 76 SGB X ein „verlängerter Geheimnisschutz"[147]. Geregelt wird der Fall, dass dem Sozialleistungsträger die Daten von einer in § 203 Abs. 1 StGB verpflichteten Person zugänglich gemacht wurden. In einem solchen Fall wäre die Weitergabe von Daten trotz Übermittlungsbefugnis nur unter den Voraussetzungen zulässig, unter denen die Person selbst zur Übermittlung befugt wäre, also zB dem vorliegenden eines rechtfertigenden Notstandes gem. § 34 StGB.

317 Darüber hinaus ergibt sich aus § 78 Abs. 1 SGB X ein verlängerter Geheimnisschutz für den Fall, dass von einem Leistungsträger Sozialdaten an eine nicht in § 35 SGB I genannte Stelle befugt übermittelt wurden. **Dritte** haben die Daten in diesem Fall in demselben Umfang geheim zu halten, wie die übermittelnde Stelle, und dürfen die Daten nur für die gleichen Zwecke nutzen, zu denen sie übermittelt worden sind. Dies gilt jedoch nicht für die Polizei, Gerichte und die Staatsanwaltschaften: Sind an diese Stellen Daten übermittelt worden, dürfen die Daten unabhängig vom

---

fenen Personen sowie Angaben über an betroffene Personen erbrachte oder demnächst zu erbringende Geldleistungen übermittelt werden.
145 Vgl. OLG Karlsruhe, NJW 2006, S. 3656, 3657.
146 Vgl. BT-Drs. 12/6334, S. 10.
147 Vgl. Schatzschneider, Die Neuregelung des Schutzes von Sozialdaten im Sozialgesetzbuch – Verwaltungsverfahren, S. 6.

Kapitel A: Theoretische Grundlagen 133

Zweck der Übermittlung auch zur Gefahrenabwehr, zur Strafverfolgung als auch zur Strafvollstreckung verwendet werden (§ 78 Abs. 1 S. 6 SGB X). Werden die Daten an nicht-öffentliche Stellen übermittelt, so ist auch dort der Sozialdatenschutz adäquat zu wahren.

Beispiel:
Das Jugendamt informiert die Pflegeeltern über die Erziehungsprobleme, die das Pflegekind in der Herkunftsfamilie hatte. Diese Informationen dürfen die Pflegeeltern nur verarbeiten oder nutzen, sofern dies für die Erziehung des Kindes erforderlich ist und müssen dabei die Geheimhaltung ebenso sicherstellen wie das Jugendamt.

d) Sonderregelungen für die Übermittlung von Sozialdaten nach dem SGB VIII

Im Bereich der Kinder- und Jugendhilfe regelt § 61 Abs. 1 SGB VIII ausdrücklich, dass die datenschutzrechtlichen Vorschriften des SGB I und X gelten und insoweit durch die nachfolgenden Regelungen in Hinblick auf die **besonderen Belange der Kinder- und Jugendhilfe** nur ergänzt werden. 318

e) Einschränkung der Übermittlungsbefugnisse, um den Leistungserfolg zu gewährleisten (§ 64 Abs. 2 SGB VIII)

Diese besonderen Belange schränken insbesondere die Datenübermittlung aufgrund von § 69 SGB X zur Erfüllung von gesetzlichen Aufgaben ein: So ist die Datenübermittlung aus diesem Grunde nur zulässig, „soweit dadurch der **Erfolg einer zu gewährenden Leistung** nicht in Frage gestellt wird" (§ 64 Abs. 2 SGB VIII). Diese Einschränkung gilt hingegen nicht für sonstige Übermittlungsbefugnisse aus den §§ 70 ff. SGB X[148]. Wann der Erfolg der zu gewährenden Leistung durch die Datenübermittlung in Frage gestellt wird, obliegt der fachlichen Einschätzung der Mitarbeiter. Diese Einschätzung kann nur aus einer früheren Betrachtung erfolgen (ex ante), wobei also nicht auf die Kenntnisse abgestellt werden darf, die erst zu einem späteren Zeitpunkt erworben wurden.[149] Bei der Prüfung ist daher grundsätzlich zu beachten, dass die **Wirksamkeit der Maßnahme** dem Interesse an einer Übermittlung vorgeht. Der Wille des Betroffenen ist hier insoweit relevant, als im Einzelfall der Erfolg der Leistung von der Mitarbeit oder vom Verhalten des Betroffenen abhängig ist und die Nichtbeachtung des Willens das Scheitern der Leistung zur Folge hat.[150] Darüber hinaus sind Sozialdaten zu anonymisieren bzw. zu pseudonymisieren, soweit die Übermittlung an eine Fachkraft erfolgen soll, die der verantwortlichen Stelle nicht angehört und deren Mitwirkung bei der Aufgabenerfüllung ansonsten zulässig ist. Dies kann beispielsweise bei der Gefährdungseinschätzung gem. § 8a Abs. 1 SGB VIII der Fall sein.[151] 319

---

148 Vgl. Kunkel, in: LPK-SGB VIII, § 64 Rn. 2.
149 Rombach, in: Hauck/Noftz, SGB VIII, § 64 Rn. 6 spricht hier von einer „vorausgehenden Einschätzungsprärogative, die wegen der Ausgestaltung vieler Jugendhilfeleistungen oft nicht eindeutig sein dürfte".
150 Zu diesem Ergebnis kommt auch das DIJuF-Rechtsgutachten v. 21.12.2004 – J 2.240 My, JAmt 2005, S. 14 f., in Bezug auf Informationen, die bei der Trennungsberatung und Scheidungsberatung gewonnen werden.
151 Vgl. BR-Drs. 586/04, S. 72.

f) Besonderer Vertrauensschutz gem. § 65 SGB VIII

320 Gerade im Bereich der Kinder- und Jugendarbeit haben die Mitarbeiterinnen und Mitarbeit häufig einen weitgehenden Einblick in die persönlichen Angelegenheiten der Leistungsberechtigten. Dieses Wissen muss im Einzelfall nicht für die eigentliche Leistungsgewährung relevant sein, ist jedoch notwendig für den Aufbau einer persönlichen Vertrauensbeziehung und die individuell ausgerichtete Gestaltung der Hilfeleistung. Dieser besonders **intensiven Vertrauensbeziehung** trägt der Datenschutz im SGB VIII Rechnung, indem er diese Daten unter den besonderen Schutz von § 65 SGB VIII stellt. Soweit Sozialdaten dem Mitarbeiter des Trägers der öffentlichen Jugendhilfe zum Zwecke persönlicher und erzieherischer Hilfe anvertraut wurden, dürfen diese nur unter besonderen Voraussetzungen weitergegeben werden. Soweit keine Einwilligung des Betroffenen vorliegt, ist die Weitergabe nur zulässig, soweit dies von § 65 Abs. 1 Nr. 2–5 SGB VIII gedeckt ist. Daher ist die Weitergabe nur zulässig

- an das Familiengericht zur Erfüllung der Aufgaben nach § 8a Abs. 2 SGB VIII, wenn angesichts einer Gefährdung des Wohls eines Kindes oder eines Jugendlichen ohne diese Mitteilung eine für die Gewährung von Leistungen notwendige gerichtliche Entscheidung nicht ermöglicht werden könnte.
- an den Mitarbeiter, der aufgrund eines Wechsels der Fallzuständigkeit im Jugendamt oder eines Wechsels der örtlichen Zuständigkeit für die Gewährung oder Erbringung der Leistung verantwortlich ist, wenn Anhaltspunkte für eine Gefährdung des Kindeswohls gegeben sind und die Daten für eine Abschätzung des Gefährdungsrisikos notwendig sind.
- an die Fachkräfte, die zum Zwecke der Abschätzung des Gefährdungsrisikos nach § 8a SGB VIII hinzugezogen werden, die Daten sind in diesem Fall aber trotzdem zu anonymisieren.
- unter den Voraussetzungen, unter denen eine der in § 203 Abs. 1 oder 3 StGB genannten Personen dazu befugt wäre (siehe Rn. 331 ff.).

321 **Adressaten** dieser Vorschrift sind die einzelnen MitarbeiterInnen, denen die Sozialdaten anvertraut sind. Daher ist die Weitergabe auch innerhalb des öffentlichen Jugendhilfeträgers nur unter diesen engen Voraussetzungen möglich. Den Mitarbeitern muss es daher möglich sein, diese besonders geschützten (anvertrauten) Informationen gegenüber dem Zugriff von Dritten selbst innerhalb der Abteilung, also auch gegenüber von Vorgesetzten, zu sichern.

V. Folgen einer Datenschutzverletzung

322 Wird das Sozialgeheimnis verletzt, kann dies verschiedene Konsequenzen haben:

- **Verwendungsverbot** für unbefugt übermittelte Daten: Gemäß § 78 Abs. 1 S. 1 SGB X dürfen Personen und Stellen, denen Daten unbefugt übermittelt wurden, diese nur insoweit nutzen oder verarbeiten, als sie ihnen auch befugt hätten übermittelt werden können. Soweit eine befugte Übermittlung nicht zulässig wäre, ist daher auch die Verwendung dieser Daten unzulässig.
- Folgenbeseitigungs- oder Herstellungsanspruch sowie **Amtshaftung**: Entsteht aus der Datenschutzverletzung ein Schaden, ergibt sich aus Art. 34 GG iVm § 839 BGB ein Anspruch auf Ausgleich dieses Schadens (siehe Rn. 509 ff.).
- Disziplinarrechtliche und strafrechtliche **Sanktionen:** Führt die unbefugte Übermittlung von Daten dazu, dass damit auch die Schweigepflicht gem. § 203 StGB

Kapitel A: Theoretische Grundlagen

oder ein Dienstgeheimnis gem. § 353b StGB verletzt werden, kann dies mit einer Geld- oder Freiheitsstrafe geahndet werden. Außerdem kann die Datenschutzverletzung gemäß §§ 85, 85a SGB X als Ordnungswidrigkeit oder als Straftat verfolgt werden.

- **Rechtsschutz:** Gegen weitere bevorstehende Rechtsverletzungen durch die Verletzung des Datenschutzes besteht für die Betroffenen die Möglichkeit im Rahmen der (vorbeugenden) Unterlassungsklage, der Feststellungsklage oder in Eilfällen durch die einstweilige Anordnung Rechtsschutz in Anspruch zu nehmen. (§ 81a SGB X iVm Art. 78 DSGVO; siehe auch Rn. 426ff., 438ff.).

VI. Exkurs: Datenschutz freier Träger

Der Sozialdatenschutz im SGB richtet sich gem. § 35 SGB I ausschließlich an die **Sozialleistungsträger**. Da freie Träger nicht Leistungsträger sind, richtet sich der Sozialdatenschutz nicht an sie, bzw. nur soweit sie vom öffentlichen Träger in Anspruch genommen und eine Datenschutzvereinbarung geschlossen wurde (zB § 61 Abs. 3 SGB VIII). Für Einrichtungen von Kirchen, die als Körperschaften des öffentlichen Rechts anerkannt sind, gelten die jeweiligen kirchlichen Datenschutzregelungen. Ansonsten gelten für die freien Träger die datenschutzrechtlichen Bestimmungen des Bundesdatenschutzgesetzes. Darüber hinaus ist der (vertragliche) Datenschutz auch Bestandteil von Beratungs-, Behandlungs- oder Betreuungsverträgen, soweit die betroffene Person zB in einer stationären Einrichtung untergebracht ist. **323**

1. Nichtöffentliche Stelle

Das Bundesdatenschutzgesetz gilt sowohl für öffentliche als auch für nichtöffentliche Stellen, soweit diese im Inland personenbezogene Daten automatisiert verarbeiten (§ 1 Abs. 1 S. 2 BDSG). Nichtöffentliche Stellen sind gem. § 2 Abs. 4 S. 1 BDSG natürliche und juristische Personen, Gesellschaften und andere Personenvereinigungen des privaten Rechts, die keine öffentlichen Stellen des Bundes oder der Länder sind. Nimmt eine nichtöffentliche Stelle hoheitliche Aufgaben der öffentlichen Verwaltung wahr, ist sie aber insoweit eine öffentliche Stelle im Sinne des Bundesdatenschutzgesetzes. Darüber hinaus gilt auch (vorrangig) die DSGVO, die insbesondere zur Rechtmäßigkeit der Verarbeitung als auch zu den Rechten des Betroffenen relevante Regelungen trifft. **324**

2. Verarbeitung durch nichtöffentliche Stellen

Die Datenverarbeitung nichtöffentlicher Stellen richtet sich maßgeblich nach § 24 BDSG. Darüber hinaus findet die DSGVO unmittelbare Anwendung. Grundsätzlich ist die Datenverarbeitung für die Zwecke zulässig, für die sie erhoben wurde. Sollen die Daten darüber hinaus für andere Zwecke verarbeitet werden, so ist dies ohne die Einwilligung des Betroffenen nur zulässig, wenn sie zur Abwehr von Gefahren für die staatliche oder öffentliche Sicherheit oder zur Verfolgung von Straftaten oder zur Geltendmachung zivilrechtlicher Ansprüche erforderlich ist, sofern nicht die Interessen der betroffenen Person an dem Ausschluss der Verarbeitung überwiegen. **325**

Darüber hinaus ist die Verarbeitung von Daten gem. Art. 6 Abs. 1 DSGVO durch freie Träger nur rechtmäßig, wenn **326**

- die betroffene Person ihre Einwilligung zu der Verarbeitung der sie betreffenden personenbezogenen Daten für einen oder mehrere bestimmte Zwecke gegeben hat.
- die Verarbeitung für die Erfüllung eines Vertrags oder zur Durchführung vorvertraglicher Maßnahmen erforderlich ist, die auf Anfrage der betroffenen Person erfolgen.
- die Verarbeitung zur Erfüllung einer rechtlichen Verpflichtung erforderlich ist, der der Verantwortliche unterliegt.
- die Verarbeitung erforderlich ist, um lebenswichtige Interessen der betroffenen Person oder einer anderen natürlichen Person zu schützen.
- die Verarbeitung für die Wahrnehmung einer Aufgabe erforderlich ist, die im öffentlichen Interesse liegt oder in Ausübung öffentlicher Gewalt erfolgt, die dem Verantwortlichen übertragen wurde.
- die Verarbeitung zur Wahrung der berechtigten Interessen des Verantwortlichen oder eines Dritten erforderlich ist, sofern nicht die Interessen oder Grundrechte und Grundfreiheiten der betroffenen Person, die den Schutz personenbezogener Daten erfordern, überwiegen, insbesondere dann, wenn es sich bei der betroffenen Person um ein Kind handelt.

327 Wenn Daten jedoch der Schweigepflicht gem. § 203 StGB unterliegen, dürfen diese nicht verarbeitet oder weitergegeben werden (auch nicht innerhalb eines Trägers).

3. Rechte der betroffenen Person

328 Die **DSGVO** schreibt sehr umfangreiche Rechte der betroffenen Person vor. Insbesondere müssen der betroffenen Person **alle Informationen** übermittelt werden, die sich auf die Verarbeitung beziehen und die Rechte und Pflichten aus den Art. 13 ff. DDSGVO betreffen. Art. 12 DSGVO verlangt, dass die verarbeitenden Stellen in präziser, transparenter, verständlicher und leicht zugänglicher Form in einer klaren und einfachen Sprache darüber informieren, wobei die Informationen schriftlich oder in anderer Form übermitteln werden müssen. Der Empfängerhorizont, zB von Kindern, ist dabei besonders zu berücksichtigen bzw. es ist sicherzustellen, dass die Informationen auch tatsächlich von der betroffenen Person verstanden werden können.

329 Die Informationspflichten korrespondieren mit dem **Auskunftsrecht** der betroffenen Personen. So kann nach Art. 15 Abs. 1 DSGVO die betroffene Person von der verarbeitenden Stelle eine Bestätigung verlangen, ob über sie personenbezogene Daten verarbeitet werden und hat in diesem Falle einen Anspruch auf Auskunft, zB über den Verarbeitungszweck, die Dauer der Speicherung oder bei wem die Daten erhoben wurden, sofern sie bei Dritten erhoben wurden. Außerdem besteht ein Recht auf Löschung gem. Art. 17 DSGVO. So hat die betroffene Person das Recht, von der verarbeitenden Stelle die unverzügliche Löschung aller personenbezogenen Daten zu verlangen, wenn die Daten für den Verarbeitungszweck nicht mehr notwendig sind oder eine bestehende Einwilligung widerrufen wurde.

VII. Exkurs: Strafrechtliche Schweigepflicht

330 Neben dem Datenschutz ist die Schweigepflicht wesentlicher Bestand des Vertrauensschutzes in der Sozialen Arbeit. So richtet sich § 203 Abs. 1 StGB ausdrücklich nur an die dort aufgeführten Berufsgruppen, wobei der Bezug zur Sozialen

Kapitel A: Theoretische Grundlagen 137

Arbeit über die Nummern 4 („*Ehe-, Familien-, Erziehungs- oder Jugendberater sowie Berater für Suchtfragen in einer Beratungsstelle, die von einer Behörde oder Körperschaft, Anstalt oder Stiftung des öffentlichen Rechts anerkannt ist*"), 4 a („*Mitglied oder Beauftragten einer anerkannten Beratungsstelle nach den §§ 3 und 8 des Schwangerschaftskonfliktgesetzes*") und 5 („*staatlich anerkanntem Sozialarbeiter oder staatlich anerkanntem Sozialpädagogen*") hergestellt wird. Da die Strafbarkeit immer an die **individuelle Schuld** anknüpft, können sich nur die einzelnen Mitarbeiterinnen und Mitarbeiter strafbar machen, nicht jedoch die Einrichtung. Neben der Zugehörigkeit zu einer der genannten Berufsgruppen muss im Rahmen der aufgezählten Tätigkeiten ein anvertrautes (oder sonst bekannt gewordenes) fremdes Geheimnis unbefugt offenbart worden sein.

1. Fremdes Geheimnis

Ein fremdes Geheimnis ist jede auf eine andere Person bezogene Tatsache, die **nicht offenkundig** ist bzw. deren Kenntnis gerade nicht einem größeren Personenkreis zugänglich gemacht werden soll. Offenkundig sind Tatsachen, von denen eine Person ohne größere Schwierigkeiten Kenntnis erlangen kann oder deren Kenntnis aufgrund von allgemein zugänglichen Quellen jederzeit möglich ist (zB in sozialen Netzwerken gepostete Fotos und Kommentare). 331

2. Anvertrauen

Erfasst werden nur Tatsachen, die durch einen Akt des „Anvertrauens" **im Zusammenhang mit der beruflichen Qualifikation oder Tätigkeit erfahren** wurden. Dabei wird darauf vertraut, dass diese Informationen gerade nicht an Dritte weitergeben werden. Darüber hinaus werden Tatsachen in sonstiger Weise bekannt, wenn sie nicht mündlich oder schriftlich, aber trotzdem im Rahmen eines Vertrauensverhältnisses beispielsweise durch Beobachtung, geläufig werden. Dies betrifft vor allem beratende oder betreuende Tätigkeiten in der Sozialen Arbeit – so trifft zB eine Familienhelferin die Schweigepflicht in Bezug auf alles, was sie von der Familie hört oder sieht.[152] In der **Freizeit** anvertraute Geheimnisse werden nur erfasst, wenn man den Anschein gesetzt oder nicht vermieden hat, dass man sich noch bei der Ausübung seiner Tätigkeit befindet. Gegebenenfalls ist der Anvertrauende darüber zu informieren. 332

3. Offenbaren

Ein Offenbaren liegt vor, wenn der Adressatenkreis des Geheimnisses über den gewollten Adressatenkreis hinaus erweitert wird. Dies gilt auch für den dienstinternen Austausch von Informationen – so ist die Weitergabe von anvertrauten Geheimnissen nur zulässig, wenn eine entsprechende Offenbarungsbefugnis besteht. Dabei ist es unerheblich, ob die anderen Personen auch zum Schweigen verpflichtet wären.[153] Problematisch wird dies in der Praxis für **Teambesprechungen oder die** 333

---

[152] Vgl. OLG Hamm, NJW-RR 1992, S. 583.
[153] BayObLG, NJW 1995, S. 1623: „*Es versteht sich von selbst, daß von dieser Definition auch die Weitergabe des Geheimnisses an einen Schweigepflichtigen erfaßt wird. Angesichts der nicht eingrenzbaren Vielzahl von Personen, die einer Schweigepflicht unterworfen sind, wäre im Übrigen der Schutz des*

Supervision. Um dieses Problem zu lösen muss entweder hinreichend anonymisiert werden oder eine Offenbarungsbefugnis vorliegen. Anonymisieren setzt voraus, dass die Einzelangaben nicht mehr oder nur unter unverhältnismäßig großen Aufwand einer bestimmten Person zugeordnet werden können. Darüber hinaus bezeichnet der Begriff „Pseudonymisierung" gem. Art. 4 Nr. 5 DSGVO *„die Verarbeitung personenbezogener Daten in einer Weise, dass die personenbezogenen Daten ohne Hinzuziehung zusätzlicher Informationen nicht mehr einer spezifischen betroffenen Person zugeordnet werden können"*.

Beispiel:

Eine wirksame Anonymisierung liegt vor, wenn ein Streetworker bei einer Teambesprechung den Fall so schildert, dass die anderen Teammitglieder nicht erkennen können, um welche Person es sich handelt. Schildert hingegen eine Familienhelferin die Probleme in einer Familie, und können die anderen Teilnehmer dann sofort folgern, dass es sich um eine Familie XY handelt, ist nicht hinreichend anonymisiert worden. Häufig reicht es nicht aus, nur auf die Namensnennung zu verzichten, wenn es genügend andere Charakteristika gibt, die eindeutige Rückschlüsse auf eine Person zulassen. In diesen Fällen sind eine Anonymisierung und daher auch eine Besprechung im Team überhaupt nicht möglich.

334 Innerhalb von Einrichtungen lässt sich in der Praxis teilweise nur schwer sicherstellen, dass keine Rückschlüsse auf die Identität der Person gezogen werden können. Daher sollten auch Dienste und Einrichtungen darauf achten, von den Klienten eine entsprechende Schweigepflichtentbindung einzuholen.

4. Unbefugt

335 Unter Strafe gestellt ist lediglich das unbefugte Offenbaren von Geheimnissen. Sofern also eine solche Befugnis vorliegt, sind die Tatbestandsmäßigkeit oder die Rechtswidrigkeit nicht mehr gegeben. Eine solche Befugnis kann sich – ähnlich der datenschutzrechtlichen Befugnis – aus dem Gesetz oder aus der Einwilligung (im Sinne einer Schweigepflichtentbindung) ergeben. Relevant für die Soziale Arbeit sind vor allem die Einwilligung des Betroffenen als auch der sog. rechtfertigende Notstand.

a) Einwilligung des Betroffenen

336 Der Betroffene selbst kann zuvor der Entbindung von der Schweigepflicht zustimmen (mündlich, schriftlich, konkludent). Dem liegt zugrunde, dass jeder grundsätzlich frei auf den Schutz für bestimmte Rechtsgüter verzichten kann.

Beispiel:

Chirurgische Eingriffe sind gefährliche Körperverletzungen, die für den Arzt straflos bleiben, wenn der Patient zuvor in die Operation eingewilligt hat. Ein Foul beim Fußball ist regelmäßig auch eine Körperverletzung. Die Spieler willigen konkludent (schlüssig) durch die Teilnahme am Spiel in die damit üblicherweise verbundenen Körperverletzungen ein.

337 Dies setzt voraus, dass der Betroffene selbst einwilligungsfähig ist. Die **Einwilligungsfähigkeit** ist im Gegensatz zur Geschäftsfähigkeit rechtlich nicht genau festgelegt – vielmehr kommt es darauf an, ob man die Folgen der Einwilligung vollständig erfassen kann, also die Reife und das Verständnis besitzt, die Bedeutung und

---

§ 203 StGB illusorisch, wollte man die Mitteilung an jede von ihnen als nicht tatbestandsmäßig ansehen."

Tragweite (Risiken) der Einwilligung zu begreifen. Dies ist bei Minderjährigen grundsätzlich schwierig zu beurteilen und hängt auch von den tatsächlichen Konsequenzen der Schweigepflichtentbindung ab. Sofern Minderjährige nicht einwilligungsfähig sind oder sofern Zweifel an der Einwilligungsfähigkeit bestehen, müssen die Eltern bzw. Personensorgeberechtigten einwilligen. Gleichfalls besteht aber trotz eines umfangreichen Informationsrechts der Eltern gegenüber den öffentlichen Trägern[154] die Möglichkeit die Eltern nicht zu informieren, sofern dadurch der Beratungszweck vereitelt werden würde (§ 8 Abs. 3 SGB VIII). Dies kann schon dann der Fall sein, wenn durch die Weitergabe der anvertrauten Geheimnisse an die Personensorgeberechtigte die weitere Leistungserbringung aufgrund eines zerstörten Vertrauensverhältnisses unmöglich wird. Daher ist im Einzelfall zu bestimmen, ob das Kind bzw. der Jugendliche einwilligungsfähig ist und ob die Information der Eltern ggf. den Beratungszweck vereitelt. Eine Einwilligung ist darüber hinaus **unwirksam**, wenn sie zu pauschal ist und daher der Betroffene nicht weiß oder wissen kann, welche Tragweite seine Einwilligung hat und auf welche Daten sie sich bezieht.[155] Die Schweigepflichtentbindung sollte daher den Umfang der Entbindung genau bezeichnen, also welche Informationen davon erfasst werden und an wen die Informationen weitergegeben werden dürfen.[156]

b) Rechtfertigender Notstand

Vom rechtfertigenden Notstand werden in § 34 StGB besondere **Gefahrensituationen** erfasst („*gegenwärtigen, nicht anders abwendbaren Gefahr für Leben, Leib, Freiheit, Ehre, Eigentum oder ein anderes Rechtsgut*"), die nicht anders als durch eine Straftat verhindert werden können.

Beispiel:
Ein Taxifahrer fährt eine hochschwangere Frau mit starken Wehen in das nahegelegene Krankenhaus. Die Gefahr schwerer Komplikationen mit Folgen für Leib und Leben von Mutter und Kind besteht. Um möglichst schnell das Krankenhaus zu erreichen, fährt der Taxifahrer vorsichtig bei Rot über eine Ampel und wird dabei geblitzt. Die Gefahr für die Mutter und das Kind kann nicht anders abgewendet werden, als durch den Rotverstoß.

Dabei muss der **Schadenseintritt** unmittelbar bevorstehen. Die bloße Möglichkeit eines Schadens für die genannten Rechtsgüter reicht nicht aus, vielmehr bedarf es konkreter Anhaltspunkte, die eine auf Fachwissen basierende Prognose in der konkreten Situation ermöglichen. In diesem Rahmen muss der Sozialarbeiter dann eine **Abwägung** treffen, ob das zu schützenden Interesse das beeinträchtigte Interesse wesentlich überwiegt.

Beispiel:
In dem zuvor genannten Beispielfall handelt es sich bei dem zu schützenden Interesse um das Leben und die Gesundheit von Mutter und Kind. Das beeinträchtigte Interesse ist der reibungs- und unfallfreie Ablauf des Straßenverkehrs und die Einhaltung der Rechtsordnung. Das Leben und die Gesundheit überwiegen als wertvollste Rechtsgüter das beeinträchtigte

---

154 Vgl. BVerfG, NJW 1982, S. 1375.
155 Vgl. BVerfG, ZfS 2007, S. 34 f.
156 In diesem Zusammenhang wird häufig auf die 6 W's. verwiesen: Wer erteilt die Schweigepflichtentbindung, wen entbindet der Erklärende von der Schweigepflicht, wofür wird die Erklärung erteilt, wem gegenüber dürfen die Empfänger Mitteilung machen, wovon entbindet der Erklärende, wie lange gilt die Schweigepflichtentbindung? Ausführlich dazu: Patjens, Rainer: Rechtliche Rahmenbedingungen in der Kinder- und Jugendarbeit, S. 306 ff.

Interesse, nämlich der Einhaltung der Rechtsordnung, da der Taxifahrer vorsichtig und ohne Fremdgefährdung über die rote Ampel gefahren ist.

340 Außerdem muss die Tat **geeignet und erforderlich** sein, um den Schadenseintritt abzuwenden. Geeignet ist die Tat, wenn damit tatsächlich das verfolgte Ziel (Schutz des Rechtsgutes) erreicht werden kann. Die Erforderlichkeit ist hingegen zu bejahen, wenn kein milderes Mittel zur Verfügung steht, mit dem das Ziel auch ohne Rechtsgutsverletzung erreicht werden kann.

Beispiel:
Hätte der Taxifahrer das Krankenhaus auch auf einer anderen Route ohne Ampeln in der gleichen Zeit erreichen können, wäre die Fahrt auf dieser Route das mildere Mittel gewesen, weil der Taxifahrer sich ohne Zeitverlust hätte rechtstreu verhalten können bzw. ein Rotverstoß nicht passiert wäre.

c) Gesetzliche Offenbarungspflicht: Anzeige geplanter Straftaten

341 Soweit das Gesetz zur Offenbarung bestimmter Informationen verpflichtet, geht diese Verpflichtung der Schweigepflicht vor. Relevant ist dies im Fall der Kenntnis geplanter Straftaten. Die Nichtanzeige geplanter Straftaten ist gem. § 138 StGB strafbar, so dass man trotz Schweigepflicht diese Straftaten bei der Polizei oder Staatsanwaltschaft zur Anzeige bringen muss, sofern man zu einem Zeitpunkt davon erfährt, an dem eine Abwendung oder Vereitelung der Straftat möglich ist. Die Anzeigepflicht erstreckt sich hingegen nicht auf Straftaten in der Vergangenheit, so dass auch die Kenntnis schwerster bereits begangener Verbrechen nicht anzeigepflichtig ist. Von der Anzeigepflicht werden nur **bestimmte Straftaten** erfasst, zB die Vorbereitung eines Angriffskrieges, Geld- oder Wertpapierfälschung, Mord und Totschlag, Raub und räuberische Erpressung sowie gemeingefährliche Straftaten (zB Brandstiftung). Nicht erfasst werden hingegen Körperverletzungen, Straftaten gegen die sexuelle Selbstbestimmung (auch nicht Vergewaltigung oder sexueller Missbrauch von Kindern und Jugendlichen), Diebstahl oder Betrug. Von den erfassten Straftaten hat zB der Raub eine hohe Bedeutung für die Soziale Arbeit (Kinder- und Jugendarbeit). So ist das verharmlosend bezeichnete „Abziehen" ein Raub, dh die Wegnahme einer Sache unter Gewaltanwendung/-androhung.

Beispiel:
Erfährt ein Mitarbeiter einer offenen Jugendeinrichtung von einem Jugendlichen, dass er am Abend mit seiner Clique auf „Tour" gehen will, in dessen Rahmen sie sich auch einige Sachen „organisieren" bzw. wie sonst auch ein „paar Dumme abziehen wollen", ist dies grundsätzlich anzeigepflichtig, wenn hinter der Ankündigung erkennbarer Ernst steckt und die Gefahr noch abgewendet werden kann.

VIII. Zusammenfassung

342 Datenschutz richtet sich primär als Organisationsverpflichtung an den Träger, während die Schweigepflicht sich an die einzelne Person richtet. Der Bruch des Sozial- bzw. Schweigegeheimnisses ist nur dann zulässig, wenn eine entsprechende Befugnis vorhanden ist. Diese Befugnis kann sich aus dem Gesetz oder aus einer Einwilligung des Betroffenen ergeben. Als gesetzliche Befugnis für die Datenübermittlung gilt vor allem, dass die Daten für die Erfüllung der gesetzlichen Aufgaben der Stelle erforderlich sind, sowohl in Hinblick auf die Erhebung als auch auf die Verarbeitung. Dies setzt voraus, dass die erhebende bzw. übermittelnde Stelle sehr genaue Kennt-

nis über ihre gesetzlichen Aufgaben hat und die Erforderlichkeit begründen kann. Demgegenüber vereinfacht eine datenschutzrechtliche Einwilligungserklärung die Erhebung und Verarbeitung, muss sich aber an den Voraussetzungen des § 67 b Abs. 2 SGB X ausrichten und darf nicht zu allgemein gehalten sein.

Bei Fachkräften in der Sozialen Arbeit sollte vor allem das Wissen um die Bedeutung des Datenschutzes als auch die Grundlagen des Datenschutzes bekannt sein. **343**

IX. Prüfungsschema Sozialdatenschutz

Folgende Prüfschritte sollten beim Datenschutz berücksichtigt werden: **344**
1. Vorliegen eines Sozialdatums gem. § 67 Abs. 2 SGB X: Personenbezogene Daten, die von einem Sozialleistungsträger im Hinblick auf seine Aufgaben nach SGB verarbeitet werden.
2. Bei **Datenerhebung**: Erforderlichkeit der Datenerhebung für die Erfüllung der Aufgaben der erhebenden Stelle, § 67 a Abs. 1 SGB X.
3. Bei **Datenverarbeitung und Nutzung**:
   a. Vorliegen einer datenschutzrechtlichen Einwilligung gem. § 67 b Abs. 2 SGB X für die Verarbeitung und Nutzung <u>oder</u>
   b. Vorliegen einer gesetzlichen Befugnis für die Verarbeitung und Nutzung:
      i. Datenspeicherung, -veränderung und Nutzung: Zulässig, soweit für Erfüllung der gesetzlichen Aufgaben erforderlich, § 67 c Abs. 1 SGB X
      ii. Übermittlungsbefugnisse
         1. Übermittlung an Polizeibehörden und Staatsanwaltschaft, § 68 SGB X
         2. Übermittlung zur Erfüllung sozialer Aufgaben, § 69 SGB X
         3. Übermittlung zur Durchführung des Arbeitsschutzes, § 70 SGB X
         4. Übermittlung für die Erfüllung besonderer gesetzlicher Pflichten und Mitteilungsbefugnisse, § 71 SGB X
         5. Übermittlung für den Schutz der inneren und äußeren Sicherheit, § 72 SGB X
         6. Übermittlung zur Durchführung eines Strafverfahrens, § 73 SGB X
         7. Übermittlung bei Verletzung der Unterhaltspflicht und beim Versorgungsausgleich, § 74 SGB X
         8. Übermittlung zur Durchsetzung öffentlich-rechtlicher Ansprüche und im Vollstreckungsverfahren, § 74 a SGB X
         9. Übermittlung von Sozialdaten für die Forschung und Planung, § 75 SGB X
         10. Übermittlung ins Ausland und an internationale Organisationen, § 77 SGB X
      iii. Keine Einschränkung der Übermittlungsbefugnis bei besonders schutzwürdigen Sozialdaten, § 76 SGB X
      iv. Zweckbindung und Geheimhaltungspflicht eines Dritten, an den die Daten übermittelt werden, § 78 SGB X

Übersicht Sozialdatenschutz

345

§ 35 SGB I: Sozialgeheimnis

Grundsatz: Sozialdaten dürfen **nicht unbefugt** von den Leistungsträgern erhoben, verarbeitet oder genutzt werden!

→

Sozialdaten sind personenbezogene Daten, die von einem Sozialleistungsträger in Hinblick auf seine Aufgaben nach dem Sozialgesetzbuch verarbeitet werden. (§ 67 Abs. 2 SGB X)

Personenbezogene Daten sind alle Informationen, die sich auf eine identifizierte oder identifizierbare natürliche Person beziehen. (Art. 4 Nr. 1 DSGVO)

→

Einwilligung:
§ 67b Abs. 2 SGB X

- Freie Entscheidung des Betroffenen.
- Vorher einzuholen.
- Hinweis auf Zweck der Verarbeitung und die Folgen der Verweigerung.
- I.d.R. Schriftform.
- Besondere Hervorhebung bei Verbindung mit anderen Erklärungen.
- Problem: Einwilligungsfähigkeit z. B. bei Kindern, dementen Personen

→

Erhebung:
§ 67a SGB X

- Sozialdaten sind grundsätzlich beim Betroffenen zu erheben.
- Der Betroffene ist über den Zweck und die erhebende Stelle zu informieren.
- Erhebung nur zulässig, wenn dies zur Aufgabenerfüllung der erhebenden Stelle erforderlich ist.

→

Speicherung, Veränderung, Nutzung, Übermittlung, Einschränkung der Verarbeitung, Löschung

§§ 67b Abs. 1, 67c Abs. 1 SGB X:

- Verarbeitung und Nutzung nur soweit eine Rechtsgrundlage dafür besteht (Strenger Gesetzesvorbehalt) oder eine Einwilligung des Betroffenen vorliegt.
- Strenge Zweckbindung

§ 67c Abs. 2 SGB X

- Nur soweit erforderlich zur Erfüllung von Aufgaben der erhebenden Stelle nach anderen Rechtsvorschriften des SGB.
- Darüber hinaus zulässig für die in den Abs. 3-5 genannten Zwecke.

→

Übermittlung:
§§ 67d ff. SGB X

- Zulässig, soweit eine Übermittlungsbefugnis vorliegt.
- Verantwortung für die Rechtmäßigkeit trägt die übermittelnde Stelle.
- Übermittlung insbesondere zulässig, soweit für die Aufgabenerfüllung erforderlich.
- Besondere Übermittlungsbefugnisse ggü. Polizei, StA, Strafrichter.

Kapitel B: Fälle und Übungen

I. Aufgaben

Lösen Sie die folgenden Fragen ggf. anhand der genannten Normen.

346

Frage:		Lösungshinweis:
1.	Welche Bedeutung hat der Datenschutz für die Soziale Arbeit?	
2.	Was beinhaltet die „Verarbeitung" von Daten?	Art. 4 Nr. 2 DSGVO
3.	Was ist bei der Übermittlung von Sozialdaten zu beachten?	§ 67 d SGB X
4.	Sachbearbeiterin Susi (S) arbeitet im Jobcenter und möchte Daten über eine Kundin bei deren Nachbarn erheben, weil sie glaubt, die Kundin werde sie sowieso anlügen. Unter welchen Voraussetzungen ist das zulässig?	§ 67 a Abs. 2 Nr. 2 SGB X
5.	Was ist bei einer datenschutzrechtlichen Einwilligung zu beachten?	§ 67 b Abs. 2 SGB X, Art. 7 DSGVO
6.	Was bedeutet der Grundsatz der Transparenz?	Rn. 289.
7.	Unter welchen Voraussetzungen dürfen Daten an die Polizei und die Staatsanwaltschaften übermittelt werden?	§ 68 Abs. 1 SGB X
8.	Wer entscheidet über das Ermittlungsersuchen bei einer Übermittlung an Polizei oder Staatsanwaltschaft?	§ 68 Abs. 2 SGB X
9.	Die Pflegekasse erfährt von ihrem Pflegeberater Peter (P), einem anerkannten Sozialarbeiter, dass ihm der 87jährige Bruno (B) in einem vertraulichen Gespräch anvertraut hat, regelmäßig von seinem Pfleger misshandelt zu werden. Der Pfleger arbeitet für einen ambulanten Pflegedienst. Insbesondere zwinge er ihn mit körperlicher Gewalt die Mahlzeiten immer ganz aufzuessen und Tabletten ohne Wasser zu schlucken. B möchte ausdrücklich nicht, dass die Polizei davon informiert wird. Darf die Pflegekasse trotzdem die Polizei informieren?	§ 76 Abs. 1 SGB X

Frage:	Lösungshinweis:
10. Die Adoptionsvermittlungsstelle des Jugendamtes möchte die 6 Monate alte Tami (T) an die beiden Adoptiveltern Malte (M) und Franziska (F) vermitteln. Zuvor fragt die Adoptionsvermittlungsstelle beim Allgemeinen Sozialen Dienst des Jugendamtes an (ASD) und möchte wissen, ob der ASD kindeswohlrelevante Informationen über M und F haben. Darf der ASD die Informationen übermitteln?	§ 69 Abs. 1 SGB X
11. Das städtische Pflegeheim möchte die Fotos vom gemeinsamen Sommerfest mit den Senioren ins Internet stellen. Dürfen die Fotos vom Sommerfest auf der Website des Pflegeheims ins Internet gestellt werden?	Rn. 304
12. Wann müssen Sozialdaten wieder gelöscht werden?	§ 84 SGB X iVm Art. 17 DSGVO

II. Lösungen

Frage 1:
Welche Bedeutung hat der Datenschutz für die Soziale Arbeit?

347 Sozialdaten sind besonders sensible Daten, die der Bürger teilweise für bestimmte Anträge preisgeben muss, vgl. §§ 60 ff. SGB I (Arbeitslosengeld II/Sozialhilfe, Krankenversicherung usw). Die Soziale Arbeit basiert auf dem Verhältnis zwischen Sozialarbeiter und Klienten, nur wenn der Klient etwas von sich preisgibt ist häufig Hilfe möglich. Im Rahmen der Sozialen Arbeit erfährt man daher viele sehr persönliche und damit schützenswerte Informationen. Datenschutz betrifft daher den Klienten ebenso wie den Sozialarbeiter, da das Vertrauensverhältnis dadurch bewahrt wird. Allerdings ist der Datenschutz nur ein Baustein in Hinblick auf den Vertrauensschutz und das Schweigen in der Sozialen Arbeit!

Zu Frage 2:
Was beinhaltet die „Verarbeitung" von Daten?

348 Die Verarbeitung ist ein Überbegriff und erfasst neben dem Speichern auch das Verändern, Übermitteln, Sperren und Löschen von Sozialdaten. Nach Art. 4 Nr. 2 DSGVO bedeutet *„Verarbeitung" jeden mit oder ohne Hilfe automatisierter Verfahren ausgeführten Vorgang oder jede solche Vorgangsreihe im Zusammenhang mit personenbezogenen Daten wie das Erheben, das Erfassen, die Organisation, das Ordnen, die Speicherung, die Anpassung oder Veränderung, das Auslesen, das Abfragen, die Verwendung, die Offenlegung durch Übermittlung, Verbreitung oder eine andere Form der Bereitstellung, den Abgleich oder die Verknüpfung, die Einschränkung, das Löschen oder die Vernichtung"*.

Zu Frage 3:
Was ist bei der Übermittlung von Sozialdaten zu beachten?
Eine Übermittlung ist nur zulässig, sofern eine gesetzliche Grundlage nach den §§ 68 ff. SGB X oder den besonderen Teilen des SGB vorhanden ist. Ebenso ist die Übermittlung zulässig, wenn eine Einwilligung des Betroffenen vorliegt. Darüber hinaus ist von der übermittelnden Stelle zu prüfen, ob die Voraussetzungen der Befugnisnorm vorliegen und eine Übermittlung daher rechtmäßig wäre. Dabei darf sich die übermittelnde Stelle aber auf die Angaben der anfordernden Stelle verlassen (§ 67d Abs. 1 S. 2 SGB X). In dem Übermittlungsersuchen müssen alle für die Prüfung notwendigen Informationen vorhanden sein. Geprüft werden muss dann vor allem, ob das Ersuchen im Rahmen der Aufgaben des Dritten liegt, insbesondere ob die örtliche und sachliche Zuständigkeit gegeben ist.

349

Zu Frage 4:
Unter welchen Voraussetzungen ist die Datenerhebung zulässig?
Die Datenerhebung hat gem. § 67a Abs. 2 S. 1 SGB X grundsätzlich beim Betroffenen zu erfolgen. Sollen die Daten bei einer anderen Person erhoben werden, ist dies nur unter sehr engen Voraussetzungen zulässig. Dies wäre möglich, sofern es durch eine Rechtsvorschrift ausdrücklich zugelassen ist. Ebenso ist dies zulässig, wenn die Aufgabenerfüllung nur möglich ist, wenn die Daten bei einer anderen Person erhoben werden oder die Erhebung beim Betroffenen einen unverhältnismäßigen Aufwand erfordern würde und keine Anhaltspunkte dafür bestehen, dass überwiegende schutzwürdige Interessen des Betroffenen beeinträchtigt werden. Im vorliegenden Fall gibt es keine Rechtsvorschrift, die die Erhebung bei den Nachbarn ausdrücklich zulässt. Ebenso ist nicht ersichtlich, dass die Aufgabenwahrnehmung ohne diese Erhebung bei Dritten nicht möglich wäre oder es einen unverhältnismäßig hohen Aufwand bedeuten würde, die Daten bei der Betroffenen zu erheben. Vielmehr glaubt die Sachbearbeiterin lediglich, dass sie angelogen werden wird. Solange es dafür keine tatsächlichen Anhaltspunkte gibt, ist eine Erhebung bei den Nachbarn nicht zulässig.

350

Zu Frage 5:
Was ist bei einer datenschutzrechtlichen Einwilligung zu beachten?
Gemäß § 67b Abs. 2 SGB X iVm Art. 7 DSGVO muss bei Einholung der Einwilligung auf den Zweck hingewiesen werden. Die Einwilligung muss vor der Datenerhebung oder Verarbeitung eingeholt werden und auf einer freien Entscheidung des Betroffenen beruhen. Der Betroffene ist auch über die Folgen einer möglichen Ablehnung der Einwilligung hinzuweisen. Grundsätzlich ist die Schriftform zu beachten (in klarer und einfacher Sprache), soweit nicht wegen besonderer Umstände eine andere Form angemessen ist. Wird die Einwilligung zusammen mit anderen Erklärungen erteilt, ist sie im äußeren Erscheinungsbild von den anderen Erklärungen deutlich abzuheben. Darüber hinaus kann die Einwilligung jederzeit widerrufen werden.

351

Zu Frage 6:
Was bedeutet der Grundsatz der Transparenz?
Der Grundsatz der Transparenz gebietet, dass der Betroffene Kenntnis darüber haben muss, dass Daten über ihn erhoben werden und welche Daten dies sind.

352

Ebenso muss er wissen, zu welchem Zweck die Daten erhoben und von wem sie gespeichert werden. Eine heimliche Datenerhebung ist grundsätzlich nicht zulässig.

Zu Frage 7:

Unter welchen Voraussetzungen dürfen Daten an die Polizei und die Staatsanwaltschaften übermittelt werden?

353 Eine Datenübermittlung an die Polizei und die Staatsanwaltschaft ist gem. § 68 Abs. 1 SGB X nur aufgrund eines entsprechenden Ersuchens zulässig, das vor der Übermittlung von der übermittelnden Stelle zu prüfen ist. Zulässig ist die Übermittlung an die Polizei und Staatsanwaltschaft, sofern es um deren Aufgabenerfüllung geht, es sich um einen Einzelfall handelt, das Ersuchen nicht länger als 6 Monate zurückliegt, keine schutzwürdigen Interessen des Betroffenen beeinträchtigt werden und sich die ersuchende Stelle die Daten nicht auf andere Weise beschaffen kann. Die Übermittlungsbefugnis beschränkt sich aber auf die im Gesetz genannten Daten, nicht zulässig ist zB die Weitergabe von Sachverhaltsauskünften.

Zu Frage 8:

Wer entscheidet über das Ermittlungsersuchen bei einer Übermittlung an Polizei oder Staatsanwaltschaft?

354 Über das Übermittlungsersuchen entscheidet gem. § 68 Abs. 2 SGB X der Leiter der ersuchten Stelle, sein allgemeiner Stellvertreter oder ein dafür besonders bevollmächtigter Bediensteter.

Zu Frage 9:

Darf die Pflegekasse trotzdem die Polizei informieren?

355 Für die Übermittlung an die Polizei benötigt die Pflegekasse eine Übermittlungsbefugnis aus den §§ 68 ff. SGB X. Hierbei könnte die Übermittlung gem. § 69 Abs. 1 Nr. 1 SGB X notwendig für die Erfüllung der gesetzlichen Aufgaben der Pflegekasse zu sein. Gemäß § 1 Abs. 4 SGB XI hat die Pflegekasse die Aufgabe, Pflegebedürftigen Hilfe zu leisten, die wegen der Schwere der Pflegebedürftigkeit auf solidarische Unterstützung angewiesen sind und die Pflege sicherzustellen. Durch die Gewaltanwendung bei der Essensaufnahme und Tabletteneinnahme wird die Würde des B verletzt und dadurch die würdevolle Pflege nicht sichergestellt. Die Übermittlungsbefugnis wird jedoch eingeschränkt durch § 76 Abs. 1 SGB X, wenn es sich um besonders schutzwürdige Daten handelt. Dazu müssten der Pflegekasse die Daten von einer in § 203 Abs. 1 StGB genannten Personen zugänglich gemacht werden. Der Pflegeberater P ist als anerkannter Sozialarbeiter hier ausdrücklich aufgeführt. In diesem Falle ist die Weitergabe nur unter den Voraussetzungen zulässig, unter denen auch P im Rahmen seiner Schweigepflicht dazu befugt wäre. Eine solche Befugnis könnte mangels Einwilligung in dem Vorliegen eines sog. rechtfertigenden Notstandes gem. § 34 StGB liegen. Dazu müsste eine gegenwärtige, nicht anders abwendbare Gefahr für ein geschütztes Rechtsgut vorliegen. Die regelmäßige Misshandlung von B stellt eine solche Gefahr dar, allerdings ist es fraglich, ob diese nicht anders abwendbar ist. So wäre es auch möglich, den Pfleger zu entlassen bzw. den Vertrag mit dem Pflegedienst zu beenden, alternativ beim Pflegedienst um einen anderen Pfleger zu bitten. Dadurch wäre die Gefahr auch anderweitig abwendbar. Somit würde es für P keine Befugnis geben, so dass dies auch für die Pflegekasse gelten muss. Nach alledem darf die Pflegekasse daher nicht die Polizei informieren.

Zu Frage 10:
Darf der ASD die Informationen übermitteln?
Der Sozialdatenschutz verpflichtet dazu die Sozialdaten – auch innerhalb eines Leistungsträgers – nur Befugten zugänglich zu machen (§ 35 Abs. 1 S. 2 SGB X). Auch innerhalb des Leistungsträgers ist also zu prüfen, ob eine Übermittlungsbefugnis vorliegt. Für die Datenübermittlung an die Adoptionsvermittlungsstelle könnte § 69 Abs. 1 Nr. 1 SGB X die Befugnis darstellen. Dazu müssten die Daten für die Erfüllung einer gesetzlichen Aufgabe oder zu dem Zwecke, für den sie erhoben werden, übermittelt werden. Die möglichen Daten über die Adoptiveltern M und F dürfen übermittelt werden, wenn dies für die Wahrnehmung einer gesetzlichen Aufgabe aus § 1 SGB VIII erforderlich ist. Der Kinderschutz ist gem. § 1 SGB VIII die gesetzliche Aufgabe sowohl des ASD als auch der Adoptionsvermittlungsstelle. Die Datenübermittlung soll dazu dienen, dass T nicht in ein kindeswohlgefährdendes Umfeld gelangt. Daher ist es zulässig die Daten zu übermitteln.

356

Zu Frage 11:
Fotos vom Sommerfest im Internet einstellen?
Fotos über die Bewohner eines Pflegeheimes enthalten auch Angaben über persönliche oder sachliche Verhältnisse einer natürlichen Person, nämlich dass diese Person Bewohner eines bestimmten Pflegeheimes ist. Damit wäre beispielsweise auch die Adresse bekannt. Daher sind die Fotos auch Sozialdaten iSv § 67 Abs. 2 SGB X. Soweit die Bewohner nicht zugestimmt haben, bedarf es einer Befugnisnorm, um die Fotos online präsentieren zu können. Da die Fotos nicht für die Aufgabenerfüllung notwendig sind und auch keine andere Befugnisnorm greift, können die Fotos nicht einfach auf die Website gestellt werden. Denkbar wäre es allenfalls die Bilder hinreichend zu anonymisieren, zB indem die Gesichter unkenntlich gemacht werden.

357

Zu Frage 12:
Wann müssen Sozialdaten wieder gelöscht werden?
Gemäß § 84 SGB X sind die Daten zu löschen, wenn ihre Speicherung unzulässig ist oder die Daten für die verantwortliche Stelle zur rechtmäßigen Aufgabenerfüllung nicht mehr erforderlich sind und kein Grund zur Annahme besteht, dass dadurch die schutzwürdigen Interessen des Betroffenen beeinträchtigt werden.

358

Teil VII: Folgen fehlerhafter Verwaltungsakte

Kapitel A: Theoretische Grundlagen

359 Die meisten Verwaltungsakte erfüllen die rechtlichen Anforderungen und werden somit **rechtmäßig** (dh fehlerfrei) erlassen. Es ist aber auch nicht ungewöhnlich, dass beim Erlass eines Verwaltungsaktes Fehler auftreten. Das heißt, der entsprechende Verwaltungsakt genügt dem geltenden Recht nicht und ist aus diesem Grund **rechtswidrig** (dh fehlerhaft).

I. Der rechtmäßige Verwaltungsakt

360 Der Verwaltungsakt ist rechtmäßig, wenn die Zuständigkeits-, Verfahrens- und Formvorschriften eingehalten wurden (sog. formelle Rechtmäßigkeit) und wenn die Regelung inhaltlich den rechtlichen Anforderungen entspricht (sog. materielle Rechtmäßigkeit).

1. Die formelle Rechtmäßigkeit

361 Der Verwaltungsakt ist formell rechtmäßig, wenn er von der zuständigen Behörde in dem angeordneten Verfahren unter Einhaltung der vorgeschriebenen Form erlassen wurde. Bei der formellen Rechtmäßigkeit geht es dementsprechend um die Entstehung des Verwaltungsaktes.[157] Die formellen Anforderungen sollen die rechtsstaatliche Verwirklichung der materiellen Leistungen oder Verpflichtungen gewährleisten.[158]

a) Zuständigkeit

362 Nur die örtlich und sachlich zuständige Behörde darf den Verwaltungsakt erlassen. Die **sachliche Zuständigkeit** richtet sich nach den Aufgaben, die der Behörde rechtlich zugewiesen wurden. Für die einzelnen Sozialleistungen bestimmen die §§ 18 bis 29 SGB I, die von den besonderen Sozialgesetzbüchern ergänzt werden, die sachliche Zuständigkeit (vgl. Rn. 66 ff.). **Örtlich zuständig** ist die Behörde, der das räumliche Gebiet durch Rechtsvorschrift zugeordnet wurde.[159]

Beispiel:
Sachlich sind im Bereich der Kinder- und Jugendhilfe die Jugendämter der Landkreise und kreisfreien Städte für die Leistungserbringung verantwortlich (§§ 85, 69 SGB VIII i. v. m. den jeweiligen KJHG der Länder), zum Beispiel für die Erbringung von Hilfen zur Erziehung. Örtlich zuständig für die Gewährung von Hilfen zur Erziehung ist das Jugendamt des Landkreises oder der kreisfreien Stadt, indem die Eltern ihren gewöhnlichen Aufenthalt haben (§§ 86, 69 SGB VIII i. v. m. den jeweiligen KJHG der Länder).

363 Die örtliche und sachliche Zuständigkeit für die unterschiedlichen sozialen Aufgaben und Leistungen sind in den besonderen Teilen des Sozialgesetzbuches geregelt. Da

---

157 Vgl. Maurer/Waldhoff, Allgemeines Verwaltungsrecht, § 10 Rn. 37.
158 Vgl. Sommer, Lehrbuch Sozialverwaltungsrecht (2010), S. 99 f.
159 Vgl. Maurer/Waldhoff, Allgemeines Verwaltungsrecht, § 10 Rn. 38.

die richtige Zuständigkeit für den Hilfesuchenden häufig nicht so einfach zu durchschauen ist, sehen die §§ 13 bis 15 SGB I Auskunftspflichten der Behörden aber auch individuelle Beratungsansprüche des Bürgers vor. Wird ein Antrag dennoch bei einer unzuständigen Stelle eingereicht, ist dieser gem. § 16 Abs. 2 SGB I an den zuständigen Leistungsträger weiterzuleiten.

b) Verfahren

Auch wenn das sozialrechtliche Verwaltungsverfahren nach § 9 SGB X grundsätzlich einfach, zweckmäßig und zügig zu gestalten ist, sind die Behörden bei der Durchführung des Verwaltungsverfahrens an bestimmte formelle Rechtmäßigkeitsvoraussetzungen gebunden (siehe Rn. 249 ff.). Insbesondere ist auf das Anhörungsrecht gem. § 24 SGB X, auf das Akteneinsichtsrecht des Beteiligten gem. § 25 SGB X und auf einen ggf. erforderlichen Antrag (vgl. § 18 SGB X) hinzuweisen. Darüber hinaus ist zu beachten, dass im Verfahren bestimmte Personen nach §§ 16 und 17 SGB X nicht für die Behörde tätig werden dürfen. Neben diesen Anforderungen des allgemeinen Sozialverwaltungsrechts können außerdem die besonderen Sozialgesetzbücher einzuhaltende Verfahrensabläufe vorschreiben. So bestimmt beispielsweise § 36 SGB VIII besondere Beteiligungs- und Beratungsrechte der Personensorgeberechtigten sowie eine genaue Vorgehensweise des Jugendamtes bei der Planung der Hilfe. **364**

c) Form

Nicht selten wird vom Grundsatz der Formwahlfreiheit nach § 33 Abs. 2 S. 1 SGB X durch Formvorschriften in besonderen Leistungsgesetzen abgewichen oder ist aus Beweissicherungsgründen die Schriftform geboten. In diesen Fällen ist der Verwaltungsakt formell nur rechtmäßig, wenn die Behörde die vorgeschriebene Form beachtet (siehe Rn. 130 f.). **365**

d) Begründung

Für die formelle Rechtmäßigkeit ist der Verwaltungsakt mit einer Begründung zu versehen, § 35 Abs. 1 SGB X (siehe Rn. 133 ff.). Von einer Begründung kann aber in den Fällen des § 35 Abs. 2 SGB X abgewichen werden. **366**

e) Rechtsbehelfsbelehrung

Ein schriftlicher Verwaltungsakt ist gem. § 36 SGB X mit einer Rechtsbehelfsbelehrung zu versehen. Die fehlende oder fehlerhafte Rechtsbehelfsbelehrung führt allerdings nicht zur Rechtswidrigkeit des Verwaltungsaktes. Nach § 66 Abs. 2 SGG ist die Einlegung des Rechtsbehelfs dann aber innerhalb eines Jahres möglich (siehe Rn. 137 f.). **367**

2. Die materielle Rechtmäßigkeit

368 Der Verwaltungsakt ist materiell rechtmäßig, wenn die inhaltliche Regelung des Verwaltungsakts mit den geltenden Rechtsvorschriften übereinstimmt. Das bedeutet, ...

- dass sich der Regelungsinhalt des Verwaltungsaktes auf eine Rechtsgrundlage stützen (**Grundsatz des Vorbehaltes des Gesetzes**, vgl. Rn. 165 ff.) muss. Wird also eine bestimmte Sozialleistung begehrt, muss es konkret für diese Sozialleistung eine Anspruchsgrundlage geben. Möchte die Verwaltung in die Rechte des Bürgers eingreifen, benötigt sie für diese konkrete belastende Maßnahme eine Ermächtigungsgrundlage.
- Außerdem muss die getroffene Entscheidung mit der Rechtsgrundlage übereinstimmen (**Grundsatz des Vorranges des Gesetzes**, vgl. Rn. 164). Für die Übereinstimmung mit der Rechtsgrundlage müssen die Tatbestandsmerkmale richtig ausgelegt und angewendet werden und ist insbesondere der entscheidungserhebliche Lebenssachverhalt vollständig zu ermitteln und richtig zu würdigen (siehe Rn. 173 ff.). Auf der Rechtsfolgenseite ist die Behörde, je nachdem ob es sich um eine gebundene oder Ermessensentscheidung handelt, unterschiedlich stark an die Rechtsgrundlage gebunden. So muss die Behörde bei einer gebundenen Entscheidung, zwingend die vorgeschriebene Rechtsfolge treffen, wenn die Tatbestandsmerkmale erfüllt sind. Ist der Behörde dagegen Ermessen eingeräumt wurden, muss sie Ermessensfehlerfrei handeln (**Grundsatz der pflichtgemäßen Ermessensausübung**, § 39 Abs. 1 SGB I, vgl. Rn. 194 ff.) und eine verhältnismäßige Maßnahme auswählen (**Grundsatz der Verhältnismäßigkeit**, vgl. Rn. 200 ff.).
- Und schließlich muss der Verwaltungsakt nach § 33 Abs. 1 SGB X inhaltlich hinreichend bestimmt sein (§ 33 Abs. 1 SGB X) und gem. § 33 Abs. 3 S. 1 SGB X erkennen lassen, zu wem das Rechtsverhältnis besteht (**Grundsatz der Bestimmtheit**, vgl. Rn. 128).

II. Der rechtswidrige Verwaltungsakt und seine Rechtsfolgen

369 Verstößt der Verwaltungsakt gegen die beschriebenen formellen und materiellen Anforderungen, ist er fehlerhaft und damit **rechtswidrig**. Da die Rechtswidrigkeit aber insbesondere für den rechtlich nicht kundigen Bürger nicht immer eindeutig zu erkennen ist, ist der rechtswidrige Verwaltungsakt **grundsätzlich dennoch rechtswirksam** und damit verbindlich. Die Annahme der Rechtswidrigkeit von einem in der Regel rechtlich unkundigen Bürgers kann nicht zur Unwirksamkeit des Verwaltungsaktes führen. Die Verwaltung könnte in diesem Fall ihre Aufgabe, den Einzelfall rechtsverbindlich zu regeln, nicht mehr nachkommen. Aus Gründen der Rechtssicherheit bleibt daher nach **§ 39 Abs. 2 SGB X** auch ein rechtswidriger Verwaltungsakt wirksam, solange und soweit er nicht zurückgenommen, widerrufen (vgl. Rn. 468 ff.), anderweitig aufgehoben (siehe Rn. 402 ff., 423 ff.) oder durch Zeitablauf oder auf andere Weise erledigt ist.

370 Eine Ausnahme von diesem Grundsatz besteht, wenn der rechtswidrige Verwaltungsakt an einen besonders schwerwiegenden und offensichtlichen Fehler leidet. Dann ist der rechtswidrige Verwaltungsakt gem. § 40 Abs. 1 oder 2 SGB X **nichtig** und damit nach § 39 Abs. 3 SGB X **unwirksam**. Dieser in besonders qualifizierter Weise rechtswidrige Verwaltungsakt hat keinerlei rechtliche Folgen.

371 Bei den rechtswidrig aber wirksamen Verwaltungsakten unterscheidet man zunächst zwischen rechtlich unbeachtlichen und beachtlichen Fehlern.

372 Teilweise sind die Fehler so unbeachtlich, dass sie keinerlei Folgen nach sich ziehen. Der rechtswidrige Verwaltungsakt ist dann wirksam und der Betroffene kann hiergegen nichts unternehmen. Ein **unbeachtlicher Fehler** liegt nach § 42 SGB X vor, wenn die Verletzung der Rechtsnorm die Regelung in dem Verwaltungsakt nicht beeinflusst hat.

373 Ist der Fehler nicht besonders schwerwiegend und offensichtlich aber dennoch rechtlich relevant, spricht man von einem **beachtlichen Fehler**. Trotzdem ist der Verwaltungsakt zunächst aus Gründen der Rechtssicherheit und Funktionsfähigkeit der Verwaltung gem. § 39 Abs. 2 SGB X wirksam. Fehlerhafte Verwaltungsakte beanspruchen daher genauso Geltung wie rechtmäßige Verwaltungsakte. Der rechtswidrige, gleichsam rechtswirksame Verwaltungsakt ist aber mit Widerspruch und Klage anfechtbar (siehe Rn. 402 ff., 423 ff.), solange er noch nicht bestandskräftig ist. Mit der **Anfechtung** durch den Betroffenen wird durch die Behörde oder das Gericht festgestellt, ob der Verwaltungsakt tatsächlich rechtswidrig ist und dann ggf. durch diese amtliche Instanz aufgehoben. **Bestandskräftig** und damit nicht mehr anfechtbar wird der Verwaltungsakt, wenn die Frist zur Einlegung des Rechtsmittels abgelaufen ist oder die Einlegung des Rechtsmittels erfolglos geblieben ist. Der beachtlich rechtswidrige Verwaltungsakt ist damit grundsätzlich endgültig rechtswirksam.

374 Gegebenenfalls kann die Aufhebung des (beachtlich) rechtswidrigen, anfechtbaren Verwaltungsaktes im Widerspruchs- bzw. Klageverfahren aber noch durch behördliche Berichtigung umgangen werden. So können gem. § 41 Abs. 1 SGB X bestimmte Verfahrens- und Formfehler nachgeholt und damit **geheilt** werden und nach § 43 SGB X bestimmte fehlerhafte Verwaltungsakte in einen rechtmäßigen **umgedeutet** werden (siehe Rn. 379 ff., 386 ff.).

375 Ein bestandskräftiger und damit endgültig verbindlicher Verwaltungsakt kann schließlich nur noch durch die **behördliche Rücknahme** aufgehoben werden, vgl. §§ 44, 45 SGB X (siehe Rn. 471 ff., 477 ff.).

376

Überblick: Der rechtswidrige Verwaltungsakt und seine Rechtsfolgen

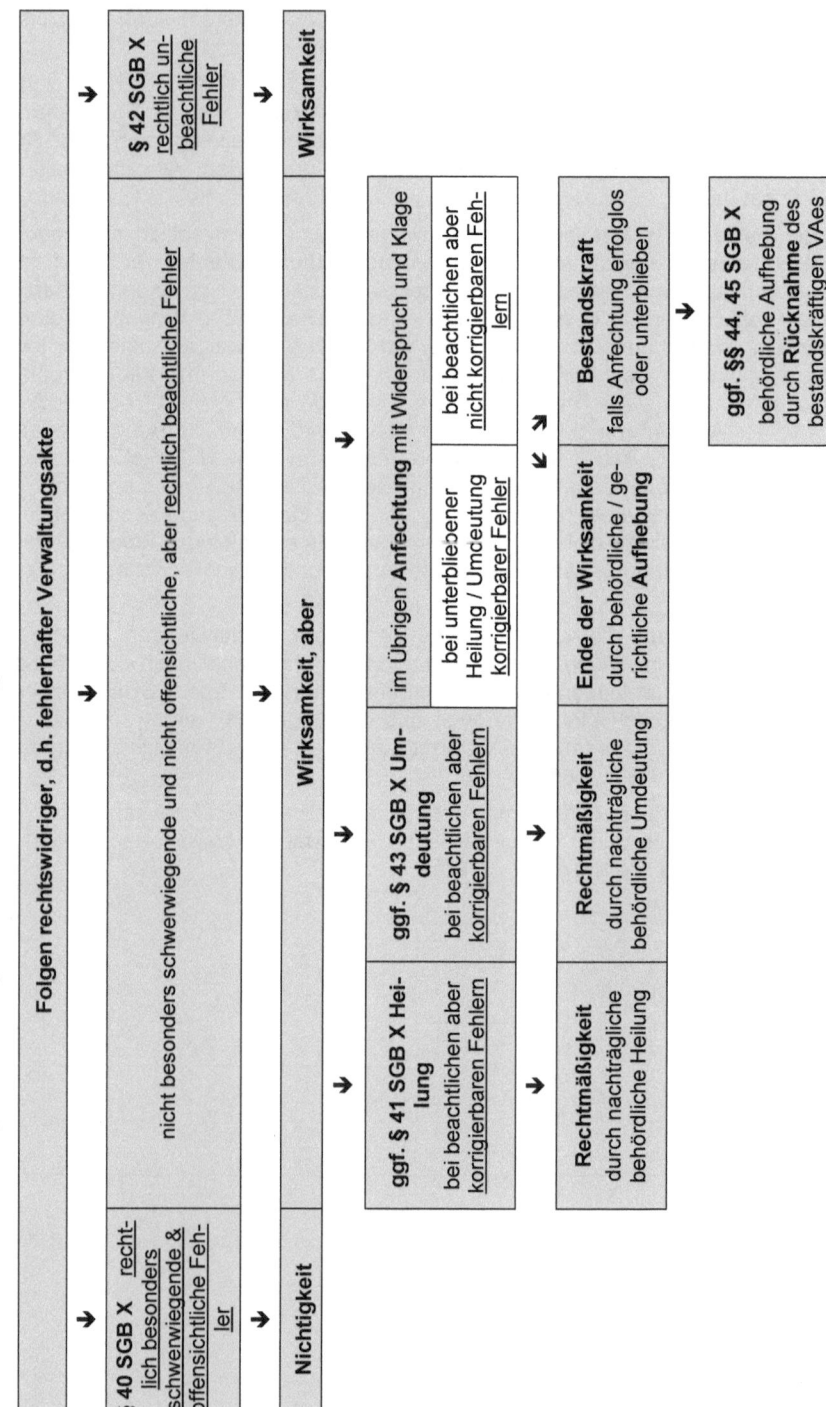

III. Nichtigkeit, Heilung, Unbeachtlichkeit und Umdeutung im einzelnen

1. Nichtigkeit aufgrund evidenter Fehler, § 40 SGB X

Nicht immer ist es eindeutig, ob der Verwaltungsakt tatsächlich rechtsfehlerhaft ist. Aus Gründen der Rechtssicherheit ist der Verwaltungsakt deshalb idR zunächst vorläufig und nach Ablauf der Rechtsmittelfrist endgültig wirksam, auch wenn die Möglichkeit besteht, dass der Verwaltungsakt rechtswidrig ist. 377

Dies gilt gem. § 40 Abs. 1 SGB X jedoch nicht, soweit der Verwaltungsakt an *einem besonders schwerwiegenden Fehler* leidet und dies bei verständiger Würdigung aller in Betracht kommenden Umstände *offensichtlich* ist (**relativer Nichtigkeitsgrund**). Besonders schwerwiegend ist der Fehler, wenn er mit der Wertvorstellung und den Verfassungsgrundsätzen, die die Rechtsordnung tragen, nicht vereinbar ist.[160] Maßstab für die Offensichtlichkeit des Fehlers ist die Sicht eines sorgfältigen und verständigen Bürgers der den Fehler auch ohne besondere Rechtskenntnisse erkennen kann.[161] 378

Beispiel:
Sachbearbeiter Ingo Kalt (K) lehnt die Hilfen zur Pflege gem. § 61 Abs. 1 SGB XII für den 78-jährigen Fritz Grol (G) ab. Begründet wird die Entscheidung mit der persönlichen Abneigung die der K gegenüber dem G empfindet. Der G sei in den Beratungsgesprächen einfach zu querulantisch aufgetreten.

Darüber hinaus hat der Gesetzgeber in § 40 Abs. 2 SGB X sogenannte **absolute Nichtigkeitsgründe** beschrieben, bei denen nicht geprüft werden muss, ob der Fehler schwerwiegend und offensichtlich ist. Beim Vorliegen eines absoluten Nichtigkeitsgrundes ist der Verwaltungsakt sofort unwirksam. Absolute Nichtigkeitsgründe sind: 379

- Ein schriftlich oder elektronisch erlassener Verwaltungsakt lässt die erlassende Behörde nicht erkennen.
- Ein Verwaltungsakt der nach einer Rechtsvorschrift nur durch die Aushändigung einer Urkunde erlassen werden durfte, dieser Form aber nicht genügt.
- Der Verwaltungsakt kann aus tatsächlichen Gründen nicht ausgeführt werden.
- Der Verwaltungsakt verlangt die Begehung einer rechtswidrigen Tat, die einen Straf- oder Bußgeldtatbestand verwirklicht.
- Der Verwaltungsakt verstößt gegen die guten Sitten.

Aus Gründen der Rechtsklarheit legt abschließend der § 40 Abs. 3 SGB X fest, aus welchen Gründen der Verwaltungsakt *nicht* nichtig ist (**negative Nichtigkeitsgründe**). Keine Nichtigkeitsgründe liegen demnach vor, wenn ... 380

- beim Erlass eines Verwaltungsaktes die Vorschriften über die örtliche Zuständigkeit nicht eingehalten wurden.
- beim Erlass eines Verwaltungsaktes Personen auf Seiten der Behörde mitgewirkt haben, die nach § 16 Abs. 1 S. 1 Nr. 2–6 SGB X vom Verwaltungsverfahren ausgeschlossen sind (zB Angehörige eines Beteiligten usw).
- ein Ausschuss, der nach einer Rechtsvorschrift zur Mitwirkung berufen war, den vorgeschriebenen Beschluss nicht gefasst hat oder nicht beschlussfähig war.
- die Mitwirkung einer anderen Behörde unterblieben ist, die nach einer Rechtsvorschrift erforderlich war.

---

160 Vgl. BVerwG, DVBl. 1985, S. 624.
161 Vgl. BSG, Beschluss v. 23.02.2005, Az. B 2 U 409/04 B; ; Schneider-Danwitz, in: Schlegel/Voelzke, jurisPK-SGB X, § 40 Rn. 33 f.; Korte, in: Wolff / Bachof / Stober / Kluth, Verwaltungsrecht I, § 49 Rn. 34 f.

381 Da in § 40 Abs. 2 und 3 SGB X deutlich festgeschrieben ist, wann der Verwaltungsakt nichtig bzw. wann er nicht nichtig ist, ist es praktisch sinnvoller § 40 Abs. 2 und 3 SGB X vor § 40 Abs. 1 SGB X zu prüfen. Nur dann, wenn keine absoluten Nichtigkeitsgründe und auch keine negativen Nichtigkeitsgründe vorliegen, ist der Verwaltungsakt daraufhin zu untersuchen, ob ein evidenter Fehler und damit ein sogenannter relativer Nichtigkeitsgrund nach § 40 Abs. 1 SGB X vorliegt.

382 Ist der Verwaltungsakt nichtig, ist er nach § 39 Abs. 3 SGB X unwirksam. Der Verwaltungsakt entfaltet mithin keine Verbindlichkeit und muss vom Adressaten nicht befolgt werden. Da der Verwaltungsakt unwirksam ist, muss der Verwaltungsakt vom betroffenen Bürger auch nicht angefochten werden. Versucht die Behörde entgegen der geltend gemachten Nichtigkeit dennoch, den Verwaltungsakt durchzusetzen, muss sich der Bürger gegen die Vollzugsmaßnahme wehren und Rechtsmittel einlegen.

Beispiel:
Der erwerbslose Kalle Ohnesorge (O) bezieht seit längerem zu hohe ALG-II Leistungen, da er vorsätzlich verschwiegen hat, dass er mit der gut verdienenden Tanja in einer Bedarfsgemeinschaft lebt. Das Jobcenter hat hiervon durch einen anonymen Hinweis „Wind bekommen" und fordert den O deshalb mit Bescheid vom 3.5.2015 auf, die überbezahlten Sozialleistungen bis zum 2.5.2015 zurückzuzahlen. Dies ist dem O tatsächlich nicht mehr möglich. Der Verwaltungsakt ist daher nach § 40 Abs. 2 Nr. 3 SGB X nichtig, so dass er deshalb die Zahlung ablehnen kann.

Abwandlung: Wenn der Bescheid anordnen würde, die überbezahlten Sozialleistungen bis zum 30.05. zurückzuzahlen, bei der Berechnung aber beispielsweise ein Fehler aufgetreten ist, ist der Verwaltungsakt „nur" rechtswidrig aber nicht unwirksam. In diesem Fall müsste O zahlen oder ein Rechtsbehelf gegen den Verwaltungsakt einlegen.

383 Es ist möglich, dass sich der betroffene Bürger über die Nichtigkeit irrt und der Verwaltungsakt „nur" rechtswidrig und damit wirksam ist. Er läuft aufgrund dieses Irrtums dann Gefahr, die Rechtsbehelfsfrist verstreichen zu lassen. Ihm ist deshalb zu raten,
- vorsichtshalber den Verwaltungsakt innerhalb der Frist anzufechten und/oder
- auf Antrag die Nichtigkeit des Verwaltungsaktes von der Behörde (§ 40 Abs. 5 Hs. 2 SGB X) oder vom Sozialgereicht (§ 55 Abs. 1 Nr. 4 SGG) bzw. Verwaltungsgericht (§ 43 Abs. 1 Alt. 2 VwGO) feststellen zu lassen.

2. Heilung verfahrensrechtlicher Fehler, § 41 SGB X

384 Gem. § 41 SGB X können bestimmte Verfahrens- und Formfehler durch Nachholung der vorgeschriebenen Verfahrenshandlungen und Formanforderungen geheilt werden. Zu den nachholbaren Handlungen gehören:
- Einreichen des erforderlichen Antrages, § 41 Abs. 1 Nr. 1 SGB X.
- Vorbringen der Begründung, § 41 Abs. 1 Nr. 2 SGB X: Die nach § 35 SGB X erforderliche Begründung soll den Betroffenen befähigen, die Entscheidung der Behörde nachzuvollziehen und auch zu überprüfen. Dadurch kann er beurteilen, ob er die Entscheidung akzeptiert oder ob er ein Rechtsmittel einlegt. Fehlt die Begründung oder entspricht sie nicht den Anforderungen des § 35 SGB X, kann der Betroffene nicht abschätzen, ob sein Rechtsmittelgebrauch erfolgreich sein kann. Aus diesem Grund führt die fehlende oder fehlerhafte Begründung zur formellen Rechtswidrigkeit des Verwaltungsaktes. Nach § 41 Abs. 1 Nr. 2 SGB X kann die Begründung nachträglich gegeben, korrigiert oder ergänzt werden. Zu beachten ist, dass nach § 41 Abs. 1 Nr. 2 SGB X nur die **formellen Begründungsfehler**

hinsichtlich der Anforderungen des § 35 SGB X geheilt werden können. Lässt die Begründung einen Subsumtions-, Beurteilungs- oder Ermessensfehler erkennen, ist der Verwaltungsakt materiell rechtswidrig. § 41 Abs. 1 Nr. 2 SGB X ist dann nicht anwendbar.

- Anhören (§ 24 SGB X) der Beteiligten, § 41 Abs. 1 Nr. 3 SGB X.
- Fassen eines erforderliche Ausschussbeschlusses, § 41 Abs. 1 Nr. 4 SGB X.
- Mitwirken einer anderen Behörde, § 41 Abs. 1 Nr. 5 SGB X.
- Hinzuziehen eines Beteiligten, § 41 Abs. 1 Nr. 6 SGB X.

385 Der formell rechtswidrige Verwaltungsakt wird durch die nachgeholte Verfahrenshandlung fehlerfrei und damit formell rechtmäßig.[162]

386 Die fehlenden Verfahrens- bzw. Formanforderungen können gem. § 41 Abs. 2 SGB X bis zur letzten Tatsacheninstanz eines sozial- oder verwaltungsgerichtlichen Verfahrens **nachgeholt** werden. Die letzte Tatsacheninstanz ist das Berufungsgericht (idR vor dem Landessozialgericht bzw. Oberverwaltungsgericht). Diese Regelung dient der Verfahrensbeschleunigung, stellt für den Betroffenen aber ein Risiko im Rechtsschutzverfahren dar. Aus diesem Grund werden dem Betroffenen nach § 63 Abs. 1 S. 2 SGB X die entstandenen Kosten der Rechtsverfolgung und -verteidigung erstattet, wenn der Widerspruch wegen der Heilung nach § 41 Abs. 1 SGB X keinen Erfolg hat.

387 Die Verfahrenshandlung kann nur durch die Behörde nachgeholt werden, die den Verwaltungsakt erlassen hat.[163]

Beispiel:
Dem erwerbslosen Kalle Ohnesorge (O) wird die weitere Auszahlung des ALG-II gestrichen. Die vorherige Anhörung ist unterblieben. Aus diesem Grund ist die Entscheidung formell rechtswidrig. Wird die unterbliebene Anhörung im Widerspruchs- oder im Sozialgerichtsverfahren durch die Behörde nachgeholt, wird der formelle Fehler geheilt. Der Verwaltungsakt wird hierdurch rechtmäßig. Zu beachten ist aber, dass sich durch die nachgeholte Anhörung herausstellen kann, dass die Behörde von einer falschen Sachlage ausgegangen ist. In diesem Fall wäre zwar der formelle Anhörungsfehler geheilt, die Entscheidung erweist sich nun aber als materiell rechtswidrig.

a) Unbeachtlichkeit bestimmter formeller Fehler, § 42 SGB X

388 Ein unbeachtlicher Fehler liegt nach § 42 SGB X vor, wenn
- der Verwaltungsakt wirksam ist („eines Verwaltungsaktes, der nicht nach § 40 nichtig ist"),
- eine Verfahrens- oder Formvorschrift verletzt wurde oder eine örtlich nicht zuständige Behörde gehandelt hat (formelle Rechtswidrigkeit),
- der Verfahrensfehler nicht auf eine fehlende Anhörung beruht,
- der formelle Fehler für die inhaltliche Entscheidung des Verwaltungsaktes nicht ursächlich gewesen ist (mangelnde Kausalität), die Entscheidung also materiell rechtmäßig ist, **und**
- diese fehlende Kausalität ohne Weiteres ersichtlich ist („offensichtlich").

389 § 42 SGB X ist neben § 41 SGB X anwendbar. Wenn der Verfahrens- oder Formfehler aber nach § 41 SGB X geheilt wurde, ist die Anwendung des § 42 SGB X mangels formeller Rechtswidrigkeit nicht mehr möglich.

---

162 Vgl. Schneider-Danwitz, in: Schlegel/Voelzke, jurisPK-SGB X, § 41 Rn. 10.
163 Vgl. Maurer/Waldhoff, Allgemeines Verwaltungsrecht, § 10 Rn. 39.

390 Der **unbeachtlich rechtswidrige Verwaltungsakt** leidet an einem formellen Fehler, ist aber inhaltlich fehlerlos. Aus verfahrensökomischen Gründen wird der Verwaltungsakt deshalb nicht aufgehoben, da er ansonsten mit derselben inhaltlichen Entscheidung erneut angeordnet werden müsste und die Behörde deshalb doppelt belastet wäre. Der Betroffene hat also keinen Anspruch auf Aufhebung des Verwaltungsaktes. Ein eingelegter Rechtsbehelf wäre dementsprechend trotz weiterhin bestehender formeller Rechtswidrigkeit erfolglos, da der Adressat des Verwaltungsaktes „als nicht in seinen Rechten verletzt"[164] gilt.

Beispiel:
Die Großeltern des kleinen Karsten (K) beantragen Hilfen zur Erziehung gem. § 27 Abs. 1 SGB VIII. Der Antrag wird abgelehnt, da die Großeltern nicht die Personensorgeberechtigten von K und somit die Voraussetzungen der Rechtsgrundlage nicht erfüllt sind. Materiell ist diese Entscheidung rechtmäßig. Die Entscheidung wurde allerdings von einer Angehörigen der Großeltern getroffen. Damit leidet der Verwaltungsakt nach § 16 Abs. 1 S. 1 Nr. 2 SGB X unter einem formellen Fehler und ist formell rechtswidrig. Die ablehnende Entscheidung wäre aber auch getroffen worden, wenn eine andere Person den Verwaltungsakt erlassen hätte, da die Entscheidung materiell rechtmäßig ist. Somit liegt hier ein unbeachtlicher Fehler vor. Der Rechtsbehelf der Großeltern wäre erfolglos.

b) Umdeutung, § 43 SGB X

391 Ein formell oder materiell fehlerhafter Verwaltungsakt kann gem. § 43 SGB X in einen anderen (rechtmäßigen) Verwaltungsakt umgedeutet werden, wenn …

- der andere Verwaltungsakt auf das gleiche Ziel gerichtet ist (§ 43 Abs. 1 SGB X),
- von der erlassenden Behörde in der geschehenen Verfahrensweise und Form rechtmäßig hätte erlassen werden können (§ 43 Abs. 1 SGB X),
- die materiellen Voraussetzungen für den Erlass des neuen Verwaltungsaktes erfüllt sind (§ 43 Abs. 1 SGB X),
- der neue Verwaltungsakt nicht der erkennbaren Absicht der erlassenden Behörde widerspricht (§ 43 Abs. 2 S. 1 SGB X),
- die Rechtsfolgen des neuen Verwaltungsaktes für den Betroffenen nicht ungünstiger sind als die des rechtswidrigen Verwaltungsaktes (§ 43 Abs. 2 S. 1 SGB X),
- der ursprüngliche Verwaltungsakt nach §§ 44, 45 SGB X zurückgenommen werden durfte (§ 43 Abs. 2 S. 2 SGB X) und
- der Betroffene angehört wurde (§ 43 Abs. 4 SGB X).

---

164 Vgl. Leopold, in: Schlegel/Voelzke, jurisPK-SGB X, § 42 Rn. 57.

Kapitel B: Fälle und Übungen

I. Aufgaben

Lösen Sie die folgenden Wiederholungsfragen ggf. anhand der genannten Normen. **392**

	Frage:	Lösungshinweis:
1.	Erläutern Sie die folgenden Begriffe: a) Rechtmäßigkeit/Rechtswidrigkeit b) Rechtswirksamkeit/Nichtigkeit c) Anfechtbarkeit/Bestandskraft d) Aufhebung	§ 39 Abs. 1 SGB X Rn. 365
2.	Regelt § 40 Abs. 5 SGB X die Aufhebung von schwerwiegenden und evident rechtswidrigen Verwaltungsakten?	
3.	Das Jugendamt widerruft die Erlaubnis zur Kindertagespflege, ohne der 33-jährigen Frederike Neuhaus (N) Gelegenheit zu geben, sich zu äußern und Gründe anzugeben, warum sie als Person für die Kindertagespflege entgegen der behördlichen Auffassung geeignet ist. Zu welchen Rechtsfolgen führt dieser Fehler? Kann das Jugendamt diesen Fehler korrigieren?	§ 24 SGB X Rn. 249 f.
4.	Der erwerbslose Henri Schuft (S) hat Einkommen verschwiegen und aus diesem Grund SGB II-Leistungen erhalten, die ihm nicht zustanden. Deshalb versendet das Jobcenter einen Bescheid, indem S aufgefordert wird, die nicht rechtmäßig erbrachten Leistungen nach § 34 SGB II zurückzuzahlen. Das Schreiben lässt die Behörde erkennen, eine Unterschrift oder Namenswiedergabe fehlt allerdings. S fragt sich, ob dies rechtmäßig ist und ob sich dieser mögliche Fehler im Widerspruchsverfahren positiv für ihn auswirken kann?	§ 33 Abs. 3 S. 1 SGB X, Rn. 129

II. Lösungen

Zu Frage 1:

Erläutern Sie die folgenden Begriffe:

a) **Rechtmäßigkeit** bedeutet die Übereinstimmung des Verwaltungsaktes mit den **393** formellen und materiellen Rechtsnormen. **Rechtswidrigkeit** liegt vor, wenn der Verwaltungsakt fehlerhaft ist, weil er gegen geltendes Recht verstößt. Liegt ein Verstoß gegen Zuständigkeits-, Verfahrens- oder Formvorschriften vor, ist der Verwaltungsakt formell rechtswidrig. Fehlt es für die Regelung des Verwaltungsaktes an einer Rechtsgrundlage oder missachtet die getroffene Regelung das bestehende Recht, ist der Verwaltungsakt materiell rechtswidrig.

b) Unter **Wirksamkeit** versteht man, dass die im Verwaltungsakt getroffene Regelung verbindlich gültig wird. Der Verwaltungsakt wird gem. § 39 Abs. 1 SGB X in dem Zeitpunkt wirksam, in dem er dem Betroffenen bekannt gegeben wird. Und er bleibt nach § 39 Abs. 2 SGB X wirksam, solange und soweit er nicht zurückgenommen (§§ 44, 45 SGB X), widerrufen (§§ 46, 47 SGB X), anderweitig aufgehoben (behördliche bzw. gerichtliche Aufhebung wegen erfolgreichem Widerspruch oder Klage) oder durch Zeitablauf oder auf andere Weise erledigt ist. Im Umkehrschluss bedeutet das, dass der Verwaltungsakt auch wirksam ist, wenn er rechtswidrig (also fehlerhaft) ist. Dies gilt gem. § 39 Abs. 3 SGB X jedoch nicht für **nichtige Verwaltungsakte**. Nichtige Verwaltungsakte entfalten aufgrund schwerwiegender und evidenter Rechtswidrigkeit (vgl. § 40 Abs. 1 SGB X) rechtlich keine Wirkung. Und da sie unwirksam sind, müssen die nichtigen Verwaltungsakte auch nicht angefochten werden.

c) **Anfechtbarkeit** bedeutet, dass gegen den vermutlich rechtswidrigen Verwaltungsakt mit Widerspruch und Klage vorgegangen werden kann, um diesen aufzuheben. Ein Verwaltungsakt ist anfechtbar, solange die Rechtsmittelfristen nicht abgelaufen sind. Unter der **Bestandskraft** versteht man dagegen, dass der Verwaltungsakt nicht mehr mit Widerspruch und Klage angefochten werden kann, weil die Fristen für Widerspruch oder Klage verstrichen sind oder der Rechtsweg erfolglos beschritten worden ist. Der Verwaltungsakt wird durch den Eintritt der Bestandskraft also gesteigert verbindlich und ist nur noch unter den strengen Voraussetzungen der §§ 44 bis 49 SGB X aufhebbar.

d) **Aufhebung** heißt, dass die Behörde oder das Sozialgericht die Wirksamkeit eines Verwaltungsaktes beendet, weil aufgrund der Anfechtung dessen Rechtswidrigkeit im Widerspruchs- bzw. Klageverfahren festgestellt wurde. Unter strengen Voraussetzungen kann die Behörde auch einen bestandskräftigen Verwaltungsakt durch Rücknahme oder Widerruf von sich aus aufheben.

! Der rechtswidrige Verwaltungsakt ist grundsätzlich wirksam. Er kann aber mit Widerspruch und Klage angefochten werden, um seine Aufhebung zu erreichen.!

Zu Frage 2:
Regelt § 40 Abs. 5 SGB X die Aufhebung nichtiger Verwaltungsakte?

394 Nein, denn nichtige Verwaltungsakte sind unwirksam und damit rechtlich nicht verbindlich. Aus diesem Grund genügt die Feststellung der Nichtigkeit und ist eine Aufhebung nicht erforderlich.

Zu Frage 3:
Zu welchen Rechtsfolgen führt dieser Fehler? Ist dieser korrigierbar?

395 Vorliegend wurde die nach § 24 SGB X erforderliche Anhörung unterlassen. Der Verwaltungsakt ist damit formell rechtswidrig, aber nicht nichtig (vgl. Unwirksamkeit nach § 40 SGB X nicht gegeben). Dieser Verfahrensfehler kann nach **§ 41 Abs. 1 Nr. 3 SGB X** bis zur letzten Tatsacheninstanz eines sozial- oder verwaltungsgerichtlichen Verfahrens nachgeholt und damit **geheilt** werden.

Zu Frage 4:
Wirkt sich die fehlende Unterschrift im Widerspruchsverfahren positiv für S aus?

396 Nach § 33 Abs. 3 S. 1 SGB X muss ein schriftlicher Verwaltungsakt eine Unterschrift oder eine Namenswidergabe des Behördenleiters, seines Vertreters oder seines Be-

auftragten enthalten. Diese fehlt vorliegend, so dass der Verwaltungsakt aufgrund dieses Formfehlers rechtswidrig aber dennoch wirksam ist (vgl. Nichtigkeit nach § 40 SGB X liegt nicht vor.). Dieser formelle Fehler hat offensichtlich keinen Einfluss auf die im Verwaltungsakt getroffene Regelung, die ansonsten inhaltlich rechtmäßig ist (weil mit § 34 SGB II vereinbar). Mithin handelt es sich um einen **unbeachtlichen Formfehler**, der nach **§ 42 SGB X** nicht zur Aufhebung des Verwaltungsaktes führt. Der Formfehler hat daher keinerlei positive Auswirkungen im Widerspruchsverfahren.

Teil VIII: Rechtsschutz – Anfechtung fehlerhafter Verwaltungsakte

Kapitel A: Theoretische Grundlagen

I. Überblick über die Rechtsschutzsystematik

397 Während auf der einen Seite Art. 20 Abs. 3 GG die vollziehende Gewalt an Gesetz und Recht bindet (siehe Rn. 163 ff.), verleiht das Grundgesetz dem Bürger auf der anderen Seite die Möglichkeit sich gegen die Verwaltung zur Wehr zu setzen, sofern diese nicht rechtmäßig handelt. So erklärt Art. 19 Abs. 4 S. 1 GG: *„Wird jemand durch die öffentliche Gewalt in seinen Rechten verletzt, so steht ihm der Rechtsweg offen"*. Macht also der einzelne Bürger in einer konkreten Situation geltend, **durch eine Handlung der Verwaltung in seinen subjektiven Rechten verletzt** worden zu sein, besteht die Möglichkeit das Handeln der Verwaltung auf seine Rechtmäßigkeit hin überprüfen zu lassen. Ohne in seinen subjektiven Rechten betroffen zu sein, kann der Bürger aber nicht allgemein auf die Einhaltung von Gesetzen gegen den Staat klagen, da sog. „allgemeine Popularklagen" unzulässig sind.[165]

Beispiel:
Der Verein „Leben in Würde e.V." hält die Bedarfe zur Bildung und Teilhabe im SGB II für verfassungswidrig. Er will gegen diese Regelungen Verfassungsbeschwerde einlegen. Der Verein ist jedoch durch diese Regelung nicht in eigenen Rechten verletzt, daher mangelt es an der Klagebefugnis. Nicht zulässig ist es gegen diese Regelung allgemein zu klagen (also ohne in den eigenen Rechten verletzt zu sein).

398 Um das Handeln der Verwaltung zu überprüfen, stehen dem Bürger verschiedene verwaltungsinterne als auch verwaltungsexterne Mittel zur Verfügung. Unterschieden wird dabei zwischen **außergerichtlichen Rechtsbehelfen** und **gerichtlichen Rechtmitteln**. Während die Rechtsbehelfe sowohl formlos als auch förmlich möglich sind, sind Rechtsmittel immer förmlich:

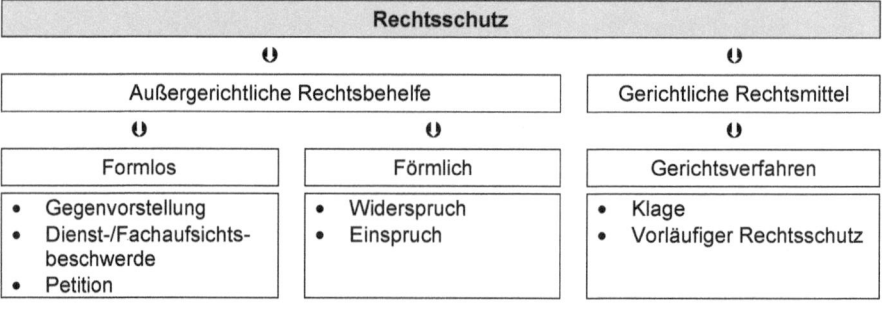

399 Im Gegensatz zu förmlichen Rechtsbehelfen sind **formlose Rechtsbehelfe** an keine Form und keine Frist gebunden. Sie können neben förmlichen Rechtsbehelfen eingesetzt werden. Dabei kann der Bürger selbst entscheiden, welchen Rechtsbehelf er einsetzt. Über einen eingelegten formlosen Rechtsbehelf entscheiden in der Regel

---

165 Ausnahme zB Art. 98 S. 4 Verfassung des Freistaates Bayern.

Kapitel A: Theoretische Grundlagen

die Behörden oder bestimmte Gremien innerhalb der Behörde (zB der Petitionsausschuss).

Die **förmlichen Rechtsbehelfe** dienen dazu eine konkrete Entscheidung der Verwaltung überprüfen zu lassen und ggf. zu einer anderen, für den Bürger positiven Entscheidung zu gelangen. Wird dies im Rahmen der verwaltungsinternen Kontrolle nicht erreicht besteht darüber hinaus die Möglichkeit auch Rechtsmittel einzulegen, dh den Klageweg gegen die Verwaltungsentscheidung zu beschreiten. 400

Durch diese verwaltungsinternen Kontrollen soll die Behörde die Möglichkeit erhalten, ihre Fehler selbst wieder zu beheben und ihr Handeln zu korrigieren. Außerdem werden dadurch die Gerichte entlastet, da nur ein kleinerer Teil der beanstandeten Rechtsverletzungen streitig vor dem Gericht anhängig wird. Für den Bürger wird dadurch der Zugang zum Rechtsschutz **niedrigschwelliger**, da förmliche Verfahren vor den Gerichten meist mit größerer Zurückhaltung betrieben werden, zumal dort auch höhere Kosten anfallen. 401

Darüber hinaus besteht die Möglichkeit, das Verwaltungshandeln durch **gerichtliche Rechtsmittel** überprüfen zu lassen und die Rechte des Bürgers zu sichern. Zuständig sind in der Regel die Sozialgerichte, teilweise aber auch die Verwaltungsgerichte (siehe Rn. 423). Neben der Klage gibt es noch den sog. vorläufigen Rechtsschutz, sofern in besonders dringenden Angelegenheiten eine vorläufige Entscheidung getroffen werden muss, die später durch die Entscheidung in der Hauptsache ersetzt wird. Gerichtliche Rechtsmittel sind förmlich, dh durch das Gesetz ist festgelegt, welche Rechtsmittel es gibt und unter welchen Voraussetzungen sie einzulegen sind. Neben den Fristen sind auch weitere Formalia zu beachten, so dass in jedem Fall **rechtsanwaltliche Hilfe** in Anspruch genommen werden sollte. 402

II. Die außergerichtlichen formlosen Rechtsbehelfe

Das Petitionsrecht ist in Art. 17 GG verankert. Danach hat jedermann das Recht, „sich einzeln oder in Gemeinschaft mit anderen schriftlich mit Bitten und Beschwerden an die zuständigen Stellen und an die Volksvertretung zu wenden". Sowohl Dienstaufsichts- und Fachaufsichtsbeschwerde als auch die Gegenvorstellung sind Ausdruck des Petitionsrechts. Eine **Gegenvorstellung** richtet sich gegen die erlassende Behörde mit dem Ziel, ein bestimmtes Verwaltungshandeln noch einmal von dieser auf die Recht- und Zweckmäßigkeit überprüfen zu lassen. Die Behörde soll dadurch veranlasst werden, getroffene Entscheidungen wegen neuer oder bei der Entscheidung übersehener tatsächlicher oder rechtlicher Gründe zu überprüfen und zu ändern. Im Gegensatz zu anderen Rechtsschutzmöglichkeiten kommt es hier nicht auf eine Verletzung eigener Rechte an (sog. Beschwer), so dass auch lediglich geltend gemacht werden kann, dass ein anderes Handeln zweckmäßiger gewesen wäre. Die Gegenvorstellung hat, ebenso wie die Dienst- oder Fachaufsichtsbeschwerde, keinerlei Rechtswirkung, insbesondere tritt **kein Suspensiveffekt** ein, der die Wirksamkeit einer Verwaltungsmaßnahme aussetzt. Daher besitzt sie nur Appellfunktion. 403

Beispiel:
In der belebten K-Straße wird aus Gründen der Verkehrsberuhigung eine 30 km/h-Zone eingerichtet. Autofahrer Anton (A) hält diese Maßnahme für völlig zwecklos, da es sich um eine vielbefahrene Hauptverkehrsstraße handelt und diese Maßnahme morgens und abends im Hauptverkehr für schwerwiegende Verkehrsbehinderungen führt. Im Rahmen einer Gegenvorstellung

bei der zuständigen Straßenverkehrsbehörde zweifelt er die Zweckmäßigkeit der Maßnahme an.

404 Mit der **Dienstaufsichtsbeschwerde** wird hingegen die Verletzung einer Dienst- oder Amtspflicht eines Amtsträgers gerügt. Sie erfasst insbesondere Situationen, in der sich vom Amtsträger persönlich nicht korrekt verhalten wurde, bezieht sich also auf „die innere Ordnung, die allgemeine Geschäftsführung und die Personalangelegenheiten der Behörde"[166].

Beispiel:
Fallmanager Friedrich (F) arbeitet im Jobcenter. Dort bearbeitet er zum Teil die Fälle ausländischer Mitbürger. Bei persönlichen Terminen duzt er ungefragt diese Klienten. Als ein ausländischer Klient ihn zurückduzt ist er empört und klärt ihn darüber auf, dass es eine Frage des Respekts sei und er deshalb nicht geduzt werden dürfe. Solle das noch einmal passieren, dann werde dies Konsequenzen haben. Wenn er damit nicht einverstanden sei, könne er ja wieder zurück in die „Heimat".

405 Adressat der Dienstaufsichtsbeschwerde ist in der Regel der **Vorgesetzte des Beschäftigten** bzw. Amtsträgers innerhalb der Behörde, über den sich beschwert wird (Dienstaufsichtsbehörde). Die Dienstaufsichtsbeschwerde muss in angemessener Zeit beschieden werden. Für den Behördenmitarbeiter kann dies auch arbeits- bzw. disziplinarrechtliche Konsequenzen haben.

406 Die **Fachaufsicht** liegt hingegen immer bei einer übergeordneten Fachaufsichtsbehörde. So unterliegen zB in Baden-Württemberg die Landratsämter der Fachaufsicht der Regierungspräsidien und Ministerien, während die Fachaufsicht der Jugendämter wiederum beim Landrat liegt. Im Rahmen der Fachaufsicht werden die Recht- und Zweckmäßigkeit von Entscheidungen der Verwaltung kontrolliert. Soweit Behörden keine eigenen Aufgaben erfüllen, sondern beispielsweise im Auftrag des Bundes/Landes Aufgaben tätig werden, unterliegen sie der Fachaufsicht.[167] Werden eigene Aufgaben wahrgenommen, zB im Rahmen der kommunalen Abfallwirtschaft, unterliegen sie der sog. Rechtsaufsicht.

Beispiel:
Jugendamt J fördert verschiedene Einrichtungen freier Träger durch hohe finanzielle Summen, durch die sowohl die Bezahlung der Gehälter von Mitarbeiterinnen als auch sonstige laufende Kosten wie zB Gebäudemiete abgedeckt werden sollen. Die Gelder werden allerdings immer erst Mitte des Jahres überwiesen. Der freie Träger T hat Anfang des Jahres kein Geld mehr und kann die Gehälter nicht mehr bezahlen, obwohl ein entsprechender Förderungsbescheid vorliegt. Gegen dieses Verhalten des Jugendamtes legt der freie Träger Fachaufsichtsbeschwerde ein.

407 Über die formlosen Rechtsbehelfe entscheiden die zuständigen Behörden nach **pflichtgemäßem Ermessen**. Das Ergebnis wird dem Bürger schriftlich in einer angemessenen Frist mitgeteilt. Weder besteht ein Anspruch auf bestimmte dienstaufsichtsrechtliche Maßnahme noch auf eine ausführliche Begründung, so dass diese meistens wenig aussagekräftig sind. Dies führt dazu, dass die formlosen Rechtsbehelfe teilweise mit den Begriffen „formlos, fristlos, erfolglos" beschrieben werden.[168]

---

166 Vgl. Maurer/Waldhoff, Allgemeines Verwaltungsrecht, § 22 Rn. 31.
167 Vgl. Maurer/Waldhoff, Allgemeines Verwaltungsrecht, § 22 Rn. 33.
168 Vgl. Papenheim [ua], Verwaltungsrecht für die Soziale Praxis, S. 447.

III. Der außergerichtliche förmliche Rechtbehelf – der Widerspruch

Der Widerspruch ist gesetzlich normiert und an bestimmte formale Vorgaben gebunden. Der Widerspruch steht gem. § 83 SGG am Anfang des sog. „**Vorverfahrens**", das zuerst vollständig beschritten worden sein muss, bevor die Klage an die Sozial- oder Verwaltungsgerichte zulässig (§ 78 SGG) ist. Damit ist das Widerspruchsverfahren eine Voraussetzung für die Klagerhebung. Die Zuständigkeit für den Erlass des Widerspruchs ist abhängig davon, ob der Widerspruch in der Form eines Abhilfebescheides oder in Form eines Widerspruchbescheides beschieden wird. Gemäß § 85 SGG ist die erlassene Stelle (also die Ausgangsbehörde) für einen Abhilfebescheid zuständig, während im Falle, dass die Behörde nicht abhelfen will, grundsätzlich die **nächsthöhere Behörde** zuständig ist.

408

1. Rechtsgrundlagen

Leider sind die Rechtsgrundlagen im Sozialrecht für den Widerspruch nicht einheitlich geregelt. Abhängig von der zugrundeliegenden Norm kann sowohl das Sozialgerichtsgesetz (SGG) oder die Verwaltungsgerichtsordnung (VwGO) zur Anwendung kommen. So bestimmt § 62 SGB X: *„Für förmliche Rechtsbehelfe gegen Verwaltungsakte gelten, wenn der Sozialrechtsweg gegeben ist, das Sozialgerichtsgesetz, wenn der Verwaltungsgerichtsweg gegeben ist, die Verwaltungsgerichtsordnung ..."*. Abhängig ist also das anwendbare Recht davon, zu welchem Gericht eine Klage möglich wäre. Dies bestimmt wiederum § 51 Abs. 1 SGG. So liegt die **Zuständigkeit des Sozialgerichts** bei den aufgezählten Rechtsgebieten, zB.

409

- Gesetzliche Rentenversicherung (SGB VI)
- Gesetzliche Krankenversicherung (SGB V)
- Gesetzliche Pflegeversicherung (SGB XI)
- Gesetzliche Unfallversicherung (SGB VII)
- Arbeitsförderung (SGB III)
- Grundsicherung für Arbeitssuchende (SGB II)
- Sozialhilfe (SGB XII)

Keine Zuständigkeit besteht hingegen für das Kinder- und Jugendhilferecht oder das Ausländerrecht. Für dieses ist ebenso wie für Polizeirecht, Schulrecht oder Wohngeldrecht das **Verwaltungsgericht** zuständig. Verkürzt kann also gesagt werden, dass das Sozialgericht grundsätzlich für die Bereiche des Sozialgesetzbuchs zuständig ist, mit Ausnahme des Kinder- und Jugendhilfe- und des Wohngeldrechts. Im Rahmen des Sozialverwaltungsrechts werden nachfolgend die Rechtsgrundlagen aus dem SGG für den Widerspruch herangezogen.

410

Sofern gegen einen Verwaltungsakt kein Widerspruch eingelegt bzw. nur erfolglos eingelegt wird, ist der Verwaltungsakt grundsätzlich für die Beteiligten bindend (§ 77 SGG). Durch den Widerspruch werden im Rahmen des Vorverfahrens die **Recht- und Zweckmäßigkeit** des Verwaltungsaktes geprüft (§ 78 Abs. 1 SGG).

411

2. Zulässigkeit und Begründetheit des Widerspruchs

Mit dem Widerspruch soll erreicht werden, dass die Behörde ihre Entscheidung insbesondere in Hinblick auf deren Rechtmäßigkeit überdenkt und ggf. zu einer erneuten, für den Betroffenen günstigeren Entscheidung kommt. Dabei muss die

412

Behörde prüfen, ob der eingelegte Widerspruch zulässig als auch begründet ist. Auch im Widerspruchsverfahren gilt der Amtsermittlungsgrundsatz aus § 20 SGB X, so dass die Behörde ggf. auch eigene Ermittlung zur Sachverhaltserforschung im Widerspruchsverfahren durchführen muss. Dabei kann der Betroffene mit seinem Widerspruch die Aufhebung eines Verwaltungsaktes anstreben (sog. Anfechtungswiderspruch) oder darüber hinaus auch den Erlass eines bestimmten Verwaltungsaktes zB auf Gewährung einer Leistung (sog. Verpflichtungswiderspruch).[169]

a) Prüfung der Zulässigkeit

413 In einem ersten Schritt ist zu prüfen, ob die Einlegung des Widerspruchs zulässig ist. Die Zulässigkeit erfasst vor allem die formalen Voraussetzungen des Widerspruchs. So muss die Einlegung des Widerspruchs **statthaft** sein. Statthaft ist der Widerspruch, wenn er gegen die angefochtene staatliche Maßnahme gesetzlich vorgesehen ist. Gemäß § 78 Abs. 1 SGG ist der Widerspruch daher nur gegen Verwaltungsakte statthaft, nicht jedoch gegen andere staatliche Maßnahmen wie zB Realakte. Darüber hinaus ist der Widerspruch in den von § 78 Abs. 1 Nr. 1–3 SGG erfassten Fällen nicht statthaft, also wenn es gesetzlich bestimmt ist, dass das Vorverfahren nicht stattfindet, der Verwaltungsakt von einer obersten Bundes- oder Landesbehörde erlassen wurde oder ein Land, Versicherungsträger oder Sozialverband klagen will.

414 Darüber hinaus setzt der Widerspruch voraus, dass man geltend macht, in eigenen subjektiven Rechten betroffen zu sein oder der Verwaltungsakt nicht zweckmäßig ist, also ein vorhandener Ermessensspielraum falsch ausgeschöpft wurde (**Beschwer**). Dabei reicht es aus, dass die Möglichkeit besteht von der staatlichen Maßnahme in seinen Rechten verletzt worden zu sein.[170] Dies kann auch der Fall sein, wenn ein Verwaltungsakt zwar an eine andere Person gerichtet ist, aber auf Dritte eine belastende Wirkung entfaltet (zB Genehmigung eines Kindergartens in einem Wohngebiet, wenn dies für die Anlieger mehr Lärm bedeutet).

415 Zu prüfen sind auch die **Form** und die Einhaltung der **Frist** des eingelegten Widerspruchs. So bestimmt § 84 Abs. 1 SGG, dass der Widerspruch binnen eines Monats nach Bekanntgabe, **schriftlich, in elektronischer Form oder zur Niederschrift** bei der Stelle einzureichen ist, die den Verwaltungsakt bekanntgegeben hat. Hierüber klärt auch die Rechtsbehelfsbelehrung auf. Die elektronische Form richtet sich nach § 36 a Abs. 2 SGB I, so dass die Schriftform auch durch

- ein elektronisches Dokument, das mit einer qualifizierten elektronischen Signatur versehen ist oder
- die unmittelbare Abgabe der Erklärung des Widerspruchs in einem von der Behörde zur Verfügung gestellten elektronischen Formular oder
- die Verwendung einer De-Mail-Nachricht gem. § 5 Abs. 5 De-Mail-Gesetz oder
- durch sonstige sichere Verfahren, die durch Rechtsverordnung der Bundesregierung festgelegt wurden.

---

169 Ausführlich Dörr/Francke, Sozialverwaltungsrecht, Kap. 11 Rn. 131.
170 Sog. „Möglichkeitstheorie"; für viele: Martini, Verwaltungsprozessrecht und Allgemeines Verwaltungsrecht, S. 45 mwN.

erfüllt ist. Nicht ausreichend ist die Verwendung einer einfachen Email, während ein Telefax die Schriftform erfüllt und daher zulässig ist[171]. Auf die Möglichkeit auch in elektronischer Form den Widerspruch einlegen zu können, muss die Rechtsbehelfsbelehrung jedoch nicht hinweisen.[172]

Beispiel:
Ein Verwaltungsakt wird am 31.08. dem Adressaten zugeschickt. Nach der Bekanntgabefiktion aus § 37 Abs. 2 S. 1 SGB X gilt ein Verwaltungsakt am dritten Tag nach der Aufgabe zur Post als bekanntgegeben, also am 03.09. Die Frist beginnt am Tag nach der Bekanntgabe (§ 26 Abs. 2 SGB X), also am 04.09. Ab dem 04.09. würde eine Frist von einem Monat für die Einlegung des Widerspruchs laufen, so dass am 03.10. die Widerspruchsfrist enden würde. Fällt das Ende der Frist jedoch auf einen Feiertag (03.10. Tag der deutschen Einheit) oder das Wochenende, endet die Frist mit dem Ablauf des nächstfolgenden Werktages (§ 26 Abs. 3 SGB X).
Fällt der Fristbeginn hingegen auf den 31.08., kann die Frist nicht am 31.09. enden, da der September nur 30 Tage hat. Gemäß § 188 Abs. 3 BGB verkürzt sich in diesen Fällen die Widerspruchsfrist auf den letzten Tag des Monats, also auf den 30.09.
Ist die Rechtsbehelfsbelehrung (§ 36 SGB X) unterblieben oder ist sie fehlerhaft, kann gem. § 66 Abs. 2 SGG Widerspruch innerhalb eines Jahres eingelegt werden (siehe Rn. 138).

Die **Schriftlichkeit** des Widerspruchs bedeutet auch, dass der Widerspruch von dem Betroffenen oder seinem Bevollmächtigten **unterschrieben** worden sein muss, da sonst nicht hinreichend erkennbar ist, ob es sich nur um einen Entwurf handelt.[173] **416**

Eine **Niederschrift** wird angefertigt, wenn der Adressat des Verwaltungsaktes persönlich bei der Widerspruchsbehörde erscheint und den Widerspruch mündlich formuliert. Dies muss von der Behörde verschriftlicht werden, ohne dass eine Beratung (insbesondere mit dem Ziel der Optimierung des Widerspruchs) erfolgen muss. Relevant kann dies vor allem für Personen sein, die selbst nicht in der Lage sind einen Text zu verfassen (zB mangelnde Rechtschreib- oder Sprachkenntnisse). Darüber hinaus ist ein mündlicher Widerspruch nicht zulässig. Eine für die Soziale Arbeit wichtige Alternative enthält darüber hinaus § 84 Abs. 2 SGG: Die Frist gilt auch gewahrt, wenn die Widerspruchsschrift bei einer **anderen inländischen Behörde** oder einem (Sozial-)Versicherungsträger eingegangen ist. Der Widerspruch ist dann auf dem internen Postweg unverzüglich der zuständigen Stelle zuzuleiten. Dieses Prinzip gilt hingegen nicht für Verfahren vor den Verwaltungsgerichten, da die VwGO keine entsprechende Regelung kennt. **417**

Beispiel:
Bruno erhält einen Verwaltungsakt mit dem Inhalt, dass seine Leistungen nach dem SGB II gekürzt werden, da er nicht hinreichend Eigenbemühungen zur Aufnahme einer Erwerbstätigkeit nachgewiesen hat. Leider „verlegt" er dieses Schreiben und findet es erst kurz vor Ablauf der Widerspruchsfrist wieder. Da er auf dem Postweg den Widerspruch nicht mehr fristgerecht einreichen kann, wirft er den Widerspruch kurzerhand abends um 21 Uhr beim Ortsamt in den Briefkasten.

Für die Praxis relevant ist auch die Möglichkeit den Widerspruch fristwahrend per Fax einzureichen, während zeitgleich der Widerspruch auf dem Postweg im Original der Widerspruchsbehörde übersandt wird. Ebenso ist es zulässig, die Begründung nachzureichen. Es gibt keine gesetzliche Frist, bis wann eine Begründung nachzuholen ist, daher sollte diese schnellstmöglich erfolgen. Wird die Begründung nicht **418**

---

171 Vgl. BVerfG, Kammbeschluss v. 01.08.1996, Az. 1 BvR 121/95; BGH, Beschluss v. 20.09.1993, Az. II ZB 10/93; BGH, Beschluss v. 08.10.1997, Az. XII ZB 124/97.
172 Vgl. BSG, Urt. v. 14.03.2013, Az. B 13 R 19/12 R; Grube in: Schlegel/Voelzke, jurisPK-SGB X, § 36 Rn. 41.
173 Vgl. Müller, in: Ory/Weth, jurisPK-ERV Band 3, § 84 SGG Rn. 60.

in einer angemessenen Frist nachgeholt, entscheidet die Behörde nach Aktenlage. Je nach Umfang und Schwierigkeit des Sachverhalts oder der Rechtslage kann eine Nachfrist von 2 Wochen angemessen sein. Allein das Fehlen einer Begründung lässt den Widerspruch jedoch nicht unzulässig werden. Vielmehr kann der Widerspruch auch ohne Begründung eingereicht werden, wenngleich dies in der Praxis aber trotzdem ratsam ist.[174]

b) Begründetheit des Widerspruchs

419 Der Widerspruch ist begründet, wenn der Verwaltungsakt rechtswidrig oder nicht zweckmäßig ist und der Widerspruchsführer dadurch in seinen Rechten verletzt wird. Hier ist zu prüfen, ob der angefochtene Verwaltungsakt **rechtswidrig** ist, also ob die Behörde ihre Entscheidung auf eine nicht relevante Rechtsgrundlage stützt, die zugrundeliegende Rechtsnorm falsch angewendet oder von einem falschen/unvollständigen Sachverhalt ausgegangen wurde. Soweit die Behörde bei ihrer Entscheidung einen Ermessensspielraum hatte (Ermessensentscheidung), muss auch die **Zweckmäßigkeit** der Entscheidung geprüft werden. Das bedeutet, dass die Widerspruchsbehörde eigene Ermessenserwägungen anstellen und auch zu einem anderen Ergebnis kommen darf. Insbesondere muss sie prüfen, ob das Ermessen fehlerfrei ausgeführt wurde (siehe Rn. 195 ff.).

3. Ablauf des Widerspruchverfahrens

420 Die Widerspruchsstelle prüft, ob der Widerspruch zulässig und begründet ist und muss abhelfen, sofern sie ihn für begründet erachtet (Abhilfebescheid). Hilft die Ausgangsbehörde dem Widerspruch nicht ab, muss gem. § 85 Abs. 2 Nr. 1 SGG die nächsthöhere Behörde über den Widerspruch entscheiden.

Überblick Widerspruchsverfahren

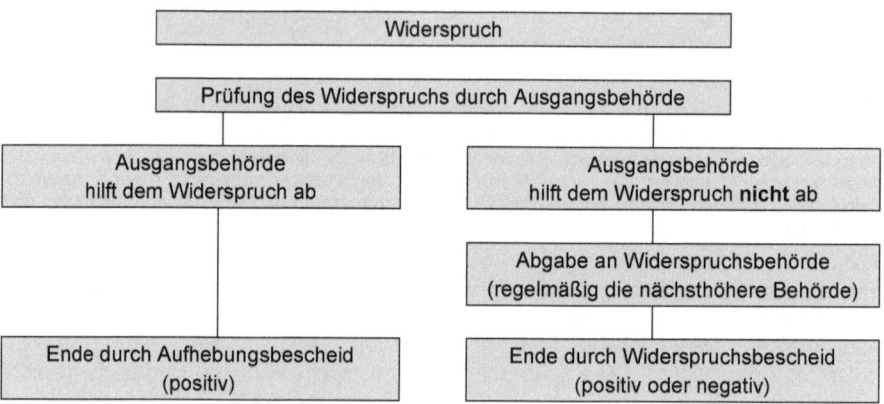

---

[174] Vgl. Schmidt, in: Meyer-Ladewig/Keller/Leitherer/Schmidt, Sozialgerichtsgesetz, § 84 Rn. 2; Gall, in: Schlegel/Voelzke, jurisPK-SGG, § 84 SGG Rn. 11.

Kapitel A: Theoretische Grundlagen 167

Eine gesetzliche Frist, in der die Bearbeitung und Entscheidung erfolgen muss, gibt es nicht. Entscheidet die Behörde nicht über den Widerspruch, ist die einzige verbleibende Möglichkeit eine **Untätigkeitsklage** gem. § 88 Abs. 2 SGG, sofern seit Einlegung des Widerspruchs mindestens 3 Monate vergangen sind. Dem Bürger steht keine niedrigschwelligere Möglichkeit der Interessenverfolgung zur Verfügung, so dass er entweder die lange Bearbeitungszeit hinnehmen oder eine Klage anstrengen muss. **421**

4. Wirkung des Widerspruchs

Der Widerspruch als auch die Anfechtungsklage haben gem. § 86 a SGG **aufschiebende Wirkung**, dh der angefochtene Verwaltungsakt erlangt keine Bestandskraft und darf nicht vollzogen werden (Vollstreckungs- und Vollzugshemmung), insbesondere darf der Verwaltungsakt nicht (zwangsweise) durchgesetzt oder auf den angefochtenen Verwaltungsakt beruhende Folgeverwaltungsakte erlassen werden. **422**

Beispiel:
Die 75jährige Rentnerin Renate (R) ist nach einem Sturz und anschließender Hüftoperation in den Pflegegrad 2 eingestuft worden und erhält Pflegesachleistungen. Nach 10 Monaten verbessert sich ihr Gesundheitszustand etwas, insbesondere wird sie wieder deutlich mobiler. Die Pflegekasse kommt daraufhin zu dem Ergebnis, dass die erhebliche Pflegebedürftigkeit nicht mehr gegeben ist, weil die Voraussetzungen des Pflegegrads 2 nicht mehr erfüllt werden. Sie erlässt einen Verwaltungsakt, in dem die Leistungen entsprecht entzogen werden. R ist der Meinung, dass sie auch weiterhin erheblich pflegebedürftig ist, weil sie ohne fremde Hilfe weder aufstehen noch sich alleine anziehen kann. Sie legt daraufhin fristgerecht Widerspruch ein. Die aufschiebende Wirkung des Widerspruchs bewirkt, dass die Leistungen der Pflegeversicherung (Pflegegrad 2) auch weiterhin gewährt werden. Ist der Widerspruch nicht erfolgreich, kann aber ab dem Zeitpunkt der Bekanntgabe des Ausgangsverwaltungsaktes die Leistung zurückverlangt werden.

Die aufschiebende Wirkung ist ein wesentlicher Faktor eines effektiven Rechtsschutzes, denn der Bürger soll nicht durch Vollzug des Verwaltungsaktes vor vollendete Tatsachen gestellt werden. Bleibt der Widerspruch bzw. der Rechtsbehelf erfolglos, entfällt die aufschiebende Wirkung rückwirkend ab Erlass des Verwaltungsakts, so dass ggf. eine Rückzahlung von bereits gezahlten Leistungen erfolgen muss.[175] **423**

Die aufschiebende Wirkung **entfällt jedoch** in den in § 86 a Abs. 2 SGG genannten Fällen, also **424**
- bei Entscheidungen über Versicherungs-, Beitrags- oder Umlagepflichten.
- bei der Entziehung oder Herabsetzung von laufenden Leistungen der Bundesagentur für Arbeit.
- in den gesetzlich vorgesehenen Fällen, zB § 39 SGB II oder § 93 Abs. 3 SGB XII.
- in Fällen, in denen die sofortige Vollziehung im öffentlichen Interesse oder im überwiegenden Interesse eines Beteiligten ist und die den Verwaltungsakt erlassende Stelle dies ausdrücklich anordnet.

Erfasst werden sollen Fälle, in denen der Verwaltung durch die aufschiebende Wirkung **erhebliche Nachteile** entstehen, zB weil ausgezahlte Beträge nicht zurückgefordert werden können, da sie verbraucht worden sind oder die Sozialversicherung keine Beiträge erhält (und damit auch ihre Leistungen nicht mehr finanzieren kann), weil Mitglieder Widerspruch gegen die Beitragszahlung eingelegt haben. **425**

---

175 Vgl. Richter, in: Schlegel/Voelzke, jurisPK-SGG, § 86 a Rn. 27.

Beispiel:
Der 37jährige Torsten (T) erhält Hilfe zum Lebensunterhalt nach dem SGB II (Hartz IV). Wegen eines nicht wahrgenommenen Termins mit seinem Fallmanager wird ihm mit Bescheid vom 07.05. der Regelbedarf gem. § 32 Abs. 1 SGB II um 10 % gekürzt. T will dies nicht hinnehmen, da er wegen eines Streiks im öffentlichen Nahverkehr den Termin nicht wahrnehmen konnte und legt Widerspruch ein. Grundsätzlich würde die aufschiebende Wirkung des Widerspruchs dazu führen, dass die Minderung des Regelbedarfs bis zur endgültigen Rechtskraft des Verwaltungsaktes nicht eintreten darf. Allerdings bestimmt § 39 SGB II ausdrücklich, dass die aufschiebende Wirkung bei Widersprüchen entfällt, die sich gegen Verwaltungsakte richten, die eine Pflichtverletzung und die Minderung des Auszahlungsanspruchs feststellen. Der von T gegen die Minderung des Regelbedarfs eingelegte Widerspruch hat daher keine aufschiebende Wirkung und kann vollzogen werden.

426 Die ausstellende Behörde darf die **sofortige Vollziehung** gem. § 86 a Abs. 2 Nr. 5 SGG darüber hinaus anordnen, wenn das öffentliche Interesse oder das private Interesse eines beteiligten Dritten das Aufschubinteresse des Betroffenen überwiegt.[176] Die Verwaltung ist verpflichtet diese Interessen gegeneinander abzuwägen, wobei sie die auferlegte Belastung für den Betroffenen, die Folgen des Sofortvollzuges und der Umfang bzw. die Schwierigkeiten bei der Rückabwicklung in die Erwägungen einbezogen werden müssen. Gegen die sofortige Vollziehung kann jedoch auch wieder ein Rechtsmittel eingelegt werden: In diesem Fall kann auf Antrag das Gericht gem. § 86 b Abs. 1 SGG die aufschiebende Wirkung anordnen (siehe Rn. 441). Da es sich um ein gerichtliches Verfahren handelt, sollte auf anwaltliche Hilfe zurückgegriffen werden.

5. Kosten des Widerspruchs und Beratungshilfe

427 Die Verfahren bei den Behörden nach dem SGB X sind kostenfrei, dh es werden keine Gebühren und Auslagen erhoben (§ 64 Abs. 1 S. 1 SGB X). Das Widerspruchsverfahren ist hier hinzuzurechnen[177], so dass im sozialrechtlichen Widerspruchsverfahren **seitens der Behörde keine Kosten** geltend gemacht werden dürfen. Gleichfalls können dem belasteten Bürger Kosten entstehen, wenn er bereits im Widerspruchsverfahren auf eine anwaltliche Vertretung oder Beratung angewiesen ist. Ein Merkmal des Rechtsstaates ist, dass die Rechtsverfolgung nicht von der finanziellen Lage des Betroffenen abhängig gemacht werden darf, so dass auch mittellose Bürger die Möglichkeit haben, ihre Interessen gegen andere durchzusetzen. Im außergerichtlichen Verfahren wird dies durch die sog. **Beratungshilfe** geregelt. Wird dem Antrag auf Beratungshilfe vom zuständigen Amtsgericht stattgegeben, erhält der Rechtsuchende unter genauer Bezeichnung der Angelegenheit einen Berechtigungsschein für Beratungshilfe durch einen Anwalt seiner Wahl (§ 6 BerHG). Eine Ausnahme bilden Berlin, Bremen, Hamburg und Lübeck – dort tritt die sog. „öffentliche Rechtsauskunft" (ÖRA) an die Stelle der Beratungshilfe.

428 **Voraussetzung** für die Bewilligung ist **gem. § 1 Abs. 1 BerHG**, dass der Rechtsuchende die erforderlichen Mittel nach seinen persönlichen und wirtschaftlichen Verhältnissen nicht aufbringen kann. Darüber hinaus dürfen nicht andere Möglichkeiten für eine Hilfe zur Verfügung stehen, die dem Betroffenen auch zuzumuten sind und die Rechtswahrnehmung darf nicht mutwillig sein. Andere Möglichkeiten der Hilfe, die vorher auszuschöpfen sind, können zB eine vorhandene Rechtsschutzversicherung sein oder die Mitgliedschaft in einer Gewerkschaft bei Angelegenheiten, in

---

176 Vgl. BT-Drs. 14/5943 S. 25; Richter, in: Schlegel/Voelzke, jurisPK-SGG, § 86 a Rn. 32
177 Vgl. BT-Dr. 8/2034, S. 36.

denen Gewerkschaftssekretäre die juristische Beratung und Vertretung übernehmen können. Mutwillig ist die Rechtsverfolgung, *„wenn ein bemittelter Rechtsuchender von der Beratung oder Vertretung durch eine Beratungsperson auf eigene Kosten absehen würde"*.[178] Dies wird regelmäßig der Fall sein, wenn zB die zu erwartenden anwaltlichen Kosten in Bezug auf den Streitwert unverhältnismäßig hoch sind. Der Ratsuchende hat jedoch einen eigenen Kostenbeitrag iHv 15 EUR zu bezahlen.[179] Ggf. kann diese Gebühr erlassen werden.

IV. Das verwaltungsgerichtliche Rechtsmittel – die Klage

Ist der Verwaltungsrechtsweg erfolglos beschritten, ist der gerichtliche Klageweg eröffnet. **Sachlich zuständig** für die Bereiche des Sozialrechts ist überwiegend das Sozialgericht. Die Zuständigkeit der Sozialgerichte wird in § 51 SGG geregelt, darüber hinaus ist das Verwaltungsgericht für alle öffentlich-rechtlichen Streitigkeiten (nicht verfassungsrechtlicher Art) zuständig: **429**

Überblick über die sachliche Zuständigkeit verschiedener Gerichte

Sozialgerichte	Verwaltungsgerichte	Zivilgerichte
Rentenversicherung Krankenversicherung Pflegeversicherung (gesetzlich und privat) Unfallversicherung Arbeitsförderung Sonstige Angelegenheiten der Sozialversicherung Grundsicherung für Arbeitsuchende Sozialhilfe Asylbewerberleistungen Elterngeld Kindergeld Opferentschädigung	Jugendhilferecht Unterhaltsvorschuss Ausländerrecht Asylrecht Wohngeld Heimgesetz Ausbildungsförderung	Privatrechtliches Verwaltungshandeln Enteignungsentschädigung Staatshaftung

Örtlich zuständig ist regelmäßig das Gericht, an dem der Bürger seinen **Wohnsitz** hat (§§ 57 SGG, 52 VwGO). Um einen Rechtsstreit vor den Gerichten führen zu können, muss der Bürger prozessfähig sein. **Prozessfähig** ist, wer sich durch Verträge verpflichten kann (also geschäftsfähig ist) oder durch ein Gesetz für den Gegenstand des Verfahrens als geschäftsfähig anerkannt ist (§ 71 Abs. 1 und 2 SGG). Im Sozialrecht wird durch § 36 Abs. 1 SGB I bestimmst, dass die sozialrechtliche Handlungsfähigkeit mit Vollendung des 15. Lebensjahres eintritt, dh ab diesem Al- **430**

---

[178] Vgl. BT-Drs. 17/11472 S. 26; § 1 Abs. 3 BerHG: *„Mutwilligkeit liegt vor, wenn Beratungshilfe in Anspruch genommen wird, obwohl ein Rechtsuchender, der keine Beratungshilfe beansprucht, bei verständiger Würdigung aller Umstände der Rechtsangelegenheit davon absehen würde, sich auf eigene Kosten rechtlich beraten oder vertreten zu lassen. Bei der Beurteilung der Mutwilligkeit sind die Kenntnisse und Fähigkeiten des Antragstellers sowie seine besondere wirtschaftliche Lage zu berücksichtigen."*.
[179] Vgl. Anlage 1.2.5 RVG Nr. 2500.

ter können Anträge auf Sozialleistungen gestellt, verfolgt und entgegengenommen werden. Daher sind Minderjährige in sozialrechtlichen Angelegenheiten ab dem 15. Lebensjahr prozessfähig und bedürfen nicht mehr der Vertretung durch ihre Eltern als gesetzliche Vertreter.

Beispiel:
Die 17jährige Britta ist Mutter der 3 Wochen alten Tochter Sarah. Da sie sich mit der Situation völlig überfordert fühlt und dringend Hilfe und Unterstützung bei der Erziehung ihrer Tochter benötigt, möchte sie in eine Mutter-Kind-Einrichtung gem. § 19 SGB VIII. T kann den Antrag auf die Unterbringung in dieser Wohnform selbst stellen und im Falle, dass die Leistung abgelehnt wird, selbst vor dem Verwaltungsgericht klagen.

1. Aufbau der Verwaltungs- und Sozialgerichtsbarkeit

431 Die verschiedenen Gerichtszweige haben in Deutschland eigene **Gerichtsordnungen**, nach denen sich der Aufbau, die Zuständigkeiten aber auch die Klagevoraussetzungen richten. Für die Sozialgerichtsbarkeit ist dies die Sozialgerichtsordnung (SGG), für die Verwaltungsgerichtsbarkeit die Verwaltungsgerichtsordnung (VwGO) oder für die Zivilgerichte die Zivilprozessordnung (ZPO). Zwar kann der betroffene Bürger sich vor dem Sozialgericht als auch vor dem Landessozialgericht selbst vertreten (nur vor dem Bundessozialgericht herrscht Anwaltszwang), jedoch ist dies überwiegend nicht empfehlenswert, da das Klagverfahren im Gegensatz zum Verwaltungsverfahren stark formalisiert ist. Die Sozial- und Verwaltungsgerichte sind folgendermaßen aufgebaut:

Sozialgerichtsbarkeit	Verwaltungsgerichtsbarkeit
Sozialgerichte Landessozialgerichte Bundessozialgericht	Verwaltungsgerichte Oberverwaltungsgerichte Bundesverwaltungsgericht

Bundesverfassungsgericht (sofern im Rahmen einer Verfassungsbeschwerde die Verletzung von Grundrechten geltend gemacht wird)

Europäischer Gerichtshof für Menschenrechte (sofern die Verletzung der Europäischen Menschenrechtskonvention geltend gemacht wird)

2. Überblick Klagearten

432 Zur Verfolgung verschiedener rechtlicher Interessen stehen verschiedene Klagearten zur Verfügung. Die wichtigsten Klagearten sind die Anfechtungs-, Verpflichtungs-, Leistungs- und Feststellungsklage.

433 Die **Anfechtungsklage** verfolgt das Ziel, die Aufhebung eines Verwaltungsakts oder seine Abänderung zu erreichen (§§ 54 SGG, 42 VwGO). Voraussetzung ist, dass der Kläger behauptet, durch den Verwaltungsakt in seinen Rechten verletzt worden zu sein. Wie auch beim Widerspruch reicht es aus, dass die Möglichkeit besteht von der staatlichen Maßnahme in seinen Rechten beeinträchtigt worden zu sein. Der

Kapitel A: Theoretische Grundlagen

Erhebung der Klage muss das Widerspruchsverfahren vorausgehen (§§ 78 SGG, 68 VwGO). Die Klage hat Erfolg, wenn der Verwaltungsakt rechtswidrig ist und den Kläger in seinen Rechten verletzt. Dies ist der Fall bei Verstößen gegen den Gesetzesvorbehalt, den Gesetzesvorrang oder die Verhältnismäßigkeit, ebenso bei Ermessensfehlern (§ 54 Abs. 2 SGG).

Beispiel:
Der 43jährige Uwe (U) und die 42jährige Andrea (A) sind seit 2 Jahren ein Paar. Als A einen gut bezahlten Job in einem anderen Bundesland erhält und deswegen in eine 300 km entfernte Stadt ziehen muss, kündigt U seine bisherige Tätigkeit und zieht mit A zusammen um. Frühzeitig bewirbt er sich – leider erfolglos – bei verschiedenen Firmen, um einen näherliegenden Arbeitsplatz zu bekommen. Daher beantragt er an seinem neuen Wohnort beim zuständigen Jobcenter Arbeitslosengeld I. Nach Prüfung der Antragsvoraussetzungen erhält U einen Bescheid vom Jobcenter, dass er zwar dem Grunde nach Anspruch auf Arbeitslosengeld I habe, er wegen der Eigenkündigung eine Sperrfrist von 3 Monaten gem. § 159 Abs. 1 Nr. 1 SGB III erhalte. Durch die Kündigung habe er sich ohne wichtigen Grund versicherungswidrig verhalten. Dem widerspricht U, da er durch den Umzug seine langjährige Partnerschaft mit seiner Freundin Andrea aufrechterhalten wolle. Auf seinen Widerspruch hin erhält U einen ablehnenden Widerspruchsbescheid mit der Begründung, dass es keine hinreichend gefestigte Partnerschaft sei, die mit der Ehe gleichgesetzt werden könne und damit auch keinem besonderen Schutz unterliege. Gegen den Widerspruch legt U Anfechtungsklage vor dem Sozialgericht ein, da er durch den rechtswidrigen Verwaltungsakt bzw. die verhängte Sperrzeit in seinen Rechten verletzt werde.

Das Sozialgericht entschied 2002, dass die Sperrzeit rechtswidrig ist und den U in seinen Rechten verletzt. Daher hebt es den Verwaltungsakt teilweise (nur in Bezug auf die Sperrzeit) auf. U habe einen wichtigen Grund, wenn er seiner langjährigen Partnerin folge. Voraussetzung ist jedoch das die Verbindung zweier Partner auf Dauer angelegt ist, daneben keine weiteren Lebensgemeinschaften gleicher Art zugelassen sind und innere Bindungen existieren, die ein gegenseitiges Einstehen der Partner füreinander erwarten lassen und über eine reine Haushalts- und Wirtschaftsgemeinschaft hinausgeht. Außerdem muss der Arbeitslose vorrangig alle zumutbaren Anstrengungen unternommen haben, um die Arbeitslosigkeit zu vermeiden, insbesondere rechtzeitige Eigenbemühungen um einen Anschlussarbeitsplatz nachweisen. Zudem darf ein tägliches Pendeln von der neuen Wohnung zur bisherigen Arbeitsstätte nicht zumutbar sein. Demgegenüber ist ein Umzug erst zur Begründung oder Aufnahme einer solchen Gemeinschaft generell kein wichtiger Grund im Sinne des § 159 Abs. 1 SGB III. Für eingetragene Lebenspartnerschaften nach dem Lebenspartnerschaftsgesetz gelten die gleichen Grundsätze. (vgl. BSG, Beschluss v. 29.8.2002, Az. B 7 AL 56/00; NZW 2003, S. 546)

434 Die **formalen Anforderungen und Fristen** im sozialgerichtlichen Verfahren bestimmen sich nach den §§ 87 ff. SGG. Grundsätzlich ist die Klage bei dem zuständigen Gericht schriftlich oder zur Niederschrift des Urkundsbeamten der Geschäftsstelle binnen eines Monats nach Bekanntgabe des Verwaltungsakts bzw. des Widerspruchsbescheides (wenn ein Vorverfahren stattgefunden hat) einzulegen (§§ 87 SGG, 74 VwGO). In Verfahren vor dem Sozialgericht ist die Frist für die Erhebung der Klage auch dann gewahrt, wenn die Klageschrift innerhalb der Frist statt bei dem zuständigen Gericht der Sozialgerichtsbarkeit bei einer anderen inländischen Behörde oder bei einem Versicherungsträger eingeht (§ 91 SGG). Die Klageschrift ist in diesem Fall unverzüglich an das zuständige Gericht der Sozialgerichtsbarkeit weiterzuleiten.

435 Mit der **Verpflichtungsklage** strebt der Kläger hingegen den Erlass eines bestimmten Verwaltungsaktes an. Durch die erfolgreiche Klage soll die Verwaltung verurteilt bzw. verpflichtet werden, einen bestimmten Verwaltungsakt zu erlassen. Häufig wird die Anfechtungs- und die Verpflichtungsklage kombiniert, da durch die Anfechtungsklage die Aufhebung eines belastenden Verwaltungsaktes und mit der Verpflichtungsklage der Erlass eines begünstigenden Verwaltungsaktes angestrebt wird. Ein besonderer Unterfall der Verpflichtungsklage ist die **Untätigkeitsklage**, wenn die Behörde nach 6 Monaten über einen Antrag (bzw. nach 3 Monaten seit

Einlegung des Widerspruchs) noch nicht entschieden hat (§§ 88 SGG, 75 VwGO). Voraussetzung ist jedoch, dass dies „ohne zureichenden Grund" erfolgt ist, wobei insbesondere Personalknappheit wegen Urlaub oder Krankheit nicht ausreichen.[180] Zureichende Gründe können hingegen insbesondere im verwaltungstechnisch/organisatorischen Bereich angesiedelt sein, zB Umstellung auf eine neue Software oder Umzug der Verwaltung, durch die eine Behörde objektiv gehindert war den Antrag bzw. den Widerspruch innerhalb üblichen Bearbeitungszeiten zu bescheiden.[181] In der Praxis ist die Abwägung, ob eine Untätigkeitsklage bei überlanger Untätigkeit der Verwaltung erhoben werden sollte, im Einzelfall schwierig zu beurteilen. Wird die Untätigkeitsklage eingelegt, kann dies durchaus eine weitere Verzögerung zur Folge haben, da das Gericht die Verwaltungsakten anfordern muss und damit aus dem Bearbeitungsvorgang herausnimmt. Daher ist abzuwägen, ob nicht die Dienst- oder Fachaufsichtsbeschwerde eine Alternative darstellen könnte.

436 Die **allgemeine Leistungsklage** spielt in der Sozialen Arbeit nur eine untergeordnete Rolle. Die Leistungsklage zielt darauf ab, die beklagte Behörde oder den Sozialleistungsträger zu einem Tun, Dulden oder Unterlassen zu verpflichten, soweit es sich nicht um den Erlass eines Verwaltungsaktes handelt (§ 54 Abs. 4 und 5 SGG).

Beispiele:

Ein Betroffener möchte verhindern, dass auf dem Text der Überweisung ausgewiesen wird, dass es sich um eine Sozialleistung handelt (vgl. BVerwG Urt. v. 23.6.1994 – Az. 5 C 16/92 = BVerwGE 96, S. 147 ff.).

Ein freier Träger klagt auf Widerruf und Unterlassung von ehrverletzenden Behauptungen, die den Träger in Verbindung mit rechtsradikalem Gedankengut stellen.

437 Eine **Feststellungklage** kann sich gegen unterschiedliche Begehren richten, zB auf die Feststellung des Bestehens oder Nichtbestehens eines Rechtsverhältnisses, welcher Versicherungsträger der Sozialversicherung zuständig ist, ob eine Gesundheitsstörung oder der Tod die Folge eines Arbeitsunfalls, einer Berufskrankheit oder einer Schädigung im Sinne des Bundesversorgungsgesetzes ist oder auf die Feststellung der Nichtigkeit eines Verwaltungsakts (§ 55 Abs. 1 SGG).

Beispiel:

Der 65jährige Walter (W) erhält nur eine geringe Altersrente und beantragt daher Grundsicherung im Alter gem. §§ 41 ff. SGB XII. Die zuständige Sachbearbeiterin Irmgart (I) traut den Angaben des W nicht und ruft bei seinem langjährigen (ehemaligen) Arbeitgeber an, um zu erfahren, ob er vielleicht zusätzlich noch eine Betriebsrente erhält, die er nicht angegeben hat. I erzählt dabei dem ehemaligen Arbeitgeber auch, dass W jetzt Grundsicherung im Alter beantragt habe. Als W davon erfährt ist es ihm im höchst unangenehm, dass nun seine ehemaligen Kollegen von seiner Lage wissen und ärgert sich über die I. Er klagt daher auf Feststellung, dass die Weitergabe seiner Sozialdaten unbefugt erfolgt ist. (vgl. BSG Urt. v. 25.10.1978 – Az. 1 RJ 32/78 = BSGE 47, S. 118 ff.)

438 Gegenüber den anderen Klagearten ist die Feststellungsklage **subsidiär**. Dahinter steht der Gedanke, dass man mit seiner Klage das am weitesten gehende Klageziel verfolgen muss, um nur einen einzigen Prozess (und nicht mehrere) zu führen. Kann das Klageziel durch die Anfechtungs- oder Leistungsklage erreicht werden, ist eine Feststellungsklage daher nicht möglich. Die Feststellungsklage setzt voraus, dass der Kläger ein berechtigtes Interesse an der baldigen Feststellung hat (Feststellungsinteresse). Dies könnten wichtige Interessen rechtlicher, wirtschaftlicher oder ideeller Art sein.[182]

---

180 Vgl. BSG, Urt. v. 8.12.1993 – Az. 14 a RKa 1/93 = BSGE 73, S. 244 ff.
181 Vgl. Claus in: Schlegel/Voelzke, jurisPK-SGG, § 88 Rn. 33.
182 Vgl. BSG, Urt. v. 2.8.2001, Az. B 7 AL 18/00 R.

3. Kosten des Sozialgerichtsverfahrens und Prozesskostenhilfe

Ähnlich wie beim Widerspruch ist ein effektiver Rechtsschutz nur gewährleistet, wenn die Rechtsverfolgung nicht von der finanziellen Situation der Beteiligten abhängt.[183] Gerade in den Bereichen der Sozialen Arbeit ist es daher von hoher Bedeutung, dass der Klient auch über die Kosten bzw. die Kostentragung der Rechtsverfolgung beraten werden kann. Zwar fallen bei Verfahren vor dem Sozialgericht für Versicherte und Leistungsempfänger **keine Gerichtskosten** an (§ 183 SGG), trotzdem können darüber hinaus durch die notwendige Einschaltung eines Rechtsanwalts weitere Kosten entstehen. Anders als beim Widerspruch werden die Kosten der Rechtsverfolgung durch die sog. Prozesskostenhilfe geregelt. Alle Rechtsbereiche, auch das (Sozial-)Verwaltungsrecht, verweisen auf die Vorschriften in der Zivilprozessordnung (ZPO) zur Prozesskostenhilfe (§§ 73a SGG, 166 VwGO iVm §§ 114ff. ZPO). Die Bewilligung der Prozesskostenhilfe führt jedoch nicht unbedingt dazu, dass alle Kosten von der Staatskasse übernommen werden. Vielmehr müssen die entstanden Kosten mittels **Ratenzahlung** zurückgezahlt werden, nur in Ausnahmefällen kann von der Rückzahlung abgesehen werden (§ 120 ZPO).

439

Um Prozesskostenhilfe zu erhalten, müssen gem. § 114 ZPO drei Voraussetzungen erfüllt sein:

440

- Eine Partei darf nach ihren persönlichen und wirtschaftlichen Verhältnissen die Kosten der Prozessführung nicht, nur zum Teil oder nur in Raten aufbringen können.
- Die beabsichtigte Rechtsverfolgung muss hinreichende Aussicht auf Erfolg bieten und
- darf nicht mutwillig sein.

Das Gericht kann verlangen, dass der Antragsteller seine tatsächlichen Angaben glaubhaft macht, insbesondere kann auch die Abgabe einer Versicherung an Eides statt gefordert werden (§ 118 Abs. 2 ZPO). Im Gegensatz zur Beratungshilfe wird bei der Gewährung der Prozesskostenhilfe geprüft, ob die Klage hinreichende Aussicht auf Erfolg hat. Da diese Prüfung nicht das Endergebnis vorwegnehmen soll, reicht es aus, wenn gewisse **Erfolgswahrscheinlichkeiten** bestehen, so dass der Erfolg nicht völlig ausgeschlossen oder fernliegend ist.[184] In diesem Kontext ist sehr genau zu überlegen, ob einem Klienten die Rechtsverfolgung empfohlen werden kann, obwohl mangels Erfolgsaussichten die Gewährung von Prozesskostenhilfe abgelehnt wurde. Mutwillig ist die Rechtsverfolgung gem. § 114 Abs. 2 ZPO, „wenn eine Partei, die keine Prozesskostenhilfe beansprucht, bei verständiger Würdigung aller Umstände von der Rechtsverfolgung oder Rechtsverteidigung absehen würde, obwohl eine hinreichende Aussicht auf Erfolg besteht." Ähnlich wie bei der Beratungshilfe kommt es also darauf an, ob ein verständiger Beteiligter, der für die Kosten selbst aufkommen müsste, seine Rechte nicht in der gleichen Weise geltend machen würde.[185] Wird die Gewährung von Prozesskostenhilfe abgelehnt, kann dagegen wiederum Beschwerde eingelegt werden.

441

Die Prozesskostenhilfe erfasst die Kosten der eigenen Rechtsverfolgung, also neben den Gerichtskosten auch die notwendigen Anwaltskosten. Allerdings ergibt sich hieraus für den Klienten trotzdem ein **Kostenrisiko**, auf das **in der sozialen Bera-**

442

---

183 Vgl. BVerfG, Beschluss v. 14.4.1959, Az. 1 BvR 12, 291/58; BVerfG, Beschluss v. 3.7.1963, Az. 1 BvR 153/69.
184 Vgl. Gall, in: Schlegel/Voelzke, jurisPK-SGG, § 73a Rn. 41 f.
185 Vgl. BSG, Beschluss v. 24.5.2000, Az. B 1 KR 4/99 BH.

tung dringend hingewiesen werden sollte. Nicht erfasst werden von der Prozesskostenhilfe die Kosten für den gegnerischen Anwalt, die im Falle, dass der Prozess verloren wird, von der unterlegenen Seite zu tragen sind (§ 123 ZPO). Außerdem entstehen schon Kosten durch einen Antrag auf Prozesskostenhilfe, den ein Anwalt stellt. Auch diese Kosten müssen im Falle, dass die Prozesskostenhilfe nicht gewährt wird, übernommen werden. Ebenso entsteht ein Kostenrisiko für eine mögliche Beschwerde gegen die Ablehnung der Prozesskostenhilfe, da für die Kosten im Beschwerdeverfahren keine Prozesskostenhilfe gewährt wird (§ 127 Abs. 4 ZPO).

V. Vorläufiger Rechtsschutz

443 Zur Garantie eines effektiven Rechtsschutzes (Art. 19 Abs. 4 GG) gehört auch die Möglichkeit, ein besonders eilbedürftiges Verfahren vorläufig regeln zu lassen. Aufgrund der teilweise sehr langen Dauer bis zu einer gerichtlichen Entscheidung, verzichten gerade finanziell schwache Bürger häufig auf die Wahrnehmung und Durchsetzung ihrer Rechte.[186] So betrug die durchschnittliche Verfahrensdauer an den Sozialgerichten im Jahr 2019 bundesweit im Durchschnitt 14 Monate[187], darüber hinaus kann sich im Einzelfall das Verfahren jedoch über viele Jahre hinziehen. In vielen Bereichen der Sozialen Arbeit können Klienten aber nicht eine so lange Zeit abwarten, bis es zu einer gerichtlichen Entscheidung kommt, weil sie dadurch nicht hinnehmbare Nachteile erleiden würden. In solchen Fällen besteht die Möglichkeit, dass das Gericht eine vorläufige Entscheidung trifft, die aber später durch die endgültige Entscheidung (die sog. „Entscheidung in der Hauptsache") ersetzt wird.

Beispiel:

Die 82jährige Irma (I) kann nach zwei Hüftoperationen und fortschreitender Osteoporose nicht mehr selbstständig für sich sorgen und benötigt Hilfe bei der Mobilität und bei der Selbstversorgung. Der Medizinische Dienst der Krankenversicherung (MDK) stellt lediglich einen geringen Pflegebedarf fest und stuft sie in Pflegegrad I ein, so dass die Pflegekasse nur Leistungen nach § 28 a SGB XI gewährt. I kann die Kosten für die Pflege nicht selbst bezahlen und hält das Pflegegutachten des MDK für fehlerhaft, da verschiedene Pflegeerschwernisse als auch der gesamte Pflegebedarf nicht hinreichend berücksichtigt wurden. Sie legt fristgerecht Widerspruch ein. Nachdem die Pflegekasse den Widerspruch der I abgelehnt hat, will I nun vor dem Sozialgericht klagen. Da sie aber ohne die pflegerische Hilfe grundlegende Verrichtungen (Toilettengänge, duschen, an- und entkleiden) nicht mehr alleine bewerkstelligen kann, würde es ohne die Möglichkeit des vorläufigen Rechtsschutzes für sie bedeuten, dass sie nicht in der Lage sein wird ein menschenwürdiges Leben zu führen.

1. Erlass einer einstweiligen Anordnung

444 Rechtsgrundlage für den **Erlass einer einstweiligen Anordnung** ist für die Verwaltungsgerichte § 123 VwGO und für die Sozialgerichte § 86 b Abs. 2 SGG. Danach können die Gerichte eine einstweilige Anordnung erlassen, *„wenn die Gefahr besteht, dass durch eine Veränderung des bestehenden Zustands die Verwirklichung eines Rechts des Antragstellers vereitelt oder wesentlich erschwert werden könnte"*. Voraussetzung ist, dass ein Anordnungsanspruch und ein Anordnungsgrund vorlie-

---

186 Ausführlich dazu Becker/Hauser, Nicht-Inanspruchnahme zustehender Sozialhilfeleistungen (Dunkelzifferstudie), S. 200 ff.
187 Statistisches Bundesamt, S. 24.

Kapitel A: Theoretische Grundlagen 175

gen und die dafür erheblichen Tatsachen glaubhaft gemacht werden. Die Anforderungen an die Glaubhaftmachung dürfen vom Gericht nicht überspannt werden.[188]

Ein **Anordnungsanspruch** ist gegeben, wenn hinreichend glaubhaft gemacht werden kann, dass der geltend gemachte Anspruch mit ausreichender Wahrscheinlichkeit vorliegt, also ob nach summarischer Prüfung der Sach- und Rechtslage dem Antragsteller das geltend gemachte Recht zusteht. Bei einer summarischen Prüfung wird geschaut, ob mehr Gründe *„für als gegen einen positiven Ausgang des Hauptsacheverfahrens sprechen"*[189]. Für die Glaubhaftmachung gelten erleichterte Anforderungen, insbesondere können beispielsweise auch eidesstattliche Versicherungen von Beteiligten oder Zeugen vorgelegt werden (§ 294 ZPO). 445

Beispiel:
„In Kenntnis der Strafbarkeit falscher eidesstattlicher Versicherungen gem. § 156 Strafgesetzbuch sowie der Bedeutung einer eidesstattlichen Versicherung gebe ich folgende Erklärung an Eides statt: ..."

Für das Vorliegen eines **Anordnungsgrundes** wägt das Gericht zwischen den Interessen des Antragstellers, den öffentlichen Interesse und ggf. den Interessen Dritter ab, ob es zumutbar ist, die Entscheidung in der Hauptsache (also im gerichtlichen Hauptverfahren) abzuwarten und ob es darüber hinaus keine zumutbaren oder einfacheren Alternativen gibt, um das geltend gemachte Recht vorläufig zu wahren. Dabei darf durch die vorläufige Entscheidung nicht bereits eine endgültige Entscheidung der Hauptsache (sog. Vorwegnahme der Hauptsache) erfolgen. Davon abgewichen werden darf nur im konkreten Einzelfall, um schwere und unzumutbare Nachteile zu vermeiden, insbesondere wenn die Möglichkeit besteht, dass die Menschenwürde verletzt wird: 446

Beispiel:
Die 48jährige Britta (B) leidet an der Krankheit ALS (amyotrophe Lateralsklerose) mit nahezu vollständiger Lähmung der Muskulatur, wodurch sie komplett an den Rollstuhl gefesselt ist. Sprechen ist ihr kaum noch möglich; die Kommunikation erfolgt über einen Sprachcomputer. Es besteht nur noch eine Restfunktion im Bereich der Arme, die das Halten eines Stifts, nicht aber den Betrieb eines Rollstuhls aus eigenen Kräften erlaubt. Bei B ist der Pflegegrad 5 (Schwerstpflegebedürftigkeit) festgestellt. Bei ihrer Krankenkasse beantragte sie unter Vorlage einer entsprechenden Verordnung ihres behandelnden Arztes die Versorgung mit einem speziell für sie hergerichteten Elektrorollstuhl samt elektronischer Mundsteuerung. Die Krankenkasse lehnte die Versorgung mit dem gewünschten Rollstuhl jedoch ab. Nach erfolgtem Widerspruch beantragte die B im Rahmen einer einstweiligen Verfügung, dass ihr der Rollstuhl zur Verfügung gestellt werde, da es ihr nicht zuzumuten sei, das Ende des Hauptsacheverfahrens abzuwarten. Die Versorgung mit dem Elektrorollstuhl gebe ihr, die sie zuhause während der Abwesenheit ihres berufstätigen Ehemannes dazu verurteilt sei, an der Stelle auszuharren, wo sie im Rollstuhl abgestellt worden sei, einen letzten Rest an eigenverantwortlicher Mobilität. Sie sei auch tatsächlich in der Lage, den Elektrorollstuhl funktionsgerecht zu bedienen, wie sich bei der leihweisen Überlassung eines entsprechenden Elektrorollstuhls durch ein Sanitätshaus gezeigt habe. Das Bundesverfassungsgericht entschied, dass der einstweiligen Anordnung stattzugeben sei: *„Ist dem Gericht dagegen eine vollständige Aufklärung der Sach- und Rechtslage im Eilverfahren nicht möglich, so ist anhand einer Folgenabwägung zu entscheiden. Auch in diesem Fall sind die grundrechtlichen Belange des Antragstellers umfassend in die Abwägung einzustellen. Die Gerichte müssen sich schützend und fördernd vor die Grundrechte des Einzelnen stellen. Dies gilt ganz besonders, wenn es um die Wahrung der Würde des Menschen geht. Eine Verletzung dieser grundgesetzlichen Gewährleistung, auch wenn sie nur möglich erscheint oder nur zeitweilig andauert, haben die Gerichte zu verhindern."* (BVerfG, Stattgebender Kammerbeschluss v. 25.2.2009 – Az. 1 BvR 120/09)

---

188 Vgl. BVerfG, Einstweilige Anordnung v. 26.10.2010, Az. 1 BvR 2539/10.
189 Sommer, Lehrbuch Sozialverwaltungsrecht (2010), S. 255.

2. Antrag auf Wiederherstellung der aufschiebenden Wirkung

447 Ein Widerspruch entwickelt (ebenso wie die Anfechtungsklage) grundsätzlich aufschiebende Wirkung (siehe Rn. 416 ff.), sofern diese nicht ausgeschlossen wurde. Zuständig sind gem. § 86a Abs. 3 SGG die Ausgangsbehörde oder in den Fällen des § 86b Abs. 1 SGG die Sozialgerichte.[190] Mangels ausdrücklicher gesetzlicher Anforderungen prüft das Gericht im Rahmen einer summarischen Prüfung (siehe Rn. 439), ob der eingelegte Rechtsbehelf Aussicht auf Erfolg hat und nimmt eine Interessenabwägung zwischen öffentlichem Vollzugsinteresse und privaten Aufschubinteresse vor.[191] In der Praxis der Sozialen Arbeit ist es häufig ratsam, den Widerspruch mit einem Antrag auf Herstellung der aufschiebenden Wirkung zu verbinden. Wird der Antrag von der Behörde abgelehnt, kann der Antrag auch an das Gericht gestellt werden.

VI. Zusammenfassung

448 Für die Praxis der Sozialen Arbeit spielt der Rechtsschutz eine große Rolle und fordert ein hohes Maß an fachlicher Kompetenz. Insbesondere ist zu berücksichtigen, dass im Rahmen des Verwaltungsrechtsweges als auch des Klagewegs verschiedene Rechtsschutzmöglichkeiten bestehen, die auch gezielt eingesetzt werden sollten. Soweit für die Einlegung des Rechtsbehelfs bzw. Rechtsmittels vertiefte juristische Kenntnisse notwendig sind, sollte stets ein Rechtsanwalt herangezogen werden, so dass die Fachkräfte der Sozialen Arbeit unbedingt Kenntnisse der Beratungs- und Prozesskostenhilfe haben sollten, um Klienten dahin gehend beraten zu können. Gerade bei Rechtsbehelfen, die nicht an eine bestimmte Form gebunden sind, können Klienten aber fachlich kompetent unterstützt werden. Fragen zu den Rechtsschutzmöglichkeiten sollten also sowohl in der Ausbildung als auch in der Praxis ernst genommen werden, ohne jedoch zu vergessen, wann im Einzelfall weitergehende juristische Hilfestellungen notwendig sind.

---

190 Parallelvorschriften: § 80 Abs. 4 (Behörde) und Abs. 5 (Gericht) VwGO.
191 Vgl. Burkiczak, in: Schlegel/Voelzke, jurisPK-SGG, § 86b Rn. 166.

Kapitel A: Theoretische Grundlagen

Übersicht Rechtsschutz

Übersicht Rechtsschutz

Art. 19 Abs. 4 GG: Wird jemand durch die öffentliche Gewalt in seinen Rechten verletzt, so steht ihm der Rechtsweg offen.

Rechtsbehelfe				Rechtmittel	
Gegenvorstellung	Fachaufsichtsbeschwerde	Dienstaufsichtsbeschwerde	Widerspruch	Klage	Vorläufiger Rechtsschutz
<ul><li>Ausdruck des Petitionsrechts.</li><li>Gerichtet an die erfassende/handelnde Behörde.</li><li>Ziel ist die Überprüfung der Recht- und Zweckmäßigkeit eines bestimmten Verwaltungshandelns.</li><li>Keine eigene Beschwer notwendig.</li><li>Frist- und formlos.</li></ul>	<ul><li>Ausdruck des Petitionsrechts</li><li>Rüge einer Verletzung von Dienst- oder Amtspflichten eines Amtsträgers.</li><li>Adressat ist die entsprechende Fachaufsichtsbehörde.</li><li>Entscheidung der Behörde nach pflichtgemäßen Ermessen.</li><li>Entscheidung wird dem Bürger mitgeteilt.</li><li>Eigene Beschwer notwendig.</li><li>Frist- und formlos.</li></ul>	<ul><li>Ausdruck des Petitionsrechts</li><li>Kontrolle der Recht- und Zweckmäßigkeit von Entscheidungen der Verwaltung.</li><li>Adressat ist die übergeordnete Dienstaufsichtsbehörde.</li><li>Entscheidung der Behörde nach pflichtgemäßen Ermessen.</li><li>Entscheidung wird dem Bürger mitgeteilt.</li><li>Eigene Beschwer notwendig.</li><li>Frist- und formlos.</li></ul>	<ul><li>Beginn des Vorverfahrens.</li><li>Behördeninterne Kontrolle der Recht- und Zweckmäßigkeit von Verwaltungsakten.</li><li>Adressat ist die in der Rechtsbehelfsbelehrung genannte Widerspruchsbehörde.</li><li>Form: schriftlich oder zur Niederschrift.</li><li>Frist: 1 Monat nach Bekanntgabe des Verwaltungsaktes.</li><li>Aufschiebende Wirkung, d. h. Vollzugs- und Vollstreckungshemmung.</li><li>Beratungshilfe möglich (BerHG).</li></ul>	<ul><li>In der Regel erst nach erfolglosem Widerspruch zulässig.</li><li>Zuständigkeit der Sozialgerichte für Angelegenheiten des SGB, Ausnahme: für das SGB VIII ist das Verwaltungsgericht zuständig.</li></ul> Anfechtungsklage:<ul><li>Klagefrist und zuständiges Gericht sind in der Rechtsbehelfsbelehrung zu nennen.</li><li>Form: schriftlich oder zur Niederschrift.</li><li>Frist: 1 Monat nach Bekanntwerden des Widerspruchsbescheides.</li><li>Aufschiebende Wirkung, d. h. Vollzugs- und Vollstreckungshemmung.</li><li>Prozesskostenhilfe möglich.</li></ul>	Einstweilige Anordnung:<ul><li>Vorläufige Regelung einer Streitsache bis zur Entscheidung in der Hauptsache, d. h. es muss auch immer Klage erhoben werden!</li><li>Zuständig ist das Gericht, das in der Hauptsache zuständig ist.</li><li>Eine einstweilige Anordnung hat das Ziel wesentliche Nachteile abzuwenden, insbesondere wenn die Gefahr besteht, dass der Antragsteller sonst seine Rechte nicht (mehr) durchsetzen könnte.</li><li>Die Entscheidung in der Hauptsache kann nicht abgewartet werden.</li></ul>Antrag auf Wiederherstellung der aufschiebenden Wirkung:<ul><li>Nur zulässig, soweit von der Behörde die sofortige Vollziehbarkeit angeordnet wurde und die aufschiebende Wirkung des Widerspruchs und der Anfechtungsklage entfällt.</li></ul>

Kapitel B: Fälle und Übungen

I. Aufgaben

450 Lösen Sie die folgenden Fragen ggf. anhand der genannten Normen.

Frage:		Lösungshinweis:
1.	Wann könnte Klienten eine Dienst- bzw. Fachaufsichtsbeschwerde empfohlen werden? Welche Konsequenzen hätte eine solche Beschwerde?	Rn. 397 ff.
2.	Warum ist das Widerspruchsverfahren dem Klagverfahren vorgeschaltet?	Rn. 396
3.	Was bedeutet es, dass Widerspruch und Anfechtungsklage „aufschiebende Wirkung" haben?	Rn. 416
4.	Fallmanager Gerald (G) verschickt am 14.06. einen Bescheid an Udo (U), mit dem er die Bewilligung von Leistungen nach dem SGB II ablehnt, da U über ein ausreichendes Einkommen verfüge. Bei der Durchsicht der Berechnung stellt U fest, dass der G von einem zu hohen anrechenbaren Einkommen ausgegangen ist, da die relevanten Freibeträge falsch berechnet worden sind. Bis wann muss der U spätestens Widerspruch eingelegt haben (Datum)? Wo und wie kann er dies tun?	Rn. 409
5.	Wann läuft die Widerspruchsfrist ab, wenn der Verwaltungsakt am a) 22.11. b) 28.04. c) 27.01. zur Post aufgegeben worden wäre?	§ 26 SGB X § 188 BGB
6.	Würde es im Fall 4 für die Beurteilung der Widerspruchsfrist einen Unterschied machen, wenn das Jobcenter nicht durch schriftlichen Bescheid entschieden hätte, sondern die Entscheidung U telefonisch mitgeteilt hätte?	Rn. 138, 409
7.	Angenommen, der U (Fall 4.) hat mit Depressionen und einem Alkoholproblem zu kämpfen. Wie wäre die Rechtslage, wenn er aufgrund dessen die Widerspruchsfrist versäumt?	§ 27 Abs. 1 SGB X

Kapitel B: Fälle und Übungen

	Frage:	Lösungshinweis:
8.	Der 34jährige Sebastian (S) legt gegen einen Bescheid der Krankenversicherung Widerspruch ein. Um Porto zu sparen wirft er den Brief jedoch in den Briefkasten des nahegelegenen Landratsamtes ein. Ist dies zulässig? Mit welchen Folgen müsste er rechnen?	§ 84 Abs. 2 SGG
9.	Was können Sie einem Klienten raten, wenn aus dringenden Gründen die endgültige gerichtliche Entscheidung nicht abgewartet werden kann?	§ 86 b SGG
10.	Klient Klaus (K) ist mittellos und könnte einen Rechtsanwalt nicht bezahlen. Trotzdem möchte er a) gegen einen Verwaltungsakt Widerspruch einlegen, benötigt dabei aber fachliche Hilfe, weil es sich um einen komplizierten Sachverhalt handelt. b) gegen einen Widerspruchsbescheid klagen. Welche Möglichkeiten hätte K, um trotzdem einen Rechtsanwalt einschalten zu können?	§ 1 BerHG § 114 ZPO
11.	Erläutern Sie die Untätigkeitsklage. Welche Schwierigkeiten sind mit der Untätigkeitsklage für die Klienten verbunden?	Rn. 429

II. Lösungen

Zu Frage 1:
Wann könnte Klienten eine Dienst- bzw. Fachaufsichtsbeschwerde empfohlen werden? Welche Konsequenzen hätte eine solche Beschwerde?

Während mit der Dienstaufsichtsbeschwerde die Verletzung einer Dienst- oder Amtspflicht eines Amtsträgers gerügt wird, kann durch die Fachaufsichtsbeschwerde die Recht- und Zweckmäßigkeit von Entscheidungen der Verwaltung kontrolliert werden. Beide sind nicht an Fristen gebunden, sollten aber auch im Interesse des Bürgers zeitnah die zuständigen Stellen erreichen. Die Dienstaufsichtsbeschwerde findet Anwendung, wenn der Bürger sich durch ein Verhalten eines Amtsträgers persönlich verletzt sieht, zB durch abfällige Bemerkungen, obszöne Gesten, unfachliches Verhalten uä. Eine Fachaufsichtsbeschwerde kann dann empfohlen werden, wenn kein Verwaltungsakt angegriffen werden soll (beim Verwaltungsakt ist der Widerspruch effektiver). Hält beispielsweise das Jugendamt bestimmte Leistungen nicht im notwendigen Umfang vor, auf die kein Anspruch besteht (zB Jugendarbeit § 11 SGB VIII), kann dagegen Fachaufsichtsbeschwerde eingelegt werden, ebenso wenn zB falsche Auskünfte erteilt werden. Sowohl die Dienstaufsichts- als auch die Fachaufsichtsbeschwerde haben lediglich Appellfunktion. Weitergehenden Rechtsschutz, insbesondere durch eine aufschiebende Wirkung, bieten diese beiden Rechtsbehelfe nicht.

Zu Frage 2:
Warum ist das Widerspruchsverfahren dem Klagverfahren vorgeschaltet?

452 Das Widerspruchsverfahren ist Teil des behördlichen Verwaltungsverfahrens. Damit soll der Behörde die Möglichkeit gegeben werden, ihr eigenes Handeln noch einmal auf Recht- und Zweckmäßigkeit zu überprüfen. Dadurch werden die Gerichte entlastet, da nur die Fälle, in denen sich die Rechtspositionen nicht vereinbaren lassen, als Streitfälle vor dem Gericht landen. Für den Bürger hat dies mehrere Vorteile: so ist insbesondere die Hemmschwelle Widerspruch einzulegen, deutlich niedriger als eine Klage vor dem Gericht einzureichen. Dadurch wird der Bürger besser in die Lage versetzt, sich gegen belastendes Verwaltungshandeln zur Wehr zu setzen. Darüber hinaus ist aufgrund der Förmlichkeit des Verfahrens vor den Gerichten eine anwaltliche Vertretung notwendig oder teilweise sogar vorgeschrieben. Dies ist gleichzeitig immer mit einem Kostenrisiko verbunden, das im Rahmen des Widerspruchverfahrens ungleich geringer ist.

Zu Frage 3:
Was bedeutet es, dass Widerspruch und Anfechtungsklage „aufschiebende Wirkung" haben?

453 Der Widerspruch als auch die Anfechtungsklage haben gem. § 86a SGG aufschiebende Wirkung, dh der angefochtene Verwaltungsakt erlangt keine Bestandskraft und darf nicht vollzogen werden (Vollstreckungs- und Vollzugshemmung), insbesondere darf der Verwaltungsakt also nicht (zwangsweise) durchgesetzt oder auf den angefochtenen Verwaltungsakt beruhende Folgeverwaltungsakte erlassen werden. Dadurch soll vermieden werden, dass der Bürger vor „vollendete" Tatsachen gestellt wird, die mit unverhältnismäßigen Nachteilen für ihn verbunden sind.

Zu Frage 4:
Bis wann muss der U spätestens Widerspruch eingelegt haben (Datum)? Wo und wie kann er dies tun?

454 In der Rechtsbehelfsbelehrung des VA steht, wo, wie und innerhalb welcher Frist der U Widerspruch einlegen kann (§ 36 SGB X). Der Widerspruch muss gem. § 84 Abs. 1 S. 1 SGG schriftlich oder zur Niederschrift bei der Behörde, die den VA erlassen hat, eingelegt werden. Die Frist beträgt gem. § 84 Abs. 1 S. 1 SGG einen Monat.

455 Bei schriftlichen Verwaltungsakten, die durch die Post übermittelt werden, gilt der VA gem. § 37 Abs. 2 S. 1 SGB X mit dem dritten Tag nach Aufgabe bei der Post als bekannt gegeben, es sei denn er geht später zu, vgl. § 37 Abs. 2 S. 3 SGB X. Das Schreiben wird am 14.06. bei der Post aufgegeben. Nach der Drei-Tages-Fiktion des § 37 Abs. 2 S. 1 SGB X gilt er am 17.06. als bekannt gegeben.

Zur Post am 14.06., Bekanntgabefiktion: 17.06. (gem. § 37 Abs. 2 S. 1 SGB X)

456 Der Beginn des Fristlaufs selber wird grundsätzlich nach § 26 Abs. 1 SGB X sowie den §§ 187 ff. BGB berechnet. Nach § 26 Abs. 2 SGB X beginnt die Frist mit dem Tag, der auf die Bekanntgabe der Frist folgt. Demnach beginnt die Frist am 18.06.

Fristbeginn: 18.06. um 0.00 Uhr (gem. § 26 Abs. 2 SGB X)

Das Ende der Frist ist gemäß § 26 Abs. 1 SGB X iVm § 188 Abs. 2 BGB der 17.07., weil eine Monatsfrist an dem gleichlautenden Tag (hier der 17.) der Bekanntgabe im nächsten Monat endet. **457**

    Fristende: 17.07. (gem. § 26 Abs. 1 SGB X iVm § 188 Abs. 2 BGB)

Zu Frage 5:
Wann läuft die Widerspruchsfrist ab, wenn der Verwaltungsakt am 22.11./28.04./26.01. zur Post aufgegeben worden wäre?
a) 22.11. **458**

zur Post am:	**22.11.**
Bekanntgabefiktion:	**25.11.** (gem. § 37 Abs. 2 S. 1 SGB X)
Fristbeginn:	**26.11.** um 0.00 Uhr (gem. § 26 Abs. 2 SGB X)
Fristende:	Die Frist endet gem. § 26 Abs. 1 SGB X iVm § 188 Abs. 2 BGB am 25.12., dies ist jedoch ein Feiertag (1. Weihnachtstag). Deshalb ist Fristende gem. § 26 Abs. 3 SGB X am nächsten Werktag, hier also am **27.12.** um 24.00 Uhr. Dass gleiche gilt im Übrigen, wenn die Frist an einem Samstag o. Sonntag enden würde, vgl. § 26 Abs. 3 SGB X.

b) 28.04. **459**

zur Post am:	**28.04.**
Bekanntgabefiktion:	**01.05.** (gem. § 37 Abs. 2 S. 1 SGB X) Unerheblich ist hier, dass dies ein Feiertag ist, da beim Fristbeginn der § 26 Abs. 3 SGB X keine Anwendung findet (vgl. „Fällt das **Ende** einer Frist ..."). Zu beachten ist aber, dass wegen des Feiertages evtl. die tatsächliche Zustellung später als nach dem dritten Tag nach Aufgabe zur Post erfolgt sein könnte und dann gem. § 37 Abs. 2 S. 3 SGB X nicht der Fiktionstag, sondern der tatsächliche Zustelltag gilt.
Fristbeginn:	**02.05.** um 0.00 Uhr (gem. § 26 Abs. 2 SGB X)
Fristende:	**01.06.** um 24.00. Uhr (gem. § 26 Abs. 1 SGB X iVm § 188 Abs. 2 BGB)

c) 26.01. **460**

zur Post am:	**26.01.**
Bekanntgabefiktion:	**29.01.** (gem. § 37 Abs. 2 S. 1 SGB X)
Fristbeginn:	**30.01.** um 0.00 Uhr (gem. § 26 Abs. 2 SGB X)

Fristende: Die Frist endet gem. § 26 Abs. 1 SGB X iVm § 188 Abs. 2 BGB grundsätzlich am 29.02. Da es diesen Tag aber nicht gibt, endet die Frist gem. § 188 Abs. 3 BGB bereits am **28.02.** (in Schaltjahren am 29.02.) um 24.00. Uhr. Gleiches gilt auch für die Berechnung von Fristen, die auf den 31. eines Monats beginnen – in solchen Fällen endet die Frist am 30. des Folgemonats.

Zu Frage 6:

Würde es im Fall 4. für die Beurteilung der Widerspruchsfrist einen Unterschied machen, wenn das Jobcenter nicht durch schriftlichen Bescheid entschieden hätte, sondern die Entscheidung U telefonisch mitgeteilt hätte?

461 Bei einer telefonischen Mitteilung könnte es an einer Rechtsbehelfsbelehrung fehlen. Diese ist aber gem. Art. 19 Abs. 4 GG und nach dem Rechtsstaatsprinzip geboten, damit sich der Bürger effektiv gegen rechtswidriges Verwaltungshandeln wehren kann. Um diesen Nachteil auszugleichen, kann der Widerspruch gem. § 66 Abs. 2 S. 1 SGG deshalb innerhalb eines Jahres seit Bekanntgabe eingelegt werden. Der mündliche VA wird durch eine fehlende Rechtsbehelfsbelehrung nicht rechtswidrig.

Zu Frage 7:

Angenommen, der U (Fall 4.) hat mit Depressionen und einem Alkoholproblem zu kämpfen. Wie wäre die Rechtslage, wenn er aufgrund dessen die Widerspruchsfrist versäumt?

462 War der U ohne Verschulden verhindert die Widerspruchsfrist einzuhalten, ist ihm gem. § 27 Abs. 1 S. 1 SGB X Wiedereinsetzung in den vorigen Stand zu gewähren. Voraussetzungen für die Wiedereinsetzung sind:
- Antrag innerhalb von zwei Wochen nach Wegfall des Hindernisses, § 27 Abs. 2 S. 1 SGB X
- bei der Behörde die über den Widerspruch entscheidet, § 27 Abs. 4 SGB X
- Glaubhaftmachung des nicht verschuldeten Hindernisses, § 27 Abs. 1 S. 1, Abs. 2 S. 2 SGB X (hier gegeben: Depression und Alkoholsucht = Krankheit)
- Nachholung der versäumten Handlung (Einlegung des Widerspruchs) innerhalb der Antragsfrist von zwei Wochen nach Wegfall des Hindernisses, § 27 Abs. 2 S. 3 SGB X
- kein gesetzlicher Ausschluss, § 27 Abs. 5 SGB X.

Zu Frage 8:

Mit welchen Folgen müsste er rechnen?

463 Gemäß § 84 Abs. 2 SGG gilt die Frist zur Erhebung des Widerspruchs auch dann als gewahrt, wenn der Widerspruch bei einer anderen inländischen Behörde oder bei einem Versicherungsträger eingegangen ist. Daher ist es zulässig, den Widerspruch auch beim Landratsamt einzuwerfen, dadurch gilt die Frist als gewahrt. Gleichzeitig ergibt sich daraus der Nachteil, dass der Widerspruch erst an die zuständige Stelle weitergeleitet werden muss und sich die Entscheidung weiter hinauszögert.

464 Wirksam erhoben ist der Widerspruch erst, wenn der Widerspruch zur zuständigen Stelle gelangt. Ab diesem Zeitpunkt kann daher auch erst die aufschiebende Wirkung des Widerspruchs eintreten.

Zu Frage 9:
Was können Sie einem Klienten raten, wenn aus dringenden Gründen die endgültige gerichtliche Entscheidung nicht abgewartet werden kann?

Besteht die Gefahr, dass sich dem Kläger in einem Verfahren erhebliche Nachteile daraus ergeben, wenn er das reguläre Ende des Gerichtsverfahrens abwartet, kann gem. § 86 b SGG die Angelegenheit vorläufig entschieden werden. Das bedeutet, dass unter erleichterten Bedingungen das Gericht den vorliegenden Sachverhalt und die Rechtslage betrachtet und abwägt, ob es dem Antragsteller zuzumuten ist die Entscheidung in der Hauptsache abzuwarten. Es sollte dem Klienten empfohlen werden, neben der Klage auch einen Antrag auf eine einstweilige Anordnung gem. § 86 b Abs. 2 SGG zu stellen, wenn eine besondere Eilbedürftigkeit vorliegt, zB wenn einem querschnittsgelähmten Menschen ein elektrischer Rollstuhl verweigert wird, obwohl er ohne diesen Rollstuhl keine Möglichkeit hätte, sich halbwegs eigenständig und unabhängig zu bewegen. Würde die Entscheidung im Klagverfahren abgewartet werden, würden dem Kläger bis dahin erhebliche Beeinträchtigungen der Menschenwürde zugemutet werden. **465**

Zu Frage 10:
Welche Möglichkeiten hätte K, um trotzdem einen Rechtsanwalt einschalten zu können?

Ein wesentlicher Aspekt der Rechtsstaatlichkeit liegt darin, dass die Möglichkeit der Rechtsverfolgung und -verteidigung nicht von den finanziellen Ressourcen des Betroffenen abhängig ist. So müssen auch mittellose Bürger in die Lage versetzt werden, sich sowohl fachlich qualifiziert beraten als auch vertreten zu lassen. Im deutschen Recht gibt es dafür, je nachdem ob es sich um außergerichtliche oder gerichtliche Verfahren handelt, unterschiedliche Möglichkeiten, die sich entweder im Beratungshilfegesetz oder der Zivilprozessordnung finden. Nach § 1 Abs. 1 BerHG wird Beratungshilfe bei außergerichtlichen Verfahren gewährt, wenn der Rechtssuchende die erforderlichen Mittel nach seinen persönlichen und wirtschaftlichen Verhältnissen nicht aufbringen kann, keine andere zumutbare Möglichkeit der Hilfe zur Verfügung steht und die Rechtsverfolgung nicht mutwillig ist. Klient K könnte also auch im Widerspruchsverfahren unter diesen Voraussetzungen Beratungshilfe in Anspruch nehmen. Der Antrag ist mündlich oder schriftlich bei dem zuständigen Amtsgericht zu stellen, in dessen Bereich der Klient wohnt. **466**

Die Prozesskostenhilfe hingegen regelt die Kostenübernahme bei gerichtlichen Verfahren und ist in den §§ 114 ff. ZPO normiert. Prozesskostenhilfe setzt ebenfalls voraus, dass der K die Kosten der Prozessführung nicht selbst aufbringen kann und die Prozessführung nicht mutwillig ist. Darüber hinaus muss die Rechtsverfolgung aber auch hinreichende Aussicht auf Erfolg bieten. Will K also gegen einen Widerspruchsbescheid klagen, muss er bei dem zuständigen Prozessgericht einen entsprechenden Antrag stellen. Wird die Prozesskostenhilfe bewilligt, wird dem K ein Rechtsanwalt beigeordnet, soweit dies erforderlich ist (§ 121 Abs. 2 ZPO). Die Prozesskostenhilfe deckt damit die eigenen Kosten der Rechtsverfolgung für den Klienten ab. Für den Fall, dass der Klient das Verfahren jedoch nicht gewinnt, trägt er aber trotzdem das Kostenrisiko für die Rechtsanwaltskosten, die der gegnerischen Partei entstehen. Da die gegnerische Partei im Sozialrecht aber stets eine Behörde oder ein Träger der Sozialversicherung ist und diese durch behördeninterne Juristen vertreten werden, ist dieses Kostenrisiko im Sozialrecht nicht relevant. **467**

Zu Frage 11:
Welche Schwierigkeiten sind mit der Untätigkeitsklage für die Klienten verbunden?

468 Die Untätigkeitsklage ist eine Unterform der Verpflichtungsklage und kann erhoben werden, wenn die Verwaltung trotz Antrages grundlos nicht tätig wird. Der Bürger hängt damit „in der Luft" und hat keine behördliche Entscheidung, gegen die er gegebenenfalls vorgehen kann, um seine Rechtsauffassung durchzusetzen, so dass sich die Klage gegen diese Untätigkeit der Verwaltung richtet. Allerdings müssen relativ lange Fristen verstrichen sein: Gemäß § 88 SGG müssen mindestens sechs Monate seit Antragstellung vergangen sein, ohne dass ein hinreichender Grund für die Verzögerung vorliegt. Wurde über einen Widerspruch nach 3 Monaten nicht entschieden, kann ebenfalls Untätigkeitsklage eingelegt werden. Außerhalb des Klageweges hat der Bürger keine Möglichkeit auf die Passivität der Verwaltung zu reagieren (ggf. Fach- oder Dienstaufsichtsbeschwerde). Dadurch muss eine hohe Hemmschwelle überwunden werden, um gegen die Untätigkeit der Verwaltung vorzugehen.

469 ▶ **Musterwiderspruch I:**

Name | Straße | PLZ, Wohnort

Pflegekasse XY
Adresse
Ihr Bescheid v. 9.1.2018, Az. 22/18 / Ablehnung der Pflegeleistungen
Sehr geehrte Damen und Herren,
aufgrund meines Antrages vom 12.12.2017 teilten Sie mir mit Bescheid vom 9.1.2018 mit, dass die beantragten Pflegeleistungen mangels erheblicher Pflegebedürftigkeit abgelehnt werden. Gegen diesen Bescheid lege ich hiermit fristgerecht

Widerspruch

ein und beantrage,
 den Bescheid vom 9.1.2018 aufzuheben und Pflegeleistungen gem. Pflegegrad 2 zu bewilligen.

Begründung:

Die Pflegebegutachtung wurde am 19.12.2017 vom Medizinischen Dienst der Krankenversicherung, Herrn Dr. S, in meiner Wohnung in der Zeit von 10 Uhr bis 10.30 Uhr durchgeführt. In dieser Zeit befragte mich Dr. S zu meinen Erkrankungen, zu meinem Tagesablauf und besichtigte die Wohnung. Herr Dr. S lehnte es jedoch ab, das seit etwa 8 Wochen geführte Pflegetagebuch anzuschauen und zu den Unterlagen zu nehmen. Er äußerte, dass die Aussagekraft von Pflegetagebüchern aus fachlicher Sicht minimal sei.
Nachfolgend wurde das Pflegegutachten erstellt, in dem man nur auf einen geringen täglichen Pflegebedarf kam. Aus dem Pflegegutachten geht jedoch hervor, dass bei der Erstellung des Gutachtens erhebliche Pflegeerschwernisse nicht hinreichend berücksichtigt wurden. Aufgrund einer erblichen Stoffwechselkrankheit leide ich unter erheblichem Übergewicht. Bei einer Größe von 158 cm liegt mein Körpergewicht bei 90 kg. Meine Gelenke sind zwischenzeitlich stark versteift, so dass ich mich nur noch unbeholfen bewegen kann und kaum in der Lage bin, ohne fremde Hilfe zB zu baden oder mich anzuziehen. Aus dem Gutachten geht nicht hervor, wie sich die benötigte Grundversorgung durch diese Pflegeerschwernisse verändert. Legt

man den tatsächlichen Pflegebedarf unter Berücksichtigung der genannten Pflegeerschwernisse zugrunde, ist ein erheblicher Pflegebedarf festzustellen. Dies ergibt sich auch aus dem beigefügten Pflegetagebuch der letzten 10 Wochen.
Demnach liegt eine erhebliche Pflegebedürftigkeit gem. Pflegegrad 2 vor. Entsprechend ist meinem Antrag vom 12.12.2017 stattzugeben.
Mit freundlichen Grüßen

Unterschrift ◄

470

Musterwiderspruch

> Nur die Person, die durch den streitigen VA rechtlich betroffen ist, darf Widerspruch einlegen. Dies ist i. d. R. der Adressat des streitigen VA.

Markus Mustermann
Musterstraße 17
1287 Musterhausen
01287 / 879 542 85
Markus@Mustermann.de

Musterhausen, 16.03.2015

> Muss innerhalb der Widerspruchsfrist liegen. Der Widerspruch ist nach § 84 Abs. 1 SGG binnen eines Monats einzureichen.

Markus Mustermann | Musterstraße 17 | 1287 Musterhausen

Jugendamt Stadt Musterhausen
Beschwerdeweg 1
1287 Musterhausen

> Zuständig für den Widerspruch u. damit Adressat ist gem. § 84 Abs. 1 SGG die erlassende Behörde, also der Absender des streitigen VA.

Betr.: Ihr Bescheid vom 25.02.2015, Az.: M 03/15 – Ablehnung der Hilfen zur Erziehung

Sehr geehrte Damen und Herren,

aufgrund meines Antrages vom 07. Januar 2015 teilten Sie mir mit Bescheid vom 25. Februar 2015 mit, dass die beantragten Hilfen zur Erziehung nicht bewilligt werden, weil eine dem Kindeswohl entsprechende Erziehung gewährleistet sei. Gegen diesen Bescheid lege ich hiermit

Widerspruch

> Aus dem Widerspruch muss hervorgehen, durch welchen VA sich der Widerspruchsführer beschwert fühlt. Dieser ist daher genau zu bezeichnen.

ein und beantrage,

den Bescheid vom 25. Februar 2015 aufzuheben und die Hilfen zur Erziehung zu bewilligen.

Begründung:

> Der Widerspruch muss nicht als solcher bezeichnet werden. Es genügt, wenn ersichtlich ist, dass sich der Absender beschwert fühlt u. eine Überprüfung u. Neuentscheidung verlangt. Gleichbedeutend sind: Einspruch, Rechtsmittel o. Beschwerde.

Für einen Anspruch auf Hilfe zur Erziehung darf nach § 27 Abs. 1 SGB VIII keine dem Kindeswohl entsprechende Erziehung gewährleistet sein. Vorliegend ist eine dem Kindeswohl entsprechende Erziehung nicht gewährleistet, da sowohl eine Mangellage hinsichtlich des Kindeswohls als auch ein erzieherischer Bedarf gegeben sind.

1. In Ihrer Begründung erläutern Sie, dass Henri noch keinen konkreten Schaden hinsichtlich seines seelischen und körperlichen Wohls genommen hat und daher keine Mangellage gegeben ist. Diesbezüglich berücksichtigen Sie nicht hinreichend, dass eine Mangellage bereits vorliegt, wenn die Gefahr besteht, dass das Erziehungsziel einer eigenverantwortlichen und gemeinschaftsfähigen Persönlichkeit nicht erreicht wird (§ 1 Abs. 1 SGB VIII) und körperliche und seelische Schäden eintreten drohen (§ 1666 Abs. 1 BGB). Entsprechend verkennen Sie, dass mein Sohn Henri erheblich unter der Alkoholsucht seiner Mutter und unserer dadurch bedingten Scheidung leidet. Er ist auf Grund dessen häufig geistesabwesend, sehr in sich gekehrt und kann sich nur schwer konzentrieren. Außerdem isst und schläft er sehr schlecht, so dass er deutlich an Gewicht verloren hat und sich seine schulischen Leistungen verschlechtert haben. Seine Lehrerin berichtete mir außerdem, dass er sich auch von seinen Klassenkameraden zurückzieht und in der Pause oft alleine ist. Es besteht damit durchaus die Gefahr, dass er von dem in § 1 Abs. 1 SGB VIII beschriebenen Normalzustand abweicht und sich nicht zu einer eigenverantwortlichen und gemeinschaftsfähigen Persönlichkeit entwickelt. Weiterhin drohen ihm Schäden im zwischenmenschlichen, schulischen, seelischen und körperlichen Bereich (vgl. auch § 1666 Abs. 1 BGB), wenn man Henri nicht aus diesem Zustand heraushilft. Die Hilfe des Staates darf nicht erst dann einsetzen, wenn mein Sohn bereits einen Schaden genommen hat. Nach Art. 6 Abs. 2 S. 2 GG ist der Staat verpflichtet, Hilfen zur Erziehung auch vorbeugend zur Abwendung einer Gefahr zu leisten (Stähr in: Hauck/Noftz, SGB VIII Kommentar, Stand: 10/06, § 27, Rn. 24). Hinsichtlich des Kindeswohls ist eine Mangellage daher zu bejahen.

> Der Widerspruch bedarf eigentlich keiner Begründung, denn die Behörde überprüft die Sach- und Rechtslage von Amts wegen. Eine gute Begründung kann aber die Rechtsdurchsetzung erleichtern. Der Sozialarbeiter kann dem ratsuchenden Bürger hierbei unterstützen. Die Begründung kann aber auch erst nach Fristablauf in einer angemessener Zeit nachgereicht werden.

2. In Ihrer Begründung heißt es weiter, dass allein die Erwerbstätigkeit eines alleinerziehenden Elternteils für einen erzieherischen Bedarf nicht genügt. Erzieherischer Bedarf liegt vor, wenn die Eltern nicht in der Lage oder nicht willens sind, durch ihre Erziehung die Mängellage abzuhelfen. Diesbezüglich haben Sie nicht gewürdigt, dass ich unabhängig von meiner Erwerbstätigkeit meinem Sohn bei der Bewältigung seiner Trauer nicht helfen kann. Henri gibt mir die Schuld an der Trennung und ist der Meinung, ich hätte seine Mutter im Stich gelassen. Aus diesem Grund scheitert jedes Gespräch zwischen uns. Bei alledem bin ich in Folge der Trennung und der sich daraus ergebenden veränderten Umstände selbst psychisch, emotional und auch zeitlich stark belastet, wodurch es mir zusätzlich nicht gelingt auf die Bedürfnisse meines Sohnes einzugehen. Nach alledem bin ich nicht in der Lage eine dem Kindeswohl entsprechende Erziehung sicherzustellen. Ein erzieherischer Bedarf ist folglich gegeben.

Entsprechend ist die Hilfe zur Erziehung zu gewähren.

Mit besten Grüßen

Markus Mustermann

> Es muss ersichtlich sein, dass der Widerspruch vom Beschwerten kommt, also mit dessen Willen abgeschickt wurde. Hierfür ist bei Briefen, die durch die Post übermittelt werden, eine Unterschrift erforderlich.

Kapitel B: Fälle und Übungen

An das

Amtsgericht ....

....
Postleitzahl, Ort

Geschäftsnummer des Amtsgerichts
Diese Felder sind nicht vom Antragsteller auszufüllen.

Eingangsstempel des Amtsgerichts:

471

Antrag auf Bewilligung von Beratungshilfe

Antragsteller (Name, Vorname, ggf. Geburtsname)	Beruf, Erwerbstätigkeit	Geburtsdatum	Familienstand
Anschrift (Straße, Hausnummer, Postleitzahl, Wohnort)		Tagsüber telefonisch erreichbar unter Nummer	

A Ich beantrage Beratungshilfe in folgender Angelegenheit (bitte Sachverhalt kurz erläutern):

B
- ☐ In der vorliegenden Angelegenheit tritt keine Rechtsschutzversicherung ein.
- ☐ In dieser Angelegenheit besteht für mich nach meiner Kenntnis keine andere Möglichkeit, kostenlose Beratung und Vertretung in Anspruch zu nehmen.
- ☐ In dieser Angelegenheit ist mir bisher Beratungshilfe weder bewilligt noch versagt worden.
- ☐ In dieser Angelegenheit wird oder wurde von mir bisher kein gerichtliches Verfahren geführt.

Wichtig: Wenn Sie nicht alle diese Kästchen ankreuzen können, kann Beratungshilfe nicht bewilligt werden. Eine Beantwortung der weiteren Fragen ist dann **nicht** erforderlich.

Wenn Sie laufende Leistungen zum Lebensunterhalt nach dem Zwölften Buch Sozialgesetzbuch („Sozialhilfe") beziehen und den derzeit gültigen Bescheid einschließlich des Berechnungsbogens des Sozialamtes beifügen, müssen Sie keine Angaben zu den Feldern C bis G machen, es sei denn, das Gericht ordnet dies ganz oder teilweise an. Wenn Sie dagegen Leistungen nach dem Zweiten Buch Sozialgesetzbuch („Arbeitslosengeld II") beziehen, müssen Sie die Felder ausfüllen.

C Ich habe monatliche Einkünfte in Höhe von brutto .... EUR, netto .... EUR.
☐ Mein Ehegatte/meine Ehegattin bzw. mein eingetragener Lebenspartner/meine eingetragene Lebenspartnerin hat monatliche Einkünfte von netto .... EUR.

D Meine Wohnung hat eine Größe von .... m². Die Wohnkosten betragen monatlich insgesamt .... EUR. Ich zahle davon .... EUR.
Ich bewohne diese Wohnung ☐ allein / ☐ mit .... weiteren Person(en).

E

Welchen Angehörigen gewähren Sie Unterhalt? Unterhalt kann in Form von Geldzahlungen, aber auch durch Gewährung von Unterkunft, Verpflegung etc. erfolgen. Bitte nennen Sie hier Name, Vorname dieser Angehörigen (Anschrift nur, wenn sie von Ihrer Anschrift abweicht)	Geburts-datum	Familienverhältnis des Angehörigen zu Ihnen (z. B. Ehegatte, Kind)	Wenn Sie den Unterhalt ausschließlich durch Zahlung leisten Ich zahle mtl. EUR:	Hat dieser Angehörige eigene Einnahmen? (z. B. Ausbildungsvergütung, Unterhaltszahlung vom anderen Elternteil)	
1				nein ☐	ja, mtl. EUR netto:
2				nein ☐	ja, mtl. EUR netto:
3				nein ☐	ja, mtl. EUR netto:
4				nein ☐	ja, mtl. EUR netto:

472

F | Bankkonten/Grundeigentum/Kraftfahrzeuge/Bargeld/Vermögenswerte

Bitte geben Sie unter „Eigentümer/Inhaber" an, wem dieser Gegenstand gehört: A = mir allein, B = meinem Ehegatten/eingetragenen Lebenspartner allein bzw. meiner Ehegattin/meiner eingetragenen Lebenspartnerin allein, C = meinem Ehegatten/eingetragenen Lebenspartner bzw. meiner Ehegattin/eingetragenen Lebenspartnerin und mir gemeinsam

	Inhaber:	Bezeichnung der Bank, Sparkasse/des sonstigen Kreditinstituts; bei Bausparkonten Auszahlungstermin und Verwendungszweck:	Kontostand in EUR:
Giro-, Sparkonten und andere Bankkonten, Bausparkonten, Wertpapiere ☐ Nein ☐ Ja	☐ A ☐ B ☐ C		
Grundeigentum (zum Beispiel Grundstück, Familienheim, Wohnungseigentum, Erbbaurecht) ☐ Nein ☐ Ja	Eigentümer: ☐ A ☐ B ☐ C	Bezeichnung nach Lage, Größe, Nutzungsart:	Verkehrswert in EUR:
Kraftfahrzeuge ☐ Nein ☐ Ja	Eigentümer: ☐ A ☐ B ☐ C	Fahrzeugart, Marke, Typ, Bau-, Anschaffungsjahr, km-Stand:	Verkehrswert in EUR:
Sonstige Vermögenswerte (zum Beispiel Kapitallebensversicherung, Bargeld, Wertgegenstände, Forderungen, Anspruch aus Zugewinnausgleich) ☐ Nein ☐ Ja	Inhaber: ☐ A ☐ B ☐ C	Bezeichnung des Gegenstands:	Rückkaufswert oder Verkehrswert in EUR:

G | Zahlungsverpflichtungen und sonstige besondere Belastungen

Haben Sie oder Ihr Ehegatte/eingetragener Lebenspartner bzw. Ihre Ehegattin/eingetragene Lebenspartnerin Zahlungsverpflichtungen?
☐ Nein ☐ Ja

Verbindlichkeit (z. B. „Kredit")	Gläubiger (z. B. „Sparkasse")	Verwendungszweck:	Raten laufen bis:	Restschuld EUR:	Ich zahle darauf mtl. EUR:	Ehegatte/eingetr. Lebenspartner bzw. Ehegattin/eingetr. Lebenspartnerin zahlt darauf mtl. EUR:

Kapitel B: Fälle und Übungen

473

Haben Sie oder Ihr Ehegatte/eingetragener Lebenspartner bzw. Ihre Ehegattin/eingetragene Lebenspartnerin sonstige besondere Belastungen? ☒ Nein ☐ Ja		
Art der Belastung und Begründung dafür:	Ich zahle dafür mtl. EUR:	Ehegatte/eingetr. Lebenspartner bzw. Ehegattin/ eingetr. Lebenspartnerin zahlt mtl. EUR:

Ich habe mich unmittelbar an eine Beratungsperson gewandt. Die Beratung und/oder Vertretung hat erstmals am
....stattgefunden.

Name und Anschrift der Beratungsperson (ggf. Stempel):

....

...... Ich versichere, dass mir in derselben Angelegenheit Beratungshilfe weder gewährt noch durch das Gericht versagt worden ist und dass in derselben Angelegenheit kein gerichtliches Verfahren anhängig ist oder war.

Ich versichere, dass meine Angaben vollständig und wahr sind. Die Allgemeinen Hinweise und die Ausfüllhinweise zu diesem Formular habe ich erhalten.

Mir ist bekannt, dass das Gericht verlangen kann, dass ich meine Angaben glaubhaft mache und insbesondere auch die Abgabe einer Versicherung an Eides statt fordern kann.

Mir ist bekannt, dass unvollständige oder unrichtige Angaben die Aufhebung der Bewilligung von Beratungshilfe und ggf. auch eine Strafverfolgung nach sich ziehen können.

Ort, Datum	Unterschrift des Antragstellers/der Antragstellerin

Dieses Feld ist nicht vom Antragsteller auszufüllen.	
Belege zu folgenden Angaben haben mir vorgelegen: ☐ Bewilligungsbescheid für laufende Leistungen zum Lebensunterhalt nach SGB XII ☐ Einkünfte ☐ Wohnkosten ☐ Sonstiges:	
Ort, Datum	Unterschrift des Rechtspflegers/der Rechtspflegerin

Teil IX: Behördliche Aufhebung bestandskräftiger Verwaltungsakte – Rücknahme und Widerruf

Kapitel A: Theoretische Grundlagen

I. Überblick

474 Ein erlassener Verwaltungsakt ist mit Bekanntgabe grundsätzlich wirksam. Solange die Möglichkeit besteht, gegen den Verwaltungsakt mittels Widerspruch vorzugehen, ist die **Wirksamkeit** vorläufig. Kann hingegen kein Widerspruch mehr eingelegt werden, ist der Verwaltungsakt unanfechtbar geworden und bestandskräftig. Gemäß § 39 Abs. 2 SGB X bleibt der Verwaltungsakt dann wirksam, „*solange und soweit er nicht zurückgenommen, widerrufen, anderweitig aufgehoben oder durch Zeitablauf oder auf andere Weise erledigt ist*". Rechtswidrige Verwaltungsakte können dann die volle Wirksamkeit entfalten und erhebliche Belastungen für den Bürger bedeuten. Die Verwaltung ist aber verpflichtet, sich an Recht und Gesetz zu halten. Daher gibt es außerhalb des Rechtsschutzsystems (siehe Teil VIII.) die gesetzlich vorgesehene Möglichkeit, dass die Verwaltung **bestandskräftige Verwaltungsakte** auch nachträglich aus der Welt schaffen oder abändern kann. Dies kann beispielsweise notwendig werden, wenn erst nachträglich bestimmte Tatsachen bekannt wurden, die für den Erlass des Verwaltungsaktes relevant waren. Im Sozialrecht können sich immer Situationen ergeben, in denen neue Erkenntnisse den Erlass des Verwaltungsakts in einem anderen Licht erscheinen lassen.

Beispiel:

Dem 43jährigen L werden Leistungen nach dem SGB II (Arbeitslosengeld II) bewilligt. Nach 6 Monaten kommt er mit einem Bekannten ins Gespräch, der sich wundert, dass L nur so geringe Leistungen erhält. L geht daraufhin noch einmal zu seinem zuständigen Fallmanager. Dabei stellt der Fallmanager fest, dass das Einkommen des L falsch erfasst wurde. Statt der 130 Euro, die L nebenbei in einem Supermarkt verdient, wurden 310 Euro als Einkommen erfasst. Durch dieses erhöhte Einkommen verringerte sich der ausgezahlte Leistungsbetrag erheblich.

Ein freier Träger der Kinder- und Jugendhilfe erhält Fördermittel vom Jugendamt, die zweckgebunden für die Aus- und Fortbildung der Mitarbeiter einzusetzen sind. Der Träger verwendet diese Mittel jedoch für die Anschaffung neuer Computer für die Mitarbeiter der Verwaltung. Wegen der zweckfremden Verwendung verlangt das Jugendamt das Geld am Ende des Jahres zurück.

475 Bei der Aufhebung von Verwaltungsakten unterscheiden die §§ 44 ff. SGB X zwischen der **Rücknahme** rechtswidriger Verwaltungsakte und dem **Widerruf** rechtmäßiger Verwaltungsakte, die entweder begünstigend (der Bürger erlangt einen rechtlichen Vorteil) oder nicht begünstigend (der Bürger wird belastet) sein können. Verwaltungsakte mit Dauerwirkung, zB Rentenbescheide, können gem. § 48 SGB X aufgehoben werden. Darüber hinaus gibt es in den besonderen Teilen des Sozialverwaltungsrechts mitunter Sonderregelungen, die den Regelungen der §§ 44 ff. SGB X vorgehen, zB § 4 Abs. 3 AdVermG oder § 53 BaföG.

476 Die Aufhebung eines Verwaltungsaktes ist ein **eigenständiges Verfahren**, das durch einen Antrag oder von Amts wegen in Gang gesetzt und durch Erlass eines Verwaltungsaktes beendet wird. Die Behörde ist verpflichtet, einen gestellten Korrektur- oder Rücknahmeantrag zu prüfen und den Verwaltungsakt zurückzunehmen, wenn

Kapitel A: Theoretische Grundlagen

der Antrag entscheidungserhebliche Tatsachen vorträgt und ggf. auch Beweismittel benennt. Sofern jedoch keine Anhaltspunkte vorliegen, dass der Erstbescheid fehlerhaft ist, kann die Behörde die Überprüfung ablehnen und sich auf die Bestandkraft des Verwaltungsaktes berufen.[192] Wird die Korrektur abgelehnt, stehen dem Betroffenen gegen den ablehnenden Verwaltungsakt sowohl das Widerspruchs- als auch das Klagverfahren gegen die Ablehnung der Korrektur offen.[193] Daher müssen diese Bescheide ebenso wie die Ausgangsbescheide mit einer entsprechenden Rechtsbehelfsbelehrung versehen sein und begründet werden (siehe Rn. 137 f.).

II. Rücknahme eines rechtswidrigen nicht begünstigenden Verwaltungsaktes

In § 44 SGB X wird die Rücknahme eines rechtswidrigen nicht begünstigenden Verwaltungsaktes geregelt.[194] Ein begünstigender Verwaltungsakt liegt vor, soweit er ein Recht oder einen rechtlich erheblichen Vorteil begründet oder bestätigt (§ 45 Abs. 1 SGB X). Dementsprechend ist ein Verwaltungsakt nicht begünstigend, soweit er einen **rechtlichen erheblichen Nachteil** begründet (zB wenn die Vornahme eines begünstigenden Verwaltungsakts abgelehnt wird). 477

Beispiel:
Die 83jährige Hertha stellt einen Antrag auf Hilfen zur Pflege nach dem SGB XII. Der Antrag wird abgelehnt, weil zuvor das Einkommen und Vermögen von Hertha aufzubrauchen sei.

Die Rechtswidrigkeit ergibt sich daraus, „dass bei Erlass eines Verwaltungsaktes das Recht unrichtig angewandt oder von einem Sachverhalt ausgegangen worden ist, der sich als unrichtig erweist" (§ 44 Abs. 1 S. 1 SGB X). Erfasst werden hier also die beiden Möglichkeiten, dass sich bei Erlass des Verwaltungsakts die Rechtswidrigkeit aus einer fehlerhaften Rechtsanwendung oder einer fehlerhaften Sachverhaltsfeststellung ergibt. 478

Beispiel:
Die 17jährige Astrid (A) lebt bei ihren Eltern und ist im 5. Monat schwanger. Wegen der Schwangerschaft konnte sie nach Schulende keine Ausbildung anfangen. Da sie keinerlei Einkommen und Vermögen hat, beantragt Astrid Leistungen nach dem SGB II (Arbeitslosengeld II). Der Antrag wird vom zuständigen Fallmanager abgelehnt, da Astrid zusammen mit ihren Eltern eine Bedarfsgemeinschaft bildet und sie daher nicht hilfebedürftig im Sinne von § 9 SGB II sei. Gemäß § 9 Abs. 2 S. 2 SGB II sei bei unverheirateten Kindern, die mit ihren Eltern in einer Bedarfsgemeinschaft leben und die ihren Lebensunterhalt nicht aus eigenem Einkommen und Vermögen sichern können, auch das Einkommen und Vermögen der Eltern zu berücksichtigen ist.
Dabei übersieht der Fallmanager jedoch, dass gem. § 9 Abs. 3 SGB II das Einkommen und Vermögen der Eltern bei schwangeren Kindern (ebenso, wenn ein Kind bis zum 6. Lebensjahr betreut wird) in der Bedarfsgemeinschaft keine Anwendung findet. Daher hätten Leistungen nach dem SGB II bewilligt werden müssen. Insoweit handelt es sich um eine fehlerhafte Rechtsanwendung.
Geht der Fallmanager hingegen bei der Bearbeitung des Antrags davon aus, dass A gar nicht schwanger ist, und lehnt deswegen die Hilfeleistung ab, geht er von einem fehlerhaften Sachverhalt aus.

Das Vorliegen von fehlerhaften Sachverhalten spielt aber grundsätzlich eher eine untergeordnete Rolle, da sich aus dem falschen Sachverhalt in der Regel auch eine 479

---

[192] Vgl. Dörr/Francke, Sozialverwaltungsrecht, Kap. 7 Rn. 11, 73a.
[193] Vgl. Baumeister, in: Schlegel/Voelzke, jurisPK-SGB X, § 44 Rn. 152 ff.
[194] Außerhalb des Anwendungsbereichs des SGB X regelt § 48 VwVfG die Rücknahme von rechtswidrigen nicht begünstigen Verwaltungsakten. Im Gegensatz zum SGB X besteht dort aber keine Pflicht zur Rücknahme, vielmehr steht sie im Ermessen der Behörde („kann ... zurückgenommen werden").

fehlerhafte Rechtsanwendung ergibt.[195] Die Fehlerhaftigkeit des Verwaltungsakts alleine reicht jedoch nicht aus, vielmehr verlangt § 44 Abs. 1 SGB X, dass *„deshalb Sozialleistungen zu Unrecht nicht erbracht oder Beiträge zu Unrecht erhoben worden sind"*. Die Fehlerhaftigkeit muss also die Ursache dafür gewesen sein (**Kausalität**), dass der Empfänger durch die Entscheidung tatsächlich belastet wird. Daher scheidet die Rücknahme bei reinen Formfehlern aus, beispielsweise, wenn vor Erlass des Verwaltungsakts die Anhörung des Betroffenen nicht erfolgt ist. Liegen die Voraussetzungen vor, hat die Verwaltung **keinen Entscheidungsspielraum**, ob der Verwaltungsakt zurückzunehmen ist – vielmehr ist die Verwaltung zur Rücknahme verpflichtet. Dies gilt insbesondere auch für den Fall, dass die Widerspruchsfrist bereits verstrichen ist (*„auch, nachdem er unanfechtbar geworden ist"*).

480 Die Rücknahme des Verwaltungsakts erfolgt dann mit **Wirkung für die Vergangenheit**, also nicht erst ab dem Zeitpunkt, ab dem die Aufhebung tatsächlich erfolgt. Dadurch soll der Bürger so gestellt werden, als ob die Verwaltung von Anfang an rechtmäßig gehandelt hat. Beschränkt wird aber eine mögliche Nachzahlung von Leistungen oder die Rückzahlung von zu Unrecht geleisteten Beiträgen auf einen Zeitraum von 4 Jahren ab dem Antrag auf Rücknahme (vgl. § 44 Abs. 4 SGB X). Eine weitere Beschränkung erfährt die Möglichkeit der Rücknahme dadurch, dass diese nicht zulässig ist, sofern die Fehlerhaftigkeit des Verwaltungsakts auf Angaben beruht, die der Betroffene vorsätzlich falsch gemacht hat (zB indem er Einkommen verschwiegen hat uä). In diesem Falle geht das Interesse an der Bestandskraft der Entscheidung dem Interesse des Betroffenen vor.

481 Gemäß § 44 Abs. 2 SGB X können darüber hinaus auch andere rechtswidrige nicht begünstigende Verwaltungsakte für die Zukunft oder die Vergangenheit zurückgenommen werden (soweit keine Leistungen deswegen verweigert oder Beiträge zu Unrecht erhoben worden sind).

Beispiel:

Der 45jährige Berthold beantragt die Feststellung seiner Behinderung gem. § 69 SGB IX. Die zuständige Behörde lehnt die Feststellung ab, da bei Berthold der Grad der Behinderung unter 20 liegt (vgl. § 69 Abs. 1 S. 6 SGB IX).

482 Für die **Praxis der Sozialen Arbeit** ist die Möglichkeit der Rücknahme eines rechtswidrigen Verwaltungsakts von großer Bedeutung. Über die Rechtsschutzmöglichkeit des Widerspruchs hinaus hat der Betroffene damit eine wirksame Möglichkeit, das Verwaltungshandeln auf die Rechtmäßigkeit hin überprüfen zu lassen. Da der Antrag auf Rücknahme nicht fristgebunden oder davon abhängig ist, ob die Widerspruchsfrist schuldhaft nicht eingehalten wurde, sollte in der Beratung von Klienten auch die Möglichkeit der Rücknahme erörtert werden. Sofern ein Antrag auf Rücknahme innerhalb der Widerspruchsfrist gestellt wird, ist er als Widerspruch auszulegen.

III. Rücknahme eines rechtswidrigen begünstigenden Verwaltungsaktes

483 Während der Betroffene durch einen nicht begünstigenden Verwaltungsakt einen rechtlichen Nachteil erleidet, erhält er durch einen begünstigenden Verwaltungsakt einen **rechtlichen Vorteil**. Dieser Vorteil kann beispielsweise darin liegen, dass ihm eine Leistung bezahlt wird. Rechtswidrig wäre dies, wenn er auf die Leistung aber keinen Anspruch hätte.

---

195 Vgl. Merten, in: Hauck/Noftz, SGB X, § 44 Rn. 14.

Kapitel A: Theoretische Grundlagen

Beispiel (Abwandlung zum Beispiel Abschnitt I):
Der 43jährige Ludwig (L) werden Leistungen nach dem SGB II (Arbeitslosengeld II) bewilligt. Nach 6 Monaten kommt er mit einem Bekannten ins Gespräch, der sich wundert, dass L so hohe Leistungen erhält, da er da noch eigenes Einkommen habe. L geht daraufhin noch einmal zu seinem zuständigen Fallmanager. Dabei stellt der Fallmanager fest, dass das Einkommen des L falsch erfasst wurde. Statt der 310 Euro, die L nebenbei in einem Supermarkt verdient, wurden 130 Euro als Einkommen erfasst. Durch dieses niedrigere Einkommen erhöht sich der ausgezahlte Leistungsbetrag erheblich.

Für diesen Fall regelt § 45 SGB X, dass die Rücknahme unter bestimmten Voraussetzungen sowohl mit Wirkung für die Zukunft oder für die Vergangenheit zurückgenommen werden kann. Maßgeblich dafür, ob die Verwaltung den Verwaltungsakt zurücknehmen kann, ist die Frage, ob das **Vertrauen des Betroffenen in die Bestandskraft** des Verwaltungsakts schützenswert ist. Dies ist der Fall, wenn der Betroffene davon ausgeht, dass die im Verwaltungsakt gewährte Leistung ihm auch tatsächlich zusteht. Nachfolgend ist abzuwägen, ob das Interesse des Betroffenen an der Bestandskraft des rechtswidrigen Verwaltungsakts oder das öffentliche Interesse an der Rücknahme (und damit der Herstellung eines gesetzmäßigen Zustands) überwiegt.

484

Beispiel:
In dem zuvor genannten Fall ist abzuwägen, ob das Vertrauen des L in die Bestandskraft des Leistungsbescheides stärker wiegt, als das öffentliche Interesse an der Rücknahme und damit auch der Rückforderung der Leistungen für die Vergangenheit. Das öffentliche Interesse liegt darin, dass die zu viel gezahlte Leistung dann für andere Zwecke zur Verfügung steht und darüber hinaus Leistungen nicht ohne eine rechtliche Grundlage ausgezahlt werden dürfen.

Nach § 45 Abs. 2 SGB X ist das Vertrauen des Betroffenen **schutzwürdig**, wenn er die erbrachte Leistung verbraucht hat oder eine Vermögensdisposition getroffen wurde, die nicht bzw. nur unter erheblichen Nachteilen rückgängig gemacht werden kann. Der Verbrauch der Leistung setzt voraus, dass von dieser Leistung nichts mehr vorhanden ist, weil sie zB ausgegeben wurde. Eine Vermögensdisposition wurde beispielsweise getroffen, wenn wegen rechtswidriger Bewilligung einer Rente der Arbeitsplatz aufgegeben wurde oder an einen anderen Wohnort umgezogen wurde.[196]

485

Gleichzeitig formuliert der Gesetzgeber allerdings auch Gründe, bei denen sich der Betroffene nicht auf den Vertrauensschutz berufen kann (**Vertrauensausschlussgründe**). Dies sind gem. § 45 Abs. 2 S. 3 SGB X Fälle, in denen

486

- der Begünstigte den Verwaltungsakt durch **arglistige Täuschung**, Drohung oder Bestechung erwirkt hat.
- der Verwaltungsakt auf wesentliche Angaben beruht, die der Begünstigte vorsätzlich oder grob fahrlässig unrichtig oder unvollständig gemacht hat. Dies kann der Fall sein, wenn er im Rahmen seiner Mitwirkungspflichten **falsche Angaben** macht (ihm ist ohne weitere Überlegungen klar, dass er den betreffenden Umstand mitteilen musste) oder er wichtige Angaben verschweigt (er weiß, dass weitere Tatsachen für die Entscheidung relevant sind).
- der Begünstigte die **Rechtswidrigkeit des Verwaltungsaktes kannte** oder wegen grober Fahrlässigkeit nicht kannte. Dies ist der Fall, wenn er erkennt, dass der ihn begünstigende Verwaltungsakt nicht mit dem geltenden Recht in Einklang stand oder er die erforderliche Sorgfalt in besonderem Maße verletzt hat. Dabei ist zu ermitteln, ob er einfachste, ganz naheliegende Überlegungen nicht ange-

---
[196] Vgl. BSG, Urt. v. 28.11.1985, Az. 11b/7 RAr 128/84.

stellt hat, die aus Sicht des Betroffenen mit seinen Erkenntnismöglichkeiten offensichtlich gewesen sind.

Beispiel:
Der 67jährige Karl-Heinz (K) erhält einen Bescheid von der Pflegekasse, dass ihm Umbaumaßnahmen im Badezimmer iHv 2.000 Euro bewilligt wurden, um die Pflege zu erleichtern. Zwar hatte er nie einen Antrag auf Pflegeleistungen gestellt, weil er noch sehr rüstig ist, aber er freut sich trotzdem über die Maßnahme und lässt sein Bad pflegegerecht umbauen. Da er nicht pflegebedürftig ist, muss K sich darüber im Klaren sein, dass der Bescheid fehlerhaft ist.

487 Ist das Vertrauen des Betroffenen in die Bestandskraft des Verwaltungsakts in diesen Fällen nicht geschützt, so nimmt die Behörde den Bescheid **mit Wirkung für die Vergangenheit** zurück, dh sie darf die Rückzahlung verlangen. Allerdings kann sie dies bei Verwaltungsakten mit Dauerwirkung nur für einen Zeitraum von zwei Jahren tun, zB bei Rentenbescheiden (§ 45 Abs. 3 S. 1 SGB X). Ist der Betroffene darüber hinaus bösgläubig, wusste also um die Rechtswidrigkeit des Verwaltungsakts, verlängert sich diese Frist auf zehn Jahre. Für alle anderen Verwaltungsakte (also für einmalige Leistungen) sieht § 45 Abs. 4 S. 2 SGB X die Rücknahme nur **innerhalb eines Jahres seit Kenntnis der Tatsachen** vor, welche die Rücknahme für die Vergangenheit rechtfertigen.

488 Für die **Praxis der Sozialen Arbeit** bedeutet dies, dass mit dem Klienten verschiedene Fragen zu erörtern sind. Sofern die Behörde einen rechtswidrigen begünstigenden Verwaltungsakt zurücknimmt, sollte zuerst die Rechtswidrigkeit des Ausgangsbescheids kontrolliert werden. Ist der Verwaltungsakt tatsächlich rechtswidrig, sollte anschließend gemeinsam mit dem Klienten geprüft werden, ob er sich auf Vertrauensschutz berufen kann, insbesondere, wenn das Geld tatsächlich verbraucht ist. Gerade in den Bereichen der Existenzsicherung (SGB II, XII) wird dies überwiegend der Fall sein. Hat der Klient das Geld verbraucht oder anderweitige Vermögensdispositionen getroffen, die er nicht mehr rückgängig machen kann, sollte zuletzt erörtert werden, ob ein Ausschlusstatbestand vorliegt, er also falsche Angaben gemacht hat, die ursächlich für den fehlerhaften Verwaltungsakt waren, oder er die Rechtswidrigkeit nach Bekanntgabe erkannt hat bzw. erkennen müssen. Nach der Rechtsprechung des Bundessozialgerichts ist dabei auf die persönliche Urteils- und Kritikfähigkeit, das Einsichtsvermögen und Verhalten der Betroffenen sowie die besonderen Umstände des Falles abzustellen.[197] Verlangen kann man in diesem Kontext, dass sich der Betroffene den Bescheid vollständig durchliest. Soweit keine Spezialkenntnisse vorliegen oder es besonders einleuchtend im Bescheid erklärt wurde, kann aber nicht verlangt werden, dass zB die einzelnen Berechnungen beim Arbeitslosengeld II-Bescheid in Hinblick auf die Bedarfsgemeinschaft oder die Freibeträge bei Erwerbseinkommen nachvollzogen werden können. Nicht zulässig ist es hingegen, dass man sich auf mangelnde Sprachkenntnisse beruft, da man in diesem Falle verpflichtet ist, sich den Inhalt des Bescheides von einer kundigen Person (zB Dolmetscher) übersetzen zu lassen.

IV. Widerruf eines rechtmäßigen nicht begünstigenden Verwaltungsaktes

489 Der Widerruf rechtmäßiger nicht begünstigender Verwaltungsakte ist gem. § 46 Abs. 1 SGB X grundsätzlich **ohne weitere Voraussetzungen** für die Zukunft möglich. Für die Vergangenheit kann ein rechtmäßiger Verwaltungsakt hingegen nicht

---
197 Vgl. BSG, Urt. v. 13.12.1972, Az. 7 RKg 9/69; BSG, Urt. v. 1.7.2010, Az. B 13 R 77/09.

zurückgenommen werden. Da der Verwaltungsakt rechtmäßig ist und daher der geltenden Rechtslage entspricht, hat der Betroffene keinen Anspruch auf den Widerruf, dieser liegt daher allein im Ermessen der zuständigen Behörde.

Unzulässig ist der Widerruf jedoch, wenn ein Verwaltungsakt mit gleichem Inhalt erneut erlassen werden müsste oder ein Widerruf aus anderen Gründen nicht zulässig ist. Erneut müsste er erlassen werden, wenn das zugrundeliegende Gesetz den Erlass eines Verwaltungsakts zwingend vorsieht, also wenn auf die Erteilung des Verwaltungsaktes ein Anspruch besteht. Aus anderen Gründen wäre ein Widerruf unzulässig, wenn die Rücknahme durch Rechtssätze und Rechtsgrundsätze ausdrücklich (oder konkludent) verboten wird. Der Widerruf von rechtmäßigen nicht begünstigenden Verwaltungsakten kommt daher vor allem dann in Frage, wenn *„sich nachträglich herausstellt, dass das Ermessen für den Betroffenen weniger beeinträchtigend hätte ausgeübt werden können..*[198] 490

Beispiel:
Ingo (I) beantrag Hilfe zum Lebensunterhalt nach dem SGB II. Zur Sachverhaltsaufklärung verlangt Sachbearbeiter Sebastian (S) vom Antragsteller I die Vorlage von Kontoauszügen als Einkommensnachweis für die letzten 3 Monate. I weigert sich die Kontoauszüge vorzulegen. Wegen fehlender Mitwirkung versagt S die vom I beantragten Sozialleistungen gem. § 66 Abs. 1 SGB I. Daraufhin gibt I nach und legt die Kontoauszüge dem S sofort vor. Aufgrund dessen widerruft S seinen Verwaltungsakt und bewilligt Leistungen nach dem SGB II.

V. Widerruf eines rechtmäßigen begünstigenden Verwaltungsaktes

Soweit ein begünstigender Verwaltungsakt rechtmäßig ist, darf er gem. § 47 Abs. 1 SGB X nur für die Zukunft widerrufen werden, wenn der Widerruf durch Rechtsvorschrift zugelassen ist, der **Widerruf im Verwaltungsakt vorbehalten** ist oder eine mit dem Verwaltungsakt verbundene Auflage innerhalb der gesetzten Frist nicht erfüllt wurde. Die Rücknahme ist nur in Ausnahmefällen vom Gesetzgeber zugelassen, zB § 28 f Abs. 2 S. 5 SGB IV. Da im Sozialrecht die Leistungen überwiegend anspruchsgesichert sind, ist der Widerruf grundsätzlich eher bei Erlaubnissen oder Genehmigungen möglich.[199] Im Regelfall erfolgt die Rücknahme im Sozialrecht daher nur, wenn der Verwaltungsakt mit einer Auflage verbunden wurde, die nicht erfüllt wurde. Gemäß § 32 Abs. 2 Nr. 4 SGB X ist eine Auflage eine Bestimmung, die ein Tun, Dulden oder Unterlassen in Hinblick auf den erlassenen Verwaltungsakt enthält (siehe Rn. 123 zu den Nebenbestimmungen). 491

Beispiel:
Anton (A) möchte eine stationäre Einrichtung für Jugendliche eröffnen und beantragt eine Betriebserlaubnis gem. § 45 SGB VIII. Nach Prüfung der Betriebsvoraussetzungen wird ihm die Erlaubnis mit der Auflage erteilt, dass als Maßnahme zur Qualitätssicherung alle Mitarbeiter im Kinderschutz aus- und fortgebildet werden sollen. Der Nachweis ist innerhalb von 6 Monaten nach Erlaubniserteilung beim zuständigen örtlichen Träger der Jugendhilfe zu führen. Als nach 6 Monaten der zuständige örtliche Träger keinen Nachweis erhalten hat, wird die Betriebserlaubnis widerrufen.
Anmerkung: Grundsätzlich wird in diesem Fall zuvor aber zu prüfen sein, ob der Widerruf der Betriebserlaubnis gegen den Grundsatz der Verhältnismäßigkeit verstößt. Ein milderes (und damit vorrangiges) Mittel gegenüber dem Widerruf könnte zB eine erneute Fristsetzung sein.

Betrifft der zu widerrufende Verwaltungsakt eine **Geld- oder Sachleistung**, der zur Erfüllung eines bestimmten Zwecks dient, ist der Widerruf gem. § 47 Abs. 2 SGB X 492

---

198 Vgl. Prange, in: Schlegel/Voelzke, jurisPK-SGB X, § 46 SGB Rn. 37.
199 Vgl. Merten; in: Hauck/Noftz, SGB X, § 47 Rn. 69.

nur zulässig, wenn die Leistung nicht zweckgerichtet verwendet oder eine mit dem Verwaltungsakt verbundene Auflage nicht innerhalb der gesetzten Frist erfüllt wurde. Sofern der Betroffene jedoch in den Bestand des Verwaltungsaktes vertraut hat und auch vertrauen durfte, geht der Vertrauensschutz dem öffentlichen Interesse an dem Widerruf des Verwaltungsaktes vor, wenn er die Leistung verbraucht hat oder **unumkehrbare Vermögensdispositionen** getroffen hat. Kannte er hingegen die Umstände, die zum Widerruf geführt haben, oder hätte er sie kennen müssen, ist es nicht möglich sich auf den Vertrauensschutz zu berufen.

Beispiel:
Der freie Träger Lebenshilfe eV erhält zweckgebundene Fördermittel zur Anschaffung eines neuen Treppenlifts für Menschen mit einer Behinderung. Der Treppenlift soll vom Erdgeschoss in den ersten Stock der Geschäftsstelle führen. Da der Geschäftsführer Günter (G) den Einbau durch Eigenleistung organisiert und noch einen Rabatt mit dem Händler aushandeln kann, bleibt eine erhebliche Summe übrig. Dieses Geld verwendet er für einen zweiten Treppenlift vom ersten in den zweiten Stock. Dabei geht G davon aus, dass es sich um denselben Verwendungszweck handelt, da das Geld für einen Treppenlift für behinderte Menschen genutzt wurde.

Der öffentliche Träger widerruft den Förderbescheid und verlangt das Geld zurück, da nur ein Treppenlift in den ersten Stock finanziert werden sollte. G beruft sich hingegen auf Vertrauensschutz, weil das Geld verbraucht worden sei. Hätte G jedoch Kenntnis von dem Umstand, der zum Widerruf geführt hat, zB weil gut lesbar und ausdrücklich im Förderbescheid formuliert war, dass das Geld ausschließlich für einen Treppenlift vom Erdgeschoss in den ersten Stock zu verwenden ist, kann er sich nicht auf Vertrauensschutz berufen. Konnte er dies dem Förderbescheid jedoch nicht ausdrücklich entnehmen, kann der öffentliche Träger das Geld nicht zurückfordern.

VI. Aufhebung eines Verwaltungsaktes mit Dauerwirkung

493 Eine Besonderheit des Sozialverwaltungsrechts (gegenüber dem allgemeinen Verwaltungsrecht) findet sich in § 48 SGB X mit der Aufhebung eines Verwaltungsaktes mit Dauerwirkung bei Änderung der Verhältnisse. Viele Leistungen im Sozialrecht werden nicht einmalig, sondern laufend gewährt, zB Renten oder Leistungen zur Sicherung des Lebensunterhalts, so dass ein Verwaltungsakt für einen längeren Zeitraum erlassen wird. Ändern sich innerhalb dieses Zeitraums die Rechtslage (zB weil der Gesetzgeber die Rechtsgrundlage ändert) oder auch die tatsächliche Situation des Betroffenen (zB weil er durch eine Erbschaft plötzlich zu ausreichend Geld gelangt, um für seinen eigenen Lebensunterhalt zu sorgen), ist der Verwaltungsakt mit **Wirkung für die Zukunft** aufzuheben.

494 Darüber hinaus „soll" der Verwaltungsakt **ab dem Zeitpunkt der Änderung** aufgehoben werden (also auch für die Vergangenheit), wenn der Betroffene
- durch die Änderung einen Vorteil hat bzw. die Änderung zu seinen Gunsten erfolgt,
- Mitteilungspflichten vorsätzlich oder grob fahrlässig nicht nachgekommen ist,
- Einkommen und Vermögen erzielt hat, das zum Wegfall oder zur Minderung des Anspruchs führen würde oder
- wusste oder hätte wissen können, dass er die Leistungen unrechtmäßig erhält (§ 48 Abs. 1 Nr. 2–4 SGB X).

495 Gemäß § 48 Abs. 2 SGB X ist der Verwaltungsakt für die Zukunft aufzuheben, wenn ein zuständiges oberstes Bundesgericht (Art. 95 Abs. 1 GG, zB Bundessozialgericht, Bundesverwaltungsgericht) in ständiger Rechtsprechung das Recht anders auslegt als die Behörde bei Erlass des Verwaltungsakts und sich dies zugunsten des Betroffenen auswirkt. Ständige Rechtsprechung eines Bundesgerichts liegt vor, wenn es weitere gleichlautende höchstrichterliche Entscheidungen gibt.[200] Relevant für die Aufhebung sind hier als Änderungen, die sich erst <u>nach</u> Erlass des Verwaltungsaktes ergeben.

Beispiel:
Durch die gesetzliche Regelung in § 21 Abs. 7 SGB II ist ein Mehrbedarf für die Warmwasserbereitung anzuerkennen. Diese Regelung wurde zum 1.1.2011 vom Gesetzgeber neu eingefügt und war vorher gesetzlich nicht erfasst. Aufgrund der geänderten Rechtslage musste das Jobcenter die Bescheide für das Arbeitslosengeld II entsprechend der neuen Rechtslage aufheben und die Leistungen neu festsetzen.

VII. Folgen der Aufhebung von Verwaltungsakten

Wird ein begünstigender Verwaltungsakt aufgehoben, sind die (zu Unrecht) erbrachten Leistungen gem. § 50 SGB X an die Verwaltung zurückzuerstatten. Soweit Sach- oder Dienstleistungen erbracht wurden, müssen sie in Geld erstattet werden. In Hinblick auf die Erstattungspflicht hat die Verwaltung kein Ermessen („sind ... zu erstatten"), jedoch kann die Rückzahlung gestundet werden. Soweit Fördermittel zurückgezahlt werden müssen, sind diese vom Eintritt der Unwirksamkeit an zu verzinsen. Die erstattende Leistung wird durch einen Verwaltungsakt festgesetzt, in der Regel gleichzeitig mit der Aufhebung des betroffenen Ursprungsverwaltungsaktes. Gemäß § 50 Abs. 4 SGB X verjährt der Erstattungsanspruch in 4 Jahren nach Ablauf des Kalenderjahres, in dem der Erstattungsbescheid unanfechtbar geworden ist. **496**

---

200 Vgl. Merten, in: Hauck/Noftz, SGB X, § 48 Rn. 87; - Eine andere Auffassung wird jedoch vom Bundessozialgericht vertreten: danach liegt ständige Rechtsprechung vor, wenn eine höchstrichterliche Entscheidung von den betroffenen Behörden auch für andere gleich gelagerte Fälle als verbindlich akzeptiert werde, vgl. BSG, Urt. v. 23.3.1995, Az. 11 RAr 71/94 sowie BSG, Urt. v. 29.6.2000, Az. B 11 AL 99/99 R. Problematisch an dieser Auffassung ist jedoch, dass die Anwendbarkeit von § 48 Abs. 2 SGB X dann zur Disposition der Verwaltung stünde.

Teil IX: Behördliche Aufhebung bestandskräftiger Verwaltungsakte

Übersicht Aufhebung von Verwaltungsakten §§ 44 ff. SGB X

Übersicht Aufhebung von Verwaltungsakten §§ 44 ff. SGB X

§ 39 Abs. 2 SGB X: Ein Verwaltungsakt bleibt wirksam, solange und soweit der nicht zurückgenommen, widerrufen, anderweitig aufgehoben oder durch Zeitablauf oder auf andere Weise erledigt ist.

Form des Handelns	VA (§ 31 SGB X)			
Rechtmäßigkeit	Rechtswidrig		Rechtmäßig	
Auswirkung für den Bürger	Nicht begünstigend	Begünstigend	Nicht begünstigend	Begünstigend
Rechtsgrundlage	§ 44 SGB X	§ 45 SGB X	§ 46 SGB X	§ 47 SGB X
Wichtig	• Falsche Rechtsanwendung / unrichtiger Sachverhalt • Kausal: Sozialleistungen deshalb nicht erbracht oder Beiträge erhoben	Rücknahme nicht möglich, wenn • Begünstigter auf den Bestand vertraut hat • Sein Vertrauen schutzwürdig war, z.B. wenn erbrachte Leistung verbraucht wurde. **Kein Vertrauensschutz bei** • Arglistige Täuschung, Drohung, Bestechung • Vorsätzliche / grob fahrlässige Falschinformation durch Betroffenen • Kenntnis von der Rechtswidrigkeit		Widerruf für die Zukunft, • wenn der Widerruf durch Rechtsvorschrift zugelassen oder im VA vorbehalten ist • wenn der VA mit einer Auflage verbunden ist und der Begünstigte diese nicht erfüllt hat. **Vertrauensschutz** beim Widerruf für die Vergangenheit, soweit der VA eine Geld- oder Sachleistung zum Gegenstand hatte. Kein Vertrauensschutz bei Kenntnis der Umstände.
Rechtsfolge	• Rücknahme für die Vergangenheit und für die Zukunft („ist ... zurückzunehmen ..."). • Ausnahme: Betroffener hat vorsätzlich unrichtige Angaben gemacht	Rücknahme bis zwei Jahre nach Bekanntgabe sowohl für die Zukunft als auch die Vergangenheit möglich. Erstattungspflicht gem. § 50 SGB X.	Widerruf für die Zukunft möglich, sofern nicht dann ein VA mit gleichem Inhalt erneut erlassen werden müsste.	Widerruf für die Zukunft; soweit es sich um Geld- oder Sachleistungen handelt auch Widerruf für die Vergangenheit möglich. Erstattungspflicht gem. § 50 SGB X.

Sonderfall § 48 SGB X:
Aufhebung eines Verwaltungsaktes mit Dauerwirkung bei Änderung der Verhältnisse

Der Verwaltungsakt <u>ist für die Zukunft aufzuheben</u>, wenn eine wesentliche Änderung eintritt.
Der Verwaltungsakt <u>soll ab dem Zeitpunkt der Änderung der Verhältnisse aufgehoben werden</u>, wenn die Änderung zugunsten des Betroffenen erfolgt, der Betroffene Mitwirkungspflichten nicht nachkam oder er anderweitig seine Sorgfaltspflichten verletzt hat.

Kapitel B: Fälle und Übungen

I. Aufgaben

Lösen Sie die folgenden Fragen ggf. anhand der genannten Normen.

Frage:	Lösungshinweis:
1. Wann sind Verwaltungsakte begünstigend bzw. nicht begünstigend?	Rn. 471
2. Welche Bedeutung hat der Vertrauensschutz für eine mögliche Rücknahme eines Verwaltungsaktes?	§ 45 Abs. 2 SGB X
3. Die 28jährige Fiodora (F) wohnt in Stuttgart und beantragt am 2.2.2021 Arbeitslosengeld II, weil sie mit ihrer Tätigkeit nur 1200 Euro monatlich verdient. Im Antrag gibt sie jedoch an, dass sie nur 200 Euro Einkommen hat. Aufgrund einer Unachtsamkeit wurden bei der Antragsbearbeitung statt der 200 Euro Einkommen jedoch 2.000 Euro Einkommen in die Berechnung einbezogen. Aufgrund des hohen Einkommens erhielt F am 13.3.2021 einen Bescheid, in dem der Antrag auf Arbeitslosengeld II abgelehnt wurde. Zwei Wochen nach Ablauf der Widerspruchsfrist machte die F den Sachbearbeiter Bernhard (B) auf seinen Fehler aufmerksam. Da sie nur ein Einkommen von 200 Euro habe – und nicht 2.000 Euro wie im Bescheid fälschlicherweise erfasst –, habe sie auch einen Anspruch auf Leistungen nach dem SGB II. Muss der VA zurückgenommen werden?	§ 44 SGB X, § 7 Abs. 1 SGB II
4. Welche Bedeutung hat die Aufhebung von Verwaltungsakten nach den §§ 44 ff. SGB X für die Praxis der Sozialen Arbeit?	

II. Lösungen

Zu Frage 1:
Unterscheidung begünstigende/nicht begünstigende Verwaltungsakte?

Begünstigende Verwaltungsakte verschaffen dem Betroffenen einen rechtlich erheblichen Vorteil, zB indem eine beantragte Leistung bewilligt wurde. Nicht begünstigende Verwaltungsakte hingegen bedeuten einen rechtlich erheblichen Nachteil, zB wenn eine beantragte Leistung abgelehnt wurde.

Zu Frage 2:
Bedeutung des Vertrauensschutzes

Sofern einem Betroffenen durch einen begünstigenden Verwaltungsakt Leistungen gewährt wurden, ist gem. § 45 Abs. 1 S. 1 SGB X die Rücknahme ausgeschlossen, wenn der Betroffene auf den Bestand des Verwaltungsaktes vertraut hat und sein Vertrauen schutzwürdig war. In der Regel vertraut der Bürger auf die Richtigkeit und die Bestandskraft eines ihm zugegangenen Verwaltungsaktes in dem Sinne, dass er sich darauf verlässt, die gewährten Begünstigungen stünden ihm wirklich zu. Schutzwürdig ist das Vertrauen, wenn bei einer Abwägung zwischen dem Bestandsinteresse des Bürgers und dem Rücknahmeinteresse der Verwaltung das Interesse des Bürgers überwiegt und die Verwaltung daher an dem rechtswidrigen Verwaltungsakt festhalten muss. Als Beispiel nennt das Gesetz den häufigen Fall, wenn die erbrachte Leistung verbraucht worden ist oder eine Vermögensdisposition getroffen wurde, die nicht oder nur unter unzumutbaren Nachteilen rückgängig gemacht werden könnte. Verbrauch bedeutet immer, dass die Leistung wertmäßig aufgezehrt ist. Werden dadurch zB andere Werte erworben oder Schulden getilgt, gilt die Leistung hingegen nicht als verbraucht.[201]

500 Der Schutz des Vertrauens geht aber nicht in jedem Fall vor. Hat der Betroffene durch arglistige Täuschung, Drohung oder Bestechung den Verwaltungsakt erwirkt, oder hat der Betroffene vorsätzlich oder grob fahrlässig falsche Angaben gemacht, die für den Erlass von erheblicher Bedeutung waren oder kannte er die Rechtswidrigkeit, kann er sich nicht auf Vertrauensschutz berufen. Geschützt werden soll also der arglose Bürger, der sich in dem zu erwartenden Maße rechtstreu verhalten hat. Wäre es nicht möglich, sich auf den Vertrauensschutz zu berufen, müsste der begünstigte Bürger befürchten, dass er bei Rechtswidrigkeit die erbrachte Leistung erstatten muss. Dadurch wäre es ihm nicht möglich, die Leistung zweckgerichtet zu verbrauchen (zB zur Sicherung des Lebensunterhalts).

Zu Frage 3:
Muss der VA zurückgenommen werden?

501 Ein nicht begünstigender Verwaltungsakt müsste gem. § 44 Abs. 1 SGB X mit Wirkung für die Vergangenheit zurückgenommen werden, wenn er rechtswidrig ist, weil Recht unrichtig angewandt oder von einem falschen Sachverhalt ausgegangen worden ist und deshalb Sozialleistungen zu Unrecht nicht erbracht worden sind.

502 Es müsste ein **Verwaltungsakt** gem. § 31 SGB X vorliegen. Demnach ist ein Verwaltungsakt *„jede Verfügung, Entscheidung oder andere hoheitliche Maßnahme, die eine Behörde zur Regelung eines Einzelfalles auf dem Gebiet des öffentlichen Rechts trifft und die auf unmittelbare Rechtswirkung nach außen gerichtet ist"*. Laut Sachverhalt erhielt F einen Verwaltungsakt, mit dem die beantragte Leistung abgelehnt wurde. Wird die beantragte Leistung abgelehnt, ist dies rechtlich ein erheblicher Nachteil. Daher handelt es sich um einen **nicht begünstigenden** Verwaltungsakt.

503 Der nicht begünstigende Verwaltungsakt muss **rechtswidrig** sein, weil das Recht unrichtig angewandt oder von einem falschen Sachverhalt ausgegangen worden ist. Bei ihrem Antrag gibt die F an, dass sie Einkommen iHv 200 Euro hat. Erfasst wurde jedoch ein Einkommen iHv 2.000 Euro. Damit weicht der erfasste Sachverhalt vom richtigen Sachverhalt ab. Durch den falschen Sachverhalt (also die zu hohe Summe) könnten Leistungen nicht erbracht worden sein, wenn ohne das Vorliegen des Fehlers F einen Anspruch auf Leistung gehabt hätte.

504 Gemäß § 7 Abs. 1 SGB II hat einen Anspruch auf Leistungen nach dem SGB II, wer mindestens 15 Jahren ist und die **Altersgrenze** nach § 7 a SGB II (Renteneintrittsal-

---

201 Ausführlich dazu Padé, in: Schlegel/Voelzke, jurisPK-SGB X, § 45 Rn. 75.

ter) noch nicht erreicht hat. F ist 28 Jahre, ist also mindestens 15 Jahre alt und überschreitet nicht die Altersgrenze nach § 7 a SGB II.

Darüber hinaus muss sie **erwerbsfähig** sein. Gemäß § 9 Abs. 1 SGB II ist erwerbsfähig, wer nicht wegen Krankheit oder Behinderung auf absehbare Zeit außerstande ist, unter den üblichen Bedingungen des allgemeinen Arbeitsmarktes mindestens drei Stunden täglich erwerbstätig zu sein. Aus dem Sachverhalt geht nicht hervor, dass F Einschränkungen in ihrer Erwerbsfähigkeit hat. Daher ist die Erwerbsfähigkeit gegeben.

Verlangt wird auch, dass die Person **hilfebedürftig** ist. Nach § 10 Abs. 1 SGB II ist hilfebedürftig, wer seinen Lebensunterhalt nicht oder nicht ausreichend aus dem zu berücksichtigenden Einkommen oder Vermögen sichern kann und die erforderliche Hilfe nicht von anderen, insbesondere von Angehörigen oder von Trägern anderer Sozialleistungen, erhält. F hat ein Einkommen von 200 Euro monatlich angegeben, darüber hinaus ist nicht ersichtlich, dass sie auch Vermögen besitzt. Allein der Regelbedarf für eine Einzelperson übersteigt mit 391 Euro ihr Einkommen, dh ihr Einkommen kann schon den Regelbedarf nicht abdecken. Sie ist mithin nicht in der Lage durch ihr Einkommen ihren vollständigen Hilfebedarf abzudecken und ist daher hilfebedürftig.

Zuletzt muss F ihren **gewöhnlichen Aufenthalt in Deutschland** haben. Den gewöhnlichen Aufenthalt hat jemand gem. § 30 Abs. 3 S. 2 SGB I dort, wo er sich unter Umständen aufhält, die erkennen lassen, dass er an diesem Ort oder in diesem Gebiet nicht nur vorübergehend verweilt. F wohnt mindestens schon die letzten 2 Jahre in Stuttgart und hat daher sogar ihren Wohnsitz in Stuttgart.

Ohne die falsche Eingabe der Zahlen hätte sie daher aufgrund der von ihr gemachten Angaben einen Anspruch auf Leistungen gehabt. Der VA ist insoweit rechtswidrig und müsste gem. § 44 Abs. 1 S. 1 SGB X für die Vergangenheit zurückgenommen und neu beschieden werden.

Möglicherweise ist die **Rücknahme** jedoch **ausgeschlossen**, wenn der Verwaltungsakt auf Angaben beruht, die F vorsätzlich in wesentlicher Beziehung unrichtig gemacht hat. F gab bei Antragstellung an, dass sie ein Einkommen von nur 200 Euro hat. Tatsächlich hat sie jedoch ein Einkommen von 1.200 Euro. Die von ihr gemachte Angabe ist daher falsch. Die korrekte Angabe des Einkommens ist von **wesentlicher Bedeutung** für die Berechnung des Arbeitslosengelds II, da vorhandenes Einkommen die Höhe der Leistung reduziert oder vielleicht sogar die Hilfebedürftigkeit entfallen lässt. Die Falschangabe müsste F **vorsätzlich** gemacht haben. Vorsätzlich handelt, wer die wesentliche Unrichtigkeit oder Unvollständigkeit der Angaben kennt und billigend in Kauf nimmt, dass die Behörde ihre Entscheidung auf sie stützt.[202] F war bewusst, dass die gemachte Angabe nicht richtig ist. Es kam ihr sogar darauf an, dass die Behörde ihre Entscheidung auf diese falsche Angabe stützt, um Leistungen zum Lebensunterhalt zu erhalten. F handelte daher vorsätzlich.

Ergebnis: Daher ist die Rücknahme für die Vergangenheit ausgeschlossen. Der VA ist nur mit Wirkung für die **Zukunft** gem. § 44 Abs. 1 S. 2 iVm Abs. 2 S. 1 SGB X aufzuheben, darüber hinaus ist der Antrag neu zu bescheiden.

---

202 Vgl. Baumeister, in: Schlegel/Voelzke, jurisPK-SGB X, § 44 Rn. 80.

Zu Frage 4:
Bedeutung für die Soziale Arbeit

511 Sofern der Betroffene einen Verwaltungsakt für nicht zweckmäßig oder rechtswidrig hält, kann er dagegen Widerspruch einlegen. Der Widerspruch ist aber an eine strenge Frist gebunden. Wird diese Frist versäumt, wird der Verwaltungsakt bestandskräftig und damit unanfechtbar. In diesem Falle wäre daher zu prüfen, ob ein Antrag auf Rücknahme eines rechtswidrigen nicht begünstigenden Verwaltungsaktes Sinn macht. Dieser Antrag ist nicht fristgebunden, kann daher also auch gestellt werden, wenn er bereits unanfechtbar geworden ist. Da die Behörde an die Rechtmäßigkeit ihres Handelns gebunden ist, muss ggf. der Verwaltungsakt nachträglich aufgehoben werden. Der Betroffene muss prüfen, ob Recht unrichtig angewandt oder von einem falschen Sachverhalt ausgegangen wurde. Ein Antrag auf Rücknahme ist formlos möglich und muss seinerseits mit einem (anfechtbaren) Verwaltungsakt beschieden werden. Gerade bei unanfechtbar gewordenen, nicht begünstigenden Verwaltungsakten ist daher der Betroffene als Klient dahin gehend zu beraten, dass er auch über den Widerspruch hinaus noch die Möglichkeit hat, dass die Verwaltung die Rechtmäßigkeit ihres Handelns überprüft und den Verwaltungsakt gegebenenfalls zurücknimmt. Die sozialarbeiterische **Fachlichkeit** gebietet es daher, zumindest die mit Rücknahme, Widerruf und Aufhebung verbunden Chancen und Probleme zu kennen und den Klienten darauf hinweisen zu können. Soweit darüber hinaus in Einzelfragen die Rechtskenntnisse nicht ausreichen, um prüfen zu können, ob Recht unrichtig angewandt wurde, sollte dann zumindest an fachkundige Juristen oder entsprechende Beratungsstellen verwiesen werden können.

512 Im Falle der Rücknahme eines rechtswidrigen begünstigenden Verwaltungsaktes ist ggf. zu prüfen, ob mögliche Vertrauensschutztatbestände vorliegen. Gerade im Bereich der Existenzsicherung wird die Leistung meist schon verbraucht worden sein. Wird von der Verwaltung die zu viel bezahlte Leistung zurückverlangt, sollten Klienten daher über **Vertrauensschutztatbestände** aufgeklärt werden.

Teil X: Staatshaftung

Kapitel A: Theoretische Grundlagen

I. Überblick

Neben der Möglichkeit über einen Widerspruch oder sonstigen Rechtsschutzmöglichkeiten die Fehler staatlichen Handelns abzuändern, indem ein Bescheid beispielsweise aufgehoben oder mit neuem Inhalt erlassen wird, können darüber hinaus dem Betroffen durch das staatliche Handel Nachteile entstehen. Das Staatshaftungsrecht regelt daher die **Kompensation von Schäden und anderen Nachteilen** des Bürgers gegen den Staat, wenn er durch pflichtwidriges Handeln in seinen Rechten verletzt wurde und dadurch ein Schaden entstanden ist. 513

Beispiel:
Mitarbeiter des Jugendamtes besuchen aufgrund eines anonymen Hinweises die Familie Feuerstein, weil sie die 9jährige Tochter Franziska gem. § 8 a Abs. 1 SGB VIII zwecks Gefährdungseinschätzung persönlich in Augenschein nehmen wollen, um sich einen unmittelbaren Eindruck von dem Kind und seiner persönlichen Umgebung zu machen. Herr Feuerstein weigert sich jedoch die Tür zu öffnen mit dem Hinweis, seiner Tochter gehe es gut und man könne ihn nicht zwingen, die Mitarbeiter des Jugendamts gegen seinen Willen in die Wohnung zu lassen. Sozialpädagoge Hubert findet das frech von Herrn Feuerstein, zumal er das Recht habe die Wohnung zu betreten. Kurzerhand tritt der die Tür ein. Es entsteht ein Sachschaden von 500 Euro. Es stellt sich heraus, dass es Franziska gut geht, Anhaltspunkte für eine Kindeswohlgefährdung liegen nicht vor.

Daraus ergibt sich auch die **Bedeutung für die Soziale Arbeit**, da die Klienten häufig nicht wissen, wie sie sich gegen einen staatlich verursachten Schaden wehren können bzw. ob und wie sie diesen geltend machen können. Daher sollten SozialarbeiterInnen Grundkenntnisse über die für die Soziale Arbeit relevanten Kompensationsmöglichkeiten haben: den Amtshaftungsanspruch, den sozialrechtlichen Herstellungsanspruch und den Folgenbeseitigungsanspruch. Staatshaftungsrechtliche Regelungen sind über verschiedene Gesetzbücher verteilt, da es nach wie vor **keine einheitliche Rechtsgrundlage für Staatshaftungsfälle** gibt. Für die verschiedenen Ansprüche sind daher auch unterschiedliche Gerichtszweige zuständig. Neben den genannten Ansprüchen gibt es außerdem zB auch noch Aufopferungsansprüche für Schäden, die eine Person erleidet und für die das Allgemeinwohl aus Gerechtigkeitsgründen einzustehen hat.[203] 514

Beispiel:
Ein Soldat erleidet bei seinem Einsatz in Afghanistan eine Schussverletzung. Aufgrund der dauerhaften körperlichen Beeinträchtigung durch die Schussverletzung kann er nicht mehr Soldat sein und scheidet aus dem Wehrdienst aus. Gemäß § 80 Soldatenversorgungsgesetz hat er einen Anspruch auf Entschädigung wegen der gesundheitlichen und wirtschaftlichen Folgen seiner erlittenen Wehrdienstbeschädigung.

Opfer von vorsätzlichen, rechtswidrigen tätlichen Angriffen erhalten gem. § 1 Opferentschädigungsgesetz auf Antrag für die erlittenen gesundheitlichen oder wirtschaftlichen Folgen Versorgungsleistungen.

---

[203] Ausführlich dazu Dörr/Francke, Sozialverwaltungsrecht, Kap. 9 Rn. 72 ff.

II. Amtshaftung

515 Die Haftung bei Amtspflichtverletzung ist in **§ 839 BGB** geregelt. Verletzt demnach ein Beamter vorsätzlich oder fahrlässig die einem Dritten gegenüber obliegenden Amtspflichten, so hat er den daraus entstehenden Schaden zu ersetzen. Diese Regelung verpflichtet also den Beamten, die von ihm verursachten Schäden durch eine Amtspflichtverletzung zu kompensieren. Dies führt grundsätzlich aber zu einem unübersehbaren Haftungsrisiko für Beamte, das gleichzeitig auch dazu führt, dass Entscheidungen nur unter größter Vorsicht getroffen werden oder sogar sehr lange hinausgezögert werden. Für eine funktionierende Verwaltung ist dies in hohem Maße abträglich. Daher regelt **Art. 34 GG**, dass in diesem Fall grundsätzlich der Staat eintritt, es findet also eine **Haftungsüberleitung** auf den Staat statt. Dies hat den Vorteil, dass das Haftungsrisiko für den Beamten reduziert wird (bei Vorsatz und grober Fahrlässigkeit besteht die Möglichkeit den Beamten in Regress zu nehmen) und der betroffenen Bürger seinen Anspruch gegen einen wesentlichen solventeren Schuldner geltend machen kann.

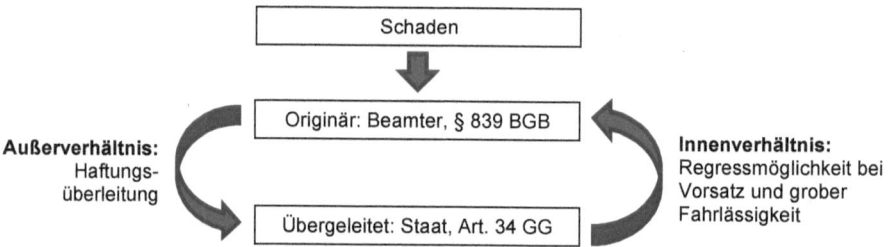

1. Handeln eines Amtsträgers

516 Erfasst werden **alle Angehörigen des öffentlichen Dienstes** (Beamte, Angestellte, Arbeiter, Soldaten, Richter). Privatpersonen oder nichtstaatliche Einrichtungen können als Beliehene auch erfasst sein, wenn sie mit der Wahrnehmung öffentlicher Aufgaben betraut wurden (zB Gutachter, TÜV). Werden diese jedoch nicht als Beliehene, sondern als Verwaltungshelfer (siehe Rn. 60) tätig, stellt sich dies schwieriger dar. Abhängig davon, wie sehr der hoheitliche Charakter der Aufgabe ausgeprägt ist und je stärker die Weisungsabhängigkeit von der Behörde ist, desto eher müssen auch der Verwaltungshelfer als Amtsträger behandelt werden.[204]

Beispiel:
Anerkannte freie Träger, denen gem. § 76 Abs. 1 SGB VIII vom zuständigen öffentlichen Träger die Durchführung der Inobhutnahme (§ 42 SGB VIII) von Kindern in akuten Gefährdungssituationen übertragen worden sind, handeln im Rahmen der Eingriffsverwaltung für das Jugendamt. Da sie keine eigenen hoheitlichen Befugnisse ausüben, handeln sie weisungsabhängig. Daher handeln die Mitarbeiterinnen des Trägers im Rahmen der Inobhutnahme im haftungsrechtlichen Sinne als Amtsträger.[205]

517 Darüber hinaus muss der eingetretene Schaden in Ausübung des Amtes erfolgt sein, muss also einen **funktionalen Zusammenhang zur Amtstätigkeit** aufweisen.

---

[204] Vgl. BGH, Urt. v. 21.1.1993, Az. III ZR 189/91; ausführlich dazu Maurer/Waldhoff, Allgemeines Verwaltungsrecht, § 26 Rn. 13.

[205] Zur Diskussion, welche Rechtsstellung freie Träger bei der Wahrnehmung anderer Aufgaben in der Jugendhilfe haben, siehe Schindler/Elmauer, in: Kunkel/Kepert/Pattar, LPK-SGB VIII, § 76 Rn. 15.

Handlungen außerhalb dessen (beispielsweise in der Freizeit) werden nicht erfasst. Neben dem (aktiven) Tun kann die Schädigung durch ein (passives) Unterlassen eintreten, daher werden auch Schäden durch Unterlassen in die Amtshaftung einbezogen.

Beispiel:
In einer Kindertagesstätte wird der alte Baumbestand jährlich von dem zuständigen Umwelt- und Bauamt in Hinblick auf die Sicherheit inspiziert. Bei der letzten Inspektion wurde festgestellt, dass die tragenden Äste zunehmend morsch geworden sind und bei bestimmten Witterungslagen abzubrechen drohen. Es wird jedoch versäumt, die Kindertagesstätte von dem Ergebnis zu informieren und auf die drohende Gefahr hinzuweisen bzw. die Abholzung der Bäume anzuordnen. Beim Spielen im verschneiten Garten der Kindertagesstätte wird der 3jährige Gunnar von einem wegen der Schneelast herabstürzenden Ast schwer verletzt.

2. Verletzung einer Amtspflicht ggü. Dritten

Der Amtsträger müsste eine ihm obliegende Amtspflicht verletzt haben. Amtspflichten erfassen alle **persönlichen Verhaltenspflichten** des Amtsträgers in Hinblick auf die Amtsführung.[206] Eine Amtspflichtverletzung liegt daher vor, wenn Amtsträger nicht rechtmäßig Handeln und dadurch belastend in die Rechtsposition des Bürgers eingreifen. Dies kann zB der Fall sein, wenn gegen den Gesetzesvorbehalt, Gesetzesvorrang oder die Verhältnismäßigkeit verstoßen wird, ebenso aber auch wenn Ermessen nicht fehlerfrei ausgeübt oder Anträge nicht bzw. nur verzögert bearbeitet werden. Dabei muss die Amtspflichtverletzung gegenüber einem Dritten erfolgen und dessen Interessen verletzen, die Amtspflicht darf also nicht nur dem Schutz der Allgemeinheit oder der öffentlichen Ordnung dienen. Erfasst wird jegliche Form von Verwaltungshandeln (siehe Rn. 77 ff.). 518

Beispiele:
Amtspflichten ergeben sich für das Jugendamt aus Art. 6 Abs. 2 GG und § 8 a Abs. 1 SGB VIII. In diesem Rahmen hat das Jugendamt das staatliche Wächteramt wahrzunehmen und Kinder und Jugendliche vor Gefahren für ihr Wohl zu schützen. Verletzen Mitarbeiter des Jugendamts diese Pflichten, zB weil sie es unterlassen regelmäßig Hausbesuche zu machen oder Hinweisen auf Kindesmisshandlung aus der Nachbarschaft nicht nachgehen, kann dies zur Amtshaftung führen.

Allgemeine Amtspflichten entspringen auch den §§ 14, 15 SGB I. So sind Leistungsträger und öffentliche Stellen verpflichtet, einzelne Personen über ihre Rechte und Pflichten aufzuklären und zu beraten. Unterbleibt diese Auskunft und Beratung oder erfolgt sie unrichtig, kann dies ebenfalls eine Verletzung von Amtspflichten sein.

Ebenso besteht eine allgemeine Amtspflicht, dass der Bürger nicht durch unerlaubte Handlungen in seinen Rechten verletzt werden darf, zB wenn ein Polizist den ertappten Ladendieb zur Abschreckung ein paar Ohrfeigen gibt.

3. Verschulden

Die Amtspflichtverletzung muss schuldhaft erfolgt sein. Schuldhaft bedeutet, dass dem Amtsträger sein Verhalten persönlich vorgeworfen werden kann, weil er entweder vorsätzlich oder fahrlässig gehandelt hat. **Vorsätzlich** handelt, wer von der Pflichtwidrigkeit seines Handelns Kenntnis hat und sich darüber bewusst hinwegsetzt bzw. es ihm genau darauf ankommt. **Fahrlässig** handelt hingegen, wer die im Verkehr erforderliche Sorgfalt außer Acht lässt (§ 276 Abs. 2 BGB). Dies setzt 519

---

206 Vgl. Sommer, Lehrbuch Sozialverwaltungsrecht (2015), S. 202.

voraus, dass der Schaden sowohl voraussehbar als auch vermeidbar war und der Amtsträger nicht das Notwendige getan hat, um diesen Schaden abzuwenden. Abgestellt wird dabei nicht auf die subjektiven Kenntnisse des Einzelnen, sondern auf die für die jeweilige Tätigkeit notwendigen Kenntnisse, die ein pflichtgetreuer Durchschnittsbeamter aufweisen muss.[207] Daher müssen Amtsträger sowohl die fachlichen als auch persönlichen Voraussetzungen mitbringen, um die jeweilige Tätigkeit auszuführen, insbesondere müssen beispielsweise die notwendigen Rechtskenntnisse haben. Maßgeblich ist, ob die für die jeweilige Aufgabe geltenden Verhaltensstandards verletzt wurden.

520 Das Maß des Verschuldens ist gleichzeitig relevant dafür, ob der Staat seinerseits **Rückgriff auf den Amtsträger** nehmen und im Innenverhältnis den Schaden gegen ihn geltend machen kann. Gemäß Art. 34 S. 2 GG ist dies zulässig, wenn der Schaden vorsätzlich oder grob fahrlässig herbeigeführt wurde. Im Gegensatz zur einfachen Fahrlässigkeit setzt die **grobe Fahrlässigkeit** voraus, dass die im Verkehr erforderliche Sorgfalt in besonders schwerem Maße verletzt worden ist, indem einfachste und naheliegende Überlegungen nicht angestellt wurden, also nicht beachtet wurde, was im gegebenen Fall jedem eingeleuchtet und sich geradezu aufgedrängt hätte.[208] In der Regel wird dieses Maß an Fahrlässigkeit jedoch nicht erreicht, so dass in der Praxis meist nur die einfache Fahrlässigkeit vorliegt, die es dem Staat nicht erlaubt, den Amtsträger in Regress zu nehmen.

Beispiel:
Grobe Fahrlässigkeit liegt vor, wenn die MitarbeiterInnen einer städtischen Kindertagesstätte wissen, dass sich im Sandkasten der Kindertagesstätte immer wieder benutzte Spritzen befinden, weil Drogenabhängige die in der Nähe erworbenen Drogen im nicht einsehbaren Bereich der Kindertagesstätte ohne Störung abends oder nachts konsumieren. Ein Kind verletzt sich an einer Spritze, die in einer Ecke des Sandkastens liegt und infiziert sich mit Hepatitis. Naheliegend wäre die Überlegung gewesen, vor der Nutzung den Sandkasten auf Spritzen zu kontrollieren oder ihn in irgendeiner Weise unzugänglich zu machen (zB durch eine Abdeckung).

521 Ist hingegen die Pflichtverletzung nicht dem Amtsträger, sondern vielmehr der Behörde zuzurechnen ist, liegt hier ein sog. **„Organisationsverschulden"** vor. Dies kann beispielsweise der Fall sein, wenn ein Mitarbeiter wegen falscher Personalplanung unter einer erheblichen Arbeitsüberlastung leidet, die zwangsläufig zu einer Pflichtverletzung führen muss. In solchen Fällen trifft die Verantwortlichkeit nicht den einzelnen Amtsträger, sondern den dafür verantwortlichen Behördenleiter.

522 Bei **einfacher (leichter) Fahrlässigkeit** entsteht gem. § 839 Abs. 1 S. 2 BGB ein Haftungsanspruch nur, wenn der Verletzte nicht anderweitig Ersatz erlangen kann, zB von einem weiteren Schädiger.[209]

4. Schaden in Folge einer Pflichtverletzung (Kausalität)

523 Durch die Pflichtverletzung muss ein Schaden entstanden sein, der durch Geldersatz zu kompensieren ist. Die Pflichtverletzung und der Schaden müssen daher in einem direkten ursächlichen („kausalen") Zusammenhang stehen. Die Kausalität ist zu bejahen, wenn die pflichtwidrige Handlung nicht hinweggedacht werden kann,

---

207 Sog. „objektiv-abstrakter Sorgfaltsmaßstab", Grüneberg, in: Palandt, Bürgerliches Gesetzbuch, § 276 Rn. 15 mwN.
208 Vgl. BGH, NJW 1992, S. 3235, 3236; 2005, S. 981, 982; 2007, S. 2988, 2989.
209 Vgl. BGH, Urt. v. 5.4.1984, Az. III ZR 19/83.

Kapitel A: Theoretische Grundlagen

ohne dass der Erfolg (bzw. der Schaden) entfiele.[210] **Keine Kausalität** besteht bei außergewöhnlichen, nicht vorhersehbaren Geschehensverläufen. Erfasst werden sowohl materielle (zB Heilbehandlungskosten) als auch immaterielle Schäden (zB Schmerzensgeld), soweit der Schaden bezifferbar ist.

Beispiel:
Die MitarbeiterInnen im vorherigen Beispiel (siehe Punkt 3. Verschulden) haben durch Unterlassen eine Pflichtverletzung begangen, weil sie trotz Kenntnis der Gefahr, die von den benutzten Spritzen ausging, nicht den Sandkasten kontrolliert haben. Hätten die Mitarbeiterinnen den Sandkasten vorher kontrolliert, hätten sie die Spritze in der Ecke des Sandkastens gesehen und diese entfernen können, die Verletzung an der Spritze wäre dann nicht erfolgt. Das Unterlassen der Mitarbeiterinnen kann also nicht weggedacht werden, ohne dass der Schaden entfiele.
Anders wäre es, wenn der Sandkasten sich auf dem umzäunten und abgeriegelten Innenhof der Kindertagesstätte befindet und es bisher auch noch keinerlei Anzeichen dafür gegeben hat, dass jemand in den Innenhof eingedrungen ist. In einem solchen Fall wäre es nicht vorhersehbar, dass plötzlich benutzte Spritzen im Sandkasten liegen. Das Unterlassen ist in diesem Fall nicht kausal für den eingetretenen Schaden.

5. Rechtsweg

Gemäß Art. 34 S. 3 GG iVm § 40 Abs. 2 VwGO ist für Amtshaftungsansprüchen der Rechtsweg zu den **Zivilgerichten** eröffnet, dh der Betroffene muss vor den Zivilgerichten Klage einreichen. Die Zuständigkeit für Amtshaftungssachen liegt beim Landgericht, in dem der Geschädigte seinen Wohnsitz hat (§ 71 GVG). **524**

III. Sozialrechtlicher Herstellungsanspruch

Während es beim Amtshaftungsanspruch um die Gewährung von Schadensersatz und ggf. Schmerzensgeld zur Kompensation eines erlittenen Schadens geht, hat der sozialrechtliche Herstellungsanspruch das Ziel, einen rechtswidrigen Zustand zu beseitigen und einen rechtmäßigen (und vom Gesetz gewollten) Zustand herzustellen.[211] Insbesondere dient der sozialrechtliche Herstellungsanspruch dazu, um bei der Verletzung behördlicher Auskunfts-, Beratungs- und Betreuungspflichten den Bürger zu stellen, **als ob die Behörde pflichtgemäß gehandelt hätte.** Der sozialrechtliche Herstellungsanspruch ist rechtlich nicht ausdrücklich normiert, sondern wurde im Rahmen der Rechtsfortbildung von den Gerichten entwickelt. Das Bundessozialgericht führt dazu aus: **525**

BSG, Urt. v. 6.3.2003, Az. B 4 RA 38/02 R
„Die Gesetzesbindung iS von Art. 20 Abs. 3 Grundgesetz (GG) gebietet dem Verwaltungsträger ua grundsätzlich eine gesetzwidrige Beeinträchtigung eines gesetzlichen subjektiv-öffentlichen sozialen Rechts rückgängig zu machen, soweit dies zur Wiederherstellung der vom Gesetz eingeräumten Rechtsmacht notwendig sowie rechtlich und tatsächlich noch möglich ist. In den Anwendungsbereichen der verschiedenen Bücher des SGB folgt hieraus die im Einzelnen unterschiedlich ausgeprägte Pflicht, möglichst eindeutig sicher zu stellen, dass der ursprüngliche Gehalt an sozialer Berechtigung, die der Deutsche Bundestag dem Bürger zuerkannt hatte, trotz der rechtswidrigen Beeinträchtigung durch den Verwaltungsträger noch verwirklicht werden kann (§ 2 Abs. 2 SGB I)."

---

210 Sog. condicio-sine-qua-non-formel, vgl. BGH, NJW 1951, S. 711.
211 Ausführlich dazu: Hinrichsen-Kiesler, in: Fichte/Plagemann, Sozialverwaltungsverfahrensrecht, § 2 Rn. 410 ff.

526 Geschützt werden dadurch alle Personen, die mit den Sozialleistungsträgern aus den §§ 18–29 SGB I in Verbindung treten. Daher findet der sozialrechtliche Herstellungsanspruch Anwendung, wenn die Behörde beispielsweise ihren Pflichten aus den §§ 14, 15 SGB I verletzt. Bürger haben danach einen **Anspruch auf Beratung** über ihre Rechte und Pflichten nach dem SGB (§ 14 SGB I). Darüber hinaus haben die Leistungsträger die Pflicht über alle sozialen Angelegenheiten nach SGB I Auskünfte zu erteilen. Insbesondere sind die für die Sozialleistungen zuständigen Leistungsträger zu benennen sowie alle Sach- und Rechtsfragen zu klären, die für die Auskunftsuchenden von Bedeutung sein können und zu deren Beantwortung die Auskunftsstelle imstande ist (§ 15 SGB I). Wird im Rahmen einer solchen Beratung eine **falsche Information** an den Bürger gegeben, aufgrund dessen der Bürger eine für ihn ungünstige Entscheidung trifft, weil er zB dadurch Anträge nicht oder nur verspätet stellt, muss der Bürger im Rahmen des sozialrechtlichen Herstellungsanspruchs so gestellt werden, als ob die Behörde die richtige Auskunft erteilt hätte und der Bürger dadurch seine Fehldisposition vermeiden konnte.

Beispiel:
Nach ihrer Trennung von ihrem Mann muss die erwerbslose Erika (E) beim Jobcenter Hilfe zum Lebensunterhalt nach dem SGB II beantragen. Daher vereinbart sie einen Beratungstermin beim Jobcenter, um sich die Formulare aushändigen zu lassen und einige für sie wichtige Fragen zu klären. Insbesondere will sie wissen, ob sie vor Abschluss eines neuen Mietvertrages etwas zu beachten habe. Der Fallmanager Klaus (K) gibt zur Auskunft, dass sie sich eine „normale" Wohnung suchen solle, dann wäre es überhaupt kein Problem. Nach kurzer Suche findet E eine 60qm-Wohnung in der Innenstadt, die ihr gut gefällt. Sie unterschreibt den Mietvertrag und zieht in die Wohnung ein. Das Jobcenter verweigert die Übernahme der kompletten Wohnkosten unter Verweis auf § 22 Abs. 4 SGB II, da E die für den Vertragsabschluss notwendige vorherige Zustimmung des Jobcenters nicht hatte. Darüber hinaus sei die Miete zu hoch, denn sowohl die Größe als auch der Preis seien nicht angemessen.

Aufgrund der unrichtigen bzw. unvollständigen Auskunft vom Fallmanager wurden von E für sie ungünstige Entscheidungen getroffen, da sie die zu teure und zu große Wohnung nicht angemietet hätte, wenn ihr bekannt gewesen wäre, dass die Kosten dafür (zumindest nicht vollständig) vom Jobcenter übernommen werden und eine vorherige Zusicherung notwendig gewesen wäre. Daher muss die Behörde E so stellen, als ob die Auskunft richtig gewesen wäre und die Kosten für die Wohnung vollständig übernehmen. Siehe dazu auch SG Lüneburg, Urt. v. 9.9.2006, Az. S 25 AS 163/06, bezüglich der Übernahme der Mietkaution.

527 Voraussetzung für den sozialrechtlichen Herstellungsanspruch ist das **rechtswidrige Verhalten von Behörden** durch Verletzung ihr obliegender Pflichten. Dies ist gegeben bei Nicht- oder Schlechterfüllung von Beratungspflichten, wobei auch Hinweise auf eine günstigere Gestaltung des Sozialrechtsverhältnisses zu diesen Pflichten gehören.[212] Für die Soziale Arbeit bedeutet dies, dass gerade die Wahrnehmung von Beratungspflichten für Sozialleistungsträger einen hohen Sorgfaltsstandard voraussetzt. Ungenügende Kenntnisse oder ungünstige Rahmenbedingungen (zB Zeitdruck) können daher haftungsrechtliche Konsequenzen nach sich ziehen und werden darüber hinaus auch den fachlichen Ansprüchen der Profession nicht gerecht. Da es im Gegensatz zur Amtshaftung nicht auf ein Verschulden der Verwaltungsmitarbeiter ankommt, wird jede Form von Pflichtverletzung erfasst.[213] Kompensiert wird also nicht das individuelle Fehlverhalten von Mitarbeitern, sondern es geht um die Herstellung eines rechtmäßigen Zustandes. Hat der Antragsteller (bzw. der Berechtigte) hingegen selbst das Fehlverhalten durch Vorsatz oder grobe Fahrlässigkeit

---

212 Vgl. Sommer, Lehrbuch Sozialverwaltungsrecht (2015), S. 211.
213 Vgl. BSGE 49, S. 76, 77 f.

verschuldet (zB durch falsche Angaben), scheidet der sozialrechtliche Herstellungsanspruch aus.[214]

Aufgrund der rechtswidrigen Pflichtverletzung muss der Bürger eine **Fehldisposition** 528 getroffen haben, zB indem er einen Antrag nicht oder erst verspätet stellt, woraus ihm ein Schaden entsteht. Die Pflichtverletzung muss **kausal** für die Fehldisposition und den eingetretenen Schaden sein, wobei der Schaden auch darin liegen kann, dass eine Leistung erst später erfolgt oder eine Verpflichtung auferlegt wird.[215] Schließlich muss überhaupt die Möglichkeit bestehen einen Zustand herzustellen, der ohne die Pflichtverletzung bestehen würde.

Der sozialrechtliche Herstellungsanspruch muss bei den **Sozialgerichten** geltend 529 gemacht werden. Zwar besteht keine Klagefrist, in dessen Rahmen die Klage einzureichen ist, allerdings ist zu beachten, dass gem. § 44 Abs. 4 SGB X Sozialleistungen nur rückwirkend für einen Zeitraum von 4 Jahren erbracht werden können.[216]

IV. Folgenbeseitigungsanspruch

Der Folgenbeseitigungsanspruch verfolgt das Ziel den Bürger so zu stellen, wie er 530 ohne den beanstandeten Eingriff stehen würde, ist also auf die **Widerherstellung eines früheren Zustandes** gerichtet. Im Gegensatz dazu dient der sozialrechtliche Herstellungsanspruch dazu den Bürger so zu stellen, wie er bei rechtmäßigem Verwaltungshandeln gestanden hätte, während die Amtshaftung die monetäre Kompensation von Schäden eines unrechtmäßigen Zustands bezwecken soll. Auch der Folgenbeseitigungsanspruch ist von der Rechtsprechung entwickelt worden und nicht gesetzlich normiert.[217] Der Folgenbeseitigungsanspruch erfasst vor allem Fälle, in denen die Folgen eines rechtswidrigen (oder durch Zeitablauf unwirksamen gewordenen) Verwaltungsakt zu beseitigen sind, ebenso aber auch Fälle, in den die Folgen sonstigen rechtswidrigen Verwaltungshandelns zu beseitigen sind. Erfasst werden daher **alle Formen des Verwaltungshandelns**, also insbesondere auch die Folgen schlichten Verwaltungshandelns (siehe Rn. 100 f.).

Beispiel:
Im Rahmen eines Radiointerviews erläutert ein Mitarbeiter der Pflegekasse, woran gute Pflegeheime zu erkennen sind und worauf Angehörige achten sollten. Als besonders negatives Beispiel führt er das Pflegeheim „St. Vincent" an. Dort sei das Pflegepersonal nicht oder kaum qualifiziert, es fehle an dem nötigen Personal und die medizinische Versorgung sei nicht sichergestellt. Wahrheitswidrig behauptet er, dass er mit eigenen Augen gesehen habe, wie Pflegebedürftige tagelang in ihrem eigenen Kot und Urin lagen, ohne dass sie neues Bettzeug bekommen hätten oder sie fachgerecht gegen wundliegen gebettet wurden. Es sei eine „Schande", wie dort mit den Pflegebedürftigen umgegangen werde, man könne diese Einrichtung eigentlich nur noch schließen. Der Leiter der Einrichtung ist empört und verweist auf die regelmäßigen Kontrollen des MDK (Medizinischer Dienst der Krankenversicherung) sowie die vielen positiven Rückmeldungen seiner Bewohner. Er verlangt eine presserechtliche Gegendarstellung.

Der Folgenbeseitigungsanspruch setzt voraus, dass durch aktives hoheitliches Han- 531 deln[218] die (subjektiven) Rechte des Betroffenen verletzt wurden und die dadurch

---

214 Vgl. BSG, Urt. v. 6.3.2003, Az. B 4 RA 38/02 R.
215 Vgl. Papenheim [ua], Verwaltungsrecht für die Soziale Praxis, S. 436.
216 Vgl. BSG, Urt. v. 27.3.2007, Az. B 13 R 58/06 R.
217 Vgl. BVerwG, Urt. v. 25.8.1971, Az. IV C 23.69; BVerwG, Urt. v. 12.7.2004, Az. 7 B 86/04.
218 Nicht erfasst wird daher, wenn der rechtswidrige Zustand durch Unterlassen herbeigeführt wurde, vgl. Maurer/Waldhoff, Allgemeines Verwaltungsrecht, § 30 Rn. 9.

entstandene rechtswidrige Beeinträchtigung noch andauert. Wie auch beim sozialrechtlichen Herstellungsanspruch kommt es nicht auf ein individuelles Verschulden an. Zuständig für die Geltendmachung des Folgenbeseitigungsanspruchs ist im Sozialrecht das **Sozialgericht**[219] bzw. für den Bereich des Kinder- und Jugendhilferechts das **Verwaltungsgericht**.

---

[219]

Kapitel A: Theoretische Grundlagen

532

Übersicht Staatshaftung

	Amtshaftung	Sozialrechtlicher Herstellungsanspruch	Folgenbeseitigungsanspruch
Rechtsgrundlage:	§ 839 BGB i. V. m. Art. 34 GG	Rechtsprechung	Rechtsprechung
Art des Anspruchs:	Kompensationsanspruch: Finanzieller Ausgleich von entstandenen Schäden.	Wiederherstellungsanspruch: Wiederherstellung eines Zustandes, der bei rechtmäßigem Verhalten der Verwaltung bestanden hätte.	Wiederherstellungsanspruch: Wiederherstellung des vor dem Eingriff bestehenden Zustands.
Anwendungsbereich:	Schadensersatz und Schmerzensgeld für Schäden, die durch rechtswidriges Verwaltungshandeln entstanden sind.	Schäden durch die Verletzung von obliegenden Amtspflichten, z. B. Auskunfts-, Beratungs- oder Betreuungspflichten gem. §§ 16 ff. SGB I	Beseitigung von Folgen eines rechtswidrigen Eingriffs, z. B. durch den Vollzug eines rechtswidrigen VA oder schlichtes Verwaltungshandeln.
Voraussetzungen:	<ul><li>Handeln eines Amtsträgers</li><li>Verletzung einer Amtspflicht gegenüber Dritten</li><li>Verschulden</li><li>Schaden</li><li>Kausalität zwischen Pflichtverletzung und Schaden.</li></ul>	<ul><li>Rechtswidriges Verhalten einer Behörde</li><li>Fehldisposition des Bürgers</li><li>Schaden des Bürgers</li><li>Kausalität zwischen Rechtsverletzung, Fehldisposition und Schaden.</li></ul>	<ul><li>Hoheitlicher Eingriff</li><li>in ein (subjektives) Recht des Betroffenen</li><li>Herstellung eines rechtswidrigen Zustandes (der noch andauert)</li><li>Kausalität zwischen Eingriff und rechtswidrigem Zustand</li></ul>
Verschulden:	Vorsatz und Fahrlässigkeit	Verschuldensunabhängig	Verschuldensunabhängig
Zuständigkeit:	Zivilgerichte	Sozialgerichte	Sozialgerichte

Kapitel B: Fälle und Übungen

I. Aufgaben

533 Lösen Sie die folgenden Fragen ggf. anhand der genannten Normen.

Frage:	Lösungshinweis:
1. Wer haftet im Rahmen der Amtshaftung originär?	§ 839 BGB
2. Welchen Sinn und Zweck hat die bei der Amtshaftung die Haftungsüberleitung?	Rn. 509
3. Was sind „Wiederherstellungsansprüche"?	
4. Hans (H) arbeitet im Allgemeinen Sozialen Dienst (ASD) des örtlichen Jugendamtes. Dort ist er unter anderem zuständig für die Betreuung des 3-jährigen Sven (S), der mit seiner schwer drogenabhängigen Mutter zusammenlebt. Mehrfach wurde von den Mitarbeitern der KiTa, in der sich S tagsüber aufhält, eine Meldung wegen Kindeswohlgefährdung an das Jugendamt gemacht. Festgestellt hatten die Mitarbeiter vor allem, dass S häufig einen vernachlässigten Eindruck macht, teilweise streng riecht und sich zwischenzeitlich auch immer mehr von den anderen Kindern zurückzieht bzw. sich gegenüber den Mitarbeitern verschlossen verhält. Nach gründlicher Abwägung kommt H zu der Auffassung, dass die vorliegenden Informationen nicht ausreichen, um eine Kindeswohlgefährdung anzunehmen und unternimmt nichts weiter. Kurze Zeit später meldet sich der behandelnde Unfallarzt der nahegelegenen Klinik beim Jugendamt. Er habe heute S behandelt, dieser habe Verbrennungen am Rücken und an den Armen aufgewiesen. Die Mutter habe es damit erklärt, dass er heißen Tee über sich vergossen habe. Damit seien die Verbrennungen aber nicht zu erklären, vielmehr ließe sich vermuten, dass die Verbrennungen durch ein elektronisches Gerät, zB ein Bügeleisen zugefügt wurden. Er betont, dass nach seiner Auffassung ein schnelles Eingreifen geboten sei. H hält die Auffassung des Arztes für übertrieben. Da er erst noch einmal darüber nachdenken will, lässt er den Vorgang liegen und geht für eine Woche in den Urlaub. In dieser Woche, während er im Urlaub ist, wird S von der Polizei mit schweren Gehirnerschütterungen und Verbrennungen im Krankenhaus eingeliefert. Inwieweit ist H für den entstandenen Schaden haftbar?	Art. 34 GG, § 839 BGB, §§ 1 Abs. 3, 8a Abs. 1 und 2 SGB VIII, § 42 SGB VIII

Kapitel B: Fälle und Übungen

Frage:	Lösungshinweis:
5. Die 40jährige Yasmin (Y) ist nach einem Unfall von der Hüfte abwärts gelähmt. Da sie weiterhin in ihrem Beruf als Vertriebsleiterin tätig sein möchte, ist für sie die Nutzung eines PKW notwendig. Sie setzt sich daher mit dem zuständigen Rehabilitationsträger in Verbindung und fragt nach, ob sie einen Zuschuss für die Anschaffung eines PKW erhalten würde oder, falls dies nicht möglich sei, die Kosten für einen behindertengerechten Umbau ihres PKW übernommen werden würden. Der Reha-Träger teilt ihr schriftlich mit, dass gem. § 5 Abs. 1 Kraftfahrzeughilfe-VO die Beschaffung eines Fahrzeuges bis 22.000 Euro bezuschusst werden könne. Dies sei jedoch einkommensabhängig, so dass davon auszugehen sei, dass sie nur einen deutlich geringen Zuschuss erhalten werde, da sie ein relativ hohes Einkommen habe. Darüber hinaus würden die Kosten für eine behindertengerechte Zusatzausstattung ihres bisherigen PKW nicht übernommen werden. Frustriert beschließt Y ihren PKW auf eigene Kosten umzubauen. Für den Umbau zahlte sie 4.000 Euro. Etwa 2 Monate später erfährt sie, dass gem. § 7 Kraftfahrzeughilfe-VO auch die Kosten für eine behindertengerechte Zusatzausstattung des PKW übernommen werden. Kann Y das Geld vom Rehaträger nachträglich einfordern?	§ 14 SGB I, §§ 5–7 Kraftfahrzeughilfe-VO

II. Lösungen

Zu Frage 1:
Wer haftet im Rahmen der Amtshaftung originär?

Gemäß § 839 Abs. 1 BGB haftet grundsätzlich ein Beamter, wenn er seine Amtspflichten vorsätzlich oder fahrlässig gegenüber Dritten verletzt. Der Begriff des Beamten ist jedoch weit zu verstehen und erfasst Angehörigen des öffentlichen Dienstes (also zB auch Angestellte des öffentlichen Dienstes).

Zu Frage 2:
Welchen Sinn und Zweck hat die Haftungsüberleitung?

Die durch § 839 BGB statuierte Haftung führt dazu, dass der Beamte die Folgen seiner (fehlerhaften) Entscheidungen zu tragen hat. Bei der Vielzahl der Entscheidungen, die er in Wahrnehmung seiner hoheitlichen Aufgaben zu treffen hat, ist dies eine unverhältnismäßig hohe Risikobelastung von Amtsträgern, die zu einer Funktionsbeeinträchtigung der Verwaltung führen kann. Daher leitet Art. 34 GG die Haftung auf den Staat über, der entsprechend die Haftung für seine Amtsträger übernimmt, wodurch die Amtsträger von der Haftung im Außenverhältnis freigestellt werden. Im Innenverhältnis behält Art. 34 GG dem Staat allerdings vor, bei Vorsatz und grober

Fahrlässigkeit Regress bei dem betroffenen Amtsträger zu nehmen. Der Gläubiger (bzw. der geschädigte Bürger) hat dadurch einen wesentlich solventeren Schuldner (den Staat), an den er seine Forderung richten kann.

Zu Frage 3:
Was sind „Wiederherstellungsansprüche"?

536 **Wiederherstellungsansprüche** haben nicht den Ausgleich von erlittenen Schäden zum Ziel, vielmehr soll ein rechtmäßiger Zustand wieder hergestellt werden. Dabei kann unterschieden werden zwischen der Wiederherstellung des ursprünglichen Zustandes (wie zB beim Folgenbeseitigungsanspruch) oder eines Zustandes, der bei rechtmäßigem Verhalten der Verwaltung bestanden hätte (wie zB beim sozialrechtlichen Herstellungsanspruch).

Zu Frage 4:
Inwieweit ist H für den entstandenen Schaden haftbar?

537 Gemäß § 839 BGB haftet ein Beamter, wenn er vorsätzlich oder fahrlässig die einem Dritten gegenüberüber obliegenden Amtspflichten verletzt und daraus ein Schaden entsteht.

538 Erfasst werden nicht nur **Beamte**, sondern vielmehr auch andere für den Staat tätige Personen, die mit der Wahrnehmung öffentlicher Aufgaben betraut sind. H arbeitet für das Jugendamt und ist mit der Wahrnehmung des staatlichen Wächteramtes aus Art. 6 Abs. 2 GG befasst. Dies ist eine öffentliche Aufgabe des Staates, so dass H dem erfassten Personenkreis zuzuordnen ist.

539 Weiter müsste er eine ihm **obliegende Amtspflicht** gegenüber einem Dritten verletzt haben. Aus Art. 6 Abs. 2 GG iVm § 1 Abs. 3 Nr. 3 SGB VIII entspringt die Verpflichtung, Kinder und Jugendliche vor Gefahren für ihr Wohl zu schützen. Insbesondere muss nach § 8a Abs. 1 SGB VIII eine Gefahreneinschätzung im Fachteam vorgenommen und soweit erforderlich weitere Ermittlungen zur Klärung des Sachverhalts angestellt werden. H nimmt die Gefährdungseinschätzung selbstständig vor und bezieht keine fachkundigen Kolleginnen mit ein. Die Einschätzung im Fachteam soll eine möglichst fundierte Einschätzung der Situation gewährleisten. Daher verletzt er die aus § 8a SGB VIII als Verfahrensnorm entspringende Pflicht. Darüber hinaus liegen konkrete Anhaltspunkte vor, dass eine schwere körperliche Misshandlung (Verbrennungen) oder Vernachlässigung (Körpergeruch, Rückzugstendenzen) gegeben sind. Da die dringende Gefahr bestand, dass S von der drogenabhängigen Mutter zuhause weiteren schweren Misshandlungen ausgesetzt ist, hätte gem. § 42 Abs. 1 Nr. 2 SGB VIII das Jugendamt sogar die Pflicht zur Inobhutnahme gehabt, um S vor weiteren Verletzungen zu schützen. Da H die Pflicht hatte, S vor weiteren Beeinträchtigungen seines Wohls zu schützen, hat er eine ihm obliegende Amtspflicht einem Dritten gegenüber verletzt.

540 H müsste **schuldhaft** gehandelt haben, wobei sowohl Vorsatz als auch Fahrlässigkeit erfasst werden. Er könnte dabei grob fahrlässig gehandelt haben. Grob Fahrlässig handelt, wer naheliegende oder sich in dieser Situation aufdrängende Überlegungen nicht anstellt. Wenn Fachkräfte einer Kindertagesstätte als auch ein erfahrener Arzt Informationen weitergeben, die sie selbst als schwerwiegend betrachten, die aber auch nach allgemeiner Anschauung als schwerwiegend zu betrachten sind (insbesondere die Verbrennungen, die nicht hinreichend von der Mutter erklärt werden können), drängt es sich geradezu auf, dass ein Kind dieser Gefahr nicht mehr

ausgesetzt sein darf und alle dafür notwendigen Schritte zu unternehmen sind. H hat diese sich aufdrängenden Überlegungen nicht angestellt und damit grob fahrlässig gehandelt.

Durch die Misshandlung erlitt S einen **Schaden** an seiner Gesundheit. Dieser Schaden zieht eine Heilbehandlung nach sich (Akutbehandlung, ggf. auch Therapie), darüber sind ihm erhebliche Schmerzen entstanden, die als immaterieller Schaden zu kompensieren sind. 541

Aus der Pflichtverletzung muss der Schaden resultieren (**Kausalität**). Dies ist der Fall, wenn die Pflichtverletzung nicht hinweggedacht werden kann, ohne dass der konkrete Schaden entfiele. Hätte H die obliegenden Amtspflichten erfüllt und das Kind in einen geschützten Bereich gebracht, wäre es nicht zu weiteren Misshandlungen gekommen, weil die Mutter keinen Zugriff mehr auf S gehabt hätte. Die Pflichtverletzung ist daher ursächlich für den entstandenen Schaden. 542

Nach alledem ist H für den vom ihm verursachten Schaden gem. § 839 BGB gegenüber S haftbar. **Artikel 34 GG** leitet jedoch die Haftung auf den Staat über, soweit die Pflichtverletzung in Ausübung eines anvertrauten öffentlichen Amtes erfolgte. H verletzte seine Dienstpflichten im Rahmen seiner Tätigkeit für den ASD, er handelte also gerade nicht als Privatperson oder für einen sonstigen Dritten. Daher haftet der Staat für die entstandenen Schäden gegenüber S. Für den Fall, dass die Pflichtverletzung vorsätzlich oder grob fahrlässig begangen wurde, könnte jedoch der Staat H in Regress nehmen, dh im Innenverhältnis den Schaden zurückfordern. H hat grob fahrlässig gehandelt (siehe oben: Verschulden). Damit kann das Geld vom ihm zurückgefordert werden. 543

Ergebnis: Grundsätzlich haftet der Staat aus Art. 34 GG iVm § 839 BGB für den entstandenen Schaden. Da H jedoch grob fahrlässig gehandelt hat, bleibt der Rückgriff auf ihn vorbehalten. 544

Zu Frage 5:
Kann Y das Geld vom Rehaträger nachträglich einfordern?

Möglicherweise hätte Y Anspruch auf Erstattung der Umbaukosten im Rahmen des sozialrechtlichen Herstellungsanspruchs. Der Herstellungsanspruch ist nicht ausdrücklich rechtlich normiert, sondern wurde von der Rechtsprechung aus Art. 20 Abs. 3 GG entwickelt. Der Anspruch ist gerichtet auf die Herstellung des Zustandes, der bei rechtmäßigem Verhalten des Reha-Trägers bestanden hätte. 545

Voraussetzung für das Vorliegen eines sozialrechtlichen Herstellungsanspruchs ist das rechtswidrige Verhalten einer Behörde. Eine **Behörde** im Sinne des SGB ist gem. § 1 Abs. 2 SGB X jede Stelle, die Aufgaben der öffentlichen Verwaltung wahrnimmt. Gemäß den §§ 12, 29 SGB I sind die Reha-Träger verantwortlich für die Wahrnehmung der Leistungserbringung im Rahmen der Rehabilitation und Teilhabe behinderter Menschen. Sie sind gesetzlich dafür vorgesehene und gegründete Stellen, die im eigenen Namen nach außen gerichtet Aufgaben der öffentlichen Verwaltung wahrnehmen. Bei den Reha-Trägern handelt es sich daher um Behörden. **Rechtwidrig** wäre das Verhalten, wenn die Behörde ohne eine rechtliche Grundlage (Verstoß gegen den Gesetzesvorbehalt), gegen eine rechtliche Grundlage (Gesetzesvorrang) oder gegen den Grundsatz der Verhältnismäßigkeit verstoßen hätte. Gemäß § 14 SGB I hat jeder einen Anspruch auf Beratung über seine Rechte und Pflichten nach dem SGB. Diese Beratung hat richtig und umfassend zu erfolgen, damit der Betroffene seine Rechte geltend machen kann. Der Reha-Träger gab Y die 546

Auskunft, dass ein Zuschuss für den PKW bis 22.000 Euro möglich, dies aber vom Einkommen abhängig sei. Diese Auskunft entspricht den Regelungen in den §§ 5 f. Kraftfahrzeughilfe-VO. Darüber hinaus wird die Auskunft erteilt, dass die behindertengerechte Zusatzausstattung für einen PKW nicht übernommen werde. Gemäß § 7 Kraftfahrzeughilfe-VO werden die Kosten für Zusatzausstattung, den Einbau als auch die technische Überprüfung in voller Höhe übernommen, soweit dies erforderlich ist. Die Information ist daher falsch und das Verhalten der Behörde rechtswidrig. Aufgrund dieser Information entschloss sich Y, die Kosten für den Umbau selbst zu zahlen, obwohl sie einen Anspruch auf Erstattung hatte. Damit traf sie eine für sich nachteilige **Fehldisposition**. Der Umbau des Wagens kostete sie 4.000 Euro. Y entstand daher auch ein **Schaden**. Die Pflichtverletzung kann nicht hinweg gedacht werden, ohne dass die Fehldisposition und damit der finanzielle Schaden iHv 4.000 Euro entstanden wäre (**Kausalität**).

547 **Ergebnis:** Nach alledem kann Y geltend machen, so gestellt zu werden, wie sie bei rechtmäßiger Auskunft des Reha-Trägers stehen würde. Bei rechtmäßigem Verhalten bzw. korrekter Auskunft hätte Y die Kosten für den behindertengerechten Umbau des Wagens iHv 4.000 Euro beim Reha-Träger geltend gemacht. Daher muss der Reha-Träger ihr diese Kosten erstatten.

Literaturverzeichnis

Becker, Irene/Hauser, Richard: Nicht-Inanspruchnahme zustehender Sozialhilfeleistungen (Dunkelzifferstudie), Endbericht zur Studie im Auftrag des Bundesministeriums für Gesundheit und Soziale Sicherung, Bonn 2005.

Bienert, Claus-Peter: Zur Anhörungspflicht nach § 24 SGB X und zur Heilung eines Anhörungsmangels nach § 41 Absatz 1 Nr. 3, Abs. 2 SGB X, info also 2011, S. 118 ff.

Degenhart, Christoph: Staatsrecht I – Staatsorganisationsrecht, 36. Auflage, Heidelberg 2020.

Dörr, Gernot/Franke, Konrad: Sozialverwaltungsrecht – Ein Grundriss, 2. Auflage, Berlin 2006.

Fichte, Wolfgang / Plagemann, Hermann: Sozialverwaltungsverfahrensrecht, 2. Auflage, Baden-Baden 2016.

Hauck, Karl/Noftz, Wolfgang: SGB I – Allgemeiner Teil, Bandherausgeber: Ulrich Becker, Berlin Stand: 05/18.

Hauck, Karl/Noftz, Wolfgang: Sozialgesetzbuch (SGB) II: Grundsicherung für Arbeitsuchende, Bandherausgeber: Thomas Voelzke, Berlin Stand: 01/21.

Hauck, Karl/Noftz, Wolfgang: SGB IV – Sozialgesetzbuch (SGB) IV: Gemeinsame Vorschriften für die Sozialversicherung, Bandherausgeber: Peter Udsching, , Berlin Stand: 02/95.

Hauck, Karl/Noftz, Wolfgang: SGB VIII – Kinder- und Jugendhilfe, Bandherausgeber: Axel Stähr, Berlin Stand: 8/17.

Hauck, Karl/Noftz, Wolfgang: SGB X – Verwaltungsverfahren, Schutz der Sozialdaten, Zusammenarbeit der Leistungsträger und ihre Beziehung zu Dritten, Bandherausgeber: Peter Becker, Berlin Stand: 11/20.

Hauck, Karl/Noftz, Wolfgang: SGB XI – Soziale Pflegeversicherung, Bandherausgeberin: Sonja Reimer, Berlin, Stand: 03/21.

Hauck, Karl/Noftz, Wolfgang: Sozialgesetzbuch (SGB) XII: Sozialhilfe, Bandherausgeber: Ernst-Wilhelm Luthe, Berlin, Stand: 06/19.

Kopp, Ferdinand / Ramsauer, Ulrich: Verwaltungsverfahrensgesetz – Kommentar, 21. Auflage, München 2020.

Kuchler, Barbara: „Anvertraute" Sozialdaten und kindbezogener Elternstreit, NJW 2012, S. 2321 ff.

Kunkel, Peter-Christian: Justiz und Sozialschutz, StV 2000, S. 531 ff.

Kunkel, Peter-Christian: Ist das Sozialgeheimnis justizfest?, ZFSH/SGB 2000, S. 643 ff.

Kunkel, Peter-Christian: Sozialdatenschutz nach EU-Datenschutzgrundverordnung und Anpassungsgesetz, ZFSH/SGB 2017, S. 443 ff.

Kunkel, Peter-Christian/Kepert, Jan/Pattar, Andreas Kurt: Sozialgesetzbuch VIII Kinder- und Jugendhilfe – lehr- und Praxiskommentar, 7. Auflage, Baden-Baden 2018.

Körner, Anne / Leitherer, Stephan / Muschler, Bernd / Rolfs, Christian (Hrsg.): Kasseler Kommentar Sozialversicherungsrecht, Band 1, 113. Ergänzungslieferung – Stand: 01.03.2021 München.

Lorenz, Annegret: Zivil- und familienrechtliche Grundlagen der Sozialen Arbeit, 3. Auflagen, Baden-Baden 2018.

Martini, Mario: Verwaltungsrechtprozessrecht und Allgemeines Verwaltungsrecht, 6. Auflage, München 2017.

Maunz, Theodor/Dürig, Günter: Grundgesetz – Kommentar, Werkstand: 93. EL, München Oktober 2020.

Maurer, Hartmut/Waldhoff, Christian: Allgemeines Verwaltungsrecht, 20. Auflage, München 2020.

Meyer-Goßner, Lutz/Schmitt, Bertram: Strafprozessordnung: StPO – Gerichtsverfassungsgesetz, Nebengesetze und ergänzende Bestimmungen, 58. Auflage, München 2015.

Ory, Stephan / Weth, Stephan: jurisPraxiskommentar Elektronischer Rechtsverkehr, Band 3 – Öffentliche Verfahren, Bandherausgeber: Henning Müller, Saarbrücken 2020.

Palandt, Otto: Bürgerliches Gesetzbuch: BGB, 80. Auflage, München 2021.

Papenheim, Heinz-Gert/Baltes, Joachim/Dern, Susanne/Palsherm, Ingo: Verwaltungsrecht für die Soziale Praxis, 26. Auflage, Frankfurt 2018.

Patjens, Rainer: Förderrechtsverhältnisse im Kinder- und Jugendhilferecht, Wiesbaden, 2017.

Patjens, Rainer: Rechtsgrundlagen der Kinder- und Jugendarbeit, in: Meyer, Thomas / Patjens, Rainer: Studienbuch Kinder- und Jugendarbeit, Wiesbaden 2020, S. 43 – 63.

Patjens, Rainer: Rechtliche Rahmenbedingungen in der Kinder- und Jugendarbeit, in: Meyer, Thomas / Patjens, Rainer: Studienbuch Kinder- und Jugendarbeit, Wiesbaden 2020, S. 285 -329.

Reinhardt, Jörg: Grundkurs Sozialverwaltungsrecht für die Soziale Arbeit, 2. Auflage, München 2019.

Rixen, Stephan: Sozialrecht als öffentliches Wirtschaftsrecht – Am Beispiel des Leistungserbringerrechts der gesetzlichen Krankenversicherung, Tübingen 2005.

Rolfs, Christian/Giesen, Richard/Kreikebohm, Ralf/ Udsching, Peter: Beck'scher Online-Kommentar Sozialrecht, SGB X, Stand: 1.3.2012, Edition: 25, München.

Roller, Steffen: Probleme der Akteneinsicht im Sozialverwaltungsverfahren, NZS 2013, S. 761 ff.

Roßnagel, Alexander: Gesetzgebung im Rahmen der Datenschutz-Grundverordnung, Datenschutz und Datensicherheit (DuD), 2017, S. 277 ff.

Schatzschneider, Wolfgang: Die Neuregelung des Schutzes von Sozialdaten im Sozialgesetzbuch – Verwaltungsverfahren –, MDR 1982, S. 6 ff.

Schlegel, Rainer/ Voelzke, Thomas: juris Praxiskommentar SGB I – Sozialgesetzbuch Erstes Buch (SGB I), Allgemeiner Teil / mit VO (EG) 883/2004, Bandherausgeber: Thomas Voelzke, 3. Auflage, Saarbrücken 2018.

Schlegel, Rainer/ Voelzke, Thomas: juris Praxiskommentar SGB II – Sozialgesetzbuch Zweites Buch (SGB II) Grundsicherung für Arbeitsuchende, Bandherausgeberin: Claudia Bittner, 5. Auflage, Saarbrücken 2020.

Schlegel, Rainer/ Voelzke, Thomas: juris Praxiskommentar SGB VIII – Sozialgesetzbuch Achtes Buch (SGB VIII) Kinder- und Jugendhilfe, Bandherausgeber: Ernst-Wilhelm Luthe und Gabriele Nellissen, 2. Auflage, Saarbrücken 2018.

Schlegel, Rainer/ Voelzke, Thomas: juris Praxiskommentar SGB X – Sozialgesetzbuch Zehntes Buch (SGB X), Sozialverwaltungsverfahren und Sozialdatenschutz, Bandherausgeber: Bernd Mutschler und Ingo Palsherm, 2. Auflage, Saarbrücken 2017.

Schlegel, Rainer/ Voelzke, Thomas: juris Praxiskommentar SGB XI – Sozialgesetzbuch Elftes Buch (SGB X), Soziale Pflegeversicherung, Bandherausgeber: Ernst Hauck, 2. Auflage, Saarbrücken 2017.

Schlegel, Rainer/ Voelzke, Thomas: juris Praxiskommentar Sozialgerichtsgesetz, Saarbrücken 2017.

Sommer, Irene: Lehrbuch Sozialverwaltungsrecht – Grundlagen der Sozialverwaltung, des Verwaltungshandelns und des Rechtsschutzsystems, Weinheim und München 2010.

Sommer, Irene: Lehrbuch Sozialverwaltungsrecht – Grundlagen der Sozialverwaltung, des Verwaltungshandelns und des Rechtsschutzsystems, 2. Auflage, Weinheim und München 2015.

Statistisches Bundesamt (Destatis): Rechtspflege – Sozialgerichte, Fachserie 10 Reihe 2.7, 2019, https://www.destatis.de/DE/Themen/Staat/Justiz-Rechtspflege/Publikationen/Downloads-Gerichte/sozialgerichte-2100270197004.pdf?__blob=publicationFile, abgefragt: 23.06.2021.

Trenczek, Thomas/Tammen, Britta/Behlert, Wolfgang/Bötticher, Arne von: Grundzüge des Rechts – Studienbuch für soziale Berufe, 5. Auflage, München 2017.

Voigt, Paul / von dem Bussche, Axel: EU-Datenschutzgrundverordnung (DSGVO) – Praktikerhandbuch, Wiesbaden 2018.

Wolff, Hans / Bachof, Otto / Stober, Rolf / Kluth, Winfried: Verwaltungsrecht I – Ein Studienbuch, 17. Auflage, München 2017.

Stichwortverzeichnis

Die Angaben verweisen auf die Randnummern des Buches.

Agentur für Arbeit
– Behörde 67
Allgemeinverfügung 119 ff.
Allgemeinverfügungen 150
Amtsermittlung, siehe Untersuchungsgrundsatz 239
Amtshaftung 515 ff.
– Amtspflichtverletzung 518 f. 539
– Haftungsüberleitung 515, 535
– Rechtsweg 524
– Rückgriff 520
– Verschulden 519, 540
Amtspflichtverletzung
– Kausalität 523
Anfechtbarkeit
– von Verwaltungsakten 373, 393
Angemessenheit 202 f. 220
Anhörung
– Heilung 384
Anstalten des öffentlichen Rechts 60, 64, 72
Aufhebung
– von Verwaltungsakten 373, 393
Auflage 123
Auflagenvorbehalt 123
Außenwirkung 116 f. 155
Auswahlermessen 191 f. 210, 214

Bedingung 123
Befangenheit, Besorgnis der 237
Befristung 123
Begründung 133 ff. 161, 366
– Ausnahme 136
– Fehlerfolgen 135
– Heilung 384
Behörde
– funktioneller Begriff 109 f. 153
– organisationsrechtlicher Begriff 55, 63, 73, 74
Bekanntgabe 139 ff. 157 ff.
– Drei-Tages-Fiktion 141
– förmliche Zustellung 142 ff.
– öffentliche 145
Beliehener 60, 64
Berufsgenossenschaften
– Verwaltungsträger 67

Bestandskraft 93
– von Verwaltungsakten 373, 393
Bestimmtheitsgebot 368
– Fehlerfolgen 128
Beteiligte 233 f.
– Akteneinsicht 253, 283
– Anhörung 251 f. 282
– Beteiligtenfähigkeit 238 ff.
Bundesagentur für Arbeit
– Verwaltungsträger 67
Bundesauftragsverwaltung 53
Bundesdatenschutzgesetz
– Nichtöffentliche Stellen 324
– Verarbeitung 325 f.
Bundesstaatsprinzip 49, 69
Bundesverwaltung
– bundeseigene 53
– mittelbare 60, 64
– unmittelbare 56, 63
Datenschutz
– Freie Träger 323 ff.
Datenschutzgrundverordnung (EU) 288 ff.
– Datenminimierung 292
– Integrität und Vertraulichkeit 294
– Rechtmäßigkeit und Transparenz 290
– Richtigkeit und Speicherbegrenzung 293
– Zweckbindung 291
Deutsche Rentenversicherung
– Verwaltungsträger 67
Dienstaufsicht 59

Eingriffsverwaltung 34, 47 f.
Einzelfall 113 ff. 154
Entschließungsermessen 191 f. 210, 214
Erforderlichkeit 202, 219
Ermessensausübung, pflichtgemäße 195 ff. 368
– Ermessensfehler 196 ff. 215
– Handlungsgrundsätze 196 ff. 215, 222 ff.
Ermessensentscheidung
– Arten 191 f. 210, 214
– Auswahlermessen 191 f. 210, 214
– Bedeutung 194
– Begriff 191 f. 210
– Entschließungsermessen 191 f. 210, 214

Ermessensfehler
- Arten 196 ff. 215
- Begriff 195 ff.
- Ermessensfehlgebrauch 215
- Ermessensnichtgebrauch 215
- Ermessensüberschreitung 215

Ermessensfehlgebrauch 198, 215

Ermessensmissbrauch, siehe Ermessensfehlgebrauch 198

Ermessensnichtgebrauch 196, 215

Ermessensreduzierung auf Null 200, 228

Ermessensüberschreitung 197, 215

Ermessensunterschreitung, siehe Ermessensnichtgebrauch 196

Fachaufsicht 59

Folgenbeseitigungsanspruch 530 ff.

Formelle Rechtmäßigkeit
- Verwaltungsakt 361 ff.

Freier Träger 60

Fristen 254 ff.
- Fristbeginn 254 ff.
- Fristende 257
- Widereinsetzung in den vorigen Stand 259 f. 284, 462

Gebietskörperschaften 60

Gebundene Entscheidung 190, 193, 210, 214

Geeignetheit 202, 218, 227

Geltung der Sozialgesetzbücher 13, 39

Gesetze 24, 44 f. 150

Gesetzesmäßigkeitsprinzip 9, 163 ff.
- Bedeutung 169 ff.
- Vorbehalt des Gesetzes 165 ff. 210, 211, 368
- Vorrang des Gesetzes 164, 210, 212 f. 368

Gesetzgebung 23 f.

Gewaltenteilung 21 ff.

Gewaltenteilungsprinzip 50

Gutachtentechnik 186 ff.

Handlungsfähigkeit, sozialrechtliche 238

Heilung
- rechtswidriger Verwaltungsakte 374, 384 ff. 395

Herstellungsanspruch, sozialrechtlicher 525 ff. 545 ff.

Hoheitliche Maßnahme 107, 152

Hoheitliche Regelung 30

Jobcenter
- Behörde 67

Jugendamt
- Behörde 67

Juristische Person des öffentlichen Rechts 51, 60, 61, 64, 71 f.

Klageverfahren 429 ff.
- Allgemeine Leistungsklage 436
- Anfechtungsklage 433 f.
- Feststellungsklage 437
- Fristen 434
- Gerichtsaufbau 431
- Kosten 439
- Örtliche Zuständigkeit 430
- Prozesskostenhilfe 439 ff. 467
- Sachliche Zuständkeit 429
- Untätigkeitsklage 435, 468
- Verpflichtungsklage 435

Kommunalverwaltung 54, 65

Kommune
- Auftragsangelegenheit 54, 75
- freiwillige Selbstverwaltungsangelegenheit 54, 72, 75
- Gemeinde 67
- kreisfreie Stadt 67
- Landkreis 67
- pflichtige Selbstverwaltungsangelegenheit 54, 72, 75
- Verwaltungsträger oder Behörde 75

Körperschaften des öffentlichen Rechts 60, 64

Krankenkasse, gesetzliche
- Verwaltungsträger 67

Landesverwaltung
- landeseigene 53
- mittelbare 60, 64
- unmittelbare 57 f. 63
- von Bundesgesetzen als Bundesauftragsverwaltung 53
- von Bundesgesetzen als eigene Angelegenheit 53

Leistungsverwaltung 35, 46, 48

Materielle Rechtmäßigkeit
- Verwaltungsakt 368

Mitwirkungspflichten 176 f. 242 ff.
- Folgen fehlender Mitwirkung 249 ff. 278
- Grenzen der Mitwirkung 245 ff. 279
- Verhältnismäßigkeit 245 ff.

Stichwortverzeichnis

Nebenbestimmungen 123 ff.
- Zulässigkeit 124 ff.

Nichtigkeit
- absolute Nichtigkeitsgründe 379
- negative Nichtigkeitsgründe 380
- relativer Nichtigkeitsgrund 378
- von Verwaltungsakten 370, 377 ff. 393, 394

Normenanalyse
- Rechtsfolge 178 ff.
- Tatbestand 178 ff.

Öffentliches Recht
- Abgrenzung zum Privatrecht 4 ff.
- Systematik 10

Pflegekassen
- Verwaltungsträger 67

Planungsverwaltung 37

Privatrecht
- Abgrenzung zum öffentlichen Recht 3 ff.

Realakt 100 f.

Rechtsanwendung 173
- Gutachtentechnik 186 ff.
- Normenanalyse 178 ff.
- Sachverhaltsermittlung 175 ff.
- Subsumtionstechnik 182 ff.

Rechtsaufsicht 59

Rechtsbehelfe
- förmliche 400
- formlose 399

Rechtsbehelfsbelehrung 137 f. 162, 367
- Feherfolge 162
- Fehlerfolge 138

Rechtsfähigkeit 71

Rechtsfolge 178 ff.

Rechtsmittel, gerichtliche 402

Rechtsnormen
- der Gesetzgebung 44 f.
- der Verwaltung 44 f.
- exekutive 83 ff. 150
- unvollständige 180
- vollständige 179

Rechtsordnung, deutsche 1 f.

Rechtsprechung 25 f.

Rechtsschutz
- Dienstaufsichtsbeschwerde 404 f. 451
- Fachaufsichtsbeschwerde 406 f. 451
- Gegenvorstellung 403

Rechtsschutz, vorläufiger 443 ff.
- einstweilige Anordnung 444 ff. 465
- Widerherstellung der aufschiebenden Wirkung 447

Rechtsverordnungen 31, 44 f. 85 f. 150

Rechtswirksamkeit
- von Verwaltungsakten 369, 373, 393

Regelung 111 f. 156

Regierung 27 f.

Rücknahme 375
- Folgen der Aufhebung 496
- rechtswidriger begünstigter VA 483 ff.
- rechtswidriger nicht begünstigender VA 477 ff. 501 ff.

Satzungen, öffentlich-rechtliche 87 ff. 150

Schweigepflicht 330 ff.
- Einwilligung 336 f.
- Gesetzliche Offenbarungspflicht 341
- Rechtfertigender Notstand 338 ff.

Soll-Entscheidung 192, 214

Sozialamt
- Behörde 67

Sozialdaten
- Löschung 306 f.

Sozialdatenschutz 176, 285 ff.
- Abwendung geplanter Straftaten 312
- Adressaten 295
- Auskunftsrecht 329 f.
- Begriffsbestimmung 357
- Besonderer Vertrauensschutz 320 f.
- Datenerhebung 300 ff. 350
- Datenverarbeitung 303
- Datenverarbeitung zu anderen Zwecken 305
- Einwilligung 296, 304, 351
- Erforderlichkeit 310
- Folgen einer Datenschutzverletzung 322
- Informationspflicht 328 f.
- Löschung 358
- Personenbezogene Daten 297
- Prüfungsschema 344
- Schutzwürdige Interessen 313
- Sonderregelungen SGB VIII 318 ff.
- Soziale Aufgaben 309
- Strafverfahren 314 f.
- Übermittlung 308 ff. 349
- Verlängerter Geheimnisschutz 316 f.
- Zweckbindung 300, 309

Sozialgerichtsgesetz 17

Sozialverwaltung
- Organisation 66 f.

Sozialverwaltungsrecht 11 ff.
- allgemeines - 15, 17
- besonderes - 15 f.
- Systematik 14 ff.

Sozialverwaltungsträger 66 f. 76

Stiftungen des öffentlichen rechts 60, 64, 72

Subjektives öffentliches Recht
- Abgrenzung objektives Recht 40 f.
- Anspruch 12

Subsumtionstechnik 182 ff.

Tatbestand 178 ff.

Übermaßverbot, siehe Verhältnismäßigkeit 201

Umdeutung
- rechtswidriger Verwaltungsakte 374, 391

Unbeachtlichkeit formeller Fehler 372, 388 ff. 396

Unfallkassen
- Verwaltungsträger 67

Untersuchungsgrundsatz 176 f. 239 ff.
- Bedeutung 177
- Beweismittel 240 f.
- Ermessen 240, 281
- Gesetzesmäßigkeitsprinzip 177

Urteile 26

Verhältnismäßigkeit 201 ff. 368
- als Ermessensgrenze 197, 205 ff. 225 ff.
- Angemessenheit 202 f. 220
- Bedeutung 204 f.
- Erforderlichkeit 202, 219
- Geeignetheit 202, 218, 227
- legitimer Zweck 217, 226
- -prüfung 202 f.
- -sprüfung 206 ff. 216 ff.

Vertrag, öffentlich-rechtlicher 97 ff.
- Abgrenzung zum privatrechtlichen Vertrag 98
- koordinationsrechtlicher 99
- subordinationsrechtlicher 99

Verwaltung
- mittelbare 60, 64
- mittelbare Bundes- 60, 64
- mittelbare Landes- 60, 64
- unmittelbare 55, 59, 63
- unmittelbare Bundes- 56, 63
- unmittelbare Landes- 57 f. 63

Verwaltung, öffentliche
- Aufgaben 32 ff.
- Begriff 18 ff. 29 f. 43

Verwaltungsakt 8, 105 ff.
- Allgemeinverfügung 119 ff.
- Anfechtbarkeit 373, 393
- Arten 122
- Aufhebung 373, 393
- Auflage 123
- Auflagenvorbehalt 123
- Außenwirkung 116 f. 155
- beachtliche Fehler 373
- Bedeutung 91 ff.
- Bedingung 123
- Befristung 123
- Begründung 133 ff. 161, 366
- Behörde 109 f. 153
- Bekanntgabe 139 ff. 157 ff. 261
- Bestandskraft 373, 393
- Bestimmtheit 128, 368
- Definitionsmerkmale 106 ff. 151 ff.
- Einführung 90 ff.
- Einzelfall 113 ff. 154
- Fehlerfolgen 359 ff. 369 ff. 376, 393
- Form 130 ff. 365
- formelle Rechtmäßigkeit 361 ff.
- Heilung rechtswidriger 384 ff. 395
- Heilung rechtswidriger 374
- hoheitliche Maßnahme 107 f. 152
- materielle Rechtmäßigkeit 368
- Nebenbestimmungen 123 ff.
- Nichtigkeit 370, 377 ff. 393, 394
- rechtmäßiger 360 ff. 393
- Rechtsbehelfsbelehrung 137 f. 162, 367
- rechtswidriger 369, 373, 376
- Rechtswirksamkeit 369, 373, 393
- Regelung 111 f. 156
- Rücknahme 375
- Umdeutung 391
- Umdeutung rechtswidriger 374
- unbeachtlicher Fehler 372, 388 ff. 396
- Unterschrift 129, 396
- Verfahren 364
- Widerrufsvorbehalt 123
- Zuständigkeit 362 f.

Verwaltungsakte
- rechtswidriger 393

Verwaltungshandlungen
- exekutive Rechtsnormen 83 ff.
- mit Innenwirkung 102 ff.
- öffentlich-rechtlicher Vertrag 97 ff.
- privatrechtliche 78 ff.

Stichwortverzeichnis

- Realakt 100 f.
- Überblick 77, 149
- Verwaltungsakt 90 ff. 105 ff.

Verwaltungshelfer 60

Verwaltungskompetenz
- der Länder 53, 70
- des Bundes 53

Verwaltungsorganisation 49 ff.

Verwaltungsträger 49 ff. 52, 60, 61, 64, 65, 71 f. 74

Verwaltungsvollstreckung 262 ff.
- Ersatzhaft 271
- Ersatzvornahme 269
- Geldforderungen 264 ff.
- Unmittelbarer Zwang 272
- Zwangsgeld 270 f.

Verwaltungsvorschriften 103 f. 150
- Abgrenzung zur Rechtsverordnung 103

Vorbehalt des Gesetzes 165 ff. 210, 211, 368

Vorrang des Gesetzes 164, 210, 212 f. 368

Widerruf
- Folgen der Aufhebung 496
- rechtmäßig begünstigender VA 491 f.
- rechtmäßiger nicht begünstigender VA 489 f.

Widerrufsvorbehalt 123

Widerspruch
- aufschiebende Wirkung 422 ff. 453
- Begründetheit 419
- Beratungshilfe 427 f. 466, 471
- Beschwer 414
- Form und Fristen 415 ff. 454 ff.
- Kosten 427
- Muster 469 f.
- sofortige Vollziehbarkeit 424 ff.
- Vorverfahren 408
- Zulässigkeit 413 ff.
- Zweckmäßigkeit 419

Zuständigkeit 362 f.